物业经理人8大管理策略

苏宝炜　李薇薇　编著

中国建筑工业出版社

图书在版编目(CIP)数据

物业经理人8大管理策略/苏宝炜，李薇薇编著. —北京：中国建筑工业出版社，2009

ISBN 978-7-112-11163-3

Ⅰ. 物… Ⅱ. ①苏…②李… Ⅲ. 物业管理—商业服务 Ⅳ. F293.33

中国版本图书馆CIP数据核字(2009)第125850号

本书通过物业经理人的独特视角，提供8大服务管理策略模块，即：市场化营销推广运作策略、高效率营运管理运作策略、关键性实务操作运作策略、管理与服务要点运作策略、高素质人才培育运作策略、行业可持续发展运作策略、超前化服务模式运作策略、标准化文案表单实战策略。整体结构以实现优质物业管理服务、提高生活品质、促进物业管理服务行业发展作为一条明线；同时，又以推进和谐社区建设、构建和谐社会作为本书的一条暗线。内容深入浅出、自成体系，许多经验做法指导性、示范性、操作性强，值得业内人士借鉴。

本书可供物业服务企业管理人员指导实践，也适合大中专院校物业服务相关专业的师生、社区管理人员等参考阅读。

* * *

责任编辑：封 毅

责任设计：郑秋菊

责任校对：刘 钰 陈晶晶

物业经理人8大管理策略

苏宝炜 李薇薇 编著

*

中国建筑工业出版社出版、发行(北京西郊百万庄)

各地新华书店、建筑书店经销

北 京 天 成 排 版 公 司 制 版

北京市铁成印刷厂印刷

*

开本：787×1092毫米 1/16 印张：18½ 字数：460千字

2009年11月第一版 2009年11月第一次印刷

定价：**39.00**元

ISBN 978-7-112-11163-3

(18415)

前　言

物业服务行业在中国发展20多年，从最初的为房地产开发商提供地产项目后期服务，到如今基本成为独立行业，从无到有，从小到大，走过了不平凡的发展之路，物业服务行业已经成为推动国民经济增长、增加社会就业的新兴行业之一。但是由于相关法律制定不完善，有些法规不能得到彻底执行，造成当前物业服务纠纷频繁暴发、不仅规模庞大、是非混乱、解决起来也是相当的困难，矛盾冲突层出不穷，行业发展中遇到的问题已经在社会各个层面体现出来。面对处境尴尬的中国物业服务行业，有人提出了“是发展中的问题，还是有问题的发展”的质疑。究竟出现这种矛盾的局面是如何形成的？物业服务企业社会地位如何确定？业主享有的正当权益如何得到保障？正当的业主维权行动应该如何开展？怎样处理物业服务企业与业主和开发商的诸多复杂关系？行业在未来又该如何发展？经历了风雨的洗礼，对于目前中国物业服务行业林林总总层出不穷的现象，物业服务企业应该对这些问题进行深刻的反思，并做出正确的认识和判断，作为其中坚力量的物业经理人需要竭尽心力去挖掘其背后深刻的社会背景、体会其所带来的深远含义。

本书的编写没有局限于对物业管理的传统认识，从而避免了就事论事谈个案缺乏更深层次思考的问题；篇章结构上也不是按照物业服务实务操作的传统模式进行编写；而是通过物业经理人的独特视角，提供8大服务管理策略模块，即：市场化营销推广运作策略、高效率营运管理运作策略、关键性实务操作运作策略、管理与服务要点运作策略、高素质人才培育运作策略、行业可持续发展运作策略、超前化服务模式运作策略、标准化文案表单实战策略。整体结构以实现优质物管服务，提高生活品质，促进物管服务行业发展作为一条明线；同时，又以推进和谐社区建设、构建和谐社会作为本书的一条暗线。从更高的层次观察和思考问题，力图做到深入浅出、自成体系，形成区别于普通论文集的特点。

本书第一章、第二章、第三章、第四章、第七章由苏宝炜编写；第五章、第六章、第八章由李薇薇编写。本书作者在撰写过程中参考了大量资料，姜淑秀老师、张画如老师为本书的编写付出了大量劳动，并提出了宝贵的意见和建议，苏光信老师为本书进行了整理、统稿工作，李浩老师对本书进行了校对、审读工作，谨致以诚挚的谢意。苏宝昕、陆嘉完成了全书录入工作，李奇、李季、冀惠芳也参加了本书的工作协调和文字编写工作，在此一并表示感谢。

本书不仅是对作者以前工作的总结，也是对行业发展问题的探索，研究角度新颖、层次鲜明、内容全面、实用性强、实施效果具有普遍意义。所得结论源于工作实践，指导性强、示范性强、操作性强、便于普及、值得借鉴，但内容又不拘泥于经验的总结，探讨和思考了许多具有实践性、前瞻性、全局性的问题，一些观点已经涉及行业理论前沿，对行业的发展、具体问题的解决都具有参考意义和指导价值。由于编者学识有限，形势发展日新月异，不足之处在所难免，恳请广大读者给予批评指正。

目　录

第一章

态度决定一切，服务创造价值——市场化营销推广运作策略

在我国，房地产开发最早出现是在20世纪80年代的深圳特区；90年代初开始在全国普遍展开；真正的快速发展时期是在90年代后期。直到目前全国各地的房地产开发仍蓬勃发展，其发展速度及规模已使房地产行业成为国民经济的支柱产业之一。

作为房地产行业产业链的末端，物业服务行业随着房地产业的发展而发展。在房地产开发初期，物业服务不是作为一个行业独立存在的，而是作为房地产开发的一个后勤部门，其职能主要是为房地产开发服务，大部分物业服务企业是属于房地产企业的二级机构，这决定了物业服务在这个阶段是从属于房地产开发的。在房地产快速发展时期，经过实践证明，物业服务与房地产开发是一个产业链中不同的环节，是两个关系密切、分工合作的行业；在这个阶段，物业服务作为一个新兴的、朝阳的行业，快速发展起来，与房地产行业相比，更有发展的潜力。可以预见物业服务无论在房地产开发的前期项目定位、规划设计，还是在施工建设、交房入住、品牌支撑等方面，都将扮演越来越重要的角色，对房地产开发的影响力也会越来越大，社会及房地产开发商也将越来越重视物业服务的作用。

虽然房地产开发与物业服务是两个独立的行业，但在房地产开发过程中两者的结合贯穿始终，并相互帮助与支撑，一个好的房地产项目、一个成功运作的物业楼盘一定是房地产开发与物业服务良好结合的产物。

第一节　房地产开发企业与物业服务企业的共赢策略

由于房地产投资高、收益大的诱惑，加之城市新区建设和旧城改造速度的加快，从事房地产开发的企业迅速增加，开发的规模也急剧扩大。到20世纪90年代中后期，房地产开发的卖方市场逐渐消失，取而代之的是竞争日益加剧，且逐渐规范的买方市场。面对新的市场变化，大型房地产开发商开始探寻合适的投资运作模式，以综合提高自己的竞争实

力。在下一个发展阶段，房地产企业的盈利模式仍然要符合国情，特别是大型房地产开发商要充分利用自己的品牌，把项目设计好，利用自己的资金优势，把余下的所有环节外判给其他专业服务组织。当然要实现这样的盈利模式，企业必须拥有很强的规划能力和经营策略，能够评估好自己的确定性收益，同时还要具备很强的整合上下游企业的能力。

一、房地产开发企业的盈利模式现状分析

目前，我国房地产开发企业比较普遍的盈利运作模式为：获取土地→盖房子→销售→物业服务。对于中小房地产开发企业而言，由于规模不大，产品相对简单，能够较好地和设计机构整合，享受低设计成本带来的好处；在建设阶段成本控制严格，可以有效地协调建筑企业、监理企业的关系，运行速度快。一些中小房地产开发企业也不愿意背上物业服务的包袱，可以很洒脱地把自己开发的物业项目外判，以便集中精力做好开发销售环节的工作。而大型房地产开发企业希望形成自己独有的地产品牌，一般拥有自己的物业服务企业。此时，企业的盈利模式可能遭遇四大市场考验：一是缺乏地产品牌效应，具有所谓地产品牌效应的房地产产品，虽然售价更高，但一般投入也更大；二是大型房地产开发企业的产品比较奢华复杂，在设计、监理环节的关系上较难整合，如果自己拥有监理机构，往往进一步加大开发成本；三是企业的建筑成本构成复杂，难以细化控制；四是企业一般都拥有自己的物业服务企业，并需要对物业服务企业予以补贴。

二、房地产开发企业盈利模式策略

新一轮的发展将给房地产业和物业服务企业展现一副美好发展前景，同时也会带来重大发展机遇和挑战；届时，强者攻城略地，弱者淘汰消亡。所以房地产开发企业要想在竞争中脱颖而出，离不开强烈的服务意识、服务理念与技巧的调整，更加需要经营方式、管理制度、人才培养、赢利运作模式策略的创新。

（一）经营方式创新：组合投资

房地产按其经营方式来划分主要有四类：出售型房地产，出租型房地产，营业型房地产，自用型房地产。根据投资组合理论，在相同的宏观环境变化下，不同投资项目的收益会有不同的反映。房地产开发商进行不同的组合投资，有三种基本盈利模式：第一种基本盈利模式是通过销售直接出让产权，快速回收资金。第二种基本盈利模式是只租不售，这种模式对开发商的资金要求高，但能为公司带来稳定的资金流，而且经营良好的物业项目如果再出售，价格会更理想；同时，产权掌握在开发商手里，可抵押再贷款，还可以坐待物业增值，甚至可将商业物业投入资本运作。第三种基本盈利模式是不租不售，开发商自己做商业经营，以物业项目为股本，成立专业商业运营公司，与知名商家合作或合伙经营，赚取商业经营利润。此外，三种基本模式进行合理搭配，将组合成七种盈利模式，而且每种模式在整体物业中所占的比例又有许多变数，每一种选择都为开发商带来不同的资金回笼效率，同时也意味着不同的风险。

（二）管理制度创新：组织架构的改变

任何一项制度创新都应坚持收益大于成本的原则，就是以企业的生产成本与市场交易成本来衡量。在规模经营过大的情况下，就产生了生产成本大于交易成本，出现了规模不经济，所以在一定技术条件下，要确定适当的规模。因此，房地产开发企业一定要在组织架构方面进行必要的创新，其在实际运作中可采取两种方式：一是采取股权转让的方式将控股或参股的建筑施工公司、装饰公司、物业服务公司、销售公司等剥离出去，在项目运作中可根据需要，以严格、科学的合同方式单独聘用市场上的建筑施工公司、装饰公司、物业服务公司、销售公司进行具体操作；二是强化房地产公司的“市场化导向”职能，成立具有综合协调职能的前期部、项目部、财务部等职能的“市场运作部”，强化公司项目整体营销、现场销售、规划设计组织管理、项目工程工期质量管理和资金运作等，使运作更具整体性、协调性和效率性。

（三）人才培养创新：激发员工的团队精神并使之有归属感

由于房地产企业属于第三产业，人力资源尤为重要，所以创新主要立足于人力资源管理的创新。由于房地产开发企业的竞争力在于它有别于施工企业、设施设备供应商、金融机构等企业的“集成性”，如果没有体现这种特点，没有一支素质好、综合能力强的人才队伍，房地产开发企业在市场上就没有生命力和竞争力，建筑施工企业或其他行业的企业就完全可以自行进行房地产开发，将其取而代之。所以，人才培养创新的重点是要建立、培养和使用一支集营销策划、投融资管理、规划设计组织和工程管理于一体的优秀运作人才队伍。当前房地产开发企业人才培养创新的主要任务是：第一，建立一个富有弹性和行业特点的激励机制，如：员工职业培训计划、企业文化归属感培养等，留住人才，稳住人才，企业才能发展；第二，建立一个强有力的约束机制，制定出企业自己的实施细则，对骨干岗位的人员(如预决算人员、工程管理的各专业工程师、负责提供材料的采购人员、营销骨干等)实行严格的动态管理。此外，公平、公正的考核制度和积极融洽的企业文化以及良好的工作氛围也是留住人才的关键。

（四）模式策略创新：伙伴联盟开发模式

房地产开发企业作为集房地产开发、经营、管理和服务等职能于一体的综合性企业，其产品具有价值大、移动性差、投资风险大、质量受制因素多等特点。市场竞争是残酷的，但战场上没有永久的敌人，商场上更不会有永久的竞争对手。战略联盟、联合采购、合作开发对房地产开发企业而言是经济实惠的好事，即采用伙伴联盟开发模式，这是一种松散式的同业横向联盟，它通过与业内强者的联合、合作，在成本、信息和市场销售等方面赢得竞争优势，达到供应商和开发商双赢的目的。未来的房地产巨子可能在合作中产生，而不是在竞争中产生。这种投资运作模式对伙伴的要求较高，联盟成功与否在很大程度上取决于联盟成员合作的强度。

三、经营型物业服务企业盈利模式策略

经营型物业服务模式是随着国内物业服务行业产生而产生的，并随着行业的不断发展

而发展，随着社会的不断变化而变化，它将逐渐成为中国物业服务行业发展的主流。经营型物业服务模式就是以市场变化、业主需求为导向，运用科学的管理方式、市场化的经营机制，创新的经营理念，通过最优化的资源组合，提高物业项目的增值潜力，发挥物业项目的整体增值效力，产生高品质、高水准的产品——服务，从而实现物业服务企业的良性循环发展。从现阶段中国物业服务企业实施经营型物业服务模式的内容上看，其具有以下含义：

（一）经营型物业服务模式三个层次的含义

1. 融物业经营、物业服务、物业管理为一体，在做好物业服务工作的同时，通过为开发商、业主选择投资、经营项目，规划、设计、开发服务区域整体功能，策划、参与、实施物业项目经营方案，发挥物业项目的整体增值效力，提高物业项目的增值潜力，扩大物业服务企业的盈利空间。

2. 将现有职能部门专业化、社会化，借助不断细化的社会分工，有效降低成本，提高物业服务质量，有效利用企业专业技术的集中优势，成立专业化服务公司，并使其充分市场化，参与市场竞争，形成技术对外扩张的格局。

3. 以资本运营为主导方面，通过兼并、联合、改组、改造、出售等方式，将资源的优化组合与专业化管理、规模化经营相结合，实现企业的资本扩张。

（二）经营型物业服务模式基本特征

经营型物业服务模式的基本特征是物业服务企业在物业服务、创新经营、品牌发展、资本运作方面的高度结合，其核心是使物业服务企业充分市场化。经营型物业服务模式不仅局限于物业服务企业对收益性物业及配套项目的经营管理，后者是以经营性物业作为主体对象，而经营型物业服务模式是以围绕物业服务所涉及的整个领域为主体对象，不局限于某一种固定形式，是物业服务企业在吸引资源和转化技术方面实现的最优化动态的组合。由于经营型物业服务模式是物业服务企业在吸引资源和转化技术方面实现最优化的动态组合，因此，它有效突破了物业服务行业是房地产行业的附属行业这一从属性定位，是对现有物业服务行业的“保本微利行业”这一传统说法的挑战，改变了物业服务企业的存续对房地产开发企业过度依赖的传统格局，促进了物业服务行业从单一产业结构逐步向多元产业结构的过渡，加快了物业服务行业的市场化进程，使物业服务在社会经济发展中的重要作用日益加强，大大提高了物业服务企业的社会地位。

目前，物业服务已经成为城市管理的重要组成部分，随着物业服务的市场化进程的加快，以及市场竞争的日益加剧，要使物业服务行业真正进入健康、持续的良性发展轨道，物业服务企业必须朝市场化、规范化、规模化、产业化、集团化的方向发展。经营型物业服务模式可以将资本、技术、信息、人才迅速向优势企业集中，从而形成规模化经营水平高、专业化分工合理，并在市场中具有较强综合竞争力的跨地区、跨行业、跨所有制的企业集团，增强企业在行业全面发展中的整体竞争力和抵御风险的能力，缩短目前我国物业服务行业与国际同行业相比在经营规模、竞争能力、集约化水平、运行机制和整体效益方面的差距。

(三) 经营型物业服务模式运作中需注意的几个问题

1. 防止“饥不择食”，盲目扩张。在增加新的经营项目或承接新的物业服务项目之前，应该进行充分的可行性分析和研究，对各种风险因素要进行认真的评估并制定可行的实施方案，各物业服务企业在开拓发展的同时要保持头脑的清醒，这样才能使物业服务企业的经营走上健康发展的轨道。

2. 避免所谓“多元化”的影响，以物业经营为基础。物业服务企业的经营如果脱离物业本身，则优势不再成立，这种经营将面临来自市场和社会的激烈竞争，物业服务企业在资金、技术和经验上都处劣势，经营风险大为增加。同时，这种经营不仅不能对物业服务有所帮助，反而由于资源和精力的大量占用，势必对物业服务产生不利的影响。这样会使物业服务企业丧失基础，同样也是不可取的。

3. 经营中坚持以内涵为立足之本，强化内部建设。只重视对外拓展，忽视内部建设的现象也应引起业内人士的注意，要在拓展经营项目的同时，调整管理机制和管理方法，培养人才，总结经验。特别是对某些经营项目如房屋中介代理，管理和从业人员仅知道物业服务方面的知识、经验和管理方法是远远不够的，需要进行大的调整，甚至需要专业资质的认可。所以要在拓展市场的同时，加强内部建设，才能使企业的多种经营得到稳健发展。

4. 注意经营和收益的合法性，不侵害业主权益。依靠物业项目本身进行的经营行为，要按照国家和地方法规的要求进行，其中哪些经营权和收益属于业主，哪些属于开发商或物业服务企业，以及收益的分配等问题都应引起物业服务企业的注意。一般拥有产权的单位、个人或组织才拥有经营权和收益权(如地下停车场、户外广告及公共场地等)，所以物业服务企业利用自己不拥有产权的物业或公共场所、设施等进行经营，应先获得产权人的同意，并就经营内容、方式及收益分配等方面与产权人达成协议，方可进行。

四、房地产开发企业与物业服务企业的共赢思维

“双赢”即寻求自己的利益，主动考虑并照顾对方的利益，以互利为关系基础，要求在处理双边和多边关系、系统与外部环境之间的关系时，通过“1+1＞2”的机制，共同“把蛋糕做大”，在不损害第三方利益、不以牺牲环境为代价的前提下，各方均取得较自由竞争时更好的结果。而共赢是双赢的扩展，它的最显著特点是，不仅要相互交往的双方互利(共赢)，更重要的是不以牺牲第三者(个体，整体，环境)利益为代价。

共赢思维的普遍实现，将促进人类社会物质文明和精神文明的高速发展，改变人类社会的整个面貌。共赢思维何以成为主导房地产开发企业与物业服务企业经营发展的思维方式？主要原因是人类发展到今天，产权多元化的发展、利益关系的复杂性、人性的复杂性和体制环境的多样性、复杂性，各种思维将长期共存；导致必然面临着许多共同性问题，如公共环境卫生问题、公共安全问题、会所管理、设施设备正常运转保障等问题。这些问

题具有共同性。这些问题的解决，必须进行行业合作才能实现共赢，才能促使物业保值增值，促使物业项目安全、舒适、文明、繁荣，当然，也还需要些技术方法的支持。共赢才能使物业项目内相关各方(开发商、业主、客户、物业服务公司、能源供应公司以及政府相关机构等)实现长治久安、共同发展。

五、房地产开发商及物业服务企业经营管理发展趋势

中国房地产市场竞争虽然还未达到白热化的程度，但各家房地产开发商及物业服务企业已明显感到了巨大的生存压力，一些企业已经开始调整自己的经营方针和营运策略，以期能够切实有效地提高企业的市场竞争力和经济效益，实现可持续发展。

(一) 经营管理的三大层次

纵观房地产行业发展过程，可以看到房地产资产管理从低到高可以分为物业服务、资产管理、投资组合管理三个层次。其中，物业服务是房地产资产的日常管理，是最低层次的房地产资产管理，是高层次房地产资产管理的基础。房地产资产管理是介于物业服务和组合投资管理(代表物业所有者)之间的中间层次经营管理形势。组合投资管理者是物业所有权和最终控制权的代表，是整个房地产资产管理的战略决策层，可依据其专业经营管理能力管理旗下多个房地产资产管理者，决定对不同区域和种类房地产市场上的物业进行购买、持有、出售。目前，国外有些物业服务企业已经走向了投资组合管理的层次，而国内的物业服务企业还多停留在物业服务的初级阶段。随着国内市场的不断开放，如何在日趋激烈的市场竞争中占据有利地位，提高企业利润，资产管理理念是不可或缺的。

(二) 全程服务向服务集成代理转变

在国外，物业服务往往是由物业服务师提供物业服务方案，具体的工作是由专业性的服务公司来做的，物业服务企业并不直接对物业进行日常管理。实际上这是一种“服务代理集成商”的模式。物业服务企业主要扮演一种“服务代理集成商”的角色，找到合适的“零件供应商”将成为物业服务企业的主要工作。这样就可以很好地降低物业服务方面的运营成本和组织结构上的压力，将更多的精力投入到经营管理上。随着专业性工作的分包，提供服务的方式肯定也会有所改变。

(三) 物业服务公司向地产服务商的转变

当前，世邦魏理仕、高力国际、仲量联行、第一太平戴维斯以及戴德梁行，都是在我国内地迅猛发展业务的外资物业服务企业，也是地产界知名代理行，其经营内容涵盖物业服务、代理、物业估价、商业运营、工业及物流、建筑顾问、投资代理、投资者顾问咨询、综合住宅服务、物业发展服务、研究及顾问、技术顾问服务、设施管理、酒店管理；甚至还包括了结构融资、企业咨询、财务顾问、资产融资、资本运用咨询和顾问服务等。可以发现他们无一例外的以房地产服务商的综合优势占领市场，所做的业务已经远远超过了我们所理解的一般意义上的物业服务范畴；寓拓展经营于管理服务之中，体现出卓越的专业水准和竞争实力。拓展咨询、中介类等服务内容，以提供物业经营和物业项目综合服

务为特色，为物业项目整个生命周期提供系列服务，并逐步成为地产服务商，是目前物业服务公司更高层次发展的方向。

第二节 物业服务企业市场化经营模式策略

随着房地产市场的进一步发展，物业服务行业在今后几年将拥有更大的发展空间，行业也将呈现出向品牌化、集约化、市场化、规范化、规模化、产业化、集团化发展的趋势。同时，物业服务又是微利性行业，较低的行业风险和较低的行业门槛吸引了大量资金和人才的进入。这就需要充分利用物业服务企业所把握的资源，通过强有力的经营手段和丰富的管理与服务内容，积极运用人、财、物进行合理化经营，以较小的投入争取最大的产出、收获最大的效益。资本对利润的追逐加深了物业服务企业之间的竞争，也推动了物业服务的市场化进程。物业服务企业长期以来提倡的是管理与服务，对市场化经营问题涉及较少。而作为企业经营应是其基本行为，只有依法进行市场化经营，并获取合法的利润才能从根本上解决物业服务企业的生存和发展问题，达到社会效益、环境效益与经济效益并重的良性发展目标。

一、物业服务市场化经营模式的含义及特点

物业服务市场化经营作为一种顺应行业发展的管理需求，凭借其涉及领域广泛、可全面提升物业服务企业的竞争能力、寓营销理念于物业服务全过程以及可扩大企业盈利空间的种种优势，已经被越来越多的物业服务企业所采纳、运用。

（一）物业服务经营模式的含义

目前，在物业服务行业向着产业化、专业化、市场化迈进的过程中，一批顺应市场变化、把握行业发展方向的知名品牌企业已迅速崛起，这些企业在竞争中积累了丰富的实践经验。物业服务市场化经营模式正是这些优秀企业经过长期探索、实践的结果。其具体含义为：在做好物业服务工作的同时，将物业管理、服务与经营融为一体；通过为开发商、客户选择投资、经营项目，规划、设计、开发服务区域整体功能，策划、参与、实施物业项目经营方案，使物业项目的整体增值效力得以发挥，增值潜力得以提高，使得企业的盈利空间得以扩大的一种物业服务模式。

（二）物业服务市场化经营模式的特点

1. 以物业服务所涉及的整个领域为主体对象。

物业服务市场化经营模式不仅仅局限于物业服务企业对收益型物业及配套项目的经营管理服务，还是以围绕物业服务所涉及的整个领域为主体对象，不局限于某一种固定形式，吸引资源和转化技术方面实现的最优化动态的组合。

2. 将物业服务企业现有的职能部门专业化、社会化。

借助不断细化的社会分工，有效降低成本，提高服务质量，有效利用企业专业技术的集

中优势，成立专业化公司，并使其充分市场化参与市场竞争，形成技术对外扩张的格局。

3. 将物业的一般性维护、运行提升到对管辖物业项目全过程的营销、服务。

将服务眼光由物业服务委托期内这个局部，放大到物业项目生命周期的整体去统一考虑、安排，从而为客户提供更全面的服务。

4. 将资本、技术、信息、人才迅速向优势企业集中。

物业服务市场化经营模式可以将资本、技术、信息、人才迅速向优势企业集中，从而形成规模化经营水平高、专业化分工合理，并在市场中具有较强综合竞争力的跨地区、跨行业、跨所有制的企业集团，增强企业在行业全面发展中的整体竞争力和抵御风险的能力，缩短目前物业服务行业与国际相比在经营规模、竞争能力、节约化水平、运行机制和整体效益方面的差距。

5. 扩大物业服务企业的盈利空间。

租赁代理、交易咨询、估价等业务的佣金比例要明显高于物业服务佣金，这些服务项目能够使物业服务企业综合实力得以提高，同时促进了物业服务行业从单一产业结构逐步向多元产业结构的过渡，加快了物业服务行业的市场化进程，使物业服务在社会经济发展中的重要作用日益加强，大大提高物业服务企业的社会地位和企业的盈利空间。

二、物业服务市场化经营模式需求分析

在物业服务市场化经营模式这个问题上，一方面要提高管理水平和服务质量，以优质的服务换取优价的回报，同时要有效地降低成本；但另一方面要使物业服务企业要获得良好的经营效果，离不开对市场的正确分析和把握，只有瞄准市场需求，准确把握机会才能获得成功。

(一) 注重物业服务工作中经营理念的培养

美国的物业服务行业大多数企业可以为客户提供租赁、估价、交易、咨询等项服务。在他们看来，优秀的物业服务可以为客户提供良好的工作、生活环境，而更重要的作用在于使物业服务企业的经济效益得到充分的发挥。

(二) 市场对物业服务市场化经营需求旺盛

1. 租赁市场的繁荣给物业服务企业提供了进行房屋租赁中介服务的市场。物业服务企业作为出租方最接近客户，所以在房屋租赁代理领域有得天独厚的条件。加上目前支撑租赁市场的中介组织专业水平低，操作欠规范，给物业服务企业留下了广阔的盈利空间。

2. 物业服务发展的趋势之一就是专业化分工越来越细，物业服务企业为了降低成本，提高效率和竞争力，将一些专业工作对外委托。物业服务企业可以根据自身的管理服务特长和资源优势，成立专业化的队伍，承接其他物业服务企业或其他行业的相关业务。

3. 随着物业服务行业规模不断扩大，不仅带动了相关产业的发展，而且物业服务本身也对社会相关行业提出了更高、更大的市场需求。由此，开拓的市场化经营行为，既为

同行业提供了方便，促进了行业的发展，又为企业自身开辟了新的市场。

三、物业服务市场化经营模式的操作实施

物业服务企业要搞好经营，除了要了解市场把握市场以外，还应把握市场化经营的方法，抓住重点充分挖掘企业在人力、物力、财力、信息资源上的潜力，运用先进的经营管理理念和方法，发挥自身品牌、管理、信息、地缘以及最贴近客户的优势，才能取得好的市场化经营效果。

（一）加强市场化经营观念和意识培养

物业服务者只有具备了强烈的营销意识，才能使物业服务企业的潜力得到更充分的发挥。企业员工要深刻理解市场化经营是物业服务工作应有之义和分内之事，物业服务本身固然重要，而一项优秀的物业营销方案更可以使开发商、客户得到更多的实惠。

（二）培养市场化经营专业人才队伍

物业服务是劳动密集型产业，而物业经营是知识型、信息化产业，现代物业营销已进入到个性化、网络化整合型时期，没有富有经验的经营人才，物业服务市场化经营就是空谈。因此，物业服务企业要注重在实践中培养经营骨干，适当引进优秀人才，建立一支配合默契的经营管理团队。

（三）加强物业服务品质的提升

加强物业服务品质的提升无疑是企业经营的基础任务和主要工作。在这个问题上，一方面要提高管理水平和服务质量，以优质的服务换取优价的回报，有效地降低成本；另一方面要使企业达到长期、稳定、可持续发展的目标。

（四）以物业项目为中心开展多种经营

以物业项目为中心开展多种经营是对物业服务主业经营的很好的辅助和补充。由于物业服务企业在物业项目资源利用上占一定优势，另一方面物业客户的需求给物业项目开展多种经营提供了巨大的发展市场，所以物业服务市场化经营模式一旦形成，就会得到很好的回报。

（五）注重企业对外宣传，提高市场认同感

注重企业对外宣传不仅能提高企业的知名度和认同感，还可以起到引导消费，拓展市场的作用。通过积极的宣传、引导和示范，让业主见到或了解到文明、健康的生活方式和居住环境对其生活质量和生活素质的影响，以及对其拥有房产的价值保障的作用。不仅能提高业主的住房消费意识，增加物业服务企业的收益；而且能大大降低物业服务的难度，减少与业主的争议。此外，物业服务市场化经营模式还应该实施品牌战略，有计划、有步骤，积极稳妥地建立企业的品牌，充分利用名牌所带来的巨大的市场效应和市场信誉。

（六）培养创新精神，扩充服务项目

创新是企业成功的根本，企业之间的竞争实际上是创新能力和创新规模的竞争。物业服务市场化经营强调企业追求的目标不只是利润的最大化，还是企业是否具备生存的原动

力和永续“增长动力”，即创新思维和创新能力，是否能够激发每位员工的内在潜力，使其转化为企业的创新能力，从而建立新的事物(新的产品、生产工艺、生产方式，新的市场、来源、领域，新的企业组织形式、管理方式)，并由此形成实力雄厚、优势明显的创新产业，将创新成果有效运用到物业服务企业可持续发展当中。

第三节　物业服务企业提高品牌竞争力策略

打造物业服务企业品牌早已成为业界一个耳熟能详的话题。虽然物业服务企业品牌概念的界定众说纷纭，但概括来说，品牌就是物业服务企业提供服务的个性，“品牌化”即“个性化”；同时，也有人认为从一个更高的层面上讲，物业服务企业的品牌不仅是用以区别其他物业服务企业的标签，还是一个复杂的符号，代表着不同的意念和特征，最终的结果是：品牌必将变成物业服务企业所能够为业主提供的服务所蕴含的文化内涵。所以说，对于物业服务企业来说，品牌作为普遍概念，外延是由一个一个独立的品牌组成的类，例如，特色服务品牌、企业文化品牌等；但是具体的特定品牌是单独概念，反映的对象是独一无二的具体品牌，例如，万科、赛特、中海、金地都是一个个具体的独一无二的品牌。构成物业服务品牌的要素主要有：物业服务公司的声誉、形象以及形成和影响物业服务公司声誉、形象的一系列因素，包括物业服务公司的特殊名称、注册资金、管理业绩、装备水平、社会评价、业主委员会、政府意见的反映等；负责人的管理经历、社会地位与影响力；管理层的素质；专业技术人员的职称或技术等级等等；此外，还包括服务项目、收费标准、服务态度、服务深度等方面的内容。另一方面，一个知名品牌能将产品本身的价格提升20%～40%甚至更高。随着当前社会的不断发展，市场经济不断深化，企业间的竞争也更加激烈，品牌必将成为一种最为有效的企业竞争力。因此，如何使企业在激烈竞争中取得胜利，有效地确立企业自有品牌竞争力就成为一项必要的战略。

一、物业服务企业发展现状及物业品牌优化策略

由于物业服务的理论研究严重滞后，导致当前物业服务中出现了许多棘手问题，特别是我国进入WTO后，随着市场主体——业主维权、自律意识的增强，市场招投标机制的规范运作，物业市场必将重新洗牌。少数具强势品牌的一流企业必然会更具竞争实力甚至会出现市场垄断现象，而一大批中小型弱势企业只能“在路边找点快餐充饥”，甚至将面临被市场淘汰出局的命运。虽然政府从行政、法规等诸多方面，正在规范和引导物业服务的有序发展，出台了《物业管理条例》、《物业服务标准》等相关文件，广大物业服务从业人员也积极改进工作，但是仅仅按照国家、地方和一些公认的物业行业标准发展很容易造成众多物业服务企业“同质化”的现象，没有自己的优势、没有自己的特色、没有自己的品牌，而且传统的企业经营战略中的理念识别、视觉识别、行为识别，也很难拉开众多物业服务企业之间的距离，很难再有新意。

（一）建立物业品牌势在必行

物业服务行业的“同质化”趋势越来越明显，企业要发展没有叫得响的品牌不行，原因在于业主肯定愿意将物业项目交给品牌知名度大的企业管理，以期获取额外附加值，建立鲜明品牌、特色服务是物业服务企业竞争的重要砝码。因此，物业服务企业无疑必须走差异化之路才能实现可持续发展。随着物业市场逐步建立和完善，物业服务企业间的竞争将愈发激烈，竞争也必然从最初的价格竞争、服务质量竞争演变为物业品牌竞争。就目前物业服务市场而言，一方面享有品牌效应的企业，诸如万科、中海等送上门的物业项目吃不了；另一方面，一大批中小物业服务企业却在为拓展市场大伤脑筋，甚至饥不择食。这一对比充分说明：品牌是企业的生命，没有叫得响的品牌，物业服务企业的可持续发展必将面临危机。

（二）物业服务品牌优化策略

走品牌之路已成为众多物业服务企业领导层的共识，但是由于不同企业的实际情况千差万别，物业服务行业又有其特殊性，如何打造物业品牌，如何优化品牌服务策略，就成为企业必先解决的问题。从宏观的角度看，物业服务企业的企业品牌建设大致可以从以下三方面进行讨论。

1. 物业特色定位策略。简言之，物业特色定位就是确定地位，明确目标和方向；没有定位，企业只能在市场竞争的迷雾中穿行。物业服务企业创建品牌的整个过程中，不论是企业的内部经营管理，还是外部物业项目以及为业主提供的服务，都应追求自身品牌的新颖特质，从而催生企业品牌的成长。如万科物业服务运作模式：从初创时期的“业主自治”到现阶段的“无人化管理”、“个性化服务”模式；中海的“规范化发展，网络化运营，信息化管理，专业化增效”模式。物业服务的类型也应有本企业的特色，是政府开发的物业项目、商品房，还是工业区、学校、医院等特殊类型的物业，每个企业都应该有所为有所不为；如中海主要外接高档物业，万科重点是万科地产的物业等。物业服务终极理念的提炼和概括有待于业内人士去进一步研究和探索，其思路应该是：物业服务是管物，更是服务于人。人的服务总是由低级向高级提升，由物质向精神深入，直至抵达业主需求的最高境界，即心灵上的栖息放松和超然的满足，这应该成为每一位物业服务人执着追求的目标。

2. 集中优势策略。物业服务企业没有必要和能力满足大部分的市场需求，如果与行业内的大企业争夺同样的顾客群，企业将处于不利的地位。集中优势策略就是主攻某个特定的顾客群，或某产品系列的一个细分区间，或某个地区的市场。围绕着如何很好地为某个目标市场服务这一中心，企业制定的每一项性能方针都要考虑自己的市场定位，把精力集中在目标顾客上以提高效率。集中优势策略有助于降低成本费用，形成特色品牌。物业服务企业在创建品牌的整个经营管理过程中，必须集聚有限的资源，锁定一个个要害核心问题并能持续地坚决地加以攻克，以实现管理中的杠杆效应，为打造物业品牌创造捷径，这便是集中优势策略的要旨。值得注意的是，目标市场和产品定位一经确定，就不应该频繁地改变，坚持服务自己的顾客往往要求企业敢于拒绝其他少数顾客的需要，实行“有所为有所不为”的做法。集中优势策略，在创物业服务品牌实践中的具体运用主要是应该锁定并解决以下几个问题。

（1）地点：就像一个成功的作家会有一篇代表作，一个著名的歌星会有一首成名曲，一个将军也必定会有一场使他扬名的经典战役。要成为知名品牌企业，无论如何必须精心打造一个能体现企业品牌标志的榜样项目部，选择有代表性的物业项目作为品牌特区，这样才能以点带面，推动整个企业的品牌创建工作。

（2）人点：兵不在多，关键在将。创建物业品牌类似于开山辟路，如果没有一位骁勇善战的良将，打造品牌只能是纸上谈兵。

（3）物点(物业服务关键点)：这是指在具体的物业服务项目运作过程中，为了打造品牌必须抓住重点问题，不能没有目标盲目出击，应力争实现服务质量、服务形象、服务能力、服务特色、服务效果的突破，在企业内部不断实现持续改进的良性循环，达到螺旋上升促进企业发展的目的。

（4）亮点：在物业服务各敏感区域与业主零距离、面对面的窗口形象管理上，要集中力量把物业服务做精、做细、做亮；力争产生好的口碑，从而直接提高物业品牌的知名度和美誉度。

3. 硬件载体策略。物业服务企业品牌的内涵是内隐的。因此，除了上述的一些途径以外，还应该重视物业项目本身硬件直观的、具象的载体。比如说在住宅小区里布置的环境小品；写字楼、办公区设置的雕塑、陈设等。这或许和以上的一些途径比起来，需要物业服务企业做一些追加投入，但通过对硬件载体的投入，所达到的良好效果也是非常明显的。

二、物业服务行业外部环境营造策略

（一）充分发挥政府和行业协会的作用

物业服务行业体制的改革，就是要充分发挥政府和行业协会的作用，将物业服务置于法律法规和行业协会的监督和管理之下，为行业发展创造良好的外部环境。物业服务行业上级主管部门应加快政府职能的转变，发挥政府宏观管理体制的作用，做好行业发展的宏观政策的制定，做好地方性法规细则的完善，并且根据市场上新出现的情况，及时做好政策调整和法律、法规的修订、完善。与此同时，应加快行业协会的建设，将微观管理的职能交给行业协会来完成。行业协会作为行业性社会团体应当随着政府职能转变逐步发挥其应有的作用，协助政府行政主管部门宣传行业的法规、政策，使物业服务工作深入人心；协助政府主管部门落实年检、资质、上岗证的审查工作；推动行业内外的横向联系，加强与其他地区物业服务企业的合作，积极开拓地区外物业服务市场；开展物业服务人员培训等，真正发挥行业协会在政府主管部门与物业服务企业之间的桥梁和纽带作用。

（二）建立以招投标为核心的市场竞争机制

目前，不同组建形式的物业服务企业数量很多，但是从行业整体发展来看，由于市场化水平不高，缺少有效的市场竞争机制，导致物业服务企业普遍缺乏活力。为此，政府主管部门应当在物业服务行业中引入以招投标为核心的市场竞争机制，建立起良好的市场竞争体系，使物业服务企业在公开、公平、公正的市场竞争中不断完善自我，提高自身竞争力，推动物业服务市场逐步走向规范化。

（三）建立健全相关的法律法规

物业服务涉及房屋、土地、环境、设施、人与物以及人与人的关系，错综复杂，矛盾纠纷时有发生。目前的法制建设相对滞后，从而造成在行业管理中纠纷解决难。物业服务是市场经济的产物，保证市场经济健康发展的前提是行业法律法规的建立与完善，而更为重要的是各级地方政府要依照《物业管理条例》的规定，结合本地情况，做好地方性法规的建设，做好相关细则的完善，细化入住合同、物业综合管理规定、纠纷处理规章、房屋、设备维修基金的法规等，进一步明确各方的责、权、利，使各种矛盾纠纷在解决时能够有法可依。

（四）加强物业服务企业的资信度管理

加强物业服务企业资信度的管理是政府加强宏观管理的重要手段，是行业协会发挥作用的重要内容，所以结合管理体制的改革，必须建立起完善的资信管理体系。资信度管理不仅有利于物业服务企业强化自身建设，增强市场竞争力，而且有利于行业的健康发展。

三、物业服务企业内部建设策略

（一）强化服务意识和品牌意识

物业服务企业要立足于市场，向品牌管理发展，首先，要以优质特色的服务，树立企业品牌形象。物业服务企业要在提高服务质量上下工夫，为业主提供及时、方便、周到的服务，使企业每一项服务都成为一个闪亮的窗口，在服务中孕育品牌。其次，物业服务企业要在品牌形象的设计上下工夫，提高知名度。物业服务企业必须以市场为目标，以需求为导向，以消费心理为依据，正确设计自己的品牌形象，通过恰到好处的宣传，提高企业形象的社会认知度。目前，物业服务企业可以引入CI设计，即对企业形象的一种全面管理，它包括产品形象管理、人员形象管理和环境形象管理，通过统一的视觉识别设计加以整合传达，使业主和公众产生一致的认同感，提升企业的形象。

（二）树立正确的经营理念

物业服务过程中业主是上帝，服务是根本，只有树立业主至上、服务第一的思想，物业服务企业的经营才能持续长久的开展下去。同时，坚持“三效益”并重原则。这里所说的“三效益”是指社会效益、环境效益和经济效益，物业服务切不可只重视经济效益，而忽略社会效益和环境效益，三者应相辅相成、相互作用、共同存在、共同发展，不可偏废。还要认识到物业服务是一个系统工程，是由许多子系统构成的一个全方位管理的总体系，按照体系内在要求，实现系统化管理是保证物业服务整体系统快速、有效运转的前提条件。

（三）形成规模经营，提高经营效益

现在的一些物业服务企业处于苦苦支撑，甚至入不敷出的状况。究其原因，主要是企业规模普遍偏小，专业人才匮乏而且分散，难以发挥群体功能的综合实力，从而导致行业整体上亏损严重，发展后劲不足。面对这种形势，为改变这种分散经营的局面，实现规模效益，使企业得到持续、健康、快速的发展，物业服务企业必须走规模化经营发展的道路。这是物业服务企业发展的必然趋势，也是适应市场经济发展的客观需要的一种新型物业服务企业发展模式。现阶段，可以通过兼并、企业间的联合、合组等资产重组手段，实现优势互补，发挥企业的规模和群体优势。

（四）实现多元化经营，拓展企业经营资金渠道

物业服务企业的支出与收入具有不确定性因素，若物业服务在管理上略有疏忽，就会导致经营危机，收不抵支。因此，各个物业服务企业应在现行政策法规允许的范围内，加强内部造血机能，利用自身优势开展多种经营，广拓资金渠道，增加收入来源。

（五）提高物业服务人员的整体素质

物业服务是一项专业性和实践性很强的工作，专业跨度大，需要各类人才。由于物业服务行业是新兴行业，受过物业服务正规培训的人不多，绝大多数人都是从其他行业改行来的，造成行业专业人才缺乏，整体素质不高。因此，物业服务企业应加强人才队伍的建设和培养。首先，是加强现有职工的在职培训，举办专题讲座等，建立鼓励职工进取的激励机制，优胜劣汰，提高职工素质。第二，是目前很多大专院校已经设立了物业服务专业，每年都有大量高素质的毕业生进入社会，物业服务企业应当立足长远发展，积极吸纳高校的物业服务毕业生，作为人才储备，培养他们成为企业发展的支柱。第三，是从国外物业服务企业挖掘、引进高级管理人才，真正提高企业的管理水平。

（六）利用现代化手段提高服务质量与服务效率

物业服务企业只有具备现代化的设备和卓越的管理，才能提高服务质量和工作效率，这是企业增强竞争力的有效途径之一。目前，物业服务企业必须逐步摆脱过去那种单纯依靠人工进行管理的思想和手段，及时将成熟的科学技术应用到物业服务的具体实践中，提高管理效率和服务质量，使物业服务走上社会化、专业化、现代化的管理之路。

总之，物业服务发展到今天，谁也不再否认物业服务是一个朝阳产业，绝大部分的从业者也承认今后的几年将是物业服务发展的艰难时期。扩大再生产由外延向内涵转变已成为大势，作为服务行业的物业服务经过 20 多年的粗放式经营，也应及时做出这样的调整。建立起符合自身特点、不断提高企业素质打造物业服务企业品牌竞争力，将是物业服务企业发展的根本途径。

第四节 创造与培养物业服务企业核心竞争力策略

据有关资料显示：20世纪70年代的世界500强，进入80年代三分之一已经出局，说明摆在世界众多企业面前的严峻课题是如何迎接与面对具有全球化概念的市场经济竞争。如何为保证企业可持续地、快速发展创造与培养企业的核心竞争力？如果不具备核心竞争力，企业面临的将不是增长问题而是生存问题。

一、物业服务行业的SWOT分析

SWOT分析指的是强势（Strengths）、弱势（weaknesses）、机遇（Opportunities）、威胁（Threaten）状况的综合性分析。面对发展迅速、处在朝阳地位的物业服务行业，其强势是初步形成具有独立法人结构、独立经营核算的企业，在经营上具有一定规模，在管理上初步形成规范化、标准化的现代企业管理制度；同时，在其市场化进程中，弱势表现在随着目前物业服务的快速发展和物业服务覆盖面的不断扩大，行业发展深层次问题和矛盾也随之暴露出来。法制建设滞后，产权关系不清晰，业主委员会权利与义务不明确，社会行政责任与物业服务责任区分不清等一系列的问题都影响着企业的发展，影响着物业服务的内涵挖掘，影响着物业服务企业的彻底市场化，影响着企业经营的宽度与深度。

二、创造与培养企业核心竞争力的现实意义

目前，从中国物业服务行业发展较为成熟的深圳地区来看，存在1000多家物业服务企业。很小的一个小区，或者几栋楼就存在一家物业服务企业，而且这种情况比比皆是，这实际上是为物业服务行业的不健康发展提供了温床，同时也是社会资源的浪费与配置的不合理。而物业服务发展较为发达，市场经济成熟，人口600万的香港，物业服务企业也仅为500多家，这种差异现象的确值得业界反思。对于有资金、技术、人员优势，拥有先进管理服务理念与经验，企业机制灵活拥有企业成本领先优势的外资企业和民营企业，将会成为未来物业服务市场有力的竞争者。而另一方面，对于接受服务的业主来讲，其对服务价格的敏感理性认识，维权意识的加强，对物业服务行业了解的增强，对服务质量提高要求的增加以及服务价格理性的回归等因素，也无疑会给物业服务企业发展增加了压力。此外，业界应该理解以上这些情况的出现是市场经济的正常反应；对于行业竞争来说，物业服务市场化的全面启动，对于物业服务行业来说是不可多得的契机，占领市场份额刻不容缓。

三、物业服务企业核心竞争力的有效实施策略

物业服务企业的核心竞争力，在市场拓展与激烈的市场竞争中将起到不可估量的重要

作用。如何创造与培养物业服务企业的核心竞争力，是眼下众多中国物业服务企业的当务之急。物业服务企业核心竞争力的有效培养可以通过一下具体策略实施。

（一）需要实施专业化策略

众所周知，当一个企业在自身行业领域范围内，做到专业突出具有行业特色是非常不易的。万科集团当年横跨13个行业，并且个个盈利，但是世界投资专家评估其企业风险也是最大的，好在万科已认识其风险的存在，并采取了专业化策略。如此调整行为体现了专业化发展策略对于企业深度发展的重要！物业服务企业的专业化发展，则体现在日常为业主提供专业化的公共服务与特约服务方面，例如清洁绿化服务、安全护卫服务、电梯保养维护服务、楼宇智能化服务、业主报修服务、公共设备设施服务等硬性服务；对于服务态度、服务质量、物业咨询服务等软性服务，同样也必须体现出企业专业化发展的水准。因此可以这样说，当物业服务中的硬性与软性服务发展达到一定专业化程度，由其形成的以点带线，以线成面，进而由其衍生构成的组合型服务自然也会具备其专业化。此外，建立、变革以及不断完善现代化企业管理制度是企业实施专业化策略的重要保证。

（二）需要实施成本领先优势策略

通过机构精简、部门合并、工作流程垂直与水平的整合，从而提高工作效率，降低管理成本。实施成本领先优势策略步骤：首先，确定基础业务活动。确定职能部门与业务部门如工程技术部、品质管理部、物业咨询部、项目部等部门基本业务活动。其次，进行总成本的分配工作。第三，确定成本驱动部门，即确定与成本变化较大的相关部门。第四，确定与成本相关的联系，并提出成本降低建议。通过实施成本领先优势策略，不仅可以保证服务产品输出的质量，而且可以提高企业的盈利能力与水平。同时，积极主动地拓展市场，通过扩大管理面积，拓展营运规模，增加盈利能力的规模化运作也是降低企业运营成本的重要途径之一。

（三）实施企业创新化发展策略

物业服务行业虽然属于新兴的服务行业，但是其内涵尤其是深层次服务内涵非常丰富，不但服务产品可以创新，同样服务过程也可以创新；而且物业服务如何调整变革、如何进行创新，不但意味着差异化卖点的产生，更多的是还可以直接表现为利润价值。从物业服务行业生命周期来看，在行业的导入期与成长期，服务产品是比较容易创新。而进入成熟期后，创新率较低，但对于物业服务过程在行业生命周期任意时候都可以不停地创新再造推陈出新，才能锁定业主目前需求，细化服务市场，瞄准业主潜在需求，规划业主长远需求，最大限度地满足业主需求，持续不断地让业主满意。CRM（业主关系管理）的运用、特约服务、个性化服务、管理报告制等都是物业服务过程的创新。在物业服务行业生命周期的衰退期时，由于服务产品缺乏竞争力，此时需要实施服务策略的创新。通过创新，让企业与行业其他企业产生差异，从而保证企业自身比其他企业更具有领先优势。此外，通过运用价值链的分析，再来关注一下企业发展潜在的差异化。价值链终端产品服务与业主相连接，也就是通过物业服务企业建立为业主提供快速服务反应的企业组织结构，为业主提供最好服务的人力资源，为业主提供最佳服务的科学技术三层宏观面；以及通过实施物业服务品牌渗透的市场营销，在运营中实施品质控制到终端为业主提供具有质量保证与诚信服务的微观面，挖掘潜在的差异化，为更好地实施企业差异化发展策略打下坚实的基础。

第五节　行业推行市场化招投标过程存在的问题及改进策略

从20世纪90年代后期起，中国的物业服务开始进入市场化运作阶段，为了使新兴的物业服务市场逐步规范成熟起来，必须尽快引入竞争机制，物业服务项目的招标则是促进良性竞争的有效手段。随着物业服务招投标政策的逐步完善，使得物业服务市场得到了进一步的拓宽。通过公开招投标，物业服务企业可以在平等竞争的前提下开拓业务，扩大市场份额，实现规模化经营，提高管理水平，树立企业形象。招投标制度的实行，也要求物业服务企业的服务质量不断提升，并促使其向尽善尽美的目标靠近。

一、物业服务行业的健康发展需要推行招投标

物业服务招投标的推行是行业自身发展到一定阶段的产物，是行业自身运行规律的体现。它标志着房地产开发商和业主维护自身权益意识的增强，标志着物业服务企业市场竞争意识的增强，标志着物业服务将真正作为一个相对独立的行业而存在发展。

（一）物业服务招标方的逐步成熟

物业服务招标方包括房地产开发建设单位和代表物业项目业主的业主委员会，前者往往是政府投资部门、事业单位和房地产开发企业，一般具有招标的经验和能力；后者则往往面临缺乏经验、无完善的操作规范可依的问题。因此，业主委员会需要有一个提高自律意识、努力掌握招投标相关政策、规则和学习成功经验的过程。总体来看，物业服务招投标方正在逐步走向成熟。房地产开发商意识到，本着对今后管理负责的态度，打破地区界限、放眼社会、一步到位选聘社会上有实力、有经验、有品牌的专业物业服务企业，负责起物业售后服务工作，既符合社会分工的专业要求，顺应物业服务市场竞争的发展潮流，也摆脱了自己做管理又不懂管理，以致被投诉甚至被“炒鱿鱼”的窘境，并能使业主们一开始就享受到高水平的管理服务，与物业服务公司建立起信任合作的关系。物业项目的业主对物业服务企业的取舍支配着竞争的走向；业主们对物业服务企业的判断逐渐摆脱“费用决定论，”即并不是谁报价低就选择谁，而是依据投标企业的管理水平、以往业绩、服务特色等因素综合考虑。

（二）物业服务投标方的逐步成熟

投标企业一般均具有公平竞争的意识，试图通过投标抢占市场份额，扩大企业影响走规模化经营道路。特别是一些跨区域投标的物业服务企业，往往具有良好的资质，较为丰

富的管理经验和专业知识，以优质的服务在物业市场上取得了一定的信誉，无论是硬件还是软件方面均有占有优势。在投标过程中，投标企业要注重前期的市场调研，对招标物业的市场状况，有关的政策、法规，居民对物业服务的认知程度等展开全面了解精心准备，做到有备而来。通过竞争，投标企业认识到，不仅要善于理财，为业主精打细算，更要凭借全新的理念和举措，突出自身的服务风格和品牌形象，赢得物业服务权。目前，也还存在个别投标企业采取非正当竞争性手段，钻政策法规的空子，干扰招投标活动的现象；还有的投标企业脱离实际作出种种过度承诺，也影响了评标工作的正常进行。

（三）使开发建设与物业服务相互分离

物业服务招投标应打破谁开发、谁垄断的陈旧模式，使物业开发和物业服务相互分离。在物业服务自身作为一个行业存在的初期，开发商别无选择地自组物业服务企业，但是随着行业的发展需要，如果物业项目开发和管理不进行分离，会造成许多难以调和的矛盾。尤其在各种法令法规及其配套措施还不够完善的今天，开发商自己直接组建和管理物业服务公司，若缺乏自律意识，或在自身经营中发生困难的前提下，将最终损害业主的切身利益。举一个最简单的例子：开发商拖欠、挪用或不按规定金额缴纳维修基金并不是个别现象，相当一部分就发生在开发和管理为同一家公司的情况下。一旦开发商资金运作困难，直接导致的结果就是业主委员会成立之后不能获得足额的维修基金，甚至失去大部分基金，包括业主自己所缴纳的部分。物业服务招投标工作的开展将促使物业项目开发和物业服务分离，最大限度上保障业主的利益不受侵害。随着行业自身的发展，“建管分离”势在必行，也只有开发和管理实现分离，才能促使越来越多的物业服务企业不断壮大、独立成长，保证物业服务作为一个独立的行业按照其自身的规律健康发展下去。

（四）加速推进全行业市场化进程

经过十几年的发展，全国各地目前已形成了许多有较强市场意识的专业化物业服务企业，迫切希望扩大市场占有率，行业竞争日趋激烈。如果不能保证这种竞争始终处于有序、公平的状态，就有可能造成不正当竞争的蔓延，发生暗箱操作，最终将不利于行业的健康发展。只有在公开、公平、公正的竞争机制下，才能保证一批观念新、效益好、实力强、规模大、机制灵活的物业服务企业在市场竞争中凭借自身的优势脱颖而出，通过竞争机制，加速推进全行业市场化进程。与其他行业一样，物业服务的发展也需要一批优秀的企业尽快崛起，通过企业的不断自我完善和创新，通过相互间的竞争和交流，最终带领行业内其他企业的共同进步和提高。而物业服务招投标的推行正为本行业内领导型企业的迅速成长提供了条件。

（五）平衡各方利益制定行业规范机制

不少物业服务企业在参与物业服务招投标过程中都会遇到这样一些问题：开发商希望物业企业吸纳一些自身难以消化的人员；减免空房物业服务费；为了促销，尽量降低物业服务费收费标准等。而物业服务企业出于承接物业项目的渴望，常常处于进退两难的境地。这些问题看似开发商与物业服务企业作为合同双方的权利义务问题，实际暴露出的问题是开发商、物业服务企业、业主三者之间的权利义务没有得到相应的保障。以招投标方式选聘物业服务企业就可以解决这些问题。招投标的评审权和决定权授权交给了专家评审小组，有利于作出最正确的选择。同时，整个招投标过程是公开、透明的，交易条件也公平、明示，最大限度上杜绝了不合理条件，有利于保障开发商、物业服务企业、业主三者利益的平衡，最终有利于物业服务行业的健康发展。

二、招投标过程中急需解决的一些问题

招投标机制可以充分实现市场资源的优化配置，规范物业服务市场，但由于物业服务招投标尚处于起步和尝试阶段，不可避免地存在着一些不尽如人意的问题，在具体实施的过程中仍有几大难题需要解决。

（一）传统的“谁开发、谁管理”的垄断经营模式仍未打破

部分房地产开发商仍然固守“肥水不流外人田”的传统观念，在物业项目开发完毕后自己成立物业服务企业进行后期经营管理。这种做法的直接后果是由于项目的开发人员普遍没有物业服务经验，故此类物业服务企业管理人员的素质普遍较低，专业性不强，服务意识较差，管理水平较低，广大业主和使用人满意率不高、投诉较多。此外，由于开发和经营一体，直接导致开发商和物业服务公司责、权、利不清，许多开发遗留的问题责任后移给了物业服务企业，业主与物业服务企业矛盾突出，而物业服务企业又无法承担，更无力解决此类问题。房地产开发商应能否转变观念是解决这一问题的关键。目前，有不少开发商已经认识到开发与管理分离的好处，通过招标方式选择优秀的物业服务企业，这样不但可以分清建管责任，而且优质的管理和服务更可以增加物业项目的卖点。

（二）盲目参与导致恶性竞争

部分企业为了竞标，盲目追求价格的最低化，不惜亏本经营，将合理价格变成最低价格，把招投标的过程变成投标者之间竞相压价的过程。一些招投标组织者不顾物业服务企业是否亏损，一味追求最低价，往往是谁能承受亏损谁就中标。按照这样的方式招投标，物业服务企业往往只是高兴于中标成功的瞬间，等进入实际管理就走不通了，要么服务质量上不去，要么必须重新调整价格。要避免此类恶性竞争事件的发生，就要求物业服务企业对投标价格有一个正确的认识，努力做到物业服务质量与价格成正比，同时兼顾投标价格中的可比因素与不可比因素。

1. 物业服务质量与价格成正比。招标者希望“马儿快点跑，又要马儿少吃草”；投标者深知价格高了中不上，于是为了中标刻意压低价格，压低价格的结果就是影响了物业服务质量。其实，物业从业者都应该明白，服务质量的高低与服务价格的高低是成正比的。招投标的目的是希望通过竞争实现价格的合理化，而非价格的最低化。在实际评定中，招标方应当将投标公司的管理服务水平与该公司的报价进行综合分析评定，然后得出其是否科学的结论，而不是在绝对价格上简单进行对比。

2. 投标价格中的可比因素和不可比因素。物业服务价格的组成比较复杂，不同的物

业服务企业往往有自己的表达方式。因此常常会出现这种情况：各家的价格组成不一样，很难进行相互比较。如果一定要进行比较就应该将报价项目分成可比因素和不可比因素。能源费、维修费在投标中仅仅是一种预测，进行比较的实际意义并不大，可以划入不可比因素。需要比较的是人员费用、酬金和日常开支。坚持正确的比较方法，对于正确地选择物业服务企业具有相当重要的意义。

（三）不规范的自发、隐性招标较多

此类招标多是为避开政府监控，冒竞争之名行暗箱操作之实。招标方在招标前早已定好中标人，只是借用招投标的形式掩人耳目。其他投标单位在全然不知的情况下投入大量的成本去编制标书、参加答辩，却不知是给人家做了嫁衣。要解决这个问题，必须规范整体招投标活动。物业服务的招投标是一项市场经济活动，只有采用市场经济的活动方式才能真正达到目的。因此，政府应该成为招投标的倡导者、监督者，不应该仅仅是招投标的组织者、操作者和评分者。另外，招投标的市场主体是房地产商、物业服务企业和物业项目业主，让三方唱主角才能促进招投标活动的健康发展。其次，是要切实实行专家评审制度。物业服务的专家不应该是任意指定的，应该是通过行业部门审核评定的业界权威人士。

（四）业主委员会招标任重道远，新老物业服务公司的交接问题突出

业主委员会作为业主大会的常设机构和决议执行机构，代表着全体业主的利益。作为物业服务的重大事项，重新选聘物业服务公司理应由全体业主决定。但目前业主的参与意识普遍较差，对公共事务并不十分关心。反映到物业项目招投标的问题上就是业主委员会重新选聘物业服务公司的过程磕磕绊绊，落实中标结果更是难上加难。所以业主委员会招标后原物业服务公司拒不退出，中标企业无法进驻的尴尬局面时有发生。为了保障业主自身的合法权益，全体业主应自觉配合业主委员会的日常工作，积极参与物业项目的管理和监督。同时，各级法院应加大对物业服务纠纷的审理力度，明确业主委员会的法律地位，采取强制措施落实中标结果。

第六节　物业服务过程中的营销策略

近年来，消费者权益保护协会接受的关于物业服务的投诉在迅速增加，如何提供优质的物业服务已经成为人们关注的焦点话题。从法律上讲，物业服务权并非权利、也不是权力，而是一种义务，义务是不能放弃的，而权利、权力是可以放弃的。从企业经营性质上讲，物业服务企业是社会化的经营性企业，借以为业主提供优质服务而完成盈利的目的，物业服务企业出售的产品就是服务。物业服务已经从“企业管、业主住”的模式演变为“业主说、企业管”模式。也就是说物业服务已经由以前的管建筑、管业主转变为服务于建筑、服务于业主。物业服务俨然已经成为了服务营销的典型代表。物业服务完全具备服务营销中服务这个产品的五大特征：不可感知性；不可分离性；差异性；不可贮存性；缺乏所有权。那么物业服务企业将如何依据这个产品的特殊性进行服务营销，又将如何建立提高顾客满意度和忠诚度呢?

一、物业服务所提供服务的现状分析

(一) 很多物业服务企业还沉沦于物业服务的管理权限中

没有认识到物业服务企业其实就是服务产品的营销企业，业主就是企业的顾客，顾客可以购买企业的产品，也可以不买企业的产品，跟其他以盈利为目的的企业没有任何的区别。这种企业经营的意识不改变，自然企业行使管理权的行为就不会改变。

(二) 很多物业服务企业自己首先设计好了服务范围和服务质量

哪怕有些物业项目成立了业主委员会，也只是一个美丽的外衣，没有依据业主的真正需要去进行产品的改造。业主直接参与服务的生产过程，并参与在这一过程中同服务人员的沟通和互动行为，向传统的营销理论和产品质量管理理论提出了新的挑战，这就要求企业必须依据顾客的差异性和社会的发展不断改进自己提供的产品——服务。

(三) 行业过多地倡导为业主提供超值服务

超值本身并没有错，但应是在以满足物业服务企业盈利目的为前提的情况下进行的超值服务，也就是同等成本里的更好的服务，而不是以牺牲自己利益为代价提供的超值服务。如果前期就破坏了企业自身的盈利目的，也就打破了价值交换的客观规律，势必为物业服务的长期发展和顾客忠诚度的提高埋下祸根。

从现状可以看出，物业服务企业的经营不但没有满足其所销售产品的五大特征，更没有顺应服务营销的要素。作为一个以提供服务为产品的企业，可想而知不懂得怎么样去进行服务营销是多么的可怕。物业服务企业凭借对业主的服务获取业主的满意度和忠诚度，并以此获得业主的报酬从而实现自己盈利的目的。可见物业服务企业必须做好自己的服务营销工作，把服务更好地销售给业主，完成企业的本质特征——以盈利为目的。也只有建立这样的经营理念，才能把自己的产品做好，使企业进入可持续发展的良性循环。物业服务企业应把管理业主的思维彻底地扭转到服务业主上来，不再是想办法进行管理，而是想办法进行更多的服务。

二、物业服务中的服务营销法则

(一) 有形展示服务

服务本身是无形的，是顾客在消费之前无法感知的，所以我们就必须将服务这种产品有形化，利用语言、文字、图形、多媒体等工具将服务全面地展现在顾客面前。比如：将提供的具体服务张贴在物业辖区公告栏上、丰富物业管理区域内的各种标识、公布各种服务质量标准等，向业主提供消费者知情权，使业主清楚地知道物业服务企业具体能为自己提供什么服务，服务的质量如何。

（二）结合服务的不可分离性，随时改进自己的产品

服务的销售和业主对服务的消费是同时进行的，服务产品的优缺点将在向业主提供的过程中立刻显现出来。这对物业服务企业改进自己的服务方式有很大的帮助，使产品与市场形成良好的互动关系。比如：物业服务企业推出一项面向业主的特约家政服务，这种服务是否可行将马上在业主的消费过程中得到答案，这时物业服务企业就可依据业主的意见和建议再来改进自己所提供的这种特约家政服务。

（三）提供个性化服务产品

服务这种产品一定是一种动态的产品，是很多小细节的综合体，会随着客户的不同、环境的不同而发生改变，进行不同细节的组合，以达到服务个性化的目的。在一个物业项目中业主的兴趣爱好十分广泛，而且各不相同，所以物业服务也不能完全是统一的模式，应该更多地了解业主的不同需求，对提供的服务进行不同的组合，物业服务企业可以在有偿服务上为全体业主提供丰富的服务套餐，让业主自由选择，提高业主的满意度。

（四）注重服务性价比

物业服务企业不能只顾及创建品牌而不顾及自身的利益，所提供的服务成本一定要与收入联系起来，向业主明确地出示有偿服务与无偿服务的成本，引导业主关注物业项目的长期性特点，从而引导业主对有偿服务与无偿服务消费的正确认识。

（五）增强服务沟通，填补服务差距

业主所期望得到的服务与物业服务企业所提供的服务永远都会存在差距，因为两者所站的立场不同，关注的利益点不同。怎样来协调这个问题呢？最好的办法就是有效利用沟通的方式。任何人的心里都有一个价值的评判标准，只要带着服务的意识和诚意与业主进行沟通，就能达成共识，找到差异平衡点。定期召开业主委员会；每半年举行一次业主满意度调查；每季度一次的入户拜访；每月举行的业主代表座谈会等都将成为有效的沟通渠道。

（六）建立内部员工满意体系

要为业主提供良好的服务，首先就要让员工感觉到他们得到了管理者的服务。只有基层员工感觉到被尊重并享受到被别人服务的愉快，自己才会有心情将这种服务传播给业主，所以内部员工满意度指数的高低，将直接决定物业服务企业为业主服务质量水平的高低。企业的全体员工都必须树立为内部员工和外部顾客服务的意识，将服务营销建立在企业的每个角落。

三、物业服务经营差异发展策略

物业服务更大的目标是要给所服务的物业项目一个明确的市场定位，使物业服务企业的产品——服务，具有独特的个性和良好的形象，并凝固在业主心中。物业服务经营差异发展策略，顾名思义就是发展与众不同的方面，即人无我有、人有我新、人新我变。它将直接影响到物业服务企业的经营业绩。经营差异发展是物业服务企业参与市场竞争，立于不败之地的有效策略。

（一）了解物业服务的特点和属性

了解所经营生产的产品特点和属性，也就是物业服务的特点和属性。其特点是指该产品必须抓紧时间，当即销售过期不补；该产品不能运送，必须就地出售，业主只能在本物业项目中享用；该产品受限，是定时定量的；该产品是通过各个部门、各位员工来实现的。只有了解产品本身的特点和属性，才能将服务产品差异发展做到细致化、个性化，从而赢得市场与业主的长期忠诚。

（二）了解并研究消费人群

各物业项目特点不同，楼宇内涵不同，业主群体构成不同，业主需求也不尽相同。面对种种不同，若想满足业主不断增长的需求，物业服务企业就必须了解业主的结构，包括文化层面、经济状况、精神物质要求、喜好等方面，并以此进行需求调查和分析，作为物业服务经营差异发展的基础。

（三）经营差异发展的内外两个方面

为保证经营差异发展的有效性，必须注意内外两方面的协调统一。对于内部——物业服务企业必须清楚自己拥有的资源和能力，是否能满足业主的需求；对于外部——根据业主的需求，包括生活、工作、情感等方面，提供超出业主期望的个性化服务，将“以人为本”的服务工作渗透到每一个服务产品中，这就要求物业服务企业要努力做到“以业主为关注焦点”，不断收集业主在获得服务后的信息反馈，并及时跟踪与利用反馈信息，开展创新工作，主动策划服务、主动提供服务、主动完善服务。掌握服务的主动权，想业主之所想，急业主之所急，服务到业主说之前，让服务产品的差异在业主与物业服务企业之间形成一种长期稳定的交易关系、利益关系、情感关系。物业服务经营差异发展策略不仅极大拓展了物业服务的内涵和外延，而且更好地挖掘了业主的潜在需求。

第七节 物业服务企业品牌营销推广策略

现代市场营销理论认为我国社会已经进入“服务经济时代”，竞争的焦点已由质量、品种向服务转移，谁注重服务，谁就能赢得市场。而良好的物业服务品牌不仅有益于弥补和完善开发商的信誉和形象，而且使物业项目本身更具有吸引力，让潜在的购房者更乐意为几乎可以看到的、未来系统周到的服务和优良的管理而倾囊。所以，在房地产市场营销中，如果充分利用物业服务品牌进行宣传、促进、营销和推广，将是一个非常新颖、出其不意地战胜竞争对手的策略。随着房地产市场的发展，物业服务的作用与地位正在不断提高，它是物业项目品牌形象体现最充分、最长久的一个环节。因此，在房地产营销中，一定要高度重视物业服务品牌的充分利用，树立物业品牌效应，从抓好物业服务品牌入手。

一、物业服务企业品牌是物业项目品牌的重要构成部分

开发商开发的物业项目本身能不能很快为投资者、购房者所了解、所认同、所接受、

所购买，跟物业项目的品牌有着非常密切的关系。物业项目的品牌是一个非常复杂的综合体，但它却有着较为固定的组成部分。具体来讲，构成物业项目品牌的要素主要包括以下三点。第一，物业项目的自然地理情况，包括物业的地理位置、周围环境与发展情况、物业在城市相同或相似物业中的地位等。其次，物业项目的“三商”（即开发商、施工商、监理商）情况，包括它们的资质、业绩、社会评价、信誉、企业形象等方面。第三，物业项目的管理情况，也就是物业服务企业的品牌形象、市场口碑等如何。

物业项目品牌的上述三个组成部分中，第一个部分，即物业项目的自然地理情况，是物业项目品牌的基础和前提，同时，它基本上是不可改变的。第二个部分，物业项目的“三商”情况，它是决定物业项目工程质量情况、价位情况、业主构成情况等方面的重要影响因素。目前，在人们的眼中，第一和第三部分是最为重要的部分，因为它们是最为“表面化”、能被人们日常感觉得到的东西。相比之下，由于第一部分往往是不可改变的“硬件”，是没有感情的，人们对它的注视已逐步弱化，而第三个部分却是可以改变的、富有感情的、具有实用价值的管理服务，因此，它更为人们所看重。特别在当前，物业服务企业的管理品牌如何，对物业项目本身的品位与品牌具有越来越重要的意义。

二、物业服务企业品牌是物业项目成功运作的关键

一项物业如果具有良好的品牌效应，则可以让现实的与潜在的购房者对物业项目更多一些信心。因为在客户的眼中，物业服务企业才是和他们“同呼吸，共命运”，长期共处的。同时，物业的服务品位如何，既与他们日常学习、工作、生活密切关联，也是他们能否自慰、自豪、自尊的一个重要影响因素。目前，房地产开发项目的物业服务情况已成为购房者越来越关心的问题，也是客户是否选择该物业的重要参考因素之一。很明显的例子是位置上相临的两项物业，价格高但物业服务企业品牌好的比另一个价格低但物业服务企业品牌差的销售情况更为火爆。以前人们买房，基本上没有考虑物业服务状况的；但现在人们买房，大多数都要问问物业服务公司是哪家，服务情况如何，收费多少，有哪些服务业绩等等。

三、物业服务企业品牌营销推广实施策略

那么，在物业服务营销中如何利用物业服务企业品牌推进营销推广实施策略呢？一般说来，营销推广中利用物业服务企业品牌的途径主要有两个。第一，在现场销售过程中，可以通过现有物业服务人员的仪表、言行、工作与服务态度等，直接展现企业品牌的魅力，把更多的购房者吸引到自己的物业项目上来。第二，非现场营销中有意把物业服务企业品牌作为一个卖点，通过电视、杂志、报纸等媒体把项目物业服务企业品牌的概念突出出来。物业服务企业品牌在项目营销中的利用，具体来讲主要有以下内容。

（一）突出品牌物业服务在未来居住生活中的重要价值

目前，不少购房者不仅对自己所购房屋的质量感兴趣，也对未来自己的生活居住、学

习、工作质量，即物业服务的情况十分在意。同时，社区的品牌、物业服务的品牌都是他们乐于谈论的话题。希望能真正从品牌物业服务中获得生活上、工作上、学习上、自尊上、发展上、享受上的方便与好处。营销推广中突出品牌物业服务在未来居住生活中的重要价值，对购房者确实能够构成为极大的吸引力。

（二）突出品牌物业服务企业的雄厚管理实力

物业服务企业的雄厚管理实力主要体现在物业服务企业的技术力量、专业装备水平、注册资金以及管理人员的职称、从业年数与专业管理水平等方面。品牌物业服务企业的雄厚管理实力能够给人一种理性上的认同与信任，为客户在思想上、行动上接受物业项目、接受品牌物业服务企业打下了坚实的基础，提供了现实的可能性。

（三）突出品牌物业服务企业的骄人管理业绩

品牌物业服务企业的管理业绩主要体现在管理项目的多少（建筑面积及业态种类等）、管理效果的好坏（取得部级、市级、地区级先进称号的情况等）、社会反映（业主、住户及业主委员会的反映、媒体报道的情况、政府方面的意见、同行的评价等）。品牌物业服务企业的骄人管理业绩能够给人一种感性上的认可与憧憬，让购房者感受到实实在在的物业服务，并对自己的未来产生联想和希望。

（四）突出品牌物业服务企业的“人情味”与“人本管理”理念

一般来说，购房者不希望未来的物业服务企业是高高在上的“主人”，也不希望未来的物业服务企业是亦步亦趋、唯命是从的“仆人”。业主们喜欢那种愿意为自己着想、尊重自己而又不巴结自己的朋友式的物业服务企业。品牌物业服务企业的“人情味”与“人本管理”理念让人感到亲切、让人觉得自然，缩短了购房者与物业服务企业的距离，让购房者更容易接受物业服务，从而接受和购买物业项目。

利用好物业服务品牌，营销推广必然如鱼得水；反之，如果在利用物业服务品牌时措施失当，就可能会出现相反的效果。所以，在利用物业服务企业品牌进行物业项目营销推广时，还要注意以下问题。第一，要把物业服务的高品位与较低收费联系起来宣传。目前，人们在收入不是很高的情况下，高标准的物业服务，让人联想高收费的同时，容易对物业服务产生一种畏惧感。第二，要把物业服务的大众性与特殊性突出出来，要让购房者对物业服务产生一种亲近感的同时，对物业服务有一定向往与憧憬的空间。第三，物业服务品牌宣传中，要突出物业服务企业的形象和信誉，确实给购房者一个具体的品牌化身，让他们从“化身”中感受真实，树立信心。总之，物业项目营销中既要重视物业服务企业品牌的利用，也要确实利用好企业的品牌，只有这样，物业项目才能顺利销售，也才能为开发商或营销商带来更多的商机。

第八节　卓越物业管理的创新服务实施策略

物业服务创新有着广泛的内涵和外延，不但包括物业服务理念、服务模式、内部管理技术手段等多个方面，还包括如何让物业增值、如何为业主创造价值以及在服务业主过程中如何实现物业服务企业与业主的共赢等方面的内容。然而，在实际工作中许多人认为作为服务业，物业服务工作是一项相对缺乏创造性的工作，或者说创新对于物业服务企业来说并不是十分紧迫的问题。原因在于，相对于其他行业，物业服务业是一项看似缺乏创造性的工作，比如，物业服务业不像有些行业那样瞬息万变，时时有新产品出现。但这里要讨论的物业服务企业创新，不单单是新产品的创新，其外延内容十分广泛，可以包括管理模式、经营方法、企业文化及发展战略等诸多方面的创新。

一、卓越物业管理的创新服务策略要与市场需求相适应

物业服务企业之间的竞争体现为服务的竞争，它同样存在一个设计、生产、包装、销售的过程，而这个过程控制的好与坏直接影响着企业的生存与发展。作为一个物业服务企业，要想为业主提供良好的服务产品，首先要不断地了解业主的需求，然后对业主的需求进行分析并进行全程策划，之后再进行有效的实施。这个过程就是上面所提到的产品的设计、生产过程。只要控制好这两个过程，后面的包装和销售过程就会相对变得容易操作。例如，万科物业提出“共管式服务”、“酒店式服务”、“无人化服务”、“个性化服务”。万科物业的成功是建立在分析清楚业主的需求后，采取了服务的品牌战略。将被动式服务变为主动式服务，一切以业主为中心，使业主在物业辖区内处处都能感受到尊重与关爱。物业服务就好比与业主做生意，要想把产品推销出去，让广大业主认可产品并且购买，就要在产品上下工夫，也就是说要不断提高企业自身服务水平，根据业主的需求，与市场需求相适应，在服务上不断地创新，只有这样才能在激烈的市场竞争中立于不败之地。

二、卓越物业管理有效创新服务策略

卓越的物业服务有赖于业主对物业服务理念和专业技能的感受与认同。对于物业服务企业来讲，如何做好物业服务工作不仅仅是需要培养良好服务意识和职业技能的问题，更需要物业服务企业懂得依靠规范、创新、专业、系统的高品质服务，提高自身的品牌形象。物业服务企业应该明确，创新服务并不是简单意义上的对企业日常服务项目的深化，而是一种物业服务企业经营认识理念、创新品牌思路的转变。这种全新创新服务的出现，不仅有利于企业建立竞争优势，还标志着一种物业品牌策略新思路的出现。优质物业服务在于不断创新——已成为物业服务企业品牌战略应对激烈市场竞争的有效方法。

（一）创新物业服务模式，丰富管理服务内容

在现阶段，推广物业服务创新大都表现在丰富物业服务内容方面，强调了推广手段的创新，推广渠道的选择与整合，这也是在将来一段时间内，物业服务企业应该着重考虑和应用的创新领域。原因在于，从事物业服务要认识到现在所谈论的大众化物业服务的基本内涵，无非就是卫生保洁、公共秩序维护、设施设备维护、绿化养护等，即企业提供的物业服务项目是对公共环境、公共秩序、公共设施设备、公共部位提供服务，即公共性质的服务。

然而，随着人们对生活品质的追求，对于业主来说选择一种物业就是选择一种生活模式，业主的需求决不会停留在简单的公共性质的服务层面，这一点早已被很多房地产开发企业领会，并在开发物业项目中充分运用。物业项目的升值潜力和舒适性在很大程度上取决于软性物业服务的水平，品牌地产商无一例外将物业服务作为提升楼盘档次的重要手段。如万科物业服务模式有从初创时期的“业主自治”，到现阶段的“无人化管理”、“个性化服务”模式；中海的“规范化发展，网络化运营，信息化管理，专业化增效”模式；还有中航物业的“经营型”模式等，都鲜明地凸现了创新服务模式的企业品牌特色。因此，物业服务创新必须以市场为导向，针对物业项目的不同情况创造出符合物业服务市场需求的个性化甚至于定制化的管理服务模式，借以丰富管理服务内容。加强业主关系管理，增加特约服务、个性化服务内容等都是物业服务过程的创新，物业服务企业可以通过建立相关管理制度的方式，把创新服务活动在企业中确定并保持下来。此外，在目前情况下物业服务企业可以创新性地合理借鉴酒店、宾馆、饭店的成功管理经验，将酒店业先进的管理模式与国内先进企业的物业服务理念结合起来，在企业组织形式、服务质量标准和各类业务工作程序等方面，将成功的便于操作的管理制度、服务模式及质量标准运用于物业服务工作中，这对于创新服务内容和提高服务质量是一个较好的选择。

（二）挖掘物业项目业主资源，创新多业经营方式

如果将业主看做是甲方，物业服务企业看做是乙方，那么在甲方与乙方之间除了在乙方提供物业服务、甲方接受物业服务的过程中具有关联性，在物业服务之外的领域同样是具有广泛的关联性。这一点在诸多知名房地产开发商组织成立的业主购房团体——万客会、华润会、亿诚会等都可以得到清晰而翔实的证明。老业主带新业主，此种传统的营销方式已经被越来越多的项目所采纳，而且事实证明是非常有效的营销方式；所以，此类推广方式可以看做是业主与业主之间的关联应用，即最原始状态下的推广受众关联应用。

同样的道理，为满足专业化、社会化、市场化的服务需求，更有效地连接企业和市场、企业和社会，物业服务企业应创建综合信息服务平台，集物业服务、咨询、顾问、商务、经营、信息传播等多功能于一体，借此提高物业服务的附加值，促进行业整体服务水平的提高，以实现全行业跨越式发展。就好比当前，许多物业服务企业在走集团化发展的道路，除了物管服务本业以外，还涉足其他与物业服务紧密联系的产业，其中包括房屋中介、专业保洁、安全看护、信息发布以及相关产品的推广和销售等业务，深度挖掘业主资源，创新多业经营方式，全方位拓展物业盈利空间。在强调改变物业服务意识，转换服务经营角色的同时，努力为业主提供相关增值服务，为企业整体提供固定的业主群，增加相关产业的收入，提升整体竞争优势。借助企业良好的品牌形象，借力推广达到提高企业品牌知名度，树立物业项目高尚形象的目的。可见，品牌产品的捆绑推广，可直接利用和促成品牌与品牌之间的受众关联性。借此，瞄准受众、有效推广、资源共享、产业关联。诸如以上介绍的万客会、华润会、亿诚会等，这些以业主联谊俱乐部形式出现的团体可以通过吸纳物业项目业主作为会员，以企业内部的丰富经营产品作为优势服务输出，不但巩固了地产自身的客群；同时，为企业内其他兄弟公司带来了业主群及经济效益，可谓一举多得。物业的服务创新是动态的，物业的有效经营永无止境，物业服务从业人员只有具备了强烈的创新经营意识，才能使物业项目的潜力得到充分发挥。

（三）创新物业服务企业文化，打造物业服务职业团队

物业服务是一个独立的行业，它有自己独特的经营方法和服务模式，要求从业者具备一定的专业知识和素质。优质物业服务不仅仅是一套完善的制度和管理方案，还是一种服务文化，并由企业文化作为其内涵。文化决定观念，观念决定心态，心态决定行为，行为决定习惯，习惯决定未来。在优秀的公司中，服务不是口号，而是习惯。物业服务日常的工作显得很琐碎，也很单调和枯燥，因此决定了物业服务需要依靠一种习惯去支持和实施。培养良好的服务习惯，需要从日常的行为规范和行为引导去约束；那么如何执行行为规范，则取决于工作心态，怎样使每一名物业服务从业人员都拥有良好的工作和服务心态，这就是一种观念的驱导和营造，而每一名物业服务者的观念，则直接受到企业文化的影响。

在许多物业服务企业中，往往服务仅是一种对外宣传口号，甚至对内也仅是一种领导的文字游戏。物业服务的提供并非一个人就可以完成的，而应是由一个团体共同去完成。在服务创新时代一个人和一个团队，给业主创造的价值有天壤之别；有人，并不能算作团队，团队要稳定，要有整合的作战能力，物业服务企业要想在竞争中脱颖而出，离不开强烈的服务意识，离不开服务理念与技巧的创新。在市场竞争越来越激烈且越来越规范的今天，发挥团队优势、整合人力资源优势充分发挥 1＋1＞2 的效用，让物业服务企业的员工意识到个人工作对团队组织来说很重要，并且让企业员工知道，企业对他的期望，很开心看到他的成绩。特别是对物业服务企业而言，大量长期性、精细化的工作都要靠广大基层员工执行完成，为此，管理者必须挑选管理团队、制定战略、引导企业运营，并在这个过程中落实各项计划。在服务创新时代，创新企业文化就是优质服务的保障，物业服务企业应借此形成一支敬业、团结、规范化、专业化的物业服务职业团队，通过沟通，群策群力、集思广益可以在执行中分清战略的条条框框，通过自上而下的合力使企业执行更顺畅。同时，应重视人才的培养，倡导尊重人、信任人、培养人、提升人的人才管理理念，为员工提供宽阔的增值空间。在用人过程中，注重员工的“德、能、勤、绩”，大胆启用来自不同渠道的各类能人贤士，广聚人才、不拘一格、量才使用。通过定期的“员工恳谈会”等沟通平台，使得企业领导与员工面对面真诚交谈，充分尊重各级员工的创新思维，使员工感受到个人价值的所在，才能使工作能力发挥得淋漓尽致。企业还应经常性地开展价值观的教育和交流活动，培养员工的先进物业服务理念和企业价值观，最大限度地提供创业舞台，挖掘人的潜能、激发人的潜力，树立员工爱岗敬业，长期服务于企业的信心。

（四）创新差异化发展策略，提高企业综合竞争力

由于社会化分工越来越细，专业化管理和服务必然会逐渐占据主流，这表明物业服务市场发育趋于成熟，市场要素和资源进一步集中，其直接导致的结果就是服务产品同质化倾向日趋明显，物业企业之间缺乏品牌竞争优势。“想得到的服务与想不到的服务”其实正是不同项目之间物业服务好坏差别的本质，物业服务企业要做成品牌，创新差异化发展策略是今后物业服务企业区别以往的关键。把培育和建立企业核心竞争力作为企业发展战略的重中之重，明确企业自身管理和服务不可替代的差异化要素是企业做强做大的基本条件。

差异化策略就是指在物业服务企业创建品牌的整个过程中，不论是企业的内部经营管理，还是外部的物业项目，以及为业主提供的服务都应追求自身品牌的新颖特质。但是，由于物业服务的特性，决定了物业服务行业难以形成类似于高科技行业的“标准之争”，在物业服务领域只有反映行业特征和规则的基本标准，没有普遍适用于全行业所有领域的普适标准和万能规则。因而，行业标准不是绝对标准，从业者可以根据物业项目的实际情况，有选择地引用以指导实践，从而避免盲目的照搬照抄；行业标准不是优秀标准，应鼓励物业从业人员根据业主需求在行业标准的基础上自我突破和创新，制定更高水平的企业标准，以形成差异化发展优势、提高企业竞争力。物业服务企业要形成自己的风格和特色，可根据自身的企业规模和可利用的资源，创新思维，创造出各种可行方式，只要能够满足业主的需要，就是一种好的差异化发展方式。进行差异化发展创新有时还要对业主的潜在需求进行可行性分析，能否做出正确的判断和预测是成败的关键。例如，品牌物业服务企业中，万科是缔造新概念的高手：“全心全意为您”，“持续超越顾客不断增长的期望”，“零干扰服务”，“无人化管理”，在业内均有较大影响。此外，万厦居业的“实时工作制”，“零缺陷服务”；金地物业的“隐性管理”，“精细计划”等，无一不说明，物业服务企业要打造顶尖品牌就离不开适时运用创新差异化发展策略，争取更大的市场占有率和经济效益。

第二章

在减法中发现加法——高效率营运管理运作策略

房地产行业的竞争已由“地段、价格、户型”逐渐演绎成为“环境、交通、物业服务”的竞争，物业服务品牌价值效应也越发显著，万科、中海、金地、保利等物业服务企业不但用品牌为项目带来口碑和信心等良性推动，更被其他开发商作为物业项目的卖点进行推广。对于品牌物业服务企业来说，向买家提供的不只是承诺、信心，更多的是在为买家展示一种生活、工作的模式与态度。曾经有一个物业项目明确提出了99种服务项目，还为自己预留了一个“让业主提一个要求”的回旋空间，“99＋1”服务模式；有些物业服务企业则利用高效营运管理策略提出100多项服务，给购房业主一个大而全的完善服务体系。作为对物业项目实施管理的基本框架结构，物业服务营运管理运作模式的选择与确定具有举足轻重的作用。营运管理运作模式不仅是一个管理策略的问题，也是一个流程与方法的问题。

第一节　物业服务全程介入策略

大多数物业项目营运的实际过程并非全程介入，而“将隐患扼杀在摇篮中”是高水准物业服务的关键点。所谓的全程沟通、全程策划、全程服务等则是物业服务人性化理念外延的最优载体。

一、全程物业服务及其相关内容

全程物业服务大致分为四个阶段：即早期设计介入阶段、前期施工介入阶段、前期管理介入阶段和继续管理服务阶段，把这相互紧密联系的四个阶段的内容统称为“全程物业服务”或称“物业服务的全程介入”。

（一）早期设计介入阶段内容

早期设计介入阶段的具体内容包括：规划、设计、设备选型及安装设计等；所涉及的相关方有开发商、设计单位、物业服务单位。早期设计介入阶段的作用及影响主要是体现在为后续物业服务减少和避免各类可能出现的矛盾和问题打下基础。

（二）前期施工介入阶段内容

前期施工介入阶段的主要内容为施工、设备安装监控；不合理设计的修改等；所涉及的相关方包括开发商、施工单位（建筑商）、设计单位、工程施工监理部门、物业服务单位。前期施工介入阶段的作用及影响主要是掌握施工情况，了解工程用料，避免施工中的隐患，减少因工程质量给后续物业服务造成的困难，为后续物业服务收集信息资料。

（三）前期管理介入阶段内容

前期管理介入阶段的工作内容包括销售、业主入住后的准备、入住后的装修管理和物业服务；在此阶段所涉及的相关方包括：开发商、施工单位、业主、物业服务单位。此阶段的作用及影响主要表现在物业服务的承前启后阶段，是各种问题和矛盾的突出时期，为后续物业服务铺平道路排除困扰。

（四）继续管理服务阶段内容

继续管理服务阶段内容为进入长期稳定的物业服务时期，物业服务将随时代进步的节奏不断创新和发展，是在早期和前期介入完成之后，以业主大会成立为时间分界线的后续物业服务，是根据业主大会委托合同和各种法规政策步入一个稳定的、长期的、规范的不断创新发展的物业服务时期。这个周期的长短由物业项目本身的使用寿命来决定，是物业的终身管理服务。在这个阶段涉及的相关方有业主委员会、社区组织、物业服务单位、社会相关单位。在此阶段的作用及影响主要表现在保证物业项目正常运行，追求物业保值、增值，满足业主不断变化的需求方面。

二、全程物业服务营运策略

（一）早期设计介入阶段营运策略

早期设计介入阶段是从物业项目本身立项后在规划设计阶段的介入。在此阶段物业服务企业应根据物业建成后的管理需要，为完善物业建设提出建设性意见，优化设计，避免和减少因物业设计时考虑不周带来物业建成后发生的功能问题和管理问题。由于物业服务是新兴的服务行业，人们对其全面了解和社会宣传有一个滞后期，而作为建筑设计学科的专业设计还没有把物业服务的相关内容纳入进来。当前，物业项目的设计人员只能从自身的社会实践中去学习和掌握，而相当一部分设计人员对物业服务知之不多。由于受知识结构局限，在制定设计方案时，往往只是从设计技术角度考虑问题，不可能将今后物业服务中的合理使用要求考虑得全面，或者很少从物业项目的长期使用和正常运行的角度考虑问题，造成项目在建成后，给物业服务和业主使用带来诸多问题。另外，因政策、规划或资金等方面的原因，物业的设计和开工时间相隔较长，少则一年多则三年。人们对建筑物功能的要求不断提高，建筑领域中的设计思想不断进步和创新，这使原有的设计方案很快显得落后。过去一些住宅类物业项目由于缺少物前服务企业在开发设计阶段和施工建设阶段的介入，在接管和业主入住后暴露出大量问题，除了施工质量问题外，更多的是设计问题。如设计者在设计时根本没有考虑空调安装的合理位置，致使业主入住后为安装空调随意穿墙开洞，严重地破坏楼宇外在形象，并带来安全隐患；有的虽然设计了空调室外机的统一安装位，但由于设计不合理造成后期使用时无法正常安装；阳光窗上檐因伸出长度不够，使雨水向屋内渗漏等。这些看来不会造成人命关天事故的小事却给物业服务和业主带来很多烦恼，同时也影响了开发商的声誉和后续的销售，如果有物业服务企业早期介入，是完全可以避免的。

（二）前期施工介入阶段营运策略

当完成早期设计介入阶段后，物业服务企业应不间断地从早期介入转入前期施工阶段的介入，即从软件介入转入硬件介入，此阶段介入的重点是施工建设质量。从物业服务角度出发对施工、设备安装的质量配合监理方进行全面介入，发现问题及早解决。如果没有前期设计介入，通过这一阶段介入可以发现设计中的不合理问题，把问题排除在萌芽阶段。

物业施工建设阶段，按照法定程序虽然有监理单位进行监管，但监理单位与多数开发商一样，往往只注重房子的重大安全质量问题，对不会造成重大责任事故的细节问题重视不够。另外，开发商与建筑商不是同一个单位，往往在经费支付上发生矛盾，也会有少数建筑商对安全影响不大的部位偷工减料，当建筑工人对建筑商拖欠工资和克扣加班费等不满时，在施工中采取不负责任报复建筑商的现象也时有发生。随着物业项目本身档次不断提高，特别是高层、高档次、高科技建筑的出现，物业项目结构、管道、布线十分复杂，在安装施工过程中，任何粗心大意、随心所欲和不负责任的行为都将给业主今后顺利使用带来极大的困难，甚至造成很大的浪费，给后续的物业服务带来难以解决的问题。上述罗列的各种原因造成很多物业建设质量不尽如人意，小则今天外墙裂纹有雨水渗漏，因洗手间和浴室渗漏，造成上下邻里不和；大则自来水管接头爆裂，造成水漫“金屋”使业主蒙受巨大损失等，严重影响业主的生活质量，而物业服务企业往往成为业主投诉和迁怒的对象，代开发商和建筑单位受过。若物业服务企业在施工建设期间介入，会比工程监理的要求更严格。施工阶段介入的一项重要工作，就是参加物业的阶段验收和竣工验收。通过施工介入和参与施工验收，使物业服务企业能对物业项目本身的种种情况，包括管道和布线的走向，设备的选型、性能及安装情况，建筑材料和防渗漏材料的选用情况都有详细的了解，建立相应的档案，加上应该配备给物业服务企业的一些设计、建筑、设备的图纸和使用说明等档案资料，为业主日后的装修使用和物业服务提供方便。

（三）前期管理介入阶段营运策略

前期管理介入阶段始于物业竣工效验合格后，业主开始入住的时候，而止于业主大会成立，新的物业服务委托合同签订之前。前期管理介入阶段是物业服务承前启后的阶段，这个阶段是物业服务矛盾突出的时期。此时，物业服务企业面对的不仅是业主，还有开发商和建筑商。随着业主入住和装修开始，设计、施工等问题逐渐显现出来，此时物业服务的主要工作就是处理暴露出来的各种问题；这也是开发商和建筑商之间最易发生相互推诿的时期，使物业服务在开发商、建筑商、业主间周旋，甚至代开发商、建筑商受过。本阶段物业服务企业除做好业主入住前的准备工作之外，还应对员工进行物业服务相关知识培训，使员工们明确本阶段的工作重点，经常同业主取得联系，加强对业主室内装修的监督指导，对装修过程中暴露出来的与设计和施工有关的问题及时收集汇总，并同开发商保持密切联系，或者经开发商授权代表开发商同建筑商联系，使暴露的问题能在质保期内或者建筑商尚未完全撤离的时候得到及时处理和排除。

其次，前期管理介入阶段也是物业服务单位同业主的磨合期，由于很多业主对物业服务某些要求不了解，某些做法不理解，比如公共用水用电的分摊；不能随便悬挂和开洞安装空调；不能外装防盗网；在装修过程中不能损坏原设计结构(特别是承重墙)等诸多问题。所以前期管理介入阶段工作的中心是业主，重点是做好为业主排难解困，对于一些建筑工程质量问题主动帮助其同开发商、建筑商取得联系；对于室内装修加强监督、检查和指导，让业主真正体会到物业服务是为业主着想，是在为业主创造一个安全舒适文明的生活环境。在管理过程中，加深业主对物业服务的了解，使业主和物业服务企业在管理过程中融为一体而不是相互对立。作为物业服务企业要十分重视前期管理介入阶段，它不仅能对早、前期介入的成效进行检验和评价，而且是继续管理的开路先锋，起到为继续管理排除困扰铺平道路的作用。

(四) 继续管理服务阶段营运策略

这是物业服务周期最长的一段，可以延续到物业自身使用寿命的终结。由于新开发建设的物业使用寿命不断延长，因此，继续管理阶段将是代代延续的事业，物业服务将不断地创新和发展，同时使物业本身得到保值和增值。

实施物业服务全程介入，关键是要促进开发商和建筑商的积极配合，同时物业服务企业应为前期介入积极创造条件，做好专业队伍建设。当然，如果能及早把物业服务的前期介入纳入相关法规或实施细则中，从法律上规定新开发的物业项目，从设计阶段开始必须有一个符合资质条件的专业物业服务企业或者物业服务顾问咨询单位介入，并把它作为物业服务招投标的条件之一，不仅能进一步促进物业建设质量的提高，为后续物业服务奠定良好的基础，从宏观上也有利于物业服务整体水平的提高。

第二节　物业服务项目承接查验策略分析

《物业管理条例》的颁布实施，让物业服务行业的发展走出长期的困惑，明确了物业服务企业的发展方向。对于物业服务企业最有利但在以往实践中最容易被人们遗忘的承接查验制度，《物业管理条例》提供了依据。

一、物业服务项目查验服务分类

通常与物业服务相关的楼宇查验有三次，第一次是工程竣工查验，第二次是所谓的承接查验，第三次是对业主交房时的交房查验。而在这三次查验中物业服务企业所扮演的角色及其重要性是不一样的。竣工查验的主体是开发建设单位，侧重于楼宇主体、基础的检查，通常容易为物业服务企业所忽视。但其实竣工查验应该作为物业服务企业前期介入的工作项目之一，物业服务企业应该主动参与并协助开发建设单位查验。通过竣工查验达到对项目主体、基础的建设情况的熟悉及对工程质量做到心中有数。对业主的交房查验，其主体是开发建设单位和业主。但物业服务企业也不应该泰然置之度外，应该积极地与开发建设单位进行有效的沟通，引导开发建设单位认真对待，发现问题立即解决。相对于以上两种类型的查验而言，承接查验则无可置疑地以物业服务企业为主体。良好的承接查验将为成功的物业服务奠定扎实的基础。

二、物业服务项目承接查验服务的意义

承接查验是物业服务企业为维护业主和企业自身利益，在正式接管物业服务项目之前代表业主对即将交付使用物业的建造质量、管理资料等进行的综合性验收。物业项目承接查验服务先于业主入住之前进行，是确保物业的使用质量、奠定物业服务基础的极为重要的物业服务前期工作。物业承接查验工作是物业服务的重要环节及组成部分，承接查验的质量将直接影响今后的项目管理水平。物业项目的承接查验是依据国家有关工程验收的技术规范与质量标准对已建成的物业进行检验，这是直接关系到今后物业服务工作能否正常开展的一个具有重要意义的环节。

（一）承接查验可以明确交接双方责、权、利关系

在市场经济条件下，物业项目承接查验双方是两个独立的经济主体，通过承接查验，签署一系列文件与合约，实现权利和义务的转移，从而在法律上对双方各自的义务和权利进行较为清晰的界定。《物业管理条例》规定房地产开发项目在规划、设计、施工阶段应聘请前期物业服务企业，明示双方的权利和义务，令业主困惑的开发商和物业服务企业的“扯皮”难题得以破解。在涉及内容比较复杂的物业服务接管查验方面的条文时，为防止因物业开发建设的质量问题影响以后的物业服务，《物业管理条例》专门规定，物业服务企业承接物业时，应当对物业共用部位、共用设施设备进行查验。在办理物业承接查验手续时，建设单位应当向物业服务企业移交该物业的相关资料。

（二）确保物业正常的使用功能，充分维护业主的利益

物业的承接查验是物业服务企业从管理和运行的角度对工程施工、设备安装的质量进行全面监控，及早发现和解决问题，避免物业项目建成后给使用和管理服务带来缺憾的一项重要的保证措施。此外，承接查验使物业服务企业能够对物业的每一座机房、每一建筑单元、每一项公共配套设施逐一检查查验，建立工程设备档案，为业主日后装修、使用、维修提供了极大的方便。同时，承接查验实际上是一项清理总结的过程，既能发现建设过程中的问题，有利于及时纠正，也会获得一些好的经验，为以后的建设提供借鉴的同时能够弥补业主专业知识的不足，从总体上把握整个物业项目的质量，充分维护业主的利益。

（三）为物业服务企业日后的物业服务创造条件

物业服务企业通过对物业项目的承接查验，一方面促使物业工程质量达到要求，减少

了管理过程中的维修、养护工作量；另一方面，根据承接查验物业项目的有关文件资料，可以初步摸清物业项目的性能和特点、预期管理中可能遇到的问题，计划安排好各项管理事项，发挥专业化、社会化、现代化的管理优势。在进行接管查验后物业服务企业可以根据运行的技术规范要求，对承接查验的物业从使用功能上严格把关，就日常管理维护工作中可能出现的问题直接与建筑安装单位交涉，监督并促使改进发现的问题，避免了扯皮推诿情况的发生。特别是能够及时指出安装中给水排水、配电、通信、暖通、防雷、电梯、消防等各个设备系统中所存在的问题，促使开发商引起高度重视并要求承建单位限期解决，确保各项设备设施在投入使用时就能正常运行。物业服务企业的机电设备管理人员可以提前熟悉相应设备的操作、管理和维护，做好运行的准备。

三、物业服务企业承接查验工作的原则

物业服务企业对物业项目的承接查验可以保证竣工验收的物业具备正常的使用功能，充分维护开发商、业主和物业服务企业的利益。承接查验是一个比较复杂的过程，不仅涉及建筑工程技术，而且牵涉到许多法规，常常会出现一些实际结果与理论要求不一致之处。为了处理好承接查验中的问题，把握好分寸，在这项工作中要坚持三个重要原则：

(一) 实事求是的原则

物业在承接查验时，要坚持实事求是，一方面，在对物业项目验收中查出的各种问题做好详细的记录，并按实际情况责成施工单位返工或赔偿，对返工仍没有达到要求的(如卫生间和房顶防水)给予维修；另一方面，不能为了得到项目或其他利益而对物业验收中发现的问题“视而不见”，一定要实事求是。

(二) 坚持立场的原则

从房地产商的角度看，物业项目的承接查验是产品售后服务的开始；从物业服务企业的角度看，物业承接查验是今后物业服务的基础。因而，物业服务企业对物业的承接查验工作，绝不仅仅是形式上的简单接管，而是一种责任的承担。

(三) 全面细致的原则

物业服务企业对物业项目的承接查验，要充分了解和掌握物业项目的土地使用情况、市政公用设施和公共配套设施建设情况、楼宇的建筑结构、变配电系统、弱电系统、单体设备及隐蔽工程施工质量情况。工程质量对物业产生的影响巨大且持久，其质量问题可能给物业服务造成巨大的隐患。所以，物业服务企业在进行工程验收时必须细致入微，任何一点忽视都会给日后的管理带来无限的困难，也将严重损害业主的利益。

四、物业服务企业承接查验工作的主要内容

(一) 前期准备工作

前期准备工作主要内容包括编写承接查验计划、人力资源的准备、物资的准备、标准及资料、各部门编写的承接查验方案、图纸及资料清单、绘制承接查验表格、工作程序

等。如：承接查验计划，项目负责人应了解管理服务合同内容和范围，特别是设备设施的现状，根据甲方(委托方)的入住时间及管理服务合同中关于管理范围及服务标准的要求，组织专业人员编制承接查验工作计划，计划中应明确工作内容、职责、工作标准及时间，绘制承接查验统筹图，使承接查验工作有条不紊地进行。

（二）物业承接查验工作的程序

1. 建设单位书面提请物业服务企业验收。

2. 物业服务企业配合质检部门按承接查验条件和房地产开发企业应提交的资料逐项进行审核，对具备条件的在15日内签发验收通知，并约定验收时间。

3. 物业服务企业会同建设单位等有关部门对物业的质量和使用功能进行检验。

4. 对验收中发现的问题，按质量问题处理办法处理。

5. 经检验符合要求，物业服务企业签署验收合格证，签发接管有关文件。

6. 在保修期间内，出现质量问题，房地产开发企业要积极给予保修。

（三）承接查验工作中须提交的重要资料

1. 产权资料：项目批准文件、拆迁安置资料、用地批准文件。

2. 技术资料：竣工图纸，包括剖面图、总平面图、建筑结构设备附属工程及隐蔽管线的全套图纸；地质勘察报告；隐蔽工程验收签证；工程合同及开竣工报告；钢材、水泥等主要材料的质量保证书；新材料构配件的鉴定合格证书。

3. 水、电、采暖、卫生器具等设备的检验合格证书；供水、供暖的试压报告；砂浆、混凝土试压报告。

（四）物业承接查验工作的方式

1. 分期验收：分期验收是指分期进行的工程项目经过竣工验收并达到使用条件，且需要提前使用时所进行的验收。例如住宅小区，当一批房屋建成并经过竣工验收后，即可提前进行承接查验，以使完成的建筑产品及时投入使用。

2. 单项工程验收：工程项目的某个单项工程已按设计要求施工完毕，具备使用条件，能满足投产要求，经过竣工验收，开发商可向业主发出交房通知。这种承接查验工作中，开发商应先自行检查工程质量，然后会同物业服务企业组织验收小组共同进行承接查验。

3. 全部工程验收：全部工程验收是指物业服务企业根据国家有关法律、法规和标准规范以及有关部门批准的规划，设计和建设方案，对住宅小区的各项建设指标进行统一的整体验收。

五、承接查验过程中应处理好的几个关系

物业的接管查验是直接关系到今后物业服务工作能否正常开展的重要环节。物业服务企业通过接管查验，即由对物业的前期管理转入到对物业的实体管理之中。因此，为确保今后物业服务工作能顺利开展，物业服务企业在接管查验时应注意处理好以下几个方面的关系。

第一，物业服务企业与项目开发商、物业服务企业与业主、物业服务企业与监理公司、物业服务企业与项目总承包商、物业服务企业与项目工程分包方的关系等。物业服务企业在承接查验阶段难免会与他们发生矛盾，如何妥善解决是工作中的难点。

第二，物业服务企业在承接查验工作中还要从物业的使用及维护角度进行验收，看其是否能够满足业主的需求，存在的设计缺陷如何整改？物业服务企业不能光提问题，还要拿出让开发商接受的方案，为今后减少业主在使用中的纠纷打下基础。

第三，物业服务企业的承接查验工作是在工程竣工验收以后进行的，通过政府主管部门验收后，工程已经由总承包商移交给项目的开发商。因此物业服务企业在承接查验工作中提出的问题如何让开发商接受，如何整改并加以解决，都会直接影响今后物业项目的运行。

第四，物业服务企业应该高度重视文件资料的接管工作，为今后的工作做好准备，并争取得到开发商的支持，明确物业今后的评优是开发商品牌的延续，将为开发商今后的销售起到积极的促进作用。

第五，物业服务企业应该高度重视设备设施的保修合同，建立产品生产厂家、施工单位的台账，它将直接影响到物业服务企业的管理水平及运行成本。

第六，依据《物业管理条例》第二十八、第二十九条规定，物业服务企业对项目承接验收时，应当对物业共用部位、共用设施设备进行查验。因而，业主户内的质量应主要由业主自己验收。

第三节 物业服务多元盈利营运模式

面对物业服务行业整体利润降低、半数企业不盈利的现象，除了增加多种经营的收入、形成物业服务多元盈利营运模式，提高物业服务的创富能力、提高服务收益也是企业当前迫切需要解决的问题。目前，产业链的延伸是物业服务行业寻求经济增长点的有效途径，向上可以发展咨询服务业和销售代理业，向下可以创新服务产品，给传统的物业服务赋予新的内涵。科学精细的资产管理和多样化的优质个性服务，能够为业主创造物业的增值和提供生活的便利，并且企业在获得可观的经济效益的同时，也为社会创造财富。

一、物业服务企业拓展盈利空间的理论思考

（一）拓宽物业服务的内涵提供多样化服务是创造经济效益的根本途径

当前，物业服务企业主要是通过提供基本服务向业主收取物业服务费，提供一些增值服务向业主收取劳务费来维持经营，服务所利用和组织的资源也比较单一，主要是本企业自身的资源，如专业技术、设备和管理人员等。但是，由于物业服务属于服务管理领域，而服务行业是收益回报较稳定的行业，物业服务企业不可能从基本服务中获取高额的利润；虽然我国绝大多数的物业服务企业都设置了增值服务项目来弥补利润的不足，但由于

自身资源、能力以及人员素质的限制，服务层次较低(主要是劳动密集型)，服务项目也较少，所以增值服务的利润空间也未能被物业服务企业充分挖掘。因此，经营思路的狭窄就造成了企业获利途径少、利润空间小的结果。但与此同时，社会不同主体对于物业服务的需求却是与日俱增，更加趋向多样化。

1. 业主群体的需求。随着人们生活水平的日益提高，收入的不断增加，各种增值服务有了更广泛的市场，其中的利润空间也越来越大。由于当今社会竞争日益加剧，工作压力不断增强，人们渴望在紧张的工作之余获得充裕的休息和享受，愿意一部分增值服务由物业服务企业来提供。

2. 购房者的需求。对于购房者来说，购买物业项目是一项长远的高额投资，自然希望能够保值、增值。因此，他们在购买物业之前对将来物业服务的质量是非常关心的，而且在购买物业时，购房者与开发商之间往往存在着某种程度的“信息不对称”。因此，购房者有向“专家”咨询的需求。此外，一些人还会有房产再投资决策、物业项目租售经营方案等方面的咨询需求。

3. 房产开发商的需求。随着业主“买物业就是买管理和服务”观念的增强，开发商已经把物业服务看成是售楼的一个“卖点”；因此，他们也愿意聘请富有经验的物业服务企业提前介入，参与物业项目的开发建设过程，为自己提供咨询和监督服务，以改进物业的具体设计，完善物业的使用功能。

4. 社会服务供应商的需求。通过与物业服务企业形成长期稳定的合作关系，社会服务供应商可以获得更多的利益。首先，可以及时地得到业主的需求信息，降低获取信息的时间成本和不确定性。其次，物业服务企业可以把业主的一些专业性强、企业自身又无能力提供的服务“外包”给社会服务供应商来完成，从而最大限度地满足业主的需求。因此，社会服务供应商也有向物业服务企业购买信息的需求。

因此，基于上述多样的需求，物业服务企业应该进一步拓宽经营服务的思路，扩大服务的对象和种类，通过多样化的经营服务来创造效益。这样不但可以充分满足业主的需求，提高区域档次，而且更重要的是可以开辟资金来源的渠道，建立起企业良好的造血机能，创造源源不断的利润。当然，多元盈利营运发展在降低单一经营风险的同时，也增加了进入其他行业而带来的风险。因此，企业必须注意结合实际突显优势，在多元化发展中处理好与专业化发展的关系，使两者协同配合共同促进企业的可持续发展。

(二) 物业服务能够使物业项目保值增值

随着社会经济的发展和居民生活水平的提高，人们对于房产保值增值的需求越来越大，这可以成为企业盈利的突破点。尤其是近几年，各地房地产价格快速上涨，使得越来越多的人把购房当成是一种投资，也更加注重能使房产坐享增值的关键环节——物业服务。业主委托物业服务企业提供物业服务，表面上看是交钱买物业服务，还要让物业服务企业赚得一部分利润，但实际上，当房屋价值因土地价值提高和环境改善而提高时，延长房子一年的使用寿命，就等于用一年的物业服务费买来一年的土地增值额。从这种意义上说养房子就不仅是延长使用寿命，而且还是一种投资。这在商业房产，尤其是办公类物业中更为突出。由此可见，好的物业服务的确对物业项目的保值增值起到了重要作用，因此物业服务企业也理应分享增值的部分，这可以体现在物业管理收费中，从而增加企业盈利。

(三) 实行规模化经营可以有效地降低管理成本

根据经济学中的规模成本递减原理，生产成本分为可变成本和不变成本。对于物业服务企业来说，随着其经营管理的物业面积的增大，企业的一部分物业服务费用并不会随着管理规模发生数量变化(即不变成本)，这就会摊薄单位面积的不变管理成本，所以其单位物业管理面积的综合成本就会降低。所谓无序化管理成本，就是随着管理的范围、幅度的扩大，其管理的有效性将会不断降低，成本也会增加。当前，许多物业服务企业下属物业项目部过于分散且规模很小，往往会使得管理成本居高不下，经济效益无法提高。因此，企业应该根据各地区的不同情况，对物业服务实行规模化经营，从而降低管理成本提高经济效益。

(四) 实行专业服务社会化，也是降低管理成本增加盈利的有效途径

由于历史和现实的原因，目前我国绝大多数物业服务企业都是“小而全”的管理模式，这样就带来一个两难的选择，若要满足各项管理服务需求，必须配齐各类专业人才，否则会面临质量低下的后果，而配齐专业人才，各类专业任务量又相对不足形成成本压力。从香港的成功经验看，从事办公类物业、商业类物业和住宅类物业服务机构人员组成都少而精，管理机构将清洁、秩序维护、机电设备维修等工作都以合同形式发包给专业公司、承包商去做。物业服务人员主要是按照合同进行管理和协调。除日常需要少数维修人员外，各种专业技术人员都不需配置，物业服务企业成为提供物业服务的组织者，管理开支大为减少，物业管理机构定期对承包商和专业公司进行考核，评价其工作业绩，按照市场公平竞争、优胜劣汰的原则进行选择。这种社会化经营方式，不仅能最大限度地发挥人力资源优势和专业优势，而且能使管理成本大为降低。因此，由物业服务企业统筹、组织、协调、监督，把一些具体事务交由社会上的专业公司，可以有效地降低管理成本，增加企业的利润。

二、物业服务行业盈利能力的重新定位

(一) 树立“以人为本”的服务理念，不能只满足于当好管家

物业服务的对象是人，企业必须要彻底摆脱传统的以管理者自居的观念，正确认识和摆正自己的位置。要清楚地意识到自己是服务型企业，只有通过提供全面、及时、周到、安全、优质的服务，得到业主认可，企业才能不断生存与发展。所以，企业要不断强化“以人为本”的服务理念，深化服务内涵，力求达到服务的最佳效果，这才是扩大利润来源的根本出路。

（二）以物业项目的经营、管理一体化发展为原则

结合物业服务企业的优势，实现“一业为主，多元经营”的发展格局。在将物业服务、管理、经营融为一体的同时，不断研发新的服务项目，拓展新的经营领域。积极参与、经营房地产行业相关领域的业务，如房地产项目的规划、设计、销售等方面的咨询与策划，介入与物业服务密切相关的行业，如物业租赁、商业服务、文化、餐饮、建材、装饰等，通过开发物业的整体功能，提高物业项目的增值潜力，来增强企业的竞争能力和赢利能力，实现可持续发展。

（三）以资本运作为纽带

有效利用名牌企业的品牌优势、技术优势和规模优势，运用合资经营、合作经营、兼并、重组、收购等方式，实现生产要素的优化组合，通过输入管理模式、实施品牌化、规模化经营，实现资源共享和低成本的市场扩张，不断拓宽物业管理的范围和内容，真正做到“以名牌闯天下，以质量取天下，以服务守天下”，最终形成跨地区、跨行业的大型物业服务集团，在激烈的市场竞争中求得生存与发展。

（四）将技术优势转化为市场优势，走专业化发展之路

根据企业自身优势，发展如清洁、绿化、消杀等基础服务项目，机电设备、消防设施、智能化系统的设计、施工、改造、保养、维修，物业管理软件系统的研制、开发等技术服务项目，使物业管理服务过程中的基础环节和关键环节由简单维护型、劳动密集型向技术维护型、知识密集型转变；顺应现代信息科技飞速发展的要求，积极实施网络化、智能化管理，降低人力成本，提高服务质量，通过成立专业公司的方式，实施专业化经营，参与市场竞争，以此作为新的利润增长点，拓展企业的盈利空间。

三、物业服务企业盈利点的设计

（一）拓展物业租赁代理业务

物业租赁代理业务作为物业服务主业的补充，能提高租金和增加出租率，以此来增加盈利。物业服务企业可以利用自身对物业熟悉的优势，为业主和租房者提供高效优质的专业服务。企业从事物业出租代理对三方都有好处，对于租房者来说不用和业主直接见面讨价还价，不仅大大减少了交易成本，而且还因为有物业服务企业做中介，减小了上当受骗的可能；对业主来说，作为投资者不用投入太多的精力，即可获得可观的回报；而对物业服务企业来说，则可利用专业优势获得一定的中介利润。在物业出租前进行物业的租赁营销，对物业服务者而言是非常必要的，物业服务企业应该精心制定市场推广策略，利用广告宣传等营销手段，来充分展示物业的特点和优势，提高市场知名度，从而为提高出租率和租金水平创造条件。在物业项目出租之后，物业服务企业通过为租客提供周到优质的服务，争取使租客在其租约期满后能够续租，也为物业创造一种良好的声誉以此来吸引新的租客，从而提高市场竞争力，也使提高租金成为可能。租金和出租率得到了保证，也就意味着物业服务企业物业服务费用的收取得到保障，适当的时候还可以提高收费标准，从而为企业创造良好的经济效益。

（二）从房产售价的提高中分享盈利部分

在购买新商品房时，无论是住宅还是商业楼宇，日后物业服务水平的高低已经日益成为购房者所考虑的重要因素。在房地产业竞争激烈的今天，对于开发商而言，再拼价格实为下策，而重视了物业服务，就可以提高房子的档次、让购房者放心，并以此作为售房的一大“卖点”，使房产的需求量增加售价提高。因此，在与开发商共同打造房产品牌的过程中，物业服务企业理应分享其中的一部分盈利，以此作为开展物业服务业务的启动资金，解决企业管理经费不足的状况，获得良性发展。

（三）通过开展以市场为导向的多种经营，提供多样化的服务，来拓展盈利空间

企业可以充分挖掘市场需求，通过开展以下经营服务活动来获取收益。第一，利用自身资源，在为业主提供基本服务的基础上充分开展增值服务，扩大劳务服务费的来源，如家政服务、汽车美容、装饰装修、绿化保养、房屋和家用设备的维修养护、礼仪服务、洗衣、送奶送报等。第二，通过创建信息服务平台把业主的需求信息“出售”给社会服务供应商，获取信息服务费。第三，利用掌握的专业知识和经验向业主和房产开发商提供咨询、策划等服务，收取相应的服务费。例如，可以向业主提供房屋接管验收服务，用专业的眼光指导其收房，查看房屋内外各种设施设备的完好程度和状态。第四，在取得相应的经营许可后开展多种服务经营，如幼儿园、餐厅、超市、美容美发中心、停车场、会所（现在比较流行集健身、棋牌、球场、书报阅览、衣物干洗、酒吧等服务项目于一身的小区会所）及康体娱乐设施等。第五，公共场地或建筑物共用部位的经营，如户外广告、公共场地出租等。第六，通过对经营性物业进行技术性改造或功能、环境的配套，提高物业的盈利能力，从而获得相应的利润。第七，通过开展丰富的社区文化活动，营造良好的生活氛围，向业主提供“情感”服务，虽然不能直接从中获得收入，但它能间接地创造利润，一方面有利于开展日常管理工作，业主也愿意把更多的增值服务委托给物业服务企业，另一方面也有利于企业收集和积累关于业主群体的需求信息，因此，“情感”服务对于增加企业盈利也发挥着十分重要的作用。

（四）推行物业服务酬金制，保障企业的合法收益水平

物业服务酬金制是指在预收的物业服务资金中，按约定的比例或固定数额提取酬金支付给物业服务企业，其余全部用于物业区域的管理和维护支出，结余或者不足均由业主享有或者承担的物业服务计费方式。实行酬金制，物业服务企业要按照业主大会或者业主委员会批准的服务标准和预算实施物业服务活动，并通过建立相应的年度预算、服务费收支情况报告、审计监督制度以及奖励机制等，使业主能够更好地行使监督、检查、质询的权利，保障自己的合法权益。因此，推行物业服务酬金制，可以更加科学合理地将业主交纳的物业服务费使用在为业主服务的项目上，同时也保障了物业服务企业能够明明白白地获得应有的利润，从而实现企业经营的良性循环。

（五）实施“1拖N”管理模式，充分发挥规模经营的效益

在管理跨度加大规模优势凸现的情况下，实施“1拖N”的管理架构可以有效地弥补当前物业服务企业“小而全”的不足。“1拖N”即确定一个资深的物业项目部为区域管理中心，由它辐射周边几个项目部作为服务中心，实行工作统一安排、分头实施，人员统一调度、分点驻守，管理统一标准、分片服务，财务统一收支、分别核算这种“四统四分”的管理运作模式。这样可以有效地提高单位管理规模，摊薄成本，使服务趋于规范化，使管理人员与维修人员之间的配比大幅降低，提高专业设备的使用率，降低接管物业项目的开办费用。

第四节　物业服务规模经济策略

在经济理论界广泛认可的规模经济释义，是指当生产或经销单一产品的单一经营单位所增加的规模减少了生产或经销的单位成本时而导致的经济。通常来讲企业要达到规模经济，首先必须实现单一性的同质化规模生产。但这并不意味着物业服务企业的经营不能实现规模经济，物业服务企业只要超越宏观上的物业管理非单一性的异质化“规模不经济”效应，就可以实现物业服务企业的规模经济。

一、构建科学的运营机制超越内在不经济

就物业服务企业自身而言，“规模不经济”在很大程度上表现为内在的不经济，即企业的服务规模扩大时，企业内部的效率并未得到提高，或成本并未得到降低，造成这种现象的原因主要在于企业的经营机制、管理水平以及服务模式的不经济等。目前，许多物业服务企业的经营机制存在着很大的缺陷，比如许多公司在跨区域服务项目方面，管理人员不能有效地实现“本土化”；外派管理人员只能上不能下，外派期满调回后，即使没有岗位可安排，原有的待遇也不能调整，因而造成了管理成本中人力资源成本过大。

其中，物业服务企业的内在不经济还表现为管理不经济。从理论到实践来看每家物业服务企业的不同发展阶段都有一个最佳规模点，即管理得好的企业就可以在规模做大的同时也大幅提升效益。当前来看，由于物业服务成本高低，已成为决定行业及企业未来能否长足发展的极其重要的因素之一。故降低经营成本，实现投资效益最大化是物业服务企业当前任务的重中之重。可以说管理不好，规模不可能做大，即是做大了也做不强。因而还可以得出这样的结论，要想上规模先得上管理。

二、合理规避项目初始规模不经济的陷阱

物业服务企业要实现规模经济，除了首先要警惕掉入内在不经济的陷阱外，还需面临物业服务经营的“初始规模不经济”问题。物业服务经营的“初始规模不经济”是指物业服务企业在接管项目的前几年，由于前期投入较大，如服务人员的招聘、培训，项目部

的装修及办公设备的添置等，而物业项目往往又是分期开发，导致收入与支出严重不平衡的现象。物业服务经营的“初始规模不经济”现象在长期大量接管外拓物业项目的企业中表现得比较严重，物业服务企业必须清醒地认识到，在占领内地市场的初始阶段是相当困难的，例如水土不服、管理链拉长，导致管理成本增加，管理效率不高，新建分支机构前期投入较大，工资差异，同工不同酬矛盾等。另外，由于存在区域发展差异，不少地区的地方法规相对不完善，消费者接受物业服务的意识较差，收费标准低，因此管理中矛盾多、风险大，管理得不好就会损害企业品牌形象。

三、确保单个项目的规模经济即盈利能力

宏观来看物业服务存在非单一性异质化“规模不经济”效应，但就单个物业项目来讲却具有明显的“规模经济”特征。物业服务只有实现了单个物业项目的“规模经济”，才可望实现企业整个物业服务经营的“规模经济”。原因在于，每个项目都是独立的结算单位，即每一个物业项目部，不管其规模大小档次高低，几乎都是由物业服务企业的一个下属项目部或相当于项目部的机构提供物业管理与服务，也就是每一个项目部实际上都相当于是物业服务企业的下属分公司。因此说，确保单个物业项目的“规模经济”即盈利能力，是实现物业服务企业整体经营“规模经济”目标的关键。

物业服务之所以存在“规模不经济”效应，就在于物业服务企业对每个物业项目的规模大小、档次高低，呈不可控的状态。比如管理一个3万～4万平方米的普通住宅楼可能要赔钱，但当其规模达到10万平方米左右时，就存在盈利的空间；而同样管理一个3万～4万平方米的写字楼或豪宅就存在盈利空间。物业服务企业针对不同规模、档次、性质的物业项目，要做到确保单个物业管理项目的“规模经济”即盈利能力，实践中确实存在着一系列难以逾越的巨大困难。

四、通过市场的细分侧重高中端物业项目

从行业发展的大势来看，随着我国房地产及物业服务行业的迅猛发展，高端、中端与低端的市场层次逐步显现，市场已开始细分，并凸现了行业重新洗牌的端倪。物业服务企业特别是一些大型品牌企业，细分市场致力高、中端物业，将决定着企业也在今后的市场竞争中能否抢得先机及最佳位置。

从物业服务企业经济效益来讲，高端物业服务与低端物业服务可谓是天壤之别。例如普通住宅小区存在的问题是，业主往往要求的服务很多、也很严格，但是与这些服务内容相对应的费用业主是不愿意多出的。“多服务、少收钱”的思想成为低端物业的通病；而写字楼、公寓等高端项目则不同，写字楼的客户主要是办公，物业服务企业只要把公共设施的服务管理好，很少有客户会为物业服务费与物业服务企业费尽口舌；而别墅的居住者很少把物业服务费看得很重，此类业主要求的是服务与费用匹配；公寓客户则出于投资等目的，愿意花费高额的物业服务费使物业升值。同时，从规模经济特别是盈利能力的角度

来看，衡量一个物业是否为高、中端物业，不能简单地以该楼盘开发的档次、价格及豪华程度来划分。这个问题可以从以下两个层面来理解：一是该物业项目为高档项目，如写字楼、高档豪宅；二是该物业项目虽然为非高档项目，如普通住宅，但项目的面积规模大、盈利能力强，也可以称之为高、中端物业。

五、确定和强化规模经济的核心运营策略

物业服务企业确定自身物业服务的核心运营策略是实现规模经济的重要战略选择。如前所述，企业必须细分市场，以满足特定的市场消费群，在现实市场、主力市场及由此衍生的未来市场里强化企业的核心运营领域。比如万厦居业确立管理大型及超大型住宅区及高档写字楼、豪宅为自己的核心营运领域及核心物业项目，其代表物业项目有深圳莲花北村、深圳梅林一村，虽然这两个物业项目均为普通住宅区，但其规模面积都在60万平方米左右，实现了规模经济。再比如中航物业，确立管理高端的商业物业为主的物业项目，并施行经营型的物业服务模式，不是靠单纯的物业面积规模取胜，而是以物业质量规模实现物业服务企业规模经营的行业典范。从目前的情况来看，物业服务企业要确定自身物业服务的核心运营策略，最紧迫的就是要走出物业服务规模经济的误区。即总认为所谓物业服务的“规模经济”，就是单纯的面积的规模增长，而不是质量档次意义上的规模增长。许多企业虽然从其管理面积统计上显示有数百万平方米，甚至上千万平方米，但由于没有确定并形成自己的核心营运领域包括核心物业项目，企业的物业服务经营依然没有形成规模经济。

因此说物业服务企业要做“规模经济”，就必须确定自己物业服务的核心营运领域包括核心物业项目。当企业由于没有细分市场，造成物业管理品牌形象模糊，市场中的差异性与特色不明显，项目严重影响自身的品牌形象，特别是项目长期处于亏损状态或盈利能力很低的项目，就可以对该项目做“减法”，以强化和确保核心营运领域包括核心物业项目。

第五节　标准化物业服务营运模式

物业服务逐渐走向规范化、标准化是行业的发展趋势。随着物业服务市场的不断成熟以及物业服务在全国的推广和普及，业主对物业服务企业的管理水平及服务水平也有了明确的认识和更高的要求。然而，我国目前尚没有一个全国通用的，规范行业服务行为的指导标准，使得物业服务不同程度地存在服务不规范、行为不一致、标准不统一、性价不平衡等问题。尤其是在这些问题的影响下，业主对物业服务企业所提供的服务内容看不清摸不透，继而带来了投诉与矛盾。所以，不论是从业主对物业服务提供的要求角度，还是从物业服务企业自身完善和适应市场，乃至物业服务行业发展的角度看，行业服务标准的出台是非常必要的，也是非常及时的。

一、重新认识标准化物业服务

物业服务作为一个新兴行业，离不开政府的规范和引导，特别是对于一个具体的物业服务企业来讲，它所进行的管理、所提供的服务应该是规范的、统一的，尤其是提供服务的底线不应因为所管项目的差异，或者是所提供服务的业主群的不同而不同。这就好比美国快餐业的代表麦当劳，作为一个全球化的大企业，任何一家门店都会按照统一完善的规范来进行，不管在哪里，享受的产品和服务都是同样的规范和统一。也就是说，不论谁来进行操作，只要有一个完善的管理模式并按照一个严格的程序来进行，得出的产品(包括服务)就都是规范化的，而不是由人的主观意识所决定，物业服务在满足业主基本需求方面所要追求的目标也正是于此。当然，这只是物业提供服务的最低规范要求，如果可能，物业服务企业应该本着“以人为本”的原则，注重对环境配套的设计，尤其是文化生活的配套，营造社区文化氛围，扩充物业服务的范畴，开展全面的社区生活服务，为业主提供最优良的服务，从而追求最大的效益。同时，物业服务所涉及的层面又非常广泛，包括设备设施、人员管理、内业服务、物资管理等多方面的内容，因此，能否做好物业项目的关键问题，就归结到了如何为业主提供满意的服务上来。而如何能够提供一个规范化的服务模式就成为关键问题。对于物业服务这个并不生产有形产品的行业来讲，找到一条适合自身发展的道路并不简单。随着物业服务企业从劳动密集型向技术密集型转化，为适应现代管理技术的应用和智能化管理的需要，物业服务企业推行规范化的质量标准势在必行。

二、制定统一服务标准，确保物业服务质量

(一) 物业服务行业需要一个通用的，标准一致的，规范化的服务行为准则

我国的物业服务由于受地区经济发展不平衡的影响，其发育情况和发展过程均有所不同，又由于各地对物业服务的认识和业主对物业服务消费的认识的不同，带来了对物业服务接受程度的不同，这些差异又不同程度地带来了物业服务内容和服务提供方面的异化等问题，使得业主对物业服务的内容和服务以及服务行为缺乏认识，以致疑问不断，甚至矛盾重重。客观上就需要有一个规范的，透明的，能让业主清楚甚至一目了然的物业服务行业服务行为标准，作为衡量物业服务提供内容是否足够，服务行为是否规范，服务标准是否一致，服务商品性价是否合理的准则。

(二) 实施分类分级制定标准，提供服务需求和服务提供的参照标准

通过实行分类分级制定标准，可以使业主和企业的服务需求和服务提供有一个可供参照的标准。目前的物业服务，不仅有对住宅物业的管理，还有写字楼、商业楼宇、工业区、政府机关、学校、医院等多种类型的物业服务，而且每种类型的物业都有其规模、等级、档次等区分，也就存在各不同类型物业及其服务的特点特性，同时各级别物业服务标准也应存在差异，所以应在行业服务标准制定中，根据不同类别和等级的管理要求的性质，分别定出不同的标准。

（三）提供菜单式服务标准和价格取舍标准的新选择

可以通过物业服务等级标准的确立，为业主和物业服务企业提供一个菜单式服务标准和价格取舍标准。虽然，现在的物业服务费的测算原则是根据每个物业项目的实际服务成本支出测算出来的，是比较合理的，但在有些地方或有些业主还是会认为，测算的物业服务费是根据物业服务内容确定的，并不代表就符合业主的意愿，造成业主在接受物业服务内容上与物业服务提供方的差异。指导标准的制定，可以提供全体业主在某种共同选择基础上的物业服务内容，并可按这个内容确定相应的物业服务费标准，形成一个可供业主选择的菜单式的服务内容和服务价格的取舍标准，形成更为市场化的运作格局。

（四）可以在社会上公布行业服务标准，使物业服务有社会监督依据

一个透明的量化和公开的行业服务标准，必定也是社会认可的，具有社会公信力的评判依据。以往的物业服务虽然有很多企业内部的运作标准，但都不具备社会监督的职能，甚至也不具备业主监督的职能和操作性，所以作为一个面向全社会开放的公众行业，需要有一个可供业主和社会监督的公开的行业服务基本标准。指导标准具备了可供社会监督的职能，能够成为业主和社会监督物业服务乃至政府监察物业服务的执法依据，使物业服务的规范化、标准化以及物业服务的公开、透明成为可能，也可使业主真正享受物业服务带来的舒适生活成为可能，还可使企业的诚信无欺成为现实。

（五）对服务未达标所形成管理不善的后果，提供了客观衡量和承担法律责任的准绳

由于没有服务标准，现在的物业服务的提供和业主需求方面产生了说不清、道不明的一些扯皮现象甚至矛盾。一方面，由于业主对物业服务的要求越来越高，甚至不顾自己所交物业服务费所应包含的内容和程度，无限要求企业提供超值服务，而企业又无充分的客观标准给业主解释。另一方面，由于一些物业服务企业片面追求规模效益，主动的争取（有时也是被动的）承接一些规模较小、质素较差的物业项目，这类物业项目按现在的物业服务费水平来看，理论上多半是要亏损的，很多企业要接的原因，就是没有一个衡量服务是否到位的标准。

三、专业、规范、科学、标准化的物业服务手段应用

当前物业服务者面对着一个不断变化的环境，物业服务逐渐依靠专业化、规范化、科学化、标准化的手段提高企业的市场竞争力，是行业的未来发展趋势。随着物业服务市场的不断成熟以及物业服务在全国的广泛推广与普及，业主对物业服务企业的管理水平及服务质量也有了明确的认识和更高的要求。然而，我国目前尚没有一个全国通用的，规范物业服务行业服务行为的规范等级标准，这使得物业服务不同程度地存在服务不规范，行为不一致，标准不统一，性价不平衡等问题。尤其是在这些问题的影响下，业主对物业服务企业所提供的服务内容看不清、摸不透，继而带来了投诉与矛盾。所以，不论是从业主对物业服务提供的要求角度，还是从物业服务企业自身完善和适应市场，乃至物业服务行业发展的角度看，物业服务指导标准出台并实行后，不但有了衡量物业服务内容和服务提供

完成程度的标准，而且更重要的是一旦出现物业服务企业减少管理内容和降低服务标准的情况，或由此造成管理不善的后果的时候，指导标准就可起到客观的衡量甚至使责任单位承担法律责任的准绳作用。

第六节 商业类物业服务的有效营运模式

为适应经济、搞活流通、增加就业机会，各地涌现出了大批的零售商业网点、服务网点、商业楼宇。这类商业服务网点与过去的国营百货商场有所不同，是产权独立与多元化并存，以经营效益为导向的特定需求，为促进商品交换而提供服务的新物业服务领域。对于行业从业人员来说，这些购物、休闲的消费性场所，服务的对象有业主、使用人、消费者等多重顾客，服务内容也由简单劳动密集性作业，延展为以产权人经营利润最大化为目的的营运服务的商业类物业服务。

一、商业类物业分类

商业类物业是指集合各种商业形式的建筑场所，商业类物业的发展是商品经济繁荣的结果。随着改革开放的深入，个人收入的两极分化，市场产生了多样化、差异化的消费需求。同时，随着行业竞争消费者行为的改变，零售商业服务业出现了多种形式共存的事实。商业类物业不同于其他物业，其项目的定位、规划、招商和经营管理是一个有机的整体，需要全盘规划，逐渐让商业类物业的管理与营运走上正规发展渠道，使商业类物业走向成熟。基本上来说，零售商业类物业的经营方式可分为以下几个商业形式。

（一）百货商店

百货商店实际上就是以销售日用商品为主的规模较大的商品零售店铺。商品明码标价、买卖自由，商家多以薄利多销为主要经营方法，是一种较为传统的商业形态。

（二）超市

超市是一种顾客可以根据自己的需要弹性自选商店。售货人员较少、货物开放式放置、定量包装、明码标价、以电子计算机进行结算，多数提供购货手把车以方便顾客购买。

（三）专卖店

专卖店是专门经营一类或几种有关联的商品，或经营某一品牌的品种齐全的商店。专卖店的消费特指性较强，销售人员的相关知识也较为丰富，对特定消费群有一定的感召力。

（四）连锁店

连锁店是由大集团内部分化或加盟产生出来的若干个小商店，这些小商店在具有一定自主经营权的同时，统一服从于中心组织的品牌经营管理。连锁店具有一定的名牌效益，经营项目可为商品，也可为某项休闲活动。

（五）休闲场所

休闲场所主要以环境或氛围为消费附加，以向消费者提供舒适和快乐的感觉为经营方法，经营场所多为休息式娱乐性活动场地。

二、商业类物业发展中存在的问题

商业类物业的建立与经营如果缺乏对市场的深入调研，缺乏客观的依据，容易导致物业服务的盲目性。

（一）经营理念和管理技术落后

商业类物业通常有几十甚至上百个所有权独立的零售商，通过统一管理树立商业类物业的整体形象至关重要。但是商业类物业的管理比其他物业的管理难度大得多：诸如所有零售商是否接受统一收银，是否接受统一营业时间，是否接受进行统一的促销活动等。由此无论是物业服务企业还是业主或使用人由于经营理念和管理技术的落后，都会使商业类物业形象受损，导致顾客失去光顾的兴趣，进而影响商业类物业的发展。

（二）商业类物业重复建设

在商业地产迅速发展的同时，商业类物业的空置率也备受人们的关注。居高的空置率，一方面折射出商业类地产发展的盲目性，另一方面也反映了重复建设、同质化严重的现象。原因在于，商业地产丰厚的回报吸引了大批投资商进入，但在投资和建设中由于缺乏统一规划，不可避免地带来了重复建设和空置率高的问题。

（三）商业与地产的脱节

大多数的房地产开发商把眼光盯在了项目的前期开发上，通常会采取将开发好的商场直接出售给中小投资者，再由投资者直接或间接出租给零售商的做法，实行的是物业服务指导下的“商业管理”体制。开发商重视的是商场有多少面积出售了，并没考虑出售后整个商业类物业的营运状况。从营运稳健的国内外商业项目来看，不难发现几乎无一例外地采用出租的方式，也见不到分割成独立商铺出售的现象。地产与商业之间关系的现状是：两种资源没有有机结合，房地产开发商找不到合适的商业主体，而商业主体也找不到好的商业类物业项目。

（四）商业经营缺乏特色

大量的商业项目存在为招商而招商的倾向，商户组合缺乏竞争力和协调性，开发商为了招商指标，不能全面考虑商户的组合，给未来的经营管理埋下了隐患。在经营中，业主和使用人缺乏经营理念盲目建设，目标经营市场不明确，缺乏商业的准确定位，多数商场经营没有特色，给人“千店一面”的感觉，缺乏对顾客的吸引力。诸多城市开发的商业类物业出现“开盘时火爆，开业时冷清”的现象，商场给人以萧条冷清的感觉，顾客像看画展一样浏览各个店铺，光顾的人不多，买东西的就更少了。客流量不旺，致使商业类物业中的商户像走马灯一样地更换，使顾客难以产生信任感，更谈不上培养忠诚性顾客了，如此恶性循环商业类物业的营运可想而知。

三、商业类物业服务与营运困难的原因

（一）主观原因：缺乏对商业类物业发展规律的认识

房地产将其作为物业来做，商业把它当作商场来做，但实际上它是一个综合体，其营运比单纯的物业或纯粹的百货商店要复杂得多。商业类物业服务是专门对商业地产提供经营管理服务的物业服务企业，除了要拥有丰富的房地产管理知识和专业经验之外，还需要有很强的商业运作和管理经验。既能够向开发商提供商业定位和市场细分方面的服务，又能够在以后的商场或商铺的管理方面有效地发挥作用，维护和扩大市场的影响力，吸引消费者的驻足。因此，商业类物业的管理与营运对物业服务企业具有很大的挑战性，在管理过程中出现一些问题是不可避免的。

（二）行业原因：爆发式的零售革命

西方发达国家在近150年时间内，依次爆发了百货店、连锁店、超市店、商业类物业、自动售货、步行街和多媒体销售等多次零售革命，产生了20多种零售业态。而我国在20世纪90年代中期三五年时间内，几乎所有零售业态都出现了。这一方面会给商业类物业的发展带来难得机遇，另一方面也使商业类物业发展出现了盲目仿效的现象。许多项目不看地点，靠追风来指导建设，如此的商业类物业效益不仅不会好，还会造成国家财产的浪费。更有一些投资者因资金不足，把为消费者购物等提供方便的必要现代化硬件设施滚梯、空调砍掉，而在墙面、地面等装潢上大量花钱，给后人留下“弃之可惜，改之不能”的遗憾。

（三）环境方面：商业类物业条件不成熟

商业类物业发展所需的客观经济环境是形成一批成熟品牌并能构成吸引客流的专卖店，城市居民向郊区延伸，消费观念转向生理和心理需求的双重满足，人均国民收入2000美元以上，居民小汽车普及率超过50%。我国目前城镇人均居民收入还没有达到这个水平，卫星城、小区建设刚刚起步，郊区人口主要在城区购物，小汽车普及率还不高，因此形成了商业类物业郊外无客流，建在城区又与百货商店、社区商业中心竞争的两难境地。

四、商业类物业服务的管理与营运

商业类物业服务和营运从本质上来说与传统物业服务的目的是相同的，都是为产权人服务，满足其需求，但商业类物业服务还须满足经营收益的需求。需求的改变促使服务的改变，更促使物业服务从业人员对各种管理技术的了解和掌握，使物业服务这个行业更为成熟地发展。商业类物业的服务过程不仅需要传统物业服务的清洁、机电设备维修、秩序维护等被动服务项目，根据商业类物业的特定需求，更多的是为整体物业项目中的使用者的经营活动提供主动服务，使产权人、使用者等各类顾客的利益最大化。其中工作的重点如下。

（一）商户的组合

商业类物业是各种商业形式和服务设施的集合，通常包括零售商店、餐饮店广场、休闲娱乐场所等，其中各种类型的商店或超市占主导地位。对于规模较小，在5000平方米以下的商业类物业来说，主要是以食品、杂货及单一主题商场等商业形式出现的，以满足日常消费为主；而面积在1万～3万平方米左右的中型商业类物业，将主要在一个主题下，以家庭设施、生活用具、服装装饰品和文化娱乐设施等商业形式出现，以服务顾客多层次、多元化的需求为主；对于3万平方米以上的大型商业类物业，管理者更是要提供全方位的综合服务。同时，在商户组合方面除了考虑商业形式外，还必须考虑各类商户所占面积，一般来说，商业类物业面积50％将租售给商业生命周期长，同时对消费群具有一定长期品牌感召力的商户，以突出和维持物业项目的知名度和顾客的忠诚度。30％左右的面积租售给商业生命周期较长、有稳定销售业绩的商户，其余20％的面积租售给商业周期短，但较时尚的商户，虽然可能商户变更较快，但物业经营租售收入较高。

（二）租金

租约是商业类物业服务对店铺经营者施以管理的主要内容。租金即物业产权人获取经营权的主要经济投资。在操作中租金的数额是根据店铺的占地面积、店铺的商业特征和店铺所处位置来确定的。一般的做法是先按店铺的单位面积，确定物业承租者的最低租金数额，作为标准起点线，亦即这个数额是承租人必须支付的最低租金限额。无论承租者在经营销售中的状况如何，这个标准租金都必须交纳。当承租人的店铺经营销售额达到并超过规定的最低标准后，除了应交纳最低限额的租金外，承租人还应当按照实际营业销售额的一定比例交纳比例租金。

（三）营业时间

营业时间的统一规定是塑造和维护商业类物业良好形象的重要内容。许多商业类物业服务把营业时间的规定纳入到租约的范围内。商业类物业的开张之日是形象塑造的第一步；所有的店铺都应该在这一天统一开业，以吸引顾客的注意力给顾客商品丰富的感觉，为商业类物业的进一步发展奠定基础。商业类物业服务对店铺平时的营业时间和休息时间，也应有严格统一的规定。否则，如果各店铺的营业时间不能整齐划一，会令顾客失望，也会给人一种凄冷衰败的印象。

（四）商户商品的陈列

商业类物业各商铺产权多元化，但物业本身有一定的整体性。在前期的操作上虽然对店面进行了规划，但在运作期间各商家的商品陈列也需进行管理，以保持整体的内在联系，形成系统相互促进，以方便消费。在商品陈列管理中应注意商品标题，突出物业整体形象，使顾客了解性能；陈列柜应巧妙利用空间，不占用太多商店面积，各商户间的通道充分保留；各商户商品陈列高度不影响相邻商户和整体视线等。总之，陈列的商品要得当，既方便顾客消费又可以达到广告宣传的目的。

(五)统一整体形象策略

整体推广商业类物业服务应当采用统一的整体公关宣传活动和统一的形象策略，因公关、宣传活动而产生的资金支出应由各店铺按一定的标准分担。在商业类物业服务刚建成投入使用的时候，商业类物业在管理、营运过程中迅速树立自己的商业形象，将有利于物业项目的租售。对各商家来说，统一的整体推广活动，能为店铺的经营带来声势浩大的宣传效益，而推广费用开支又能降低到最低的水平，节省了人力和时间的投入，为商业类物业其他工作的顺利开展奠定了基础。

五、商业类物业服务的有效营运策略

(一)树立先进的经营管理理念

经营性商业项目的主要收入来自于商户的租金。租金的支付者是创造营业收入的主要组成力量，商业项目的功能就是要帮助商户去创造收入。简而言之，就是提高每一平方米商业面积的赚钱能力，这是商业项目经营管理的价值所在，也是商业地产成功运作的关键所在。物业服务企业在商业经营管理上应拥有一支专业队伍，建立一套超前的经营管理模式和理念。通过提供商业项目从定位、规划、招商到管理的全程服务，确保未来有效而持续的经营管理。

(二)提高物业服务队伍的专业素质

物业服务是运用现代经营的技术手段，按合同对物业进行多功能、全方位的管理和服务，为物业产权人和使用人提供高效、周到的服务，以提高物业的经济和使用价值，创造一个良好的物业环境。要完成这一过程，高素质的专业队伍是必备的条件。商业类物业服务队伍的建设必须与这一管理特点相适应。在人员配置上除了常规的物业服务所需要的专业人才外，还应注意吸收下列人员：懂商务、会管理的经营人才；懂法律、掌握政策的管理人才；高级技术人才。不少商业楼宇的智能化程度相当高，特别是楼宇自动化、通信自动化以及信息管理自动化的广泛使用，要求物业服务企业必须以更先进的科学手段对商业楼宇进行管理。当然在引进专业人才的同时，对原有的商业管理人员进行不断的培训也是十分重要的。只有把引进人才和自我培养有机结合起来，物业服务队伍的专业素质才会不断提高。

(三)利用制度规范市场秩序

任何企业都存在两方面的制度，第一是企业基本制度，第二是企业的具体管理制度。企业基本制度规范着企业基本经济关系，构成了企业的经济形体，是企业经营机制的决定因素，有什么样的企业基本制度和经济形体，就会产生什么类型的经营机制。企业的具体管理制度规范着企业内部各个部门、单位、个人的职责和联系，构成了企业管理的组织形态，对企业的经营管理水平具有重大影响。随着进场租户租赁或合作时间的延续，合同及其补充文件和附件将不断增多，契约越多管理上就越复杂。所以，对商业类物业的管理应采用制度来明确各自的权利和义务，用完善的制度来规范市场秩序。

（四）科学设计商业地产开发模式

商业地产不能简单套用住宅的先设计后销售模式，应该先确定经营模式、招商对象和业态需求，再进行建筑规划设计，以最大限度地减少日后改造费用的成本，从而降低商业地产的风险。万达集团提出的订单式商业地产模式，即预先与世界500强企业签订联合发展协议，得到其租赁项目的承诺后才进入实质开发。这种战略伙伴组合的营销模式的好处是显而易见的：对于万达集团而言与这种外资零售业巨头结伴而行，可以加大投资开发购物广场的知名度；另外，商业地产做到了强强联手，通过各种品牌组合产生经营优势，有效地控制了经营风险，增强了业主的投资信心。此外，开发商业类物业时，重视物业服务的前期介入，对商业类物业的定位、结构和外观设计给予合理建议。

（五）实现商业与地产合理对接

房产开发商的品牌效应能有效提升商业类物业的销售，因为零售巨头、餐饮娱乐、家具建材商等的加盟是项目的一大卖点；成熟的大型社区为商业经营者提供了高素质的人流量和消费力。在现代化商业模式中，商业地产的盈利并不是通过商铺销售来获得地产增值利润，而是通过持续的经营管理提升商业空间的价值。因此，商业与地产的合理对接，能使双方互利，使商业类物业得到较大的发展空间。

（六）准确定位商业经营方向

由于商业地产与市场需求关系紧密，在房地产开发商进行地产项目开发时，定位是非常关键的，同质化经营只能带来商业资源和社会资源的巨大浪费。比如社区底商的定位，其招商目标主要有：自身配套所用、综合百货业、专业市场、主题式商场等几种形式。底商首先必须考虑消费市场，只有准确、恰当的商业经营定位，才能在激烈的市场竞争中生存和发展。要做到准确定位，一方面必须适应市场的需求；另一方面也要从自身的具体情况出发，走适合自已的路线。市场细分是商业类物业定位的前提，尤其是针对商业密集区，要让商业类物业成功盈利，就必须把市场细分、再细分。

（七）主体经营凸现特色

主题式商场可以按人群、功能进行划分。小型商业类物业尤其要做好定位工作，要避免与大型商业类物业正面交锋，切忌盲目地比“大”、比“全”，而要做“专”、做“精”，以自身特色来吸引消费者；从而在激烈的市场竞争中，求得生存、站稳脚跟，以获更大的发展空间。

六、商业类物业的商业生命维系重点

商业生命是商业类物业整体的信任度、美誉度和知名度三者和谐的统一。没有信任度、美誉度、知名度，商业类物业将没有人流量，没有了人流量，经营业绩也随之消失，没有经营的商业类物业也将不能生存。因而，成功的商业类物业服务不只是要去创造，更重要的是要去维系商业形象、商业生命，其中具体工作有以下两个方面。

（一）CIS操作

当今商品经济竞争的焦点已经不再是具体的实物商品，而是以品牌为核心的无形资产，商业类物业的无形资产和品牌，也就是物业给予公众的整体形象。20世纪90年代初进入我国企业界的CIS理论，经过近10年的实践表明，在市场营销及公共关系的建设上有非常直接的作用，运用这一工具去占领市场卓有成效。对于客户而言，物业整体形象——品牌的存在代表了市场对物业的认同，它能给予客户信心，使客户在对相类似的产品进行比较时有更直观的判断标准。品牌不仅是知名度，它还代表了品牌美誉度、品牌忠诚度和品牌联想，因此它更多体现的是物业整体与客户的关系。

（二）公关活动

公关活动是商品经济发达国家在营销活动中逐渐发展起来的一种推广方式。在商业类物业推广中，可以把公关活动定义为“商业类物业在公众中树立良好的形象，扩大知名度，从而促进商品销售的一种活动”。商业类物业公关活动的对象有：商场员工、消费者、社区、供货单位、政府及其有关部门、新闻部门、社会活动团体等。商业类物业的公关活动涉及各种对象，对不同的对象应该采取不同的公关活动方式。商业类物业与消费者公关活动具体的工作内容有：帮助消费者充分了解商场的宗旨、政策、商品信息和服务方式；广泛收集消费者意见，向有关部门反映，以便及时改进避免重犯错误；争取消费者的信任与好感、与消费者建立广泛和经常的联系，从而促成顾客形成对商场及其商品的良好印象，在消费者中建立商场的声誉。

第七节　住宅类物业服务的有效营运模式

“住宅物业服务本身就是保本微利行业”，这让服务于住宅类物业项目的企业面临进退两难的尴尬境地。一方面，在项目销售期，要依靠爆炒物业服务卖点实现对住宅项目的热卖；另一方面，又要保证在物业项目业主入住后，物业服务与前期的承诺之间没有落差，以实现长期的品牌效应。然而，物业服务的运行成本与其盈利能力往往让它们成为一对难以化解的矛盾。如何让住宅类物业服务企业盈利，如何对住宅类地产项目实施有效的营运经营管理，是一个住宅项目乃至一个物业服务企业品牌战略必须要解答的问题。

一、住宅类物业服务市场需要有效经营模式

住宅类地产项目提供的是商品化住宅产品，是面向社会、个人、家庭的销售，其市场化特征尤为突出，但就住宅市场目前的发展状况来说，达到中高档消费水平的人毕竟还是少数，搬到普通住宅小区居住的购房者大部分还是工薪阶层，有的人甚至为此用掉了一辈子的积蓄，再加上有些楼盘的物业服务费一开始就定得比较高，这样不仅限制了物业消费空间的可持续发展，同时也会造成物业收费难的局面，欠收的物业服务企业只能惨淡经营。如果再遇上特殊的群体，物业服务企业立刻就会面临日常运转困难的局面，因而导致

不少物业服务企业或伸手向母公司要补贴或降低服务标准和服务质量。

据此，物业服务企业在提供服务的同时，把对物业项目的有效经营管理培养成为企业的核心竞争力，形成自身的特色和优势，这对提高物业服务企业经济效益和开拓市场起到关键推动作用。从目前的实践情况来看，对住宅类物业项目实施经营可以更好地满足开发商、小区业主和物业客户的需要，提供综合性物业服务；其次，有效的经营模式更好地体现了经营管理一体化运作，对小区业主来讲，提高了服务效率；再次，该模式扩大了物业服务企业的盈利空间，如：房屋租赁代理、小区车位出租、有偿家政服务等业务的佣金比例明显高于物业服务佣金，使住宅项目物业服务企业综合实力得到提高。

二、住宅类物业服务有效经营模式特点分析

首先，应该明确住宅类物业服务经营模式和写字楼、零售商业中心、酒店以及其他可出租物业类型的管理营运模式有所不同。后者多以出租经营性房屋为物业服务主体对象，属于收益型物业服务模式；而住宅类物业服务由于受到项目服务对象和小区资源范围的限制，不可能像收益型物业服务那样把租赁房屋、项目估价和地产项目策划作为营运的主要内容。其次，住宅类物业服务经营和房地产开发商对项目所采用的项目型或置业型营运模式也存在很大差别，原因在于住宅类物业的使用周期相对于地产项目的销售周期来讲是一个较长的过程，住宅类物业的服务所开展的经营范围和内容始终要为后期物业项目服务。据此，小区物业服务企业应在提供服务的同时，拓展一些能够保持物业服务经营模式滚动发展和多元化收入的资金来源，并要重点考虑小区物业项目的可持续发展问题。

三、住宅类物业服务有效经营中重点问题阐述

随着市场经济的日益成熟，物业服务所涵盖的日常作业内容及其外延拓展业务的分工会日趋细致，如何从物业服务到物业经营是需要认真加以研究的课题。既不能因住宅类物业项目运转困难就全力去搞其他经营，而降低物业服务的品质和质量；也不能死死看守物业项目本身，只顾服务作业的日常操作而忽视创新开拓，将物业项目中的大好资源白白浪费。因此，在实施物业服务经营的实践中，应注重以下三个重点问题。

（一）改变物业服务意识，转换服务经营角色

随着众多商品化住宅类物业项目的出现，市场要求传统的“服务型”物业服务企业向“经营型”物业服务企业的角色迅速转化。更多的开发商都希望在进行物业服务的同时，也进行经营管理，这样就给物业服务企业提供了一个可充分操作的天地。因为，作为一个专业物业服务企业的各项管理服务举措，一定是要为服务对象而进行，根据物业项目不同，住宅类物业内涵的不同，客户群也会不同，业主需求也不一样，经营管理服务就会出现新的业务内容，其中包括：社区局域网络信息发布、向小区内业主销售花木、对社区周边商家实施广告推广、增加有偿特约服务等业务，全方位拓展住宅类物业的盈利空间，物业服务企业亦可在经营服务中获得相应收益。在强调改变物业服务意识，转换服务经营角

色的同时，也要求小区每一位物业服务从业人员深刻理解，物业经营是物业服务工作的应有之义和分内之事，物业服务固然重要，而一项优秀的物业项目策划、一个好点子，可以使开发商、小区业主和物业客户得到更多的实惠。当一个物业项目部在做好服务工作的同时，不断地迎合市场，为满足小区内业主不断增长的需求而创新经营时，住宅类物业项目的市场价值会发生很大变化。物业服务是动态的过程，物业的有效经营永无止境，物业服务人员只有具备了强烈的经营意识，才能使管辖小区项目潜力得到充分发挥。

（二）处理好物业服务日常业务和多元化经营业务的关系

从目前一些住宅类项目的经营管理实践来看，有些人会担心经营型物业服务模式的推行是否会因盲目地多元化经营而导致不良后果？物业服务实施有效经营属于多元化经营范畴，这种管理模式是将物业服务从一般维护、运行阶段提升到对物业项目全过程的经营、服务和管理层面，亦即将服务眼光由物业服务委托期内这个局部放大到物业长寿命商品的整体去统一考虑、安排，从而为小区业主提供更全面的服务。将物业经营的概念深刻地融合于管辖项目的物业服务工作之中，通过经营与管理的合力运作，更好地体现物业服务使住宅类项目保值增值的重要功能。

还有人认为强调物业经营会导致放松物业本职服务。其实恰恰相反，因为住宅类物业服务经营的商品就是服务，没有商品提供市场也就无从谈起经营，而忽视了物业常规业务服务，对于经营物业来说也就等于没有了生命之源。将物业服务与物业经营融为一体，在做好物业服务工作的同时，为开发商、小区业主、物业客户策划并实施物业经营方案，发挥每一平方米物业的增效潜力，扩大物业服务企业的盈利空间，同时物业经营开展得越好也恰恰就增加了更多的物业服务项目。经营与服务在物业服务中不是矛盾的而是相辅相成的，关键就在于经营管理者如何去认识、去操作。正确的做法是在一方面不断提高物业服务水平，不断创新增加服务项目的同时进行物业经营创利活动，根据不同物业项目安排经营管理的主次关系，使经营和管理相辅相成，相得益彰。在具体运作中，还要注意物业服务费用与经营费用保持相对独立，体现不同业务的规范性。

（三）注重培养物业经营人才队伍

物业服务是劳动密集型产业，而物业经营是知识型、信息化产业，没有富有经验的经营人才，经营型物业服务模式就是空谈。住宅类物业的物业服务企业承担了物业项目的管理权，同时也就承担了物业经营的义务，相应地加大了物业服务企业的经营压力和经营风险。物业经营是一项极为专业的工作，不仅富有实战经验的人才难觅，有了人才形成一个配合默契的团队更不容易，一旦经营出现偏差和失误，将给企业造成无法挽回的损失。在此方面，住宅类物业项目的服务企业应注重向专业公司学习。随着物业经营管理市场的不断扩大，国内物业服务企业将面临更加激烈的竞争，借鉴国外物业服务企业先进的管理经验和服务理念，在物业经营专业领域认真学习、缩短差距，加强对员工的法律知识、经营技能、营销经验的培训是当务之急。

第八节　办公类物业服务的有效营运模式

办公类物业是客户从事办公活动的场所，由于物业本身的特殊性和重要性，选择何种管理运作模式来对物业实施管理提供服务，直接关系到各管理模块之间的协调、链接及管理与服务品质的提升。物业服务企业应关注并满足办公类物业客户群的需求，根据其需求建立适应客户的有效营运服务模式，应成为此类物业项目的着眼点。物业服务的重要性也在于辅助、优化和延伸办公类物业的有效营运环境和高品质的物业价值，只有将服务与客户的商业利益紧密结合起来，才能实现企业与客户利益双赢的目的。

一、办公类物业项目有效营运模式的确定原则

在单一业主的情况下，办公类物业项目的使用人由数目众多的租户构成，与住宅类物业项目的业主或租户相比，其承担的责任更小、权利范围更广、义务更单一、要求也更高。管理与服务的对象是一个流动性很大，文化素质又相对较高的群体。这样的一个群体对管理与服务的评价依据更为主观、直接，不确定因素更多，对服务的要求也更深入细致。因此，在进行物业服务管理与运作模式的选择与确定时应遵循以下的原则。

（一）物业基础原则

在办公类物业项目的管理中，保障水、电、气的正常供给，空调、电梯、消防等设施设备的正常运行具有至关重要的作用。对各类设施设备进行及时有效的维护与保养，是物业服务的基础，也是整个办公类物业项目运作管理系统得以正常运转的关键。

（二）客户服务原则

充分考虑对客服务在办公类物业项目管理中所占的比重，把“客户至上”服务思想的确立作为调度其他管理资源与手段的理念核心，做好服务方式、形态的细分，深化服务的内涵，为满足客户个性化、多样性的服务需求提供方便。

（三）制度管理原则

制度管理的有效性来源于以下三个方面：首先是制度在未确立之前及在完善过程中的弹性；其次是制度确定后在贯彻实施过程中的刚性；第三是对客服务制度的针对性与人性化。遵循制度管理的原则是物业服务科学化、标准化、规范化的前提与保障。

二、办公类物业项目服务运作模式选择

（一）学习同行精髓借鉴同业经验

融合和发挥酒店管理精髓，吸收融会国内外管理经验。由于物业项目本身的特殊性和管理需求的提高，促使物业服务在管理理念、服务思想上需要不断更新，在管理手段和服务方式上要持续改进，这就使得许多办公类物业项目在物业服务过程中会自觉不自觉地吸收酒店管理的一些元素，吸取国内外先进物业服务的成功经验。如设置客户服务中心、中

控联动系统、前台接待处以及楼层管理员、楼层清洁工等等。办公类物业项目在进行管理运作模式选择的过程中，融合并发挥酒店管理的精髓，融会国内外物业管理的经验，会大大提升物业服务的品质与内涵。

（二）建立充分发挥员工个体功能的运作管理体系

在办公类物业服务项目中，水、电、气等能源的正常供给，空调、电梯、消防以及其他智能化设备的正常运转最为关键。由于办公类物业项目多为高层楼宇，其设施设备种类繁多、体系复杂、维护要求高，因此，各系统的运行维护不仅依赖于对各类问题、故障的及时处理解决，更依赖对各类问题的及早发现。在日常管理过程中能否及早发现问题、解决问题，将问题消除在最初的萌芽阶段，是保证整个楼宇系统正常运作至关重要的一环。从这一点出发，办公类物业项目的物业服务对员工个体功能的发挥提出了较高的要求。在工作中，每一个员工都肩负着管理与服务的双重职责，既要是问题的解决者、服务的提供者，更要是问题的发现者、客户需求的领会者。充分发挥员工个体的主动性，不仅使问题得以及时解决，而且构成了整个物业项目运作管理体系中极为重要、不可或缺的组成部分。

（三）强化制度管理的保障作用

1. 建立严格细致的质量保证制度

规范、标准和程序化管理机制的基础支撑在于严格细致的质量保证制度。办公类物业项目应以 ISO 9001：2000 文件为基础和指导，结合国内外物业服务的先进经验，制定一套符合自身管理和运作特点的质量保证制度。各个部门岗位、各工作流程、各个工作检验标准和方法都应当建立规范、严格的管理程序和作业指导。制度规定得越具体，执行得越得力，管理服务质量也就越有保证。在制度的完善方面，应采用分析典型问题→形成培训案例→补充→新建制度的方法。制度一经确立，就要坚持把权力交给制度，以制度约束人的原则，使员工在工作中的一举一动、一言一行都有章可循。

2. 客户服务“标准化”

客户入住时的首次管理接触，具有十分重要的意义。它有利于客户对服务方的要求形成鲜明、深刻的了解，对之进行准确的定位。首次接触处理得好，将会对日后的服务配合工作产生事半功倍的作用。客户服务“标准化”的主要内容包括：业主规约、用户服务手册、文明公约和装修管理规定等。在具体的工作中，物业服务人员还会有针对性地为客户“量身定做”一些约定事项，在增强服务人性化的同时，也为自身的管理赢得更多的配合和支持。

三、办公类物业项目服务运作模式的方法支撑

现代物业服务尤其是办公类物业项目服务已不再是传统意义上的“两保两维”（保安、保洁、维修、维护），高科技、知识型管理技术越来越成为其主要内容。为适应当前高科技和综合服务的管理需求，同时结合物业项目分散性、低利润的特点，物业服务企业必须

对自身进行整合，通过组织有效的社会服务资源，建立一个集约化、技术化、品牌化管理平台与分包服务相结合的经营管理模式，应成为办公类物业项目物业服务未来的发展方向。

（一）流程管理与管理流程化

一个满足管理需求、符合管理定位的服务运作模式，要演化为高效、有序运转的管理机制，必须依赖于管理的流程化。每一个岗位的职责，每一道工作程序，每一个具体的操作，都应当规范化、流程化。流程化不等于流水化，它不是单一、机械、片面和分割开的，而是有机、融通和相连的。任何流程、环节及操作工序间的链接与优化组合，都要最大限度地保证管理的质量、提升服务的品质，这就涉及对流程进行管理的问题。流程管理的依据就是要用整体思维和统筹管理的方法，来审视每一个工作流程及其相互间的关系。在管理思想上，它是一种自觉行为，一种宏观运作能力的外化和体现。流程管理的科学化、合理化，可以提高管理流程的效率，提高物业服务的品质。

（二）服务的细分与服务的细化

近年来，许多服务性行业针对本行业的特点在服务方式上进行了一些创新，提出了新的服务理念，如“个性化服务”、“零干扰服务”、“氛围服务”等。这实际上是在对服务进行一种细分，其目的就是要根据客户对服务的方式、表现形态及服务程度的不同要求，提供不同的服务项目，使常规服务摒弃一成不变的固定模式，体现出动态与灵活性，体现出强大的亲和力，从而尽可能地满足客户的多样性与个性化需求。服务的细分体现了“客户至上”的原则，而服务的细分又是以服务的细化，以周到、体贴、细致的对客服务为实施基础的。如在办公类物业项目管理中，担负物业项目巡视与安全服务的秩序维护人员与负责停车场及写字楼外围秩序维护任务的工作人员，在着装上应有明显差别：前者着西服，后者着秩序维护人员统一制服，这样就使物业项目内的客户很容易从外表上辨认楼内巡视秩序维护人员。这样做的目的在于既要与环境相协调，又要满足客户对安全感的需求，同时尽可能少地减少客户的心理排拒作用。又如，在物业项目内设置专用通道，着工衣的员工及外来送货人员、装修工人一律使用专用通道，避免与客人同乘电梯，尽量为客户创造一个安宁、舒适的环境。另外，日常清洁工作更是要做好安排，既要让客户满意放心，又要避免在不恰当的时间以不恰当的方式服务。所有这些，其实都为服务方式、理念的创新创造了条件。

（三）管理运作过程的顾问建议

办公类物业项目的设施设备一般都具有相当的先进性与复杂性，这在为服务提供便利的同时，也对维护管理工作提出了更高的要求。工程管理过程中维护与保养工作的目的，不仅是要保证各种设施设备的完好率，使其处于良好的运行状态，而且还要为保持办公类物业项目整体在硬件设施上的先进性付出努力。因此，在办公类物业项目的设计过程中，物业服务企业应进行前期介入，从使用和管理的角度对办公类物业项目的设计、施工及使用提出顾问建议。

(四)建立高标准的员工培训体系

物业服务是一个新兴的行业，也是一个快速发展的行业。管理技术的不断更新，服务方式和手段的持续改进，对员工的入职培训及后续教育提出了很高的要求。员工培训体系作为物业服务运作体系的一个重要组成部分，在整个机制运作的过程中，应当起到循环助动的作用。一套高标准员工培训体系的建立，需要注意以下几个方面的问题。

1. 保证体系构建的高起点。只有高起点才能导出高成效，办公类物业项目在构建员工培训体系的过程中，一方面注重吸收星级酒店培训员工的标准及精华，吸取国内外先进物业服务公司训练员工的成功经验；另一方面，紧密结合物业本身的具体情况，根据自身的管理定位与运作特点来创建。

2. 坚持方法的多样性。办公类物业项目在员工培训工作中采取多种方式：一是聘请专业培训机构或顾问公司对服务人员进行全方位集中培训；二是在苦练内功的同时，采取走出去的办法，经常到周边地区的高档物业、酒店参观学习，借鉴同行的先进经验；三是在日常服务实践中，把出现的一些典型问题当作培训案例，加强员工对问题的实际操作和处理能力。

3. 强化培训的针对性。强化培训的针对性，要通过对员工知识、技能、心态的全面摸底，了解员工的潜力与不足，因材施教、充分激发员工的主观能动意识，调动员工的积极性。

4. 注重培训的可传递性。培训可传递与否，是检测培训是否规范且富有成效、员工对培训的自觉意识是否形成以及培训体系是否被纳入整个运作管理体系中的重要指数。培训要产生实效，充分发挥它的辐射作用，就要使每个受过培训的员工都能通过自己的实践与努力成为培训者。

办公类物业项目管理运作模式的选定过程，实际上就是一个管理策略的形成运用的过程。只有进行正确的管理策略选择，物业项目的物业服务才会具备优良的先天条件，一个闪亮的项目品牌才会得以最终确立、形成。

第三章

对于物业服务究竟应该关注些什么——关键性实务操作运作策略

在迈入21世纪的今天，我国商品经济市场越来越丰富和活跃，物业服务作为房地产业的消费环节，也越来越呈现其房地产市场的延续和补充作用。在现代物业服务发源地的英、美等西方商品经济高度发达的国家，物业服务的项目繁多，内容非常广泛，不仅包括了建设前后物业使用全过程，同时延展了物业功能布局和规划、目标客户群认定、市场行情调研和预测、项目建设融资、物业的处分(物业租售，项目推广)等内容。2000年颁布的ISO 9001质量管理体系标准强调了八项管理原则，其中第一项原则是“以顾客为中心”，即“组织依存于其顾客”。因此，组织应当理解顾客当前的和未来的需求，满足顾客要求并争取超越顾客期望。在经济全球化的大环境中，客户是企业发展的基础，企业必须把客户要求放在首位，随时调查研究客户的需求和期望，及时把它转化为产品或服务的质量要求，并采取系统有效的措施来实现以上的关键性服务内容。

第一节　探究优质客户服务的另一面

优质的物业客户服务，有赖于客户对物业企业服务理念和专业技能的感受与认同，而物业服务企业员工的仪容仪表及其服务态度，对于物业服务企业的品牌形象有着更为直接的影响。端庄优雅的仪表及友善和蔼的态度，可以令客户对企业及员工留下良好的印象。物业客户服务的优质与劣质，最为显著的差别就是在于对感受、诚意、态度和人际关系技巧的不同处理方式。而作为物业服务行业从业人员，可能会经常抱怨日常工作的琐碎与繁杂，经常感到工作压力的日益巨大，甚至会抱怨辛勤的努力和付出，却得不到理解与支持，但是当我们静下心来认真思索，探究物业优质客户服务的另一面时，不难发现诸多问题，都源于物业企业员工对自我潜能认识、企业管理方式认同和对服务价值趋向认识理解的不同。在很多时候，我们的关注焦点大都集中在对行业发展的横向比较，因为这样做的效果更为显著、改进更有实效，但是也绝对不能忽略对于物业企业内部经营服务理念的梳理与修正。原因在于，如果对这些问题视而不见、放任发展，会直接导致“优质服务”落为空谈。相反，对于物业服务企业内部认识问题，或者说是物业企业管理基础的关注，正是物业企业体现服务差距的方面，同时也是决定一个物业服务企业未来发展态势的决定因素。

一、优质客户服务从自我重新认识开始

物业项目拥有优越的地理位置和完善的配套设施，并不能够保证业主享受到优质的管理和服务。虽然以上这些硬件都是成功物业服务的重要因素，但要在漫长物业项目经营活动中保持高水准的管理服务和良好声誉，最重要的还是在于对业主表示的尊重和关注，而这一切都要从员工对自我的正确认识开始。通过以下提供的一项员工服务潜能测试，看一看企业员工是否具备物业服务从业人员的基本条件和服务素质(表 3-1)。

物业服务企业员工服务意识、行为能力自我潜能测试表 **表 3-1**

意识、能力描述	自测内容	分数评定	自测内容
自我控制力	我完全能够控制自己的情绪	10 9 8 7 6 5 4 3 2 1	我很难控制自己的情绪
情绪把握能力	我能高兴面对对我冷淡的人	10 9 8 7 6 5 4 3 2 1	如果别人对我不好，我当然会不高兴
个人影响力	我喜欢认识更多的人，并乐意与人相处	10 9 8 7 6 5 4 3 2 1	我很难与陌生人相处
与人亲和力	我的微笑是发自内心的自然流露	10 9 8 7 6 5 4 3 2 1	保持严肃和不苟言笑是我的性格
协调能力	我非常愿意别人因为看到我而心情愉快	10 9 8 7 6 5 4 3 2 1	我没有刻意取悦他人的天性，特别是那些我不熟悉的人
奉献精神	我愿意为别人服务，人人为我，我为人人	10 9 8 7 6 5 4 3 2 1	每个人都不能依靠别人生活，应该自力更生
包容能力	即便我没有做错，我也不介意表示歉意	10 9 8 7 6 5 4 3 2 1	如果我没有做错，就不应该道歉
沟通能力	我为自己善于与别人沟通而感到自豪	10 9 8 7 6 5 4 3 2 1	我不善于与人沟通，情愿以书面形式与人交往
未来发展潜力	我善于记住别人的名字和相貌，并在与陌生人初次见面时努力提高这种本领	10 9 8 7 6 5 4 3 2 1	如果没有机会再见到某个人，就没必要去记住他的名字和面孔
自我表现能力	我要经常保持清洁，并会进行适当的装扮和修饰	10 9 8 7 6 5 4 3 2 1	我不喜欢打扮自己，愿意保持自然和随意
	……	……	……

使用说明：以上测试表格主要考查物业服务企业员工的服务意识以及行为能力，被测试员工按照“意识、能力描述”横向做答，“分数评定”共分为10分，依据个人实际情况按照两端极限“自测内容”的趋向进行分数选择，选中的一项即为员工在该项目中的得分，测试题共10题，满分为100分。

如果员工的测试分数在80分以上，说明该员工非常适合从事物业服务工作，并在工作中会有较为出色的表现；如果员工的测试评分在50～80分之间，那么说明员工还需进一步学习人际交往知识和服务沟通技巧；如果员工的测试分数在50分以下，则说明如果想要从事物业服务工作，该名员工要付出比别人更多的精力和勇气去改变目前的处事态度和生活方式。

二、把每一名员工都培养成企业的形象代表

牢记——优质的服务首先要从服务态度开始，注重个人行为操守和品行修养的提高，将是帮助企业取得成功的重要保证。为此，物业服务企业应特别为员工定制须遵守的礼仪规范和服务标准，通过“禁止行为”、“禁忌语”这些词语的消失，体现相互尊重和相互服务，取而代之的将是“我们将会”，“我们不会允许”，从文字的表达上就体现了以人为本的理念(表3-2、表3-3，表3-4)。

关于客户服务标准　　表3-2

当业主……	我们将会……	我们不会允许……
走进物业项目部，见到服务人员时	1. 主动起立； 2. 面带亲切笑容地向业主问候； 3. “早上好/下午好/晚上好”，“您有什么需要帮助”	1. 依然坐在椅子上； 2. 只顾低头工作的态度； 3. 用“喂”、“嗨”等不礼貌的语言和业主打招呼
提出合理的服务要求时	1. “我先联系某某部门安排一下，五分钟之内，再与您联系”； 2. “请稍等，我将通知主任尽快与您联系”	1. “我不知道”，“这不是我的工作范围”； 2. “我们没有时间及人力去为您服务”
对我们的管理/服务投诉时	1. 细心地聆听； 2. 详细查询有关事情，提供解决方法，彻底跟进，向上级主管汇报； 3. “请接纳我们诚恳地为此次事件对您造成的不便进行道歉”； 4. “我们很抱歉，我们会立即处理。我会稍后再致电给您，通知您我们对您提出的问题的处理结果”； 5. “这个事情确实给您带来不便，我们会安排服务(工程、保洁)人员跟进处理”； 6. “感谢您对我们工作提出的宝贵意见，我们会在日后的工作中加以注意，避免类似的问题产生”	1. 不理会投诉； 2. “这不是我们的错”，让业主认为他们正在浪费我们的时间； 3. 在向业主解释时，想或做其他事情(看手机、发短信、接电话、背对着业主等)； 4. 向业主发怒，带着自身的情绪或成见去解决问题； 5. 和业主争论或争执“不对，您错了……”，“不是这样的，就是您的问题”； 6. 在业主面前投诉其他同事，推卸责任“这是今早在这里的同事所犯的错误，您为何要针对我？”
……	……	……

关于秩序维护服务标准 **表 3-3**

当业主……	我们将会……	我们不会允许……
有疑问时	1. 细心聆听，并主动了解情况； 2. “早上好/下午好/晚上好，请问有什么可以帮助您的呢?”	1. 故意回避业主； 2. “我现在很忙”，“等会儿再说”
手提着行李或物品	主动地为业主开门	采取不理睬的态度
来电咨询问题时	1. 礼貌地请求对方重复有关问题“对不起，请您再重复一次”，“请让我重复一次您的问题”； 2. 听到对方的电话挂断，再挂上自己的电话	1.“什么”，“没听明白”，“我不知道”或“我不明白”； 2. “就这样!”，“拜!”或什么都不说，直接挂断电话
……	……	……

关于维修服务标准 **表 3-4**

当业主……	我们将会……	我们不会允许……
来电要求维修服务时	1. 三声电话铃响内接听电话； 2. 仔细倾听、了解对方的意思，并时常表示“我明白”，“我清楚”； 3. 要求对方等候，须得到对方允许“对不起，请您稍等，好吗?” 4. 如需长时间等候(15 秒以上)，要征询业主意见“对不起，让您久等，我们需要帮您找寻资料，我们将于 10 分钟内回复您”	1. “哈罗”，“喂”，“嗨”或“找谁啊”； 2.“听着”，“您听我说”或打断对方或其他不礼貌的回答； 3. “等会儿”，“一会再说”； 4. 不道歉、不解释，而一直让对方等候
看到有工程维修人员入户为业主进行维修服务时	1. 在约定的时间内到达； 2. 主动告知维修服务所需的时间，并按照承诺及时完成维修服务	1. 让业主等待超过 10 分钟； 2. 在业主家中停留过长的时间
当一项入户维修服务进行完毕	告知业主维修完成，并对维修时影响到的环境进行整理	剩下维修废料在业主家中
……	……	……

在为业主提供物业服务要时刻意识到，不仅仅只有物业服务行为本身才能够为企业创造盈利；企业员工被称赞的言谈举止和行为操守，也能够为企业带来利益。这种无形价值的创造，同样也可以为物业服务企业带来巨大的效益，而这一切都是可以通过有效的培训和学习引导获得的。

三、培养物业服务企业员工趋向一致的价值观

企业管理层与基层操作员工之间由于工作岗位和工作内容的差别，处事行为和工作方式也许永远不会完全相同。员工到企业工作希望得到更多的“实惠”赚到更多的钱，实现更大的自身价值；而企业出于整体运营的考虑，则更希望员工能够时时“体会”企业实施的管理方法、进行工作安排的良苦用心。这些不同的价值观，在实际物业服务工作中表现为对物业管理与服务关系认识和理解的不同。有些员工认为物业提供服务仅仅是物业企业

客服人员或者是有直接和业主接触机会部门的事情，并不需要企业全员进行参与；而有些员工则认为，物业企业各部门应立足本职，工作应做深而不宜做广，以上两种观点在物业服务企业中都具有一定的普遍性。面对当前激烈的物业服务市场竞争状况，对于服务的看法仅仅停留于这种表面化的简单认识远远不够，企业必须通过某种方法让员工知道企业的成功源于良好的整体沟通与团队协作，从某种意义上讲，员工也将在这一过程中为自己创造利益。

为了达到提供优质客户服务的目标，物业服务企业不仅要注重自身业务的扩展和企业的有效经营，对于企业的内部管理、有效沟通和相互服务也应该给予相当的关注。员工之间相互帮助与尊重、基层与管理层相互服务和沟通、员工与企业间相互理解与交流，听纳良言集思广益，并最终达成对不同问题的共识，是达到优质服务的必要基础条件，这一思想应该被企业中的每一名员工所理解和接受。通过对以下工作策略的实施(表 3-5)，可以逐步使企业员工的价值观趋向一致。

培养企业员工趋向一致的价值观 **表 3-5**

当遇到……	我们会……	我们不会……
与领导有意见分歧的时候	按照岗位职责先予执行，可以保留自己的意见再进行沟通	固执己见，造成正常工作的执行延误
业主非正常投诉行为时	查明投诉原因，并及时进行内部的信息联络和沟通	一味地抱怨其他同事，推卸自身应该承担的责任
在进行正常工作分配时	坦率、直接和清晰地进行任务的分派和进行有效的沟通	对工作量和工作任务斤斤计较
在工作中发生员工之间的工作争论时	尊重不同的人提出的不同意见，并主动寻求这种意见的解决方法	把私人问题带到工作中，把个人情绪体现在处理问题上
和领导间的沟通存在障碍时	上级领导会主动开放沟通渠道，通过单独谈话、发送 e-mail 等形式相互了解思想和情绪	放任存在的沟通问题的不良影响逐渐扩大
和员工间的沟通存在障碍时	主动分析潜在影响和联系	中庸处事，缄口自闭

第二节　物业服务企业对获取客户满意的理解要点

满意的体验首先来自人的服务，客户需要尊重、关爱、理解与信赖，这些只有服务于客户的员工能够提供。员工应该是微笑的，只有以积极的心态投入服务才能产生真诚、友爱、和谐与善良的微笑。微笑期盼着共识，只有通过互动沟通才能产生友好、谅解、一致和双赢的共识。共识就是追求客户的满意，只有经过亲身体验、获得便利和得到惊喜才能使客户满意。物业服务企业要在服务的过程中提供一个怎样的服务，需要物业从业人员认真地进行探讨。现在的现实情况是大多数物业服务企业(其中也包括一些知名的物业服务企业)对业主、物业使用人和客户进行管理，有些甚至是野蛮的管理，使矛盾激化甚至出现了企业与客户之间的冲突事件，但这些企业却一直还认为自身的服务到位在管理方面不存在问题，反而称所谓的被服务者的素质差和对物业服务知识了解较少，以此作为掩盖事实的借口。

一、客户满意的含义

何谓客户满意，一直是管理学者和企业家长期以来思考和关注的焦点问题。一般认为：客户满意就是通过各种途径和方法满足客户提出的各种要求，从而使之产生愉悦或失望的感觉状态。在此概念支持下，微笑服务、委屈奖等应运而生。而一个完整、全面的客户满意概念应该是在一定的条件下和一定的范围内，通过合理提供适度服务使客户的相应需求得到满足，达到客户与企业双方受益的目的。所谓“一定条件”是指社会消费水平和发展阶段的不同状况。不同社会发展水平，必然会对企业提出不同的服务要求。在低级阶段，通常只要求“有”与“廉”；中级阶段，在获得产品与服务，满足了对量需求的同时，会对质量、价格、时间等提出相应要求；达到高级阶段，则是在前述要求得到满足的基础上，增加个性化要求。超越社会发展阶段的客户需求是难以满足的，“一定范围”是指对某个特定企业来说，必定有其限定的产品、服务和专业能力范围，对于客户所提出的要求，无法给予百分之百满足。不能要求生产机械加工设备的企业提供化工产品，因此满足客户要求不能脱离企业专业能力的范围。合理提供适度产品与服务，意味着企业作为经济实体，其非公益性质决定在提供产品和服务，满足客户需求的同时，必须充分考虑相应的经济回报水平与付出的成本代价之间的平衡关系，只有客户满意使供需双方都能受益，这些活动才有可能实现并持续下去。

二、客户满意度指数理论模型

1989年，美国密歇根大学商学院质量研究中心费耐尔(Fornell)博士总结了理论研究的成果，提出了把客户期望、购买后的感知、购买的价格等多方面因素组成一个计量经济学的逻辑模型，即费耐尔逻辑模型。进入21世纪，美国费耐尔逻辑模型已成为世界上很多国家最广泛采用的客户满意度指数理论模型。该模型主要研究和确定对客户满意度指数的各种影响因素，以及客户满意度和这些因素之间的相关程度。根据行业的特点，物业服务的客户满意度指数理论模型由六个模型变量构成：客户对服务的期望、客户对服务质量的感知、客户对服务价值的感知、客户对服务的满意度、客户对服务的抱怨、客户对物业品牌的忠诚。

其中，“客户对服务的期望”、“客户对服务质量的感知”、“客户对服务价值的感知”决定了客户满意程度，是系统的输入变量，被称为前提变量。由于这三个前提变量的作用，产生了“客户对服务的满意度”、“客户对服务的抱怨”、“客户对物业品牌的忠诚”等三个结果变量。当客户在事后对物业服务的实际感知低于其期望时，客户满意度就低，就容易产生客户抱怨；当客户在事后对物业服务的实际感知高于其期望时，客户满意度就高。而当客户的实际感知远远超过事前的期望时，就会导致客户对该物业品牌的忠诚。一般情况下六个变量主要呈以下关系：其一，客户期望影响满意度，高的期望值会使满意度下降；其二，客户对服务质量的感知与满意度呈正相关关系，即感知越高，满意度越高；其三，客户满意度与客户抱怨呈负相关关系，即满意度越低，抱怨、投诉就越多；其四，客户满意度与客户忠诚呈正相关关系，即满意度越高，客户越忠诚。

三、客户满意度测评的步骤

物业服务企业贯彻“以客户为中心”理念的效果，可通过“客户满意”进行评价。评价程序包括五个步骤：识别客户、确定客户满意的评价指标、设计调查问卷、实施调查和统计分析。

（一）识别客户

物业服务企业可通过访问、面谈或其他方式识别企业的目标客户和潜在客户（包括竞争者的客户）。企业应对过去客户、目前客户、潜在客户进行细分；只有识别客户，才能了解他们不同的需要和期望。

一般说来，客户可分为以下四种类型。

1. 内部客户：企业内部的员工，包括管理层和操作层。
2. 中间客户：中介机构。
3. 外部客户：接受企业服务的消费者、合作者、支持者。
4. 竞争者客户：指竞争对手服务的消费者。

（二）确定“客户满意”的评价指标

向客户了解什么涉及评价指标确定的问题。物业服务的指标对业主而言必须是重要的、需要的，如接待、收费、报修等；另外，评价指标还应该是具体的可测量的，并能够控制，如接待的用语、时间，维修的及时性、回访率等。

一般说来，物业服务的评价指标可包括以下四个方面。

1. 与企业服务有关的指标，如礼貌用语，与客户的沟通、方便程序等。
2. 与实务操作有关的指标，如维修的及时性，物业项目的安全性，环境的整洁、绿化等。
3. 与价格有关的指标，如价格的合理性，费用使用情况的透明度等。
4. 与行业标准有关的指标，如行业达标创优的标准要求，行业的服务标准要求等。

（三）设计调查问卷

确定了评价指标后即可设计调查问卷，一般问卷提出问题的类型可分为三大类：封闭式问题、开放式问题、对比式问题。调查文件设计好后，还应对其进行可信度和有效性的检验，以检查调查问卷的可信度和有效性。

（四）实施调查

在正式调查以前，物业服务企业可先做预调查，以便发现问题；如确认该问题是否能达到预期目标；发现回答者难以理解或回答的问题；找出无法获取所需信息的个别问题；估计回收率；评估有效性。通过预调查后，即可进入正式调查阶段。调查方式可采用发放调查表、电话询问、人员面访等。

（五）统计分析

统计分析是物业服务评价的最后步骤，统计分析的结果对物业服务企业有着指导性的作用。一般多采用定性分析、定量分析、因素分析等方法。

四、客户满意度测评的方法

（一）客户满意度调查问卷的设计

应根据政府法规、行业规范要求，综合物业服务所涉及的问题及企业实际需求设定调查问卷，并根据实际情况的不同和业主的反馈进行调整，希望业主多提开放式意见。

（二）客户满意度的测评

物业服务企业对客户满意度的测评方法主要有两种：一种是客户满意率，另一种是客户满意度指数。

1. 客户满意率，即指在一定数量的目标客户中，表示满意的客户所占的百分比。这种方法只能处理单一变量和简单现象总体的问题，无法处理多变量和复杂现象总体的问题。

2. 客户满意度指数，是运用计量经济学的理论来处理多变量的复杂总体，全面、综合地度量客户满意程度的一种指标，它能综合反映复杂现象总体数量上的变动状态，表明客户满意程度的综合变动方向和趋势；能分析总体变动中受各个因素变动影响的程度；能对不同类别的服务进行趋于“同价”的比较。

（三）调查方法

通常有问卷邮寄调查法、面谈调查法、电话调查法、留置问卷法和秘密客户调查法，多数物业服务企业会综合使用以上几种方法来达到调查目的。一些集团性企业甚至会聘请知名的境外专业调查公司对其下属物业服务企业进行第三方满意度调查，以得出客观评价。

五、破解客户满意公式

经常有人提出要提供超值服务，但什么是超值服务，人们总是为此感到困惑。有的房地产开发商认为超值服务就是将客户奉为上帝，无条件地满足客户的要求。于是，“无可挑剔的服务”、“五星级的享受”、“超白金的待遇”等，纷纷成了客户服务工作的口号。然而，在搜肠刮肚地寻找更高标准的词汇的同时，令人尴尬的现象出现了：物业服务企业对客户的承诺越高，客户的期望值就更高，因而也就越容易使他们失望。在客户服务中，可以将影响客户满意度的服务分成两类。第一类是承诺服务，包括物业服务企业在所有宣传资料和合同中提供的承诺，以及市场上约定俗成的服务标准。承诺服务达不到承诺，客户会感到不满意，达到了，客户只会觉得那是应该做的，他们会心安理得。另一类是额外增值服务，物业服务企业从来没有承诺过这些服务，也不属于行业约定俗成的市场规范。额外服务如果不提供，客户本来就没有这样的期待，不会不满意；但是如果提供了，客户会有惊喜之感，产生喜出望外的满意。

因此，从心理角度分析，我可以得到一个客户的满意公式：

满意度＝感受值/期望值

按照以上公式：

感受值＞期望值时，满意度＞1，此时客户就会满意；

感受值＜期望值时，满意度＜1，此时客户就会不满意；

感受值＝期望值时，满意度＝1，此时客户心安理得。

尽管有的物业服务企业不遗余力地宣传，但客户却绝不可能感受到满意，因为只有做的比承诺的多，才可能产生超值服务。越是盲目地提高服务标准，就越无法超越这些标准，客户也就越没有可能享受超值服务。

如何提供超值服务呢？客户满意公式很简单，但却包含了许多奥妙。破解这个公式，就可以找到提供超值服务的方法。在满意公式中，满意度是由感受值与期望值共同决定的。要提高客户的满意度无非两个办法：第一，提高客户的感受值；第二，降低客户的期望值；当然也可以同时采用这两个办法。降低客户的期望值是有限度的，其底线就是约定俗成的市场规矩，破坏了这个底线就无法进行正常运营。当然，减少不切实际的承诺，可以降低客户的期望值。此外，为了保证服务品质，物业服务企业必须做出一系列承诺，承诺服务是不可少的。

六、提高客户满意价值的途径

客户满意目标的确定，即物业服务企业准备为客户提供具有何种客户满意功能的产品或服务，这一目标的确定应该以客户满意价值的提高为前提。一般而言，提高客户满意价值有以下几种途径。

（一）功能提高，成本下降

这种状况是企业最期望出现的。要达到此效果应首选生产方式，通过最大限度地降低和消除各种浪费，提高产出质量与及时服务水平。

（二）功能提高，成本不变

采用合理的运作过程组织形式（如工作团队），高效率的设施布置方式（如成组布置），合理的操作方法，使得在不增加投入成本的同时，提高客户满意度。

（三）功能大幅度提高，成本小幅度增长

这是一般情况下企业采取措施提高客户满意度的情形。如采用某种投入改善产品或服务状况、提高技术水平、增加服务项目、雇佣较高水平的服务人员等。此时，该项措施是否应该实施，要以充分、全面的技术、经济论证为依据。

（四）功能不变，成本下降

提供的产品或服务状态保持不变，通过各种措施降低运作过程的成本水平，如优化工作流程，控制库存、核算与控制质量成本等。一般而言，此时的客户满意度不会发生变化，但企业效益与收入的提高，最终会对提高客户满意度产生相应影响。

（五）功能小幅度下降，成本大幅度下降

通过此途径来提高客户满意价值，对于企业来说要注意：客户满意功能的下降，会对客户与企业关系产生不利的影响。但若相应的成本下降幅度较大，应考虑从价格上给予客户相应补偿。即在降低成本的同时，尽可能使客户满意度提高或不变。

物业服务企业作为服务提供商，在市场竞争激烈的前提下，不但要承受市场的风险，而且要不断地提高服务品质和服务水准，采取多种服务手段，获取客户的信赖，达到收获经济和社会双重效益的目的。提高客户满意价值将是物业服务企业赢得市场，获得更多客户信赖的有效举措，也是促进和提升企业自身服务水平和综合素质的有效举措。

第三节　高效物业客户服务体系的建立与实施

物业服务本身是城市发展的必然产物，是物业服务企业受物业所有人的委托，依据《物业服务委托合同》，对物业的房屋建筑及其设备、市政公用设施、绿化、卫生、交通、治安和环境容貌等管理项目进行的维护、修缮和整治，并向物业所有人和使用人提供综合性的服务行业。推行物业服务的目的是为了实现物业的价值和发挥物业的最大使用功能，以实现保值增值，并为物业所有人或使用人创造整洁、文明、安全、舒适的工作环境，最终实现社会、经济、环境三个效益的统一。

一、建立高效的客户服务体系

优秀物业服务企业向客户提供的主要服务内容应包括：公共区域的秩序维护、保洁服务；电梯的检修与管理，房屋共用部位及公共设备、设施的日常保养与修理；租区内正常工作时间的空调服务、公共区域的生活用水、中水、电力、空调服务，外围的园林绿化。作为一个优秀的物业服务企业，应不断地对员工进行相关专业知识、技能的培训，满足行业标准和规范要求，以便能够为每一位客户提供与之所需相对应的物业服务。而对于物业企业服务人员来说，如何做好服务工作是至关重要的，这不仅需要良好的职业技能，更需要懂得服务礼仪标准——热情周到的态度、敏锐的观察能力、良好的语言表达能力以及处理事件的能力。

规范、创新、系统的高品质服务，不仅可以树立企业和个人良好的形象，更可以塑造受客户认可的服务规范和服务技巧，能让物业服务企业在和客户的交往中获得好感、理解和信任。由此，与客户建立良好的关系，愉快地为客户解决任何疑问或帮助其寻求解决问题的最佳途径，是达到上述服务理念的最直接、最有效的方法。物业服务企业将按照以下项目逐步确认员工的个人仪表形象及言行举动；否则，将有可能失去在工作中创造的50%的利益。为了达到上述目标，每天公司员工应按照下面的描述检验自己的仪表及言行。

（一）每日上岗前必须检查以下项目（表3-6）

每日上岗前必须检查以下项目表　　表3-6

服务工作应符合的			服务工作不应符合的
标准整洁的头发	□	□	凌乱的头发
微笑的面容	□	□	严肃的面容
干净整齐的制服	□	□	褶皱的制服
单一，简单的佩饰	□	□	夸张的自我个性佩饰
清洁的鞋袜	□	□	带有浮尘的鞋袜
淡雅的香水	□	□	浓烈的香水

（二）成为一名仪容仪表合格的男员工（表3-7）

合格的男员工的仪容仪表　　表3-7

我的仪容仪表细节…	我会……	我不会……
制　服	1. 穿着统一制作的公司制服，衬衫纽扣全部扣上； 2. 穿着统一款式的制服和外套； 3. 制服应保持整齐、平整	1. 穿着带有污渍、褶皱、破损的制服上班； 2. 露出纹身或特别印记
名　牌	1. 佩戴完好、清楚的名牌； 2. 佩戴的位置于制服的左上方	1. 佩戴公司名牌以外的标牌； 2. 佩戴有破损的名牌
头　发	1. 将头发梳理整洁； 2. 将鬓角修理整齐	1. 蓄留长发遮盖面部； 2. 使头发的长度超过眼眉
袜　子	穿着黑色或深色袜子	穿着带有夸张的图标或图案的袜子
鞋　子	1. 穿着公司统一发放的皮鞋； 2. 经常擦拭，保持皮鞋表面光亮、整洁	穿着带有污渍或破损的皮鞋上班
配　饰	至多佩戴一枚传统式戒指	1. 将项链外露； 2. 佩戴手链、脚链、耳环或鼻环等个性饰品
眼　镜	佩戴传统式眼镜	1. 佩戴有色眼镜(包括隐形眼镜)； 2. 佩戴样式夸张颜色艳丽的眼镜
指　甲	常常修剪，保持指甲整齐，长度在0.2厘米之内	涂抹任何颜色的指甲油
面　容	1. 始终保持微笑； 2. 每日修剪胡须； 3. 始终保持面容清洁	蓄留胡须，给人以邋遢之感
口腔、口气	1. 始终保持口气清新； 2. 每日刷牙保持牙齿清洁	食用带有刺激性气味的食物

（三）成为一名仪容仪表合格的女员工（表 3-8）

合格的女员工的仪容仪表 **表 3-8**

我的仪容仪表细节…	我会……	我不会……
制　服	1. 穿着统一制作的公司制服，将纽扣全部扣上； 2. 始终保持制服整齐、平整； 3. 穿着长度及膝的夏季裙装	1. 将纹身外露或特别印记； 2. 穿着带有污渍、褶皱、破损的制服上班
名　牌	1. 佩戴完好、清楚的名牌； 2. 佩戴的位置于制服的左上方	1. 佩戴公司以外的标牌； 2. 佩戴有破损的名牌
头　发	1. 将过肩长发束起或整理成发髻； 2. 将卷曲的头发梳整齐； 3. 将头发梳理整洁	1. 做夸张的发型； 2. 染发(除黑色外)； 3. 留过短的发型； 4. 将刘海遮盖面部，或让其长度超过眼眉
袜　子	1. 冬季穿着黑色无边丝袜； 2. 夏季穿着肉色丝袜	穿着其他颜色袜子
鞋　子	1. 穿着公司统一发放的皮鞋； 2. 经常擦拭，保持皮鞋表面光亮、整洁	穿着带有污渍或破损的皮鞋上班
配　饰	至多佩戴一枚传统式戒指	1. 将项链外露； 2. 佩戴手链、脚链、耳环或鼻环等个性饰品
眼　镜	佩戴传统式眼镜	1. 佩戴有色眼镜(包括隐形眼镜)； 2. 佩戴样式夸张颜色艳丽的眼镜
指　甲	重视手部护理，每日均需保持手部清洁	使用带有颜色的指甲油(透明的除外)
化　妆	1. 用淡雅香味的香水，展现女性魅力； 2. 在当值期间选配与个人肤色相近的化妆品	1. 使用浓烈气味的香水； 2. 化浓妆
面　容	1. 始终保持微笑； 2. 始终保持面容清洁	面容僵硬，给人距离感
口腔、口气	1. 始终保持口气清新； 2. 每日刷牙保持牙齿清洁	食用带有刺激性气味的食物

（四）向客户提供优质服务的前提

提供优质的物业服务首先要端正态度，就是要求对客户表现出适度的热情、尊重和关注。这个要求相对而言比较简单，但绝对是至关重要的。优质的服务体现在礼貌、专业的言谈举止之中。只要能够把客户当作是企业的贵宾，礼貌的语言便会自然流露。

（五）对客服务态度问题的检查

1. 见到客户时，是否以亲切友善的微笑来迎接客户？

2. 遇到客户投诉，是否抱怨其他同事？

3. 是否将私人问题情绪带到工作中？

4. 是否经常在与客户的交流中表现出积极态度？

5. 是否做每一件事情都是以确保客户满意为目标？

（六）客户服务有效地内部沟通

物业服务企业工作的目标是提供优质服务和有效管理，这不仅依赖于服务人员的职业素养，同时，也源于团队良好的整体沟通与协作下每一名员工作出的正确决定。因此，相互服务——员工与企业间的相互服务、员工与领导间的相互服务、员工与员工间的相互服务，应该被企业的每一名员工所理解、接受及遵守。

关于工作细节的卓越服务实施标准　　表 3-9

当遇到……	我们会……	我们不会……
有不整洁的工作台面	主动提示有关人员及时整理桌面物品	让不洁的工作台面影响整体工作氛围
员工在上班期间长时间接打私人电话	主动提醒停止拨打，因为办公电话仅限于业务用途	长时间接打私人电话，造成工作线路的阻塞
关闭的接待区大门	主动打开，主动接纳客户来访	忽略可能给客户造成不良感觉的每一个细节
有事要短时间离开工作位置	会把桌面收拾整洁，并把座位收回办公台下	在桌面杂乱、座椅随意放置时就离开
有事要长时间离开工作位置	告知上司、同事和相关人员，并安排好工作交接的事情，保持联络畅通	未能交接工作，以至于发生投诉现象或离开阶段和公司失去联络

关于节约能源的卓越服务实施标准　　表 3-10

当遇到……	我们会……	我们不会……
没有人的办公室还开着照明灯时	及时关闭照明灯，并尽量利用天然光源	视而不见，任凭电能的浪费
发现有开启的电气设备闲置时	视工作需要，关闭待机设备	任凭设备的无效运行、加剧设备的无效损耗及电力的浪费
水龙头、浴室等地方漏水时	及时向工程部报告，尽快修缮	随便浪费资源
冷暖气系统无效运行时	视其用途，及时关闭冷、暖气系统	浪费资源和金钱

二、减少客户不满的关键时点

在办理完入住手续拿到钥匙后，客户进入了使用体验，开始关心物业服务的便利、质量和收费等问题。客户投诉主要集中在客户入住服务阶段、装修管理服务阶段、物业服务收费阶段、物业秩序维护阶段、日常维修服务阶段、社区文化建设阶段。

（一）客户入住服务阶段

入住接待工作给客户的第一印象，将影响客户在整个入住过程的体验。因此制定周密的工作计划，以良好的态度提供快捷便利的服务，隆重的庆典现场布置与气氛等都是至关重要的。

客户服务方案要点：

1. 制定有关人员、场地、时间、资料、设备等的准备计划；

2. 制定以方便客户为核心的入住流程；

3. 按约定的入住时间倒排计划表；

4. 对员工进行有关入住接待的培训；

5. 举行客户入住仪式；

6. 突发事件的处理方案。

(二) 装修管理服务阶段

装修管理投诉的问题主要有三类：收费问题；装修噪声扰民；私搭乱建，改变房屋主体结构。其中装修收费问题是最容易产生纠纷的，对此，物业服务企业一定要坚持合理收费，严加管理的原则；同时，开发商也应该承担必要的责任。客户在装修时，会产生大量的装修垃圾，增加了物业服务企业保洁的工作量，收取一些垃圾清运费是合情合理的。同时，物业服务企业对装修人员的管理也会增加其工作量，引起成本的增加。如果向装修队伍收这笔费用，最后还是要转嫁到客户身上。由于客户在入住时已经缴纳了各种费用，他们很容易对这笔费用产生反感。其实，物业服务企业是完全有能力提供这项超值服务的。

客户服务方案要点：

1. 坚持合理收费的原则；

2. 体现物业服务企业的超值服务；

3. 严厉禁止破坏主体结构的装修和私搭乱建；

4. 实行严格的装修时间规定；

5. 协助解决客户装修时遇到的问题。

(三) 物业服务收费阶段

物业服务费的收取本身并不复杂，绝大多数客户在买房时就应该接受了其收费标准。但是当客户买的房子出现各种问题，又由于种种原因迟迟没有得到解决时，常常以拒交物业服务费为手段，逼迫开发商或物业服务企业解决问题，在物业公司为开发商的下属子公司时，尤为如此。投诉客户的“算账”方式非常简单：开发商与物业公司都是一家人，出了问题开发商不给解决，就拒交物业服务费。收不上管理费，物业服务企业就要向开发商要钱以维持运营这就形成了一个三角债：开发商没有解决客户的问题，欠客户的；客户拒交物业服务费，欠物业服务企业的；物业服务企业向开发商借钱，欠开发商的，最后的结果还是开发商掏腰包。

客户服务方案要点：

1. 开发商遗留的问题，一定要由开发商出面解决；

2. 物业服务企业要保持优质的物业服务水准；

3. 宣传物业服务费的构成与用途；

4. 公开物业管理每月的收支情况；

5. 耐心细致地做好欠缴客户的工作；

6. 协助开发商解决遗留问题。

（四）物业安全服务阶段

物业服务企业负有协助政府执法部门维护物业安全的责任，因为物业服务费的构成中有秩序维护人员的支出。但是安全问题发生后，物业服务企业到底应该负什么责任，这在法律上比较难以界定。

客户服务方案要点：

1. 对秩序维护人员进行“警钟长鸣”的教育；
2. 维护各种安全设备正常运行；
3. 与当地公安部门和居委会密切合作；
4. 经常对客户进行安全防范的教育；
5. 积极配合执法部门侦破案件；
6. 安抚受害客户。

（五）日常维修服务阶段

物业的日常维修包括两部分内容：第一，物业公共设备的维修，如水、暖、电、气等，要保证这些公共设备状态良好及运行正常；第二，客户家内的维修，如漏水、电信故障、小土建工程等，要保证客户正常生活的需要。物业日常维修时刻影响客户的生活起居，关键是维修及时，一次性维修到位。

客户服务方案要点：

1. 严密的维修服务流程；
2. 维修信息系统的建立；
3. 优秀的专业技术；
4. 体现职业精神的服务态度。

（六）社区文化建设阶段

开展社区文化活动不仅能丰富客户的生活，提高社区的生活质量，还可以保持和强化物业服务企业在客户心中的品牌形象。

客户服务方案要点：

1. 树立“做好老客户的工作与做好新客户的工作一样重要”的经营理念；
2. 每年应有慰问老客户的预算和计划；
3. 物业服务企业的领导应参与这项活动。

三、企业员工应该掌握的管理方法提示

做好服务工作，不仅需要职业技能，更需要服务意识的培养与个人职业素质的提高，因为这些有形或无形的感悟，同样也会创造出经济价值、提升服务品质，不仅可以树立服务人员和企业良好的形象，更可以塑造受客户欢迎的服务规范和服务技巧，能让服务人员在和客户的交往中赢得理解、好感和信任。

(一)"5W—2H"管理法则

法则要领：

1. Why(为什么)——有必要吗？调查了吗？

2. What(什么)——什么是必需的？什么可以使用？应用什么考虑好吗？

3. Who(谁)——谁最合适呢？应答应谁呢？请谁合作好呢？

4. When(时间)——什么时候开始好？什么时候完成？什么时候最合适？

5. Where(地点)——在什么地方最合适？在哪里做？

6. How do(怎么做)——怎样干好？怎么决定呢？怎么处理好呢？

7. How much(多少)——预算是多少？需要花费多少时间？

(二)二八原则

重点管理理论——二八原则(80/20原理、巴列特定律)。"总结果的80%是由总消耗时间中的20%所形成的。"按事情的"重要程度"编排事务优先次序的准则是建立在"重要的少数与琐碎的多数"这一原理基础上的。

举例说明：

1. 80%的销售是源自20%的顾客。

2. 80%的总产量来自20%的产品。

3. 80%的财富集中在20%的人手中。

这启示我们在工作中要善于抓主要矛盾，善于从纷繁复杂的工作中理出头绪，把资源用在最重要、最紧迫的事情上。

(三)"定期归零"心态

每一个进入物业服务企业的人可能都有辉煌的过去，但进入一个全新的企业就必须从零开始，大家都是处在同一条起跑线上。过去的成绩只代表过去，如果不能忘记过去，它就会成为自身发展的包袱，成为前进的绊脚石。每一个人都不能躺在过去的成就上吃老本，只有建立强烈的危机感，不断学习不断进步，才能跟上这快速多变的时代。

第四节 物业项目前期运作管理服务策划

一、物业项目前期运作管理服务概述

物业项目前期运作管理服务是在物业项目尚未建成和实施物业服务之前，物业服务企业接受开发商的委托，前期介入项目的开发建设，参与项目的可行性研究和规划、设计、施工、安装、调试、验收、交房等阶段工作的一种物业服务活动。在前期介入过程中，物业服务企业凭借物业服务经验及其资源，从今后物业服务的角度和维护客户(开发商与未来业主)利益的立场出发，为开发商提出从规划设计、功能设置、施工建造、安装调试、建筑质量、验收到前期物业服务等方面的意见与建议，供其参考，使物业的开发建设在满足物业规划设计要求的同时努力做到尽善尽美，以减少未来客户对物业功能与质量的不

满，并为以后物业的使用和管理打下良好的基础。

（一）物业服务前期介入的意义

1. 前期介入实现了物业开发建设与使用维护的“全过程”物业服务。

在过去，物业服务只是在物业交付使用、业主入伙之后才开始，物业项目如果存在功能与质量问题，难有回天之术，最多在已有基础上修修补补。采用前期介入就可以在物业设计与建造阶段及时发现物业使用功能与使用质量上的问题，及时进行调整，使产品设计、生产与使用全过程都有了更多的保障。

2. 前期介入在物业建设期间便实现了建房、用房、管房的有机结合。

没有前期介入时，建房者只顾自己建房，不会充分顾及用房者与管房者的利益，结果房子交到用房者与管房者手中的时候，往往因物业使用功能与使用质量问题造成意见纠纷一大堆，建房者晕头转向，用房者怨声载道，管房者里外不是人。有了物业服务前期介入，物业服务企业不仅从建房者的角度，更会从用房者与管房者的立场，凭借对物管服务的专业知识，认真审视物业建设的功能与质量问题，向建房者提出合理化的意见与建议，当好参谋与助手，使建房者省钱、省力，用房者舒适、满意，管房者专心服务。

3. 前期介入促进各方充分沟通，保证客户的权益。

物业服务企业的前期介入，不仅能够使建设者与使用者、投资者和服务者得到有效沟通，而且能够确保物业项目的总体质量，充分维护购房者的权益，为日后提供管理服务创造良好的条件。《物业管理条例》已经明确规定了物业服务公司的承接验收权限，颁布的《前期物业服务合同(示范文本)》更是对相关问题作出了具体的规定。《物业管理条例》规定，物业服务企业承接物业时，应当对物业共用部位、共用设施设备进行查验。在办理物业承接验收手续时，建设单位应当向物业服务企业移交该物业的相关资料。物业服务公司从管理和运行的角度对工程施工、设备安装的质量进行全面监控，及早发现并解决问题，避免物业建成后出现质量问题。此外，接管验收使物业服务公司能够对物业的每一座机站房、每一建筑单元、每一项公共配套设施逐一检查验收，建立工程设备档案，为客户日后装修、使用、维修提供了极大的方便。

（二）物业服务前期介入的作用

1. 促进合理规划设计。

优化规划设计是物业区域能否形成完整、合理、舒适、便利等区域功能的先天决定因素。以往房地产开发在规划中大多只考虑了房屋和配套设施建造时的方便和成本的节约，而没有从有利使用和管理的角度去把房屋建成后联系起来统一规划，产生建成后物业使用与管理上的各种矛盾与欠缺，并造成整体布局上的缺陷。物业管理的提前介入能及时带来管理人和使用人长期相伴所积累的信息，对在规划设计中可能存在的不足和遗漏在物业规划设计时或物业建设前提请开发商加以修正，使规划设计更合理。

2. 减少返工，防止留下后遗症。

在物业建设中，质量问题总是给开发商和物业服务企业留下一个又一个的难题。例如房屋建筑内在的质量问题、施工建造中留下的安全隐患、设备安装调试的欠缺等等，这些往往在物业竣工时不易察觉，再加上验收疏忽遗留下的问题，必然使后期物业服务力不从心。要改变这种状况，开发商完全可以利用物业服务企业长期管理各种类型物业项目的专业能力，利用物业服务企业对物业长效管理、对客户终生服务的责任心，请其前期介入，协助施工监理、安装调试和竣工验收，将施工、安装、调试、验收中可能存在的质量问题降到最低程度，以发挥前期介入减少返工、防止后遗症的作用。为物业项目的正常管理服务打下基础。物业服务企业通过前期介入，可以大量收集和掌握物业的第一手资料，如收集图纸资料，分门别类编制物业设备设施台账、记录物业项目建设过程中的重大相关事项、建立物业技术档案和物业客户档案、调查分析未来客户服务需求等。还可以根据第一手材料提前策划项目前期物业管理的方案，进行机构设置、人员配备、费用测算、员工培训、入伙准备等工作，使物业项目建设与物业服务有条不紊地衔接与过渡，让物业的硬件建设与软件管理相得益彰，在实际操作中，应根据各阶段的特点，有重点、有步骤地逐项落实。

（三）物业服务企业客服工作前期介入工作的侧重点

1. 为客户提供前置服务。

前期物业服务大部分是在新建物业项目中进行的，客户来自五湖四海，每个人的职业、品行、生活习惯各不相同，想法各异。物业服务企业作为物业的管家，要把物业项目的各项管理规定及早告知客户。物业服务企业可印制《业户手册》，将管理规约、物业项目建设规划、服务内容及标准、公众应急电话等集于一册，使客户不出门便知物业管理事，提高物业管理的服务水平。

2. 合理预测物业服务收费水平。

物业项目的物业服务收费是一项政策性很强的工作。物业服务企业要根据物业项目建设的实际情况，合理确定收费标准。有的物业服务企业由于不主动公开收费项目标准，甚至擅自确定收费标准，引起了客户的不满和投诉，受到政府主管部门的查处和经济罚款，既影响了物业服务企业在客户中的形象，又使企业自身蒙受了经济损失。因此，物业服务企业人员，尤其是物业服务企业的前期管理人员既要懂得管理，更要熟悉有关的法律法规，要有依法经营的意识，切不可盲目蛮干。

3. 新房装修装潢管理。

装修装潢管理是前期物业管理的一项重要工作，也是容易引起房屋质量投诉的重要环节，弄不好就出现推诿扯皮。物业服务公司在客户开始进行装修装潢之前要制定周密的管理计划，将客户必须遵守的规则和要求公布上墙，以便客户了解和执行。一些高端物业项目(如：高档住宅、公寓、写字楼等)对装修装潢的材料，如砂子、水泥、木材、板材等可组织统一装卸，以免分散装卸时碰坏墙壁、楼梯等公用部位和设施。其次，要抓好装修装潢方案的审核，对违反房屋装饰装修规定的方案要及时发现、纠正，做好说服解释。三是要不断巡查装修装潢施工现场，及时制止违规装修装潢现象。在巡查装潢施工过程中，重点是巡查水、电安装阶段，是否有敲墙打洞现象发生。

4. 做好前期卫生保洁工作。

前期物业管理的卫生保洁服务工作应根据收费标准来确定保洁的方法和任务。通常情况下，前期物业管理的卫生保洁服务会出现由于装修装潢的客户比较集中，前边扫了后边倒，保洁无法达到应有的效果，物业项目始终处于一种脏乱的状态。另外，前期物业管理的卫生保洁首先必须抓好装修装潢垃圾的集中堆放和及时清运，减少灰尘污染。二是加强宣传和督查力度，严禁从楼上向下抛杂物的行为。三是抓好生活垃圾袋装化，减少生活垃圾随处放，苍蝇满天飞的现象。四是适当增加保洁力量，增加保洁次数，尽量使客户从一入住就感受到温馨整洁的环境。

二、物业项目前期运作管理服务的基本要求

（一）公司确定工作内容。

（二）组建物业服务前期运作管理服务工作组。

（三）物业前期运作管理服务工作组制定工作计划。

（四）计划实施阶段，物业项目前期运作管理服务工作组应重点关注安防系统、智能化系统、管理用房、车辆管理系统、绿化配置、常见施工质量问题、机电设备、空调安置、工程设备的后期维保服务、物业项目前期运作管理服务方案和物业服务合同的确认等。

（五）物业项目前期运作管理服务工作组与开发商的协调研讨应形成书面资料，以备复查。

（六）制定并确认与物业服务有关的文件，如：物业服务费、物业服务合同、销售中涉及物业的承诺、设备设施合同中的维保服务等。

三、物业项目前期运作管理服务重点工作内容

在物业服务前期介入期间，物业服务企业从事的活动和提供的服务，既包含物业正常使用期所需要的常规服务内容，又包括物业共用部位、共用设施设备接管入住，客户入住装修管理，工程质量保修处理，物业管理项目机构的前期运作、前期沟通协调等前期物业管理的特殊内容。

（一）管理资源的完善与优化

在物业服务实践工作中，往往在客户入住之前就已经成立了物业管理项目机构，配备了物业服务人员，设置了办公场所并进行了物资配备，但是上述工作一般带有临时性和不确定性。因此，在物业服务前期介入的过程中，需要不断进行调整改进，具体内容包括：

1. 管理用房到位。建设单位按规定将管理用房移交给物业服务企业。物业服务企业对管理用房进行合理划分和必要装修，使之成为项目物业服务企业固定的管理用房。

2. 物资配备到位。一个新的物业管理项目运作需要配备的物资较多，在项目开始运

作的时候，一般只配备了其中的一部分，在前期物业管理过程中，应根据实际需要逐步配备到位。

3. 物业管理人员到位。物业服务人员到位的主要内容包括：

(1) 补充人员；

(2) 对各岗位人员进行强化培训，提高其物业管理水平和操作技能；

(3) 对现有组织机构进行优化调整，形成完善的管理组织机构；

(4) 加强内部管理和磨合，形成一个良好的管理团队。

(二) 管理制度和服务规范的完善

物业项目前期运作管理服务过程中，物业服务企业应根据实际管理情况对已制定的管理制度和服务规范进行调整、补充和完善。

(三) 确定物业管理单项服务的分包

对具体物业管理项目进行管理时，物业服务企业可以根据企业的自身情况和需要来确定，是否将部分单项服务分包外委给社会专业服务公司。在分包外委服务项目时，要进行市场调查、筛选，确定符合自己要求的分包单位。

第五节 物业项目前期运作管理服务方案的制定

在物业服务的前期介入工作中，开发商的理解和支持是非常重要的，但物业服务企业能否在前期介入中提供有价值的意见和建议也是物业项目前期运作能否落实的关键环节。只有当房地产开发企业变被动的强迫接受为强烈的要求物业服务企业积极参与，当物业服务企业把以前的“售后服务”思想变为前期介入的有效实践，前期运作管理服务才能得以有效实施。

一、前期运作管理服务方案的相关信息准备

(一) 项目情况调查

1. 调查内容。

(1) 项目位置：具体位置及东、西、南、北的毗邻。

(2) 项目面积：占地面积、规划建筑面积、已建成面积。

(3) 项目建筑情况：建筑结构、质量、技术、标准、管线布置等。

(4) 配套及附近交通状况：已通达公交车次、小区班车等。

(5) 消防、秩序维护、清洁等设施状况。

(6) 项目性质及特色。

(7) 政府的支持、扶持与介入程度。

(8) 开发商的背景：规模、技术、资金、信誉、社会影响、负责人情况等。

(9) 周边环境状况。

2. 调查方法。

包括实地考察、公开信息收集、座谈及其他途径。

（二）使用人需求调查

1. 调查内容。

物业区域人员自然状况分析：包括总人口、性别、年龄、受教育程度与职业、民族以及经济收入等。

2. 物业区域人员需求分析。

（1）按需求对象分为物质需求和精神需求，针对不同的需求配备相应的公共设施。

（2）按需求弹性分为小弹性需求和大弹性需求。辖区内满足小弹性需求的公共设施必须具备，满足大弹性需求的公共设施，应从辖区实际出发进行建设，并更多注意面向社会服务与经营，以提高其开发利用的效益。

（3）按需求条件分为现实需求和潜在需求。

（4）从物业区域人员实际生活水平及工作状况出发，定量与定性结合，协助制定有针对性的方案。

3. 调查方法。

（1）询问法。

询问法就是围绕着物业区域人员物质文化生活及工作实际需求这一主题，采用一定的提问方式，向被调查者提出询问，再从被调查者的回答中获取所需资料的一种方法。具体方式有访问调查、电话调查、发调查表和交谈旁听法。

（2）观察法。

观察法就是调查人员在现场直接观察或利用各种设备间接观察被调查者行为及现场事实的收集资料方法。具体方法有直接观察法和比较观察法。

（3）实验法。

实验法就是用小规模试验的方法来验证物业区域人员的需求情况。

（4）抽样调查法

抽样调查法包括随机抽样和非随机抽样。

（5）竞争企业调查。

调查内容包括竞争对手总体情况、竞争对手能力、竞争对手经验以及与竞争对手的比较。

（三）制定前期运作管理服务方案的其他准备工作

1. 组建制定物业服务方案的工作班子。

2. 对方案制定人员进行必要的业务培训。

3. 准备经费。

4. 准备设备。

5. 准备相关资料。

二、制定物业项目前期运作服务方案的一般程序及要求

（一）制定物业服务方案的一般程序

1. 组织经营、管理、技术、财务人员参与物业项目前期运作管理服务方案的制定。

2. 对招标物业项目的基本情况进行分析，收集相关信息及资料。

3. 根据招标文件规定的需求内容进行分工、协作。

4. 确定组织架构和人员配置。

5. 根据物业项目资料及设施设备技术参数、组织架构及人员配置、市场信息、管理经验等情况详细测算物业服务成本。

6. 根据招标文件规定的物业管理需求内容制定详细的操作方案。

7. 测算物业服务费用(合同总价和单价)。

8. 对拟定的物业项目前期运作管理服务方案进行审核、校对、调整。

9. 排版、印刷、装帧。

（二）制定物业项目前期运作管理服务方案的要求

1. 文件符合性。

物业项目前期运作管理服务方案的内容、格式、投标报价必须符合招标文件的要求。

2. 符合合法性。

方案的内容必须符合国家及地方法律法规的规定。

3. 符合客观性。

方案对招标文件要求做出实质性响应内容必须是投标企业能够履行的。

4. 符合科学合理性。

制定物业服务价格必须合理，具体实施内容应该在满足招标方需求的基础上制定设计科学、运行经济的方案。

（三）物业项目前期运作服务方案的基本架构

1. 项目管理的整体设想与策划。包括项目情况分析、物业管理档次及目标、物业管理特点，管理服务措施。

2. 管理模式。包括管理运作模式、管理工作流程、管理组织架构、激励机制、信息反馈处理机制等。

3. 公司人力资源管理。包括管理服务人员配备、管理服务人员培训、管理服务人员管理。

4. 规章制度建设。包括管理规章制度的建立、人事行政办公制度、档案的建立与管理、办公自动化与管理。

5. 经营管理指标。包括经营指标承诺及采取的措施、管理指标承诺及采取的措施。

6. 社区文化建设与服务。包括社区文化建设、社区服务与特约服务。

7. 财务管理及经费收入测算。包括财务管理、日常物业管理收支预测、维修基金的建立和使用计划。

8. 日常管理。包括前期介入、客户入住、投诉处理、安全管理、车辆及交通管理、消防管理、环境保护与管理、采暖系统维护管理、商业用房的规划与管理等。

9. 物业维修养护计划和实施。包括物业维修养护管理、共用部分的维修与养护、共用设施设备的维修与养护。

(四) 物业项目前期运作管理服务方案的基本内容

物业项目前期运作管理服务方案的基本内容，主要包括物业项目的整体设想与构思、服务方案与运作程序、组织架构与人员配置、管理制度的制定、档案的建立与管理、前期介入及物业服务内容、常规物业服务综述、费用测算与成本控制、管理指标与管理措施、物资装备与工作计划等。

1. 关键性内容。

(1) 项目的整体设想与构思(包括项目总体模式与物业服务工作重点的确定)。

(2) 组织架构与人员配置。

(3) 费用测算与成本控制。

(4) 管理方式、运作程序及管理措施。

2. 实质性内容。

(1) 管理制度的制定。

(2) 档案的建立与管理。

(3) 人员培训及管理。

(4) 前期介入及物业服务内容。

(5) 常规物业服务综述。

(6) 管理指标。

(7) 物业装备。

(8) 工作计划。

(五) 拟定物业项目前期运作服务方案的主要方法

1. 经理意见法。主要以物业服务企业经理的意见为方案的基本思路和主要内容，并在征求公司内外意见的基础上确定。

2. 内部征询法。发动公司内部各部门的全体员工提建议，在广泛征求意见的基础上综合归纳制定出物业管理方案。

3. 学习借鉴法。主要是学习借鉴国内外对相似物业管理的思路和做法来制定方案。

4. 专家意见法。主要是聘请业内著名专家，在向专家全面介绍调查结果的基础上，请专家协助制定物业管理方案。

(六) 拟定物业项目前期运作服务方案应注意的问题

1. 必须从思想上充分重视前期介入的准备工作。

2. 必须明确物业管理在整个房地产开发与经营管理中的地位。

3. 抓好人员准备这个关键。精心准备，细致周到，力求全面、充分。

第六节　入住期服务方案编制策略

“入住纠纷”历来都是一道难题，因交楼收房而引起的纠纷仍然在不断上演。艰难的物业项目入住期服务不仅让开发商和物业服务企业冒冷汗，同时也在很大程度上挫伤了消费者的信心、抑制了购买力。因此，聪明的物业服务企业不但在以“换位”的思考模式去重新定位物业项目入住期的服务策略，更是在以入住期的成功实践作为自身品牌拓展的第二支点。

一、物业项目入住期服务工作要点

入住期间，物业项目周边环境较为复杂，入住过程中外来装修、搬运人员出入频繁，装修监管面大，装修防火任务重，高层楼宇装修电梯负荷大，电梯使用矛盾多，易发生摩擦。在这期间，公司将采用“多岗联防”的手段合理划分与安排秩序维护门岗、巡逻岗、机动岗人数、分布位置、责任范围等，对进出物业项目的人流、物流、车流进行有效监控。

(一) 人流控制

要求对来访人员进行登记，填写清楚其姓名、单位、联系方式、访问客户准确地址等规定项目；对外来装修及搬运人员要求办理临时出入证，并交纳管理押金，对相关人员的活动范围、活动时间进行一定的限制；对身份不明、形迹可疑、衣冠不整者，不准其进入物业项目；对物业项目内的可疑人和物品进行监视、盘问和检查，发现问题及时报告。

(二) 物流控制

要求对装修材料的进出实施申报程序，秩序维护员有责任对进出的物资进行盘查，实行登记放行，严防易燃易爆、剧毒物品进入物业项目。在物品搬运中，巡逻秩序维护员要监督物品搬运的现场进程情况，防止发生遗撒、刚碰、争抢使用电梯等现象，如发现问题要勇于上前协调、劝阻、纠正、制止，并及时向主管部门汇报。

(三) 车流控制

要求对进出物业项目的车辆进行登记，记录进出时间、车牌号、事由等信息，合理规划行车路线，防止对绿化部位及公共设施造成损害。巡逻秩序维护员要在现场合理指挥协调运货车辆的进出，以免造成楼区内车辆拥堵现象，必要时秩序维护员上前进行礼貌解释。

二、消防管理事项

消防管理是高层楼宇物业服务的一项极其重要的内容，物业服务企业应特别重视此项工作，在物业项目实行全员义务消防员制，坚持“预防为主，防消结合”的方针，在员工中牢固树立“隐患险于明火，防范胜于救灾，责任重于泰山”的意识，建立消防组织机构，逐级检查消防设备，普及培训消防知识，定期开展消防演习，编制火灾应急处理程序，以确保物业项目财产和客户的人身安全。

第一，公司总经理为消防安全责任人，秩序维护班长为专职安全监督员，秩序维护员为专职消防安全巡查员，所有员工均为义务消防员，公司将根据项目情况编制组织机构图及各类人员职责。

第二，公司实行消防逐级检查制度，专职消防员每日检查物业项目的消防安全情况，包括消防设备、动火作业、安全用电情况等，消防责任人每周检查物业项目内消防安全情况，对检查中发现的消防隐患应及时采取整改措施，做到隐患不过夜。

第三，公司秩序维护部要定期对全员进行消防知识培训，通过适当形式对消防管理条例、消防工作手册、防火注意事项等内容进行宣传教育；专职消防员还要定期接受消防技能的培训，如灭火器的使用、设备设施操作等，消防员、监控员必须持有从业证书方可上岗。

第四，公司每年至少组织一次全员参加的大型消防演习，演练对火情扑救、人员疏散的现场处理。

第五，公司将根据项目情况编制突发火警、火灾事件处理预案，增强员工对紧急情况的反应能力。

三、交通车辆管理事项

（一）机动车辆管理规定

任何机动车辆进入该项目，必须遵守以下管理规定。

1. 凡在停车场固定停放的车辆需办理停车证。

2. 有固定停车位的车辆进入停车场，请将有效停车证放置在车辆正面挡风玻璃右下角处以便识别。所有未持有效停车证的车辆，应按秩序维护员指引停放于指定临时车位，严禁随意停放。

3. 车辆进入物业项目区域内，车速不得超过时速5公里，并遵守停车场内道路交通标识。车管员填写《车辆登记表》。

4. 区域内和停车场的车辆，如有违章，车管人员需对其进行说服教育，情节严重的可取消其停放资格。

5. 请勿干扰其他车辆及他人。

6. 请勿做出对他人或其他车辆有危险可能之行动。

7. 停车场内严禁吸烟、严禁随车存放易燃、易爆及其他危险品。

8. 应在停车场外指定位置起卸货物。

9. 对一切违章停车者，物业服务企业将进行违章处罚。

10. 如有损坏或撞毁停车场范围内的任何设施，将照价赔偿。

11. 所有驾驶员均不准将车辆停放于两个车位中间、停放于非指定车位之界线、在一个车位内停放多于一部车辆。

（二）工作流程

1. 道口岗。

(1) 车辆进岗。

① 当发现有车辆需进入，驶近岗口时，应立即走近车辆，向司机立正行举手礼。

② 当司机开启车窗时，递上保管牌同时说：“先生(小姐)请收好保管牌”。

③ 在发牌后，在《外来车辆登记表》上准确填写各栏目。

④ 发牌登记完毕后，应立即将车辆放行，并提示行驶路线，若后面有车辆紧跟排队时，应示意其停下，并致歉“对不起，久等了”，然后发牌。

(2) 车辆出门。

① 当发现车辆要驶出时，即上前立正并说：“先生(小姐)您好，请交还保管牌。”

② 在收牌后，迅速在《外来车辆登记表》上准确填写各栏目。

2. 车场岗。

(1) 车辆进场。

① 当车辆进场时，迅速准确地在《车辆登记表》上填写车牌号及相关内容。

② 发放停车牌，并告之其收费标准，内部车辆刷卡进入。

③ 指引车辆缓行，安全停放在车位上。

④ 提醒司机关锁车门、窗，并检查是否漏水漏油。

(2) 车辆保管。

① 每小时巡视检查一次车辆，是否正常，如有车被损坏、车门未关、漏水漏油等情况应及时通知车主处理。未通知到车主时，做好《值班记录》，同时报上级主管。清点车场内车辆，与《车辆登记表》上是否一致。

② 严密注视车辆情况和驾驶员的行为，若遇到酒后驾车者应立即劝阻，并报告上级主管处理。

(3) 车辆出场

① 当车辆驶出场地时，应首先仔细核对出场的车辆和驾驶员。

② 核查停车牌无误后，收费、将车辆放行，并做好记录。内部车辆直接放行。

③ 若对出场车辆和司机有疑问时，应立即到车前向司机敬礼，再向司机盘问核对有关情况。

④ 在盘问、核对有关情况时发现可疑问题(有盗窃嫌疑等)，应立即扣留车辆，机智地应付司机，并用对讲机报告上级主管。

（三）设置交通指示标志和平面图

1. 在物业项目入口明显位置安装物业项目车辆行驶路线平面图，标示进入物业项目车辆的行驶方向。

2. 在各主干道必要位置安装交通指示标志，如转向牌、单行线牌、停车场牌等，指导车辆在物业项目内的正确走向。

3. 在地上、地下停车场设置明显的交通指示牌，标明停车场的位置、出入口位置、转向位置、减速位置等，并对固定车位进行编号标识，指引车辆顺利停放入位。

4. 在地下停车场与电梯之间的通道口处安装明显的指示标志，为客户快捷进入单元电梯提供方便。

5. 在地下非机动车停车场设置明显的区域标识，标明各楼非机动车的停放位置以及自行车、三轮车、助力车的停放区域。

（四）办理停车牌证，凭证停车

为了加强车辆管理，公司要求长期停放在物业项目内的机动车和非机动车办理停车牌证，并实行示证出入、外来登记制度。持有效牌证的车辆经查证后方可进入物业项目并停放在指定的位置。外来车辆经过对时间、车型、事由等的登记，领取"停车卡"后方可进入物业项目并停放在临时的位置，在离去时须持卡注销并按规定交纳停车管理费。

（五）制定机动车停车场管理制度

1. 进入物业项目及地上、地下停车场的车辆必须遵守相关规定，服从车辆管理员的指挥疏导。

2. 在物业项目内固定停放的车辆须到公司办理停车证，签订相关协议。

3. 有固定停车位的车辆进入物业项目，请将有效停车证放置在车辆正面挡风玻璃右下角处，以便识别。

4. 外来车辆应按秩序维护员指引停放于指定的临时车位，严禁随意停放。

5. 车辆不准停放于两个车位中间、停放于非指定车位之界线以及在一个车位内停放多于一部车辆。

6. 车辆进入物业项目范围内，车速不得超过时速5公里，并遵守物业项目地上、地下停车场内道路交通标识。

7. 物业项目内严禁鸣笛、超车，如有违章，秩序维护员需对其进行说服教育，情节严重的可取消其停放资格。

8. 地下停车场内严禁吸烟，随车严禁存放易燃、易爆及其他危险品。

9. 请在地下停车场外指定位置起卸货物，请勿干扰其他车辆及他人，以及做出对他人或其他车辆有危险可能的行动。

10. 如有损坏或撞毁物业项目范围内的任何设施，须照价赔偿。

（六）非机动车管理制度

1. 在非机动车停车场所存放车辆的客户必须遵守相关规定，服从车辆管理员的管理。

2. 凡在非机动车停车场所存放车辆的客户必须办理手续、领取存车牌并按规定交纳停放管理费。

3. 外来车辆应按车辆管理员指引停放于指定的临时位置，严禁随意停放，并按规定交纳停放管理费。

4. 当车辆进入非机动车停车场所时，车主应向车辆管理员领取存车牌号，当车辆离开时，必须将存车牌交还给车辆管理员，没有交还或存车牌号与车上号码不符时，该车不得离开管理范围，违者车辆管理员有权扣留该车，情况可疑时交由秩序维护员处理。

5. 无牌照的非机动车车辆丢失，公司不负责赔偿。

6. 车辆管理员要认真履行职责，发现车辆停放不整齐要及时整理，发现有破旧、长期闲置的车辆，主动与客户取得联系，征求客户的意见进行相应处理。

车辆管理往往是物业服务工作的纠纷焦点，在实行上述车辆管理制度前，物业服务企业应加强与客户的沟通，做好宣传和解释工作，取得客户的理解、支持和配合，共同创建一个良好的停车秩序和环境。

第七节　二次装修管理方案的编制确立与实施控制

物业单元装修工程，二次装修流程、装修验收流程、退还装修保证金流程等相关文件的编写基于物业服务工作正常开展情况下所实施的步骤，如因工程或客户的原因，极有可能该步骤无法按此进行。但其中的各个环节仍是必不可少的，所以熟悉该程序无论是在任何情况下，仍能清楚各个步骤的工作内容。所列相关规则和程序，旨在维护所有客户的共同利益，最大限度地减少在装修过程中造成的影响和干扰，并实行安全、质量等管理控制，希望各方在申请及进行装修时，严格遵守各项规定。

一、确定二次装修管理流程

各客户须聘用合格承包商来负责设计及施工(承包商施工及设计资质必须符合国家相关要求)，并在施工前详细阅读装修须知的内容及填写必要的表格。有关现场消防、燃气、空调、结构等施工项目，应由物业指定的工程承包商来完成。客户委托其他公司或人员处理相关装修事宜，应向物业服务企业提供正式的委托书，以方便物业服务企业与之进行沟通、协调。委托书力求内容全面、表述准确，如有不时之需，物业服务企业将根据实际情况对内容进行调整、增减。

按照正规物业项目的接收、交接、装修按以下步骤逐项进行。

第一步：由甲方(开发商)工程部门按照合同、设计等相关条款，会同监理单位，共同对总包(施工方)单位所承担的甲方建设项目进行验收、检查、接收工作。

第二步：由甲方(开发商)组织验收、交接工作，将已经接收的物业转至物业服务企业进行物业管理方面的工作。

第三步：按照合同之约定(与客户之间的合同)，通知客户到物业进行承租商铺的接收工作。

第四步：由客户自行选聘装修公司，向物业服务企业提交装修图纸，经甲方或甲方指定机构审核合格后，并同时交纳各种装修费用的前提下，进入现场开展装修工作。

第五步：在物业服务企业的监管、协助下，经过客户服务部、秩序维护部、工程技术部的检查合格后，装修工作完毕。

上述五个步骤中每个环节均有大量工作需要完成，并非物业服务企业直接参与即可，故为让每个环节能够统一、连贯，将分别进行详细描述，并配以流程图：二次装修流程（图 3-1），装修验收流程（图 3-2），退还装修保证金流程（图 3-3）。

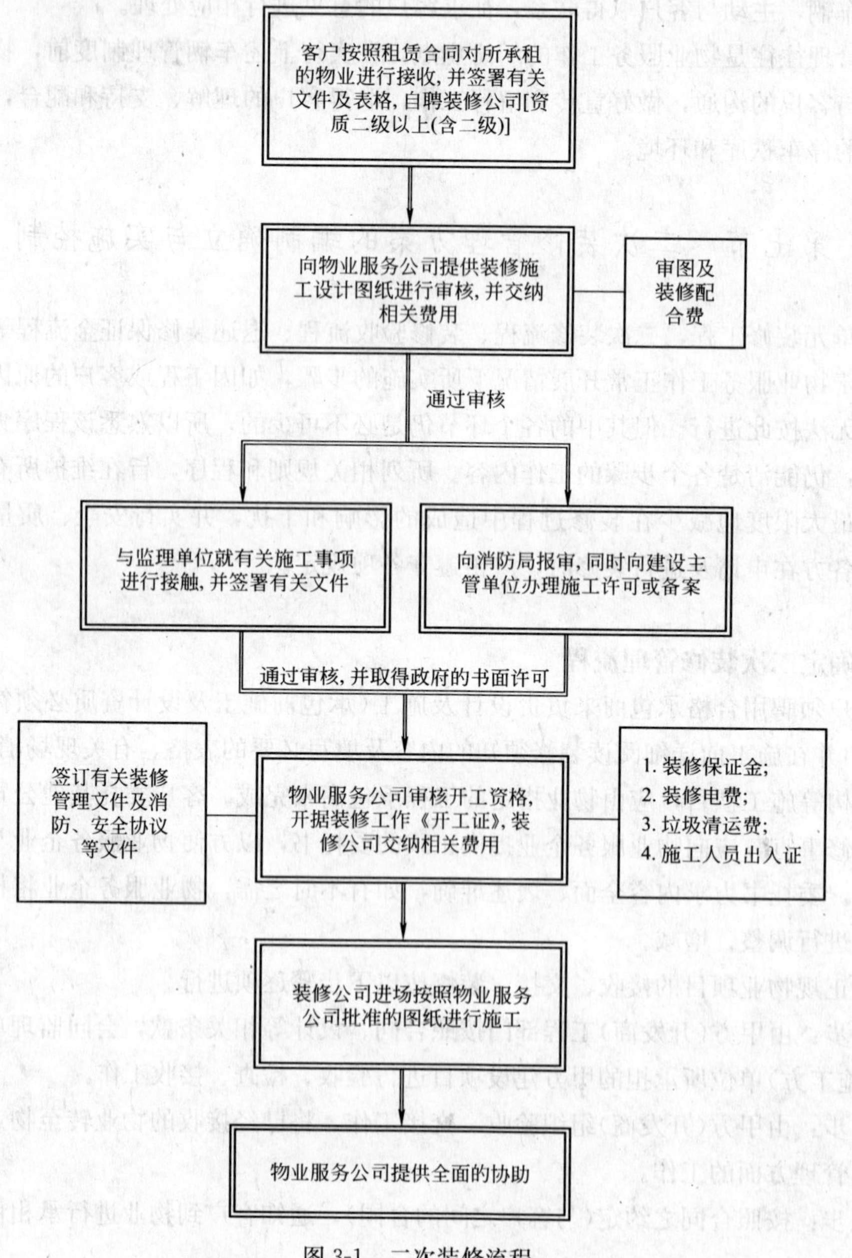

图 3-1　二次装修流程

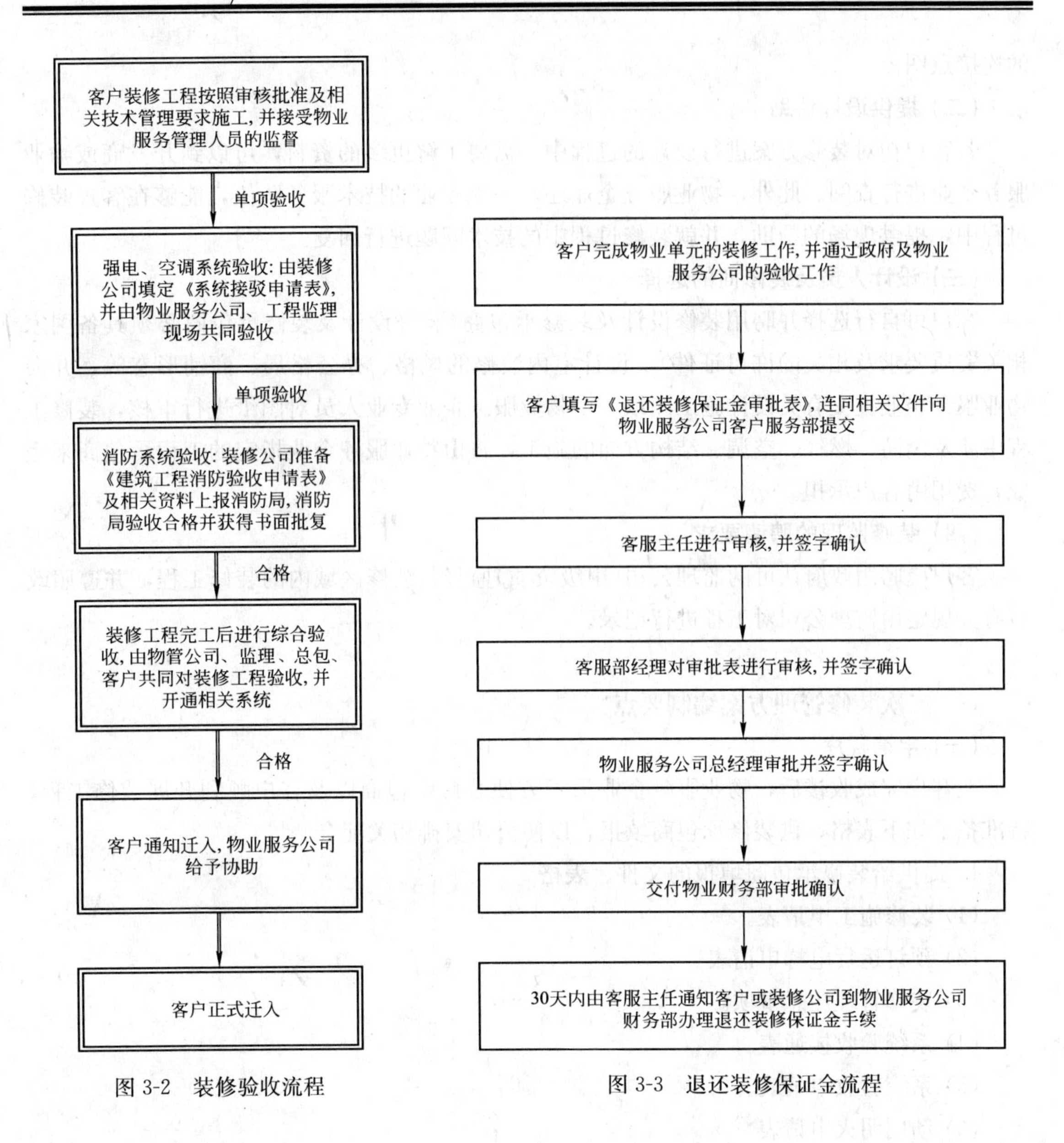

图 3-2　装修验收流程

图 3-3　退还装修保证金流程

二、装修管理工作启动

(一) 给客户的资料

每一位客户均将得到一份欢迎册，其中包括：《客户手册》、《交接文件》、《入住服务文件》、《装修守则》和一套有助于客户制定装修方案的有关建筑细节和设计标准的平面图及示意图等，包括：

(1) 施工区域的平面图。

(2) 喷淋灭火系统的布局图。

(3) 供电系统示意图。

(4) 在适用的情况下，与开发商的管道、排水、通风与空调、电信、消防和警报系统的连接点图。

（二）提供设计协助

若客户在对装修方案进行设计的过程中，需要了解更多的资料，可以到开发商或物业服务企业进行查阅。此外，物业服务企业还有一支专业的技术服务队伍，能够在客户装修过程中，提供现场的帮助，并就装修过程中的技术问题进行回复。

（三）设计人员及装修商的选择

客户可自行选择并聘用装修设计及装修承包商（装修设计及装修承包商必须具备国家相关资质要求及相关的许可证件），设计室内装修的风格、办公格局、商铺形态等，并向物业服务企业提交有关设计施工图纸，由物业服务企业专业人员对图纸进行审核，装修工程中涉及消防、燃气、空调、结构方面的施工，将由物业服务企业指定的工程承包商来完成，费用由客户承担。

（四）装修监理的聘请要求

客户应聘用政府认可的监理公司（甲级资质）监督其装修区域内的装修工程，并遵照政府有关规定由监理公司对工程进行记录。

三、二次装修管理方案编制要点

（一）申请程序

在客户完成收楼后，物业服务企业为了方便装修承包商以及客户顺利开展装修工程，特准备了如下表格，供装修承包商填报，以便公司安排相关配合。

1. 提供给装修承包商填报的文件、表格

（1）装修施工申请表。

（2）预订运货电梯申请表。

（3）装修管理注意事项。

（4）系统验收接通表。

（5）系统验收申请表。

（6）动用明火申请表。

（7）装修施工许可证。

（8）消防、安全协议书。

（9）施工延时申请表。

（10）油漆作业申请表。

（11）易燃易爆物品进场申请单。

2. 装修承包商在申请装修时应具备的文件

（1）所有设计图纸

① 内部设计图及顶棚布置图。

② 消防系统布置图。

③ 供暖通风及空调系统布置图。

④ 电力布线图。

(2) 装修承包商需提供的相关证明文件

① 装修承包商的营业执照。

② 装修承包商的资质等级证明。

③ 装修承包商的年检合格证书。

3. 二次装修需要送审图纸清单

客户应送交三套按不小于1∶100比例绘制的平面图并加盖设计单位送审章的图纸给物业服务企业进行审核。为了避免客户在送审有关图纸时，产生漏图、缺图，使得审图期延长，现将图纸明细提供如下，仅供参考。

(1) 土建/装饰部分

① 建筑平面图。

② 顶棚透视图(包括所有机电设施及顶棚检修口位置及尺寸)。

③ 橱窗立面图(包括含灯箱的外立面图)(商业部分)。

④ 门面立面图(若不修改原楼宇设计时、可省本项)。

⑤ 当涉及楼宇公共区域改造时，需提供相应的设计图纸(包括大样图)。

⑥ 后加砖墙抗震构造大样图(涉及需符合国家有关规范、标准要求)。

⑦ 结构楼板开洞平面图(包括平面定位及洞口尺寸)，并同时提供结构计算书及结构加固大样图。

⑧ 承租区域内主要设备规格尺寸及重量，并复核原结构承载力。

⑨ 加高地台的填充材料检验报告(商业部分)。

⑩ 店铺完成装修后的彩色透视图(商业部分)及装修材料表。

(2) 机电部分

① 低压供电系统图。

② 照明(包括紧急照明)布置及线路图。

③ 动力布置及线路图。

④ 弱电(包括电话)系统图。

(3) 空调部分

① 空调系统图。

② 空调设备平面布置图。

③ 空调管线(包括风管、水管等)布置图。

(4) 消防部分

① 消防喷淋头及管线布置图。

② 消防自动报警探头及管道布置图。

③ 其他消防设备布置图(若不修改原楼宇设计时，可省本项)。

(5) 给水排水部分

① 给水排水设备平面布置图。

② 给水排水管线布置图。

③ 厨房设备平面布置图。

④ 厨房排风及补风管线布置图。

(二) 图纸审批

1. 开发商或物业服务企业在收妥图纸7个工作日(不包括有关部门审批的时间)内发出书面批准。对不合规格或资料不全的会要求客户进行修改及重新提交审批。不按以上程序办理而引起之延误，由客户自行负责。

2. 交给开发商或物业服务企业的所有图纸都将被审查，如客户对审查后的图纸有所改动，需要进行重新审查。

3. 客户有关装修的工程需要楼宇指定工程承包商完成的部分，请参阅后附楼宇指定或认可承包商名录(略)，并自行与其联络。

4. 客户的装修图纸经开发商或物业服务企业审核合格后，客户需向有关政府部门申请审批手续(包括但并不仅限于消防局、建筑主管单位)，只有得到有关政府部门的书面同意后，才可以安排施工。提交的图纸必须符合防火规定及要求，任何违反规定的改建都将被无条件拆除，费用由客户负责。

(三) 保险

为了做好风险管理，装修前为施工人员必须投保足够的意外伤害保险，并投保建筑及安装工程的一切保险及第三者责任保险等，受益人需指定为客户和开发商的联名。客户同意赔偿开发商和他们的承包商在装修中所受的损失。第三者保险金额每一事故最少为人民币100万元(视乎工程之范围而定)。所有保单均需提交开发商或物业服务企业。开发商或物业服务企业有权在必要时，要求提高保险额至适当程度。

(四) 施工出入证

装修承包商在装修工程开始前，需要为施工人员办理施工出入证，办理时，应携带施工人员照片(一张一寸照片)、身份证复印件、暂住证复印件到物业秩序维护部办理相关的手续，并交纳有关费用。所有施工人员必须凭证出入装修施工现场，同时客户必须对施工人员之行为负责，所有施工出入证于装修完毕后必须交回物业服务企业。

(五) 缴款

1. 保证金。

装修前，申请人必须缴纳装修保证金，以保证装修商严格遵守一切装修规定。装修中造成的任何损坏，都将从装修保证金中扣除。装修完工并经过验收合格后，保证金将于三个月内无息退还。

2. 审图及装修配合费。

客户需要为开发商或物业服务企业提供的审图及装修配合支付费用，此费用按建筑面积收取，该费用中包括装修期间的装修用水以及货梯使用费用。

3. 监理费。

根据政府有关条例规定，客户的装修工程须聘请专业的监理公司全程监督装修工程，并为装修工程出具有关的工程文件，为了方便客户聘用监理公司，物业服务企业将为客户提供楼宇指定/认可的监理公司名单(均为甲级资质)，供客户选择。监理费用由客户自行承担，目前监理费的收费标准一般不超过装修费用的2.5%，也可与监理公司自行商定。另外，装修过程中，所有涉及工程验收的项目在进行验收时，客户均需要指派专人到现场监督、确认。

(六) 施工安排

1. 在装修承包商进入现场施工前，应向物业服务企业提供以下资料。

(1) 消防局签发的建筑工程消防设计审核意见书。

(2) 建筑主管单位出具之意见书。

(3) 聘用工程监理的监理合同。

(4) 客户指定的负责监督装修工程的代表的姓名和联系电话号码。

(5) 办理有关施工保险证明材料。

2. 缴付装修保证金、垃圾清运费、临时用电及施工出入证费用。

3. 经物业服务企业批准，开具《施工许可证》，安排承包商施工。

4. 获得批准后，需将《施工许可证》及图纸张贴在施工现场。

(七) 限制事项

1. 楼宇装修时间。

星期一至星期五18：30至次日7：00楼宇部分，公众节假日全天。如有特别情况必须向物业服务企业预先申请，并填写有关表格。

2. 商业部分装修时间。

每天从21：30至次日7：00止。任何产生噪声、异味及粉尘的工作以及建筑材料和垃圾的运输，仅可在商场营业时间以外进行，保证此类工作和活动不对本建筑内其他商户产生干扰。

3. 干扰限制。

不得干扰其他单元/商铺之正常营运或装修。装修期间必须控制噪声、灰尘及振动至最低。嘈杂钻孔等工作应在夜间进行。所有家具不得在现场喷漆/油漆，若确有必要在现场进行，必须事先得到物业服务企业之批准及在夜间进行。

4. 材料堆放限制。

装修材料及用具只能放置于客户之单元/商铺内，不得放置于公共地方或阻挡任何通道。

5. 运输限制。

运输车辆在指定卸货区卸下货物或装修材料后应立刻开走。装卸货物和运输货物均需按公司所指定的时间和路线并听从管理员的指挥。所有在楼宇内的运输只能使用货用电梯。如有对任何公共设施，例如：顶棚、地板、墙身、电梯等，造成损坏，将由物业服务企业安排修补，一切修补费用将在客户/装修公司装修保证金中扣除。

6. 废物处理限制。

搬运砂石、铲除废物及小物件时，要有完好包装。不能在搬运途中随地遗漏。在装修期间，所有工程废料不得存放在任何公共地方，必须每天夜间清理至物业服务企业指定的地方。若造成排水系统堵塞，客户装修承包商须承担所有责任。

7. 消防要求。

在施工前，必须按照要求在现场放置足够及适当的灭火器。公司在认为数量不足的情况下可要求承包商增加灭火器，同时需特别注意防火管理，以避免造成事故。要选用消防合格的材料，有需要的必须做防火漆喷涂，所有装修均不得阻碍消防卷帘门及防烟门。电线必须安装在镀锌线管或不燃管道内。

8. 动火要求。

所有需要动火的工程，如烧焊等，承包商必须提前到物业服务企业秩序维护部、工程部办理《动火证》，只有办理完全部手续后，方可实施动火作业，如有违反，物业服务企业秩序维护部有权停止施工，并要求承包商进行整改。

9. 空调限制。

为避免损坏风机，装修期间将没有空调供应，承包商有义务将进、出风口进行临时遮挡。

10. 其他事项。

(1) 客户在对承租区域进行装修前，必须做好公共区域所有成品的保护工作，例如：公共区域内的地毯、花岗石及其他地面、墙纸、顶棚都需在二装工程开工前，进行相应的保护。经物业服务企业检查合格后，方可进行施工。

(2) 禁止在任何玻璃隔墙上喷漆或设置标牌。

(3) 未经批准禁止更改任何间隔墙或门窗。禁止将招牌、店名、公司名安装在公共走廊墙面、玻璃隔墙、玻璃门上。

(4) 未经批准，不得在租赁范围安装任何播音/广播系统。

(5) 装修顶棚、墙身及地台时必须保留维修口位置。维修口最小要保证500mm×500mm。

(6) 严禁使用含有石棉成分的装修材料。

(7) 公司有权停止一切不合规格之装修工程。

(8) 任何材料、工具和设备运出楼宇，都要出具承包商和公司签发的出门证，并走指定出口。

11. 客户须对所雇佣工人的行为负责

(1) 工人在工作时间必须佩带施工出入证。

(2) 禁止吸烟、点火或储存易燃物，应按消防局要求在单元/商铺内设置足够数量的灭火器。

（3）装修承包商和工人只限在单元/商铺内施工。不得在走廊、公共区域或其他单元/商铺内施工及堆放材料。

（4）禁止在单元/商铺或公共区域发出噪声、裸露身体、赌博及酗酒。

（5）禁止在施工单元/商铺或公共区域大小便。

（6）工人只能使用指定的卫生间，禁止在马桶内倒垃圾。

（7）工人不得在单元/商铺内留宿。

（八）物业服务企业检查

1. 与开发商的主系统连接之前（如空调、电气、弱电、消防和警报系统），必须经物业服务企业工程部专业工程人员、监理人员验收，合格后方可与主系统连接。

2. 在装修承包商完成全部工作后，客户应通知企业相关部门，物业服务企业将会同监理人员到承租区域检查全部装修工作是否符合原批准的装修方案及要求的标准和规格。

3. 为了全体客户的共同利益，在必要时，物业服务企业有权要求客户拆除、修改或改正（包括恢复房屋的原状）任何擅自安装的装置或不符合开发商或物业服务企业所批准的装修方案的任何装修部分。如果客户不予合作，物业服务企业可决定由开发商指定的承包商完成有关工作，其有关费用和开支由客户承担。

（九）装修完成

1. 客户于装修完成后应以书面通知物业服务企业，安排时间会同物业服务企业人员根据装修图纸进行检查。未经物业服务企业最后批准，不得使用该单元/商铺。

2. 主要检查内容如下（包括但并不限于）。

（1）消防设施的完成情况。

（2）装修材料与消防要求的一致性。

（3）空调设施的完成情况。

（4）卫生环保设施的规范情况。

（5）电器设施情况。

（6）给水排水系统的情况。

（7）招牌、顶棚、地台等情况。

（8）其他有需要的项目。

3. 若完成之装修与原先申请的图纸有所不符，物业服务企业有权要求在10天内整改，因此而引起之延误由客户自行负责。

4. 客户装修工程完毕后，必须报请消防局及建筑主管单位进行竣工验收，唯有通过上述单位验收合格后，才能搬入单元进行办公或经营。所有未经验收或验收不合格之客户均不得擅自办公/经营，物业服务企业亦有权进行制止；同时，因客户原因引起的一切后果，均由客户自行承担。

（十）咨询服务

1. 物业服务企业。客户或其装修承包商可亲临物业服务企业查询有关装修施工方面的资料，地址（略）。

2. 办公时间。若客户或其装修承包商咨询有关装修问题，欢迎在办公时间内到物业服务企业咨询。而物业服务企业办公时间：星期一至星期五：上午8：30分至下午17：30分（星期六、日及国家法定节假日除外）。

第八节　物业服务风险防范处理策略

物业服务的风险是因物业服务企业的义务产生的，风险的类型可以依据管理服务的具体义务内容划分而确定。具体来说分为：治安风险、车辆管理中车辆的损坏灭失风险、消防事故和隐患风险、物业及公共设施设备造成的风险和公共环境不安全因素造成的风险。当然这并不能涵盖全部的风险，但基本包括了主要的方面，本节将就物业服务治安风险防范和物业服务消防风险防范进行讨论。

一、物业服务治安风险防范与处理策略

所谓治安风险主要是指由于外界第三人的过错和违法行为，给物业服务范围内的业主或使用人造成人身损害、丧失生命和财产损失等风险，导致的物业服务风险。目前因市场经济的深入发展，我国人口流动率日益增高，社会各层次的收入差距增大，该社会问题产生的治安问题已明显体现在物业项目中和物业服务行业里。入室盗窃、抢夺、抢劫和故意伤害、故意杀人等各类事件相继发生在各物业项目，给物业服务工作带来了极大的压力和风险。

要解决以上问题，第一，应明确物业服务企业的法律地位和职责。每一个物业项目都是社会的组成单元，都面临社会治安问题。应该明确的是社会（包括物业项目）的治安是由公安机关负责的，物业服务企业的义务是协助公安机关维护物业项目的公共秩序。这一点作为物业服务企业和业主都应明确，物业服务企业仅仅是依法成立的公司法人主体，不享有超过法律规定的任何行政管理职权和行政处罚权。物业服务企业的工作人员，包括秩序维护人员都不具有超出普通公民的任何特权。因此，物业服务企业的治安防范义务是在一定限度内的、有限的义务。

第二，物业服务企业在明白自身法律地位职责的基础上，应在一定限度内、有限地履行义务，协助公安机关维护物业项目的公共秩序，防范治安风险。防范治安风险，针对不同管理服务区域的具体不同情况，制定相对完善和实用的制度，组建和设置相应的机构和人员，实施和执行制度规定。制度中应明确对物业项目往来人员的管理，制定关于定时安排人员巡逻和巡视，针对治安事件的处理程序等。鉴于住宅物业项目业主和使用人的不同需求和特点，对于人员的往来管理是有区别的。住宅物业项目可以采用业主和使用人凭密

码和智能卡进出，来访者登记或经业主和使用人同意后进入的方法。物业项目是以办公为主的商业区域，因为人员进出过于频繁，进出人员数量过大，逐一登记制度是不必要和难以落实的，多数都采用对从大厦和物业项目搬离物品进行登记，并凭当时在业主或合法的使用人入住时预先所留的印鉴或签名确认。往来人员的登记和管理是由固定岗位的工作人员完成的，同时必须配备相应的其他人员进行定时的流动式巡逻和巡查工作，对已进入物业项目的人员的行为进行监督，及时发现和制止不法侵害的行为，第一时间进行报警，协助公安机关制止和防范违法犯罪行为、保护事发现场，以实现协助公安机关维护公共秩序的职责。物业服务企业应根据物业项目的不同情况与业主委员会协调共同组织一定数量的业主，结合自愿原则，建立业主防范体系，配合和促进物业服务企业的治安防范工作，既针对非法侵害行为，也可以监督和发现物业服务企业工作漏洞，最终形成不同层次的防范体系。作为物业服务企业，在严格依据经过业主大会确定的各项管理规定，履行了自己的义务，协助公安机关维护社会公共秩序后，不必再承担业主或使用人因第三人非法侵害导致的人身和财产损失赔偿责任。

第三，在目前物业服务行业中，有一部分企业将协助公安部门维护物业项目公共秩序的工作委托给专门的秩序维护公司，协商约定对外支付一定秩序维护服务费，由秩序维护公司根据物业服务企业的具体要求提供一定数量的秩序维护人员，按合同约定提供物业服务企业要求的服务。该做法实际也是物业服务企业与其他主体分担法律风险的措施。但众多的秩序维护公司往往在合同中要求排除因物业项目盗窃和抢劫事件造成损失的赔偿责任。而法律目前对秩序维护公司的义务尚没有明确的规定，使得聘请专业秩序维护公司分担法律风险的作用变得极为有限。

二、物业服务消防风险防范与处理策略

消防事故和隐患其实也是物业项目公共设施管理服务的风险之一，但由于消防设施自身的特殊性，同时消防往往影响广大业主重大生命财产安全，因此将此项风险单独列明有利于物业服务风险的防范和广大业主公共安全利益的保护。消防设施的日常维护和养护应确保火灾发生时，消防设施能够发挥正常功效、满足消防部门处理消防事故的要求。消防设施的维护保养不善、无消防用水供应、消防报警系统失灵都可能导致重大人身伤害和巨大财产损失，物业服务企业面临如此的风险不仅要承担经济赔偿的民事法律责任，直接责任人和单位主要负责人还可能因此而承担刑事法律责任。

物业项目的消防问题是关系到广大业主和使用人生命、财产安全的关键问题，同时也是具有一定专业性的管理事项。要解决以上问题，第一，物业服务企业在接手物业项目服务时，尤其是针对新建物业项目，应查验是否已通过消防部门的验收，取得消防验收合格证。在物业项目未取得消防验收合格证之前，物业服务企业可以提前进入，但业主不能办理入伙手续。即使是开发商要求入伙，物业服务企业也应坚持不办理入伙手续。如果在此情况下，为业主办理了入伙手续，发生消防事故造成人身和财产损失，物业服务企业将负

有不可推卸的责任。

第二，业主入住后在二次装修过程中，物业服务企业应审查业主申请装修项目是否影响结构安全，使用的材料是否符合消防要求。同时，在装修过程中应监督业主是否按照消防要求配备消防灭火器械、在装修现场应严禁明火等；监督业主在装修过程中，是否损坏公共消防设施和器械。对损坏公共消防设施和器械的行为应及时制止，造成重大损坏或后果严重的，物业服务企业应向消防主管部门报告，由消防主管部门依法处理。

第三，物业服务企业在提供服务的过程中，应对物业项目的消防设施和器械，进行日常的维护和养护。将消防设施的维修和养护事项委托给专业的消防公司；对消防设施需要中修、大修等以及根据消防部门检查的意见整改，应依法律规定的程序，经业主大会同意，从维修基金中开支。

第四，在物业项目发生消防事故时，物业服务企业应在第一时间报警，并协助消防部门进行事故处理；确保消防设施、器械完好和功能正常；相关人员应熟悉和掌握消防设施的正确使用。

第四章

关于物业服务的深入思考——管理与服务要点运作策略

随着市场经济的深入发展，竞争已不可避免地把物业服务企业带入“以客户为中心”的“客户满意”时代，作为物业服务行业应树立“以人为本，客户至上”的服务理念和服务意识，行业已经走进“大服务时代”，以客户为中心，使客户满意并提高客户满意度，已成为物业服务企业能否有效地处理好企业与客户之间关系，能否做好物业服务工作，能否在激烈的市场竞争中处于有利地位，并实现长期可持续发展的关键性问题。物业管理与服务要点运作策略是物业服务企业管理服务系统中的一个重要组件；是“以优质服务为客户创造价值”核心理念的具体体现；是为客户快速、圆满地解决服务需求，赢得客户满意和忠诚的重要方法；也是企业获得竞争优势的利器。

第一节　关于物业“管理”与“服务”的深入思考

有人也许会有这样的疑问，物业服务行业如何区分“管理”和“服务”？物业管理服务到底是“管理”还是“服务”的话题，在业内也不止一次地被讨论。从业主的角度讲，物业服务企业以前是服务于开发商，管理业主；现在要转到服务业主，管理物业上来。另一方面，广大业主也认识到应理解物业服务企业，在物业服务活动中维护自身合法权益的同时，也要履行相应的义务。政府则强调物业管理服务观念的转变，物业企业要从传统的“管理”意识转变为“服务”意识，要按照法律、法规和合同约定为业主提供相应的服务。而物业管理服务活动的主体——物业服务企业，究竟对此问题有何认识，如何从另一个角度体会物业管理服务的真正内涵，在这一规程中对具体的物业服务业务实施效果又会产生怎样的影响呢？

一、应明确什么是物业服务

一般来讲，大家都认为物业管理服务属于服务行业，其“服务于人、以人为本”的属性应该是第一位的。而要搞好物业服务，首要的问题就是必须对物业服务的内容、形式有一个正确的认识。否则，将物业服务简单地看作仅仅是辖区卫生清扫，就不可能把辖区的物业服务工作做好。物业服务内容主要包括以下几个方面：基础设施的维护质量、物业服务的工作质量(服务态度、服务技巧、服务方式、服务效率、服务礼仪、辖区的清洁卫生等)、物业服务项目、物业区域的环境氛围等。为使物业服务达到质量要求，物业服务企业通常会成立专业职能部门，负责企业所属房屋的维修和投诉协调，尽量将事故隐患杜绝在萌芽状态。但物业服务企业应清醒地认识到做好这些工作还远远不够，原因在于：站在业主的角度，哪怕你服务再及时，维修再到位，即使疲于奔命也不会使他们满意。正如一个社区，破案率再高都不是一件值得炫耀的事，只有案发率等于零，社区的安全才会得到业主的认可。

二、管理多些，还是服务更多些

物业管理服务的最终目标还是为业主提供服务，其核心是：通过对物业的管理，来体现对业主的服务，满足业主物质方面和精神方面的需要，并最终达到业主的满意。因此，在物业管理服务过程中所涉及的“管理”与“服务”是无法割裂的统一体，服务是目标，管理是手段，服务是过程，满意是目的；绝对的服务，相对的管理，这样才能使管理与服务相辅相成，相得益彰。物业管理服务是一个综合性的服务行业，做好自身的管理是为了更好地服务于业主；而在物业区域范围内实行有效管理，更是为业主提供良好的工作和安居环境。

三、物业服务理念认识误区及改进分析

“想得到的服务与想不到的服务”，其实正是不同项目之间物业服务好坏差别的本质。然而，这种认识并没有被每一家物业服务企业所认识，取而代之的是物业服务行业在实际操作上，服务风险规避过当怕承担意外责任而不去涉及有风险的经营项目(如：儿童托管服务等)，有些物业服务企业甚至给业主规定出种种条框，试图通过限制服务行为的方式来规避经营风险。造成物业服务中推诿责任，一味等待现象不断发生。固然，很多时候物业服务企业是在替甲方、开发商，甚至政府部门受过，但是在物业服务企业有能力为之的范围内，适当做一些额外工作，进行一些追加投入，甚至放弃暂时的眼前利益，对于企业的发展就显得十分必要。

现阶段，物业服务在中国基本上还属于技术含量低、劳动密集型的服务行业，而服务这一特殊的产品其生产过程与消费是同时进行的，也就是说，物业的服务过程总是伴随着人与人之间的频繁接触。然而，人的变数又是最大的，在服务行业客户通过与服务人员的接触直接感受服务，客户的感受直接决定了服务的成败。据此，设置适宜的物业服务“动态”监控点，从物业服务的策划开始，在物业服务的实施过程、日常检查机制的策划、服务质量的检验中予以明确，并对检查出的问题及时采取整改或纠正措施，把这些信息作为提高企业管理和服务水平的主要依据之一，并在此基础上提供个性化服务，以便满足各层次业主的需求。同时，对一个物业服务企业而言，服务需要通过管理来实现，严格规范的管理是高水准服务的基本保障，缺乏管理的服务创新，只能演变为概念的炒作。建立开放式的信息收集、沟通系统，对收集到的各类信息和数据，按照“科学数据分析”的原则进行统计分析。特别要注意利用平时在各类检查活动、服务提供过程当中的信息和资料。普及物业项目的计算机网络应用技术，实现电子发文、自动排班、优化流程，变“劳动密集型”为“技术密集型”，努力做到“简化管理、注重服务”，分析服务的开展状况、水准和内部管理水平，及时通报改进情况，借此提高工作效率和服务质量，以适应高效管理的要求。

第二节 物业服务企业的社会责任评述

物业服务企业的社会责任主要涉及的是道德范畴的议题，在人类谋求可持续发展的今天，对于企业生产经营行为具有外部效应、对社会发展产生直接不良影响的，越来越引起社会各方的重视。企业不仅是经济活动中的经营主体，在社会活动中同样扮演着重要角色。国际国内的经验表明，企业经营和发展必然受到社会因素的影响和制约，与社会发展、社区建设相适应已成为现代企业取得成功的重要因素。企业社会责任是指企业在创造利润最大化的同时，还要承担对员工、对消费者、对社区和环境的社会责任，包括遵守商业道德、生产安全、职业健康、保护劳动者的合法权益以及保护环境、节约资源、支持慈善事业、保护弱势群体等方面的社会责任。在现实生活中，物业服务企业的社会责任被社会各方所广泛关注，规范物业服务企业的社会责任，是保证物业服务行业健康发展的重要内容。

一、物业服务企业社会责任

社会责任是指某个公民、某个行业、某个组织在完成自身必需的责任和义务外，尽可能为整个社会多作贡献，以增强整个社会的责任感和使命感，实现整个社会的和谐发展。从道义上来说，作为物业服务企业应该具有这种责任感和使命感，这是衡量一个物业服务企业形象的重要标志。当然也不能否认，物业服务企业向业主提供服务是一种商品交换行为，企业的直接责任是按合同约定提供服务，但对于物业服务企业这类特殊的服务企业而言，其社会责任问题就更为突出。

在物业服务活动中，业主反映强烈的主要是物业服务企业间接形成社会后果的行为。这些间接形成社会后果的行为，是在物业服务过程中可以减轻其影响和损害程度的。物业服务企业的社会责任既应与物业服务活动密切相关，与业主的利益密切相关，又应当是物业服务企业有能力、有条件承担的，并且是从道义上应当承担的。从这个意义上说，物业服务企业所履行的社会责任，是业主选择物业管理服务的重要动因。当企业默默无闻地服务业主、服务于整个社会的时候，不难想象，“投之以桃、报之以李”，尊重他人、尊重社会的举动也会得到别人和社会的尊重。

而对于物业服务企业具体涉及的社会责任主要包括以下三个方面。第一，物业服务企业应当制止物业区域内违反有关治安、环保、物业装饰装修和使用等方面法律、法规规定的行为，并及时向有关行政主管部门报告。第二，物业服务企业应当协助做好物业区域内的公共秩序维护及安全防范工作，发生安全事故时，应采取应急措施，并及时向有关行政主管部门报告，协助做好救助工作。第三，物业服务企业应当将房屋装饰装修中的禁止行为和注意事项告知业主。

二、如何实现社会责任和企业利益的结合

物业服务企业的社会责任界定不同于人们日常行为中的责任含义，不能仅仅从法定的层面去理解。物业服务企业社会责任更强调的是企业与业主建立一种平等的关系，并在此基础上物业服务企业从长远的发展角度考虑，而做出的一种对企业和所从事管理物业的一种责任。唯有把两者的关系协调好，才能从真正意义上做到责任和利益的挂钩。

（一）企业应该加强内部建设

1. 建立完善的管理体制。一个优秀的物业服务企业必定有一套健全、完善的管理制度，这套制度不但要注重各项规章的建设，同时也要以服务对象的满意为服务过程的最终目标，这也是对服务对象的一种责任，这就要求物业服务企业应该加强内部建设，主要是对管理软件方面的建设和提升。

2. 组建一支优秀的管理队伍。通过选聘、培训等形式组建一支业务水平过硬，综合素质高的管理服务队伍，其中应包括多样化工种，如：客户服务、工程水电、秩序维护、保洁园艺、财务、行政公关等。应做到“来之可用，用必见效”，是一支可以打硬仗的队伍；无论是接管新的楼盘，还是加强内部提升，均能在最短的时间内取得预期的效果。

3. 制定行之有效的管理方案。针对所服务物业项目的不同特点(住宅、商业、写字楼、学校、工厂等)和不同性质制定不同的管理方案。

（二）实际工作中应加强对社会责任工作的落实

第一，物业服务企业应充分利用好现有的配套设施设备，加强对方便业主生活和社区文化等方面建设的引导工作；组织和协助业主在现有的条件下开展各项有利于业主休息、娱乐和健康的活动，全面提升所服务物业区域的文化氛围。

第二，从服务业主的目的出发，根据所服务物业项目的实际特点，补充欠缺的服务项目。但必须本着“精、简、快、利”的原则，即：不重复建设；规模适度，不夸大建设；办事效率高，不拖沓；方便业主的工作和生活。能够做到以上几点要求，提供相宜的特约服务和便利服务，从多方面、多角度为业主服务，就可以真正把“责任”两字落到实处。

第三，从“细”字上下工夫。物业服务做的就是细节上的工作。细节上的服务工作更能够体现社会责任。细节做好了，可以从多方面体现出一个物业服务企业的实际操作和管理水平的高低与否，也能看出对业主的责任心有多少。如：物业服务企业引进质量管理体系文件，把物业服务工作的质量放在第一位。

（三）在平等的基础上，与业主明确责、权、利的关系

传统的物业服务大多是由企业或者政府设立的房屋管理部门管理，较小的房产项目则是由居委会代收、代管，从而产生了有权利而没有责任或者是权责不分的现象。而现在的物业服务中出现两种认识：一是部分业主的思想观念还受到过去统分统管的影响，对物业服务的责、权、利关系不明确。另外一种是过于看重服务的责任，认为：出钱购房就是买到了保险，物业服务企业应该免费负责一切的服务和费用，或者是过高地强调自己业主的地位，而把物业服务企业置于管家的位置——必须无条件地服从和满足自己的要求。物业服务企业为了不砸掉饭碗，就委曲求全地打出“业主就是上帝!”的口号，顺理成章地成了全部责任的承担者。而随着法制的逐步完善，物业服务企业也逐渐敢于对业主提出的不合理要求说“不!”。有什么物业服务方面的纠纷，可以通过合法的渠道找相关的部门寻求解决，要求以《物业服务委托合同》、《业主使用手册》、《管理规约》等文件为依据，按照《物业管理条例》、《民法通则》等法律法规进行协商处理。物业服务企业与业主对簿公堂的案例大量存在，物业服务企业胜诉，“上帝”败诉的案例也很多。这说明了什么呢？说明“责任”必须是在平等的基础上产生的，管理服务责任是有条件的，不是对业主的人身和财产的完全保险。

三、物业服务企业社会责任实施策略

物业服务企业社会责任的落实到位与否，不仅需要物业服务企业完善自身的服务，同时还要加强企业与业主委员会之间的联系和沟通。

（一）完善企业自身管理，为业主提供质优的服务

物业服务和其他行业不同，它的产品就是无形的服务。作为服务行业来说尽最大可能地满足业主需求，让业主有个温馨、安全、舒适的家是履行社会责任首当其冲的问题。如果业主们在物业区域内享受不到优质的服务，得不到安全感甚至处处被刁难，那企业履行社会责任也就无从谈起。

（二）吸纳社会闲置劳动力，多为社会就业创造机会

物业服务行业本身就是劳动密集型行业，因此在提供就业、服务社会方面已经作出了很大的贡献。物业服务企业应在本身力所能及的范围内，为社会就业广开门路。

（三）协助维护社会治安

每个物业项目都是一个小小的社会，在社区里面可能什么人都有，什么情况都可能发生。物业服务企业作为物业区域内履行社会公益责任的组织，应当为协助维护社会治安作出自己的贡献。

（四）开展社区文化建设

开展丰富多彩的文体活动、社区联谊活动，丰富和繁荣社区文化，为精神文明建设贡献力量。物质水平的提高，并不代表着精神文明水平的提高，对于一个社区、整个社会来讲，精神文明代表着最高的境界。因此对于物业服务企业来说，组织各种文化活动不仅能和业主们加深感情，促进交流，更重要的是提升了整个社区的文化氛围。

（五）主动寻求业主或业主委员会的支持和配合

物业服务企业在提供服务工作时，必须在法律和全体业主的监督下进行；依据物业服务委托合同和管理办法，与业主委员会共同为业主服务。从物业服务企业和业主委员会的权利、义务可以看出：物业服务企业在实施服务工作时必须依据物业服务委托合同和管理办法，并在业主委员会协助下进行物业服务工作。这就需要物业服务企业主动寻求业主或业主委员会的支持和配合。业主委员会权利行使的好与坏，将直接影响到全体业主的切身利益。在业主遵守各项管理协议或物业使用管理规定的前提下，物业服务企业才能最大限度地开展各项服务工作，尽到自己的管理服务责任。物业服务企业在履行管理职责的同时应该得到业主或业主委员会的支持和配合；否则，最终受到损害的还是物业使用人的切身利益。

第三节 物业服务企业经营合同决策关键策略

市场对物业服务质量的要求越来越高；专业化管理、差异化服务成为物业服务企业建立自身品牌的基础。为此，物业服务企业在不断创新、完善发展的基础上，更加注重物业经营合同订立的规范性、科学性、合理性、可行性，面对一个新的物业项目在招投标时所作出的承诺；签署物业服务委托合同的内容；制定提供服务的标准就成为开发商和广大业主监督物业服务的依据。而从企业的角度来讲，越来越多的物业服务企业从盲目的拿项目求发展，转向把现有项目提升档次做向高端，签订好相关物业服务经营合同也是必不可少的条件之一。再有，面对物业服务激烈的市场竞争环境，单独一个企业很难具有全面的资源优势。采用订立专项业务转委托合同的外包服务经营模式，有利于物业服务企业集中资源优势，选择自己专长的领域，形成技术优势和规模优势，有利于提升企业的核心竞争力。但由于物业服务企业及相关各方自身利益出发点的不同，在经营合同编制、订立、履行、补充、续签等各个环节都会存在风险及陷阱，如何防范规避这些矛盾及问题，应该成为各个物业服务企业特别需要关注的焦点。

一、在合同决策管理过程中存在的风险及原因分析

在目前物业服务体制中，由于企业及相关各方自身利益出发点的不同，往往导致物业服务企业、房地产开发商及合同相关方过分注重自己的利润，忽视了对物业服务过程的监管；物业外委公司过分注重自己赚取的佣金，而忽视了提供服务的质量；由此给合同的决策管理过程带来了一定的风险，具体可表现为以下四个方面。

风险一：忽视物业经营合同在物业服务活动中占据的重要位置。

在物业服务经营活动中，物业服务企业不论是作为“甲方”订立的合同，还是作为“乙方”出现的合同，都属于物业服务活动，记载和反应了物业经营活动信息，明确界定了合同双方的权利和义务，是经济活动中的重要凭证，是沟通经济信息、分析经济活动状

况、提高经济效益的管理工具。很多物业服务企业在实施服务活动过程中，不能意识到签订经营合同的重要性，特别是在进行物业服务外委活动中，认为仅凭对方的信誉就可以进行合作；在与对方初步接触后就认为对方值得信赖，直接达成一些口头承诺。虽然依照法律的规定口头承诺也是承诺的一种形式，但由于这其中可变的因素过多，出了问题物业服务企业往往又不能举出其他的书面证据，所以发生纠纷后也很难得到法律上的支持。虽然经营合同占据如此重要的地位，但是在现实当中对待物业经营合同、协议的签订与决策管理，物业服务行业却表现得十分冷漠。究其原因是多方面的，一方面，员工不了解其重要性，凭感觉进行服务工作，缺少文字依据作为指导，自然很难得到业主的满意评价；另一方面，领导虽然重视此问题，但在工作中编制、使用合同协议过于草率，只是停留在口头重视，实际则并不加以细化研究，缺乏对员工的具体指导。对于合同文本的不了解和不当使用、缺乏科学认真的态度，往往会造成在实际工作中的尴尬局面，如果任其发展不但会使日常服务变得杂乱无章、没有头绪，严重的甚至会制约服务效率、影响经济效益，给物业服务企业未来的发展带来严重隐患。

风险二：业务工作专业知识准备不足，导致经营合同执行缺乏依据。

随着业务内容的发展，物业服务过程中可能涉及的领域范围也在逐步扩大，如房屋经纪、居间代理、地产租售、设备运行管理、设施更新改造工程、商业活动策划等。目前，多数物业经营合同是相关方提供的格式合同，由于对所涉及的业务领域专业知识的缺乏，一般物业服务企业在签订合同时很难一一罗列相应条款，但由此却往往导致物业服务企业利益的损失。如在一些改造工程合同中，对施工使用的工具种类要求，以及是否可以使用物业水电能源界定不明确；对施工材料的品牌、规格、产地、品质要求不严格；不及时留存施工样品，都会造成在合同执行过程中扯皮推诿现象的发生，不但会影响正常的工程质量及改造进度，同时也会影响业主对物业服务品质的评价。

风险三：对物业经营合同履约阶段缺乏应有的监管。

物业经营合同会涉及很多对外委托业务，如秩序维护服务、清洁卫生服务等，都是以服务作为其直接产品，这种产品既无法提前生产，也无法事后储存。因此对于这些经营合同现场履行阶段的管理和控制就显得尤为重要。但事实上，许多物业服务企业认为签订合同是流于形式，没有必要年复一年加以限制和规定，而仅仅认为双方合作几年时间了没出现什么问题，就盲目相信本年度肯定也不会有问题，忽略了合同的时效性管控。签订合同中主要条款约定条款不明确，也是导致物业经营合同履约阶段缺乏监管的重要原因之一。在订立合同阶段，对于合同履约执行阶段的检查执行标准约定不明确，如对于验收标准及量化指标规定为“参考行业标准执行”，描述过于简单，缺乏实际的可操作性，也会导致对合同无法加以监管执行。

风险四：合同制定不够严谨，导致后期履约困难。

合同或协议是规范双方行为的文件，作为双方共同遵守的依据，保护的是双方的利益。在合同的草拟与签订过程中，应该明确合作范围、运作方式、服务方案、实施计划、责任划分、杜绝转包、保险事宜、合约修改与终止、付款方式、事故赔偿等事项。如果遇到特殊情况需要变更或解除合同时，必须按照法律规定的条件和程序，经过当事人各方协商，达成新的协议，而不要仅仅是有口头承诺。但有些合同相关方为了不受合同或合同的某些条款的约束，往往在签订合同时含糊其辞，等到要验收兑现利益时，又反过来利用合同进行推托。

二、物业经营合同的风险规避策略

物业经营合同已经成为物业服务企业向服务活动相关方领域转移服务的重要通道，合同各方应在合作的过程中优势互补并达到利益双赢。为规避物业经营合同风险，提供以下四种策略，仅供参考。

策略一：树立规范的合同契约意识，依法签订经营合同。

俗话说，“口说无凭，立字为据”，市场经济不相信君子之言。在物业服务活动过程中，为了防止意外的发生，必须要树立合同意识，才能确保各方权利和义务得到落实。只有订立了明确的书面合同，合同各方的权利才能得到保障，才能对双方产生具有严格的法律约束力，也才能保证发生纠纷时不至于不能举证。在签约前，物业服务企业也应做好充分的准备工作。首先，需要了解合同各方，包括开发商、服务委托方的基本情况，如签约目的、经营资格、资信及履约情况等；要认真审查对方的主体资格，要求对方提供法定代表人身份证明、营业执照；委托代理人签订合同的，要求对方出具法定代表人授权委托书、代理人的身份证明等，借此杜绝凭关系草率签订合同的情况。同时，物业服务企业还需要提高相关人员法律素质，条件具备时可聘请有合同法律知识和业务能力的专业律师作为法律顾问，来指导经营合同契约的签订。

策略二：熟悉相关政策法规，要求具备专业工作知识。

撰写物业经营合同必须要熟悉国家的财经政策，任何经济活动都离不开国家经济政策的指导，离不开法律的规范和约束，在撰写合同时应严格遵守《中华人民共和国合同法》的规定，在其内容上、签订的程序方面都不得与国家法律和法规相违背，凡违反《中华人民共和国合同法》的合同均属于无效合同。其次，撰写物业经营合同离不开具体的物业服务业务工作，所以只有掌握业务工作知识，才能从中找到规律撰写出有实际价值的物业经营合同。此外，在物业经营合同签订过程中需要坚持几个原则：一是对一切合同条款持怀疑态度，要逐条分析直到没有疑问为止；二是物业服务企业应尽量与正规的大企业合作，避免与弱势品牌合作；三是对临时签订的合同要加盖法人公章后才确切受到法律保护；四是对于工程任务量比较大的合同可以分几次履行，这比一次全部执行的风险小；五是将合同的权利与义务如工程备料验收、付款期限等重要条款划成对等的几个“子合同”，分步骤、有计划地履行，一旦对方在约定时间内未履约，即可及时终止或变更合同。

策略三：加强合同管理及监督检查力度。

要规避物业合同履约阶段的风险，必须要加强合同管理及监督检查力度，具体可以通过以下方法加以实现。一是物业经营合同形式与内容要规范，合同内容要明确化、具体化。比如提供服务的量化指标、合同执行出了问题的具体违约责任及其违约处罚的实施条件都要在合同中加以明确界定。二是避免口头承诺，要以书面合同条款为准。对于相关方的口头承诺，物业服务企业要紧抓时机，写成“正式的文字”。三是充分理解分析物业经营合同中各项内容，避免相关方制定不公平的格式合同。同时，还应加强合同的协商、签订、履行、完毕整个过程的检查。具体内容包括：事前监督检查——指对合同在签订前和签订过程中的监督检查，这是监督检查的预防性职能。其作用在于提前排除造成违约的潜在因素，防止给物业服务企业造成危害和损失。经常监督检查——指在合同履行过程中，还没有实现预期结果前，进行及时的监督检查，这是监督检查的补救性职能。它的作用在于及时查明和排除妨碍合同在规定的期限内全面履行的因素。事后监督检查——指监督检查已届满的合同是否已经全面履行，以及合同从签订到履行完毕的各个阶段是否符合合同法的要求。这是合同监督检查的总结性职能，其作用在于评价成果、总结推广经验、找出缺点教训，以便进一步完善合同。物业服务企业应把经营合同的监管控制纳入自身的整体管理体系之中，通过目标制定、监督检查、有效评估、绩效考核、及时改进等手段完成对日常业务的有效管控，实现物业工作整体服务目标。

策略四：风险发生后及时采取补救措施。

由于合同风险的发生往往会使合同相关方的利益受到损害，物业服务企业应该根据《中华人民共和国合同法》有关规定主动采取相应的补救措施。第一，签订合同补充协议。如果发现相关方未能实现合同承诺，则应及时签订合同补充协议。第二，与合同相关方协商变更或解除合同，包括对合同的内容进行修改或者补充，或双方当事人通过协商在合同关系有效期限尚未届满前提前终止合同。第三，不予履行物业经营合同。适用于合同物业服务企业发现已签订的不符合有关法律的规定、双方签订的合同可能为欺诈性的无效合同。第四，中止履行物业经营合同。适用于合同已经开始履行但尚未履行完毕的情况。第五，请求有关部门确认物业经营合同无效。合同签订有仲裁协议的，可以提请合同管理机关即工商行政管理部门的仲裁委员会对合同进行审查，确认无效。如双方没有订立书面仲裁协议，可以直接向人民法院起诉，要求确认合同无效。

第四节　物业服务行业企业文化的构建

作为以人为中心的服务性行业，倡导人性化管理，需要将人的精神需求——文化，引入物业服务当中。古人云：“感人心者，莫先乎情。”物业服务者要想赢得业主的心，就必须以诚感人，以情动人。如何提供富有人情味的服务，如何去吻合人们崇尚自然、注重生存环境的文化意识，已成为物业服务者的共同话题。将文化概念引入物业服务的运作中，并非玩弄情调附庸风雅，它是一个企业高层次、远眼光、长投资、现代化的系统工程，是市场竞争的锐器，能带来实实在在的管理效益与经济效益。如何使物业服务企业在激烈的市场竞争中立于不败之地，加强企业管理树立企业良好形象是企业管理者必须面对的重要问题。企业文化在企业管理及树立品牌形象中的核心作用，其重要性不容忽视。一个行业的企业文化特征是与其自身的形成历史、行业特征及服务模式息息相关的，要发挥企业文化在物业服务企业中对核心竞争力的推动作用，就必须依托对行业的认识，将文化要素进行整合分析，并根据经济发展规律及竞争的需要注入新的文化元素，使文化更具有生命力并最终推动企业持续的发展。

一、物业服务企业的企业文化特殊性

从物业服务行业的自身特点来看，物业服务应该属于全方位的、由人力资源提供的、持续性的长期服务；在管理运行方式上来说，它强调标准化、程序化、系列化、契约化的运行模式；而由于物业服务与社会系统服务和机构相关方的密切联系，使其还具有高度社会化和法制化的特点；除此以外，随着行业的深化发展，人们对其内涵及外延的深度广度也有了更高的要求。由于物业服务企业的特殊性，企业文化在该行业也有着明显的特点。

（一）现代物业服务行业特性，决定了物业服务企业的文化导向

物业行业的盈利模式决定了其属于利润率较低的行业，需要依靠扩大经营规模占领市场、获得持续增长的动力，在低增值运营的过程中，注重企业内部的规范化管理，强调操作规范的定制化和统一化，矢志不渝地坚持压缩管理成本是每个物业服务企业都追求的目标。这种管理特点无论对每个物业项目部的运作盈利水平，还是对于物业服务企业更快捷地复制其经营管理方式而言都是必要的，这就使得物业服务行业的企业文化偏向于层级规范性文化特征，企业内部强调对设备管理、客户服务、资源维护、安全环境管理等各项工作的程式化，使员工做事遵守正式的工作流程，在管理风格上偏向于严密控制、层级分明，整个企业注重稳定发展、效率优先，强调运营的稳健和平稳发展。

这种文化特征更多地倾向于规范层级文化导向，其典型特征是：强调非常正式、有层次的工作环境，员工做事有章可循，管理层以协调者和组织者的形象出现，组织靠正式的规则和政策凝聚员工，关注的长期目标是组织运行的稳定性和有效性，组织的成功意味着可靠的服务、良好的运行和低成本。

（二）物业服务企业的“产品”交换多以人为载体

由于物业服务活动的提供者和接受者(业主或客户)都是人，“产品”的交换均以人为载体，在“产品”即服务的交易过程中不可避免会产生各种行为和冲突。一方面是在提供服务的过程中，服务提供者之间产生的；另一方面，则是提供者之间的差异造成的。这些冲突归根到底都是人价值观的冲突。作为万物之灵的人是非常复杂的，具有自然属性和社会属性两重性，每个人都有各自的思想、性格和行为方式。物业服务的实施必须在国家相关法律的基础上进行，同时要遵循公平、合情、合理、合法的原则。要协调好与服务接受者的关系，物业服务企业应该有一整套行之有效的处理方法和服务理念，这些方法和理念

要和企业的经营发展相结合，同时融入企业文化中。企业文化作为企业内部的群体意识，具有一种无形的文化力量，对内可以约束员工行为，使之更加规范合理；同时，由于其对外的发散力，也为物业服务企业的生存和发展创造了更好的外部环境。如何将企业目标和个人目标有机地结合起来，同时兼顾社会大的环境，无疑对企业管理者提出了更高的要求。

目前，物业服务行业内广为使用的诸多理念，如“以人为本”、“关心员工就是关心企业”、“我们多努力，让您更满意”、“员工是企业的财富”、“善待每一位业主”等实际都是物业服务企业在多年运作过程中发展而来的文化理念，并在实践中被验证是行之有效的。这些文化理念的运用比较有效地解决了物业服务企业和业主之间的矛盾，也为员工的行为规范服务意识作了较好的要求和规范，调节了人际关系和人们的心理状态，使员工在良好的气氛中以正确的心态接受和领会企业文化的精髓。由于物业服务企业在“生产”其产品——服务的过程中，主要是通过员工服饰、言行举止以及营造的氛围传递给业主或物业活动相关方，这种发散是动态和静态的结合。好的企业文化无疑会带来好的“生产”过程和好的“产品”，在提供优质服务的同时，传递了好的企业文化，使业主或客户感受到了物业服务企业的服务意识，营造了很好的亲和氛围，一定程度缓解了企业在实施物业服务过程中产生的各种矛盾。物业服务作为朝阳产业，属服务行业范畴，是围绕着物业及其使用人开展的系列服务工作，其产品质量的好坏就是服务质量的好坏。物业服务企业要得到快速发展，在激烈的市场竞争中获得很好的制高点、立于不败之地，除了要不断提高物业管理水平和服务质量，同时还要占据文化制高点。

（三）物业服务企业的品牌重要性

作为服务行业其有形价值较少，更多的是无形价值，而品牌是物业服务企业最为重要的无形价值。要想创建物业服务企业的优质品牌，必须要加大企业文化建设。就物业服务企业来说，由于几乎所有企业都认识到了提高服务质量的重要性，物业管理的“产品”——服务，同质化趋势越来越明显。物业服务企业如果想通过技术、质量、价格、服务等传统的竞争手段来甩开对手，显然将会变得更加困难。在该种情形下，有着良好品牌和公众形象的物业服务企业，必然能在激烈的市场竞争中占据主动，先人一步抢占市场份额，将蛋糕做大，因为强势品牌拥有核心消费群体并且有着强大的发散力。品牌的重要性不仅仅体现在市场上，作为企业经营中的一个关键元素，它在保持企业凝聚力方面也是无可替代的。可以说，企业竞争的背后是品牌，而支撑品牌的则是企业文化。透过品牌的文化力去赢得消费者和社会公众对品牌的认同，已经成为当今市场竞争的一种深层次、高水平、智慧型的竞争，这一点对物业服务行业而言表现得较为明显。只有符合市场规律，占据了文化制高点的品牌，才能树立良好的品牌形象，创造高的美誉度，获得消费者的青睐和公众的信赖，为企业在市场的竞争中赢得主动。可以说，任何一个物业服务企业要在市场竞争中立于不败之地，都需要企业管理者站在战略的高度看待企业的品牌。

二、物业服务企业的文化建设与传播

物业服务需要文化建设与传播，可以说没有文化的环境不是文明，没有文化的商品不是精品，没有文化的服务不是享受，没有文化的竞争不能取胜。首先，对内能激励企业全体员工积极进取，增强企业的凝聚力和向心力，使员工更加重视职业道德，注意改善同事间关系，将个人发展与企业兴衰挂钩，以实现企业目标为己任。其次，对外有利于树立企业良好形象、提高企业信誉、扩大企业知名度，给企业带来难以估计的社会效益。第三，企业实行改革、创新和实现发展战略的思想基础，是企业对环境适应能力的支柱。只要坚持运用文化眼光对待物业服务工作，就会创造出充满文化氛围的环境，就会形成独特的管理风格，使物业服务活动具有鲜明的生命力。

（一）物业项目的文化设计——定位与秉承

物业项目的文化设计是指在物业项目外部环境（造型、配套、设施、楼名等）设计时，注重物业项目的文化品位与文化含量，突出物业项目的附加价值与鲜明个性，以满足大众心理需求。经过文化设计的物业项目，之所以能够受到消费者的青睐，不仅在于其实用价值，更在于其“附加价值”，即内含的文化因素；同时，也提高了物业项目档次，让人产生美好想象，满足人们追求与自然和谐、爱护生态的社会文化观念，适合人们求新求美的心理。作为房地产开发商，文化设计已被普遍接受，在推出楼盘的同时不惜篇幅地宣扬物业项目的文化品位，其定位也各有特色、个性鲜明。作为赚取微利的物业服务企业在接管物业项目后，不可能按自己的文化设计去重新改变物业项目的硬件环境，而应当试图去秉承物业项目原本设计的文化品位。当然，这种秉承的前提是其文化设计符合了消费者的心理需求，所以如果有可能，物业服务企业应在物业项目设计时适当介入，提出自己的建议，这样在接管这个物业项目后就可以通过各种形式进行社区文化建设、在社区文化中秉承物业项目设计的初衷，以使物业服务收到良好的效果。一个物业项目在设计时，就应该向消费者传递一种信息：购房者买的不单单是一个建筑，更是它的附加值——文化；同时，这种文化特征也形成了这个物业项目有别于其鲜明个性，是物业服务所需要秉承与发扬的。

（二）企业的品牌——特殊的文化

物业服务企业在接受委托实施物业服务时，其启动资金、周转资金相对其他行业而言是微乎其微的。由于物业管理服务市场准入条件不高，在市场经济的大环境下，物业服务企业面临的市场竞争将日益激烈。一方面，类似的企业如雨春笋般不断涌现，但由于行业本身劳动密集型、保本微利的特点，物业服务行业也必然面临重新整合重配资源，向规模化和集约化方向发展的趋势；另一方面，随着生活水平逐步提高，人们对工作、生活、居住环境的要求也不断提高，对其配套服务——物业服务也提出了更高要求。品牌，作为一种具有市场经济鲜明特色的文化，备受当今企业人士所推崇，并已成为社会文明的一部分，要研究物业服务的文化，就要研究品牌这个特殊的文化。在严峻的竞争压力下，企业运用品牌的水平也有了长足的进步，进而形成了新的经济增长点。随着房地产业与物业服务行业的进一步发展以及法规制度的日趋完善，同业间的竞争已建立在低成本、高品位、优质服务、驰名品牌的基础上，其中品牌的作用显得尤为重要。

（三）企业形象策划——文化的整合与传播

物业服务企业必须将自己的形象有效地传递给社会公众，才能树立起良好的外部形象，才能为文化的传播制定一条统一的渠道。但是，如何才算“有效”的？这就要求企业根据本行业的特点制定科学的形象策划战略，并从企业形象设计与企业形象宣传两方面着手。

企业形象设计，即CI设计。它是将企业的精神、形象，进行整合统一、系统化，并用一定的形式加以识别，向公众传递现代化的重要标志，这不仅有助于从管理现代化的角度创造和设计物业服务企业的经营特色，更有助于完善和塑造物业项目的形象和文化品位。CI设计的引进是物业服务区域性开放式管理这种特色塑造所需要的，物业服务的优劣不仅维系着物业项目的形象，同样也维系着物业服务企业的形象和业主的生活。引入CI设计后，整个物业项目将拥有统一识别系统，使管理理念渗透到每个员工及业主并为大家所认同。从文化传播的角度而言，CI设计为企业的精神、理念制定了一条统一的渠道，其传播更为迅速、高效、顺畅的。

物业服务既然是适合于开放式管理，在整个管理过程中，企业就应始终与物业项目及周围的人与环境处于交流、沟通之中，这种交流、沟通是否科学、合理、顺畅，决定了管理的成效。因此，管理者需正确运用公关与社交手段，通过企业形象宣传协调对内、对外关系。管理者应当利用工作提供的便利条件与业主联络感情，培养群体活动与公共意识，倡导社区成员的认同感、归属感、参与感，形成社区业主之间文明高尚的交往方式和人际关系。应该说物业服务企业是一个准社团组织，平时应经常利用节假日，组织丰富多彩的社区活动，进行感情投资，使自己逐渐变成社区群体的核心，成为人们信任、亲近、依赖与求助的对象。除此之外，还应充分利用媒体对企业的形象加以宣传。借助传媒机构，发布信息、通讯、人物特写、制作新闻专题片、录像片，甚至召开现场新闻发布会等。没有新闻可以“挖掘新闻，发现与寻找新闻，依靠新闻媒体频频曝光”。物业项目的好人好事、感人事例，物业项目的文体公益活动等都可以加以宣传。同时，应注意这种宣传在业主心理上是否产生了认同感与共鸣，是否体现了对公众的真诚关心。所以物业服务企业在社区内外进行的一系列宣传活动，应关注文化内涵的成分，并逐步渗透到业主的日常生活中。

（四）社区文化——体现文化个性、活跃文化氛围

当今的城市家居生活邻里关系淡薄，各自封闭、老死不相往来成为都市流行病，如何营造良好的社区生活氛围，使人们走出自己的家门，传播中国人互敬互让、互帮互爱的传统美德，并使之发扬光大，已成为社会的一个共同的话题。作为业主间的中介——物业服务者，拥有天时、地利、人和之优势，通过社区文化建设这条途径，可取得明显效果。但是一提到社区文化，人们就粗浅地理解为娱乐游戏。其实社区文化是一个极富内涵的概念，它是物业服务者与物业项目居民共同创造出的具有物业项目特色的精神财富和物质形态的结合。就外延上来讲，它体现在社区文化观、社区价值观、社区精神、道德规范、行为准则、社区制度等各个层面，而这其中价值观的整体传播是社区文化的核心，这与企业强调的在社区文化中抓精神文明的中心是一致的。物业服务企业可利用节假日针对不同的群体组织不同的活动，使物业项目业主的个体单位融合为一个大家庭，烘托中国传统的“家”的融洽关系。同时，物业服务企业员工利用自身专业技能，为物业项目的各个业主免费擦洗吊灯、粉刷墙面，为业主家的花草树木除虫、剪枝，指导栽种技术，组建社区志愿者队伍将成为各物业项目的一个闪光点。在进行社区文化建设的同时，还要有效地运用宣传工具去烘托物业项目的“家”文化。物业项目公告栏是一个重要的宣传阵地，但不是唯一的工具，建议将宣传阵地创造性地扩大到电梯轿厢，不定时地在其中宣传家庭美德。也可以向业主征集一些主题鲜明、极富民族特色的对联悬挂在轿厢里或张贴在公告栏中，同样可以起到体现文化个性、活跃文化氛围的功效。

（五）企业服务者——文化建设与传播的主体

文化的建设与传播是现代物业服务的一个显著特征，既然是现代化的物业服务，就需要现代化的思想意识，需要高素质的人才来实现。一切现代化都与人才的素质休戚相关，同样，现代化的物业服务面临着如何去提高企业服务者素质这个问题。

三、物业服务企业在企业文化构建过程中应注意的若干问题

物业服务行业的特点，决定了其企业文化的重要性。企业文化不是一种附庸风雅的装饰物，它由一系列系统的理念组成，不单是表面的而且有着深邃的内涵。物业服务企业的企业文化建设同样也是一个系统工程，必须针对企业自身特点与市场状况以及企业未来的经营和发展等情况不断加以充实完善，还要防止企业无形的文化和有形的其他管理制度冲突碰撞，防止物业服务企业文化和社会文化脱节。应当充分认识到物业服务企业文化建设不是一朝一夕能完成的，由于每个人的个人价值观与组织所倡导的共同价值观总是存在差别，要达到珠联璧合、取得一致，必须由浅到深、由易到难、由表及里按计划行事。还要看到企业员工接受和自己价值观有一定差异的企业价值观念，是一种被动和强制性的服从行为，是一种从不自觉到自觉的行为。企业应该以一定的科学理论作为指导，按照一定步骤循序渐进有条不紊地推动企业文化建设的顺利开展，同时应该避免下面几个问题。

（一）避免企业离心现象

没有文化的军队是愚蠢的军队，而没有文化的物业服务企业必定是失败的企业。如果企业仅有十分系统和严明的各种规章制度，规定员工必须怎么做和不能怎么做，没有明确的文化理念和价值倡导，疏于对员工的教育与培训，可能会导致企业活力不足、死气沉沉、缺乏忧患意识，严重的可能导致企业离心现象的发生。

（二）避免文化愚民现象

如果过于强调企业的某种文化理念，推广教育手段过急，可能会使企业员工盲从，而缺乏独立思考创新。创新是物业服务企业持续发展的必要手段，如果企业不思进取、故步自封，无异于“逆水行舟，不进则退”。

（三）避免文化理想现象

企业文化如果脱离实际，其倡导的文化理念超出企业范围或认为企业文化可代替其他所有企业管理内容，可能会使企业忽视眼前的险恶环境和今天企业所处市场实际，会流于假大空的陷阱。甚至可能和业主的价值观发生冲突，从而使企业的物业服务运作不灵验，导致运作环境恶化。

第五节 物业服务企业质量文化特性及其建设

在物业服务企业中，质量已经不仅仅是作为衡量物业服务水平的标准独立出现，随着“崇尚品质”生活的到来，时代已经为“质量”一词赋予了新的含义，作为物业服务企业也不能把质量的外延仅仅局限在企业文化的扩展、质量方针和质量目标的实现。被赋予全新企业文化含义的质量管理活动，必须由企业重新作出诠释。伴随着科技进步和社会生活的变革，企业管理理论和实践得到不断丰富和发展，企业管理的核心已由重物质的“硬性”管理转变到重精神的“柔性”服务。

一、企业文化对于企业发展的重要性

物业服务企业作为以房屋为管理对象，以人为服务对象的市场主体，应对企业文化建设高度重视。企业文化——实际就是一种以价值观为核心的对企业全体员工进行企业意识教育的微观文化体系。其核心是企业价值理念的作用对象是企业全体员工。企业文化是以人为中心的管理思想在信念、精神上的升华和凝结，目的就是要在企业中形成一种“以人为本”的价值观念和行为规范。一旦企业的价值观变成企业员工共有的价值理念，企业的内化控制无疑就会加强，员工也会以共有的价值观念为准则来自觉监督和调控生产、经营和日常活动，企业的凝聚力、向心力和能动力，还有对外的发散力就会增强。如果企业的每个成员都工作在相互信任、相互沟通、平等向上的环境中，素质得到提高、智力和潜能得到激发，人力资源得到充分开发，将人力优势转化为智力优势和生产优势，很显然企业在竞争中将会获得全面优势。而企业管理，简单地说就是通过人的集合、资源的集合、资金的集合，产生最大的经济效益。无论何种企业经营要想获得成功，资金、技术、产品等因素是不可缺的，但仅有此类因素是远远不够的，特别是在当今这个强调“以人为本”的知识经济时代。如何将人、资源、资金等要素有效地组织起来是关键问题。显然，不仅仅要关注企业的体制是否有利于这种集合，还必须关注企业的文化。文化对于企业发展的核心作用是促进凝聚力与竞争力的形成。任何成功企业，文化的成功也必然是其获得成功的

一个必要条件，要赢得企业战略上的优势，占领文化制高点是最重要的手段之一。

二、物业服务企业质量文化的内涵

质量文化是市场经济下企业文化的核心，是企业文化的重要组成部分，是企业在长期的质量经营与管理活动中所形成并为全体员工达成的一种理念共识，其内容包括：质量价值观、质量精神、质量目标、质量道德、质量教育、质量形象等方面。

（一）质量价值观

质量价值观是企业质量文化的核心要素，也是企业全体员工对质量的共识，还是人们对质量的价值判断，更是企业兴衰的根本。

（二）质量精神

质量精神是指在长期的质量经营活动中，由企业的管理层所倡导、由全体员工在自学过程中形成的代表员工信念、激发企业活力、推动企业生产经营的企业整体精神。质量精神可以激发员工强烈的质量意识和劳动者责任感，能使员工树立正确的道德观和价值观。

（三）质量目标

质量目标是在质量方面追求的目标，是依据质量方针为框架要求的具体展开和量化。随着质量管理环境和内容的变化，企业已越来越依存于物业服务客户。因此，刻意追求物业服务客户满意，是物业服务企业优质服务和创新永恒的力量。物业服务客户的满意是企业质量的最高目标，物业服务客户的是企业经营的主要驱动力。其中“物业服务客户”的含义不仅仅为外部物业服务客户，还应包括企业内部的员工；不仅仅包括直接物业服务客户，还应包括间接物业服务客户和最终物业服务客户。

（四）质量道德

质量道德是社会道德在具体服务工作中的具体表现，同时，也是质量精神、质量形象的重要标志，是质量文化的重要体现。劳动需要道德激励，质量需要道德约束，质量道德是产品质量的灵魂，是企业内聚力的凝固剂。

（五）质量教育

质量教育是指企业对员工开展质量方面的宣传、教育和培训。提高质量必须从提高员工的素质抓起。弘扬企业的质量文化要贯彻“始于教育，终于教育”的方针，达到“在体验中学习，在学习中改变”的目的，并按照“大质量”的观念实施“大教育”，对全体员工开展多层次、立体式、全方位的质量教育和培训，从而推动企业总体管理水平的提升。

（六）质量形象

质量形象是指企业在质量方面体现的形象，主要是产品质量形象、服务形象、信誉形象、创新形象、管理形象。产品质量形象主要体现在产品质量特性上，是企业形象的核心，是企业的核心，是企业的生命。服务形象是指企业员工的服务态度、服务方式、服务质量以及由此引起的社会各界人士的客观评价，是企业在市场竞争中获胜的法宝。信誉形象主要体现在服务沟通、合同执行、诚信道德等诸多方面，而这些都是企业的宝贵资源。

品牌形象是企业精神文化的结晶，是取得物业服务客户信任、提高市场占有率的内在因素。品牌不仅是信誉形象的标志，更是质量的保证，是企业巨大的无形资产。创新形象是指企业在创新方面对外树立的形象。当今世界科技发展日新月异，物业服务企业只有不断创新、持续改进才能立于不败之地。

三、物业服务企业质量文化的结构

质量文化从结构上表现为三个层次：表层、中层和深层。表层也称为外层，表现为物业服务企业的对外整体形象、企业CI视觉设计、LOGO标志、员工服装和服务质量形象，是质量文化的载体和物质表现。中层，也称为幔层，表现为企业的质量组织、质量标准、质量法规、质量体系等，是质量文化的规范性表现。深层，也称为内层，表现为质量意识、质量精神、质量道德等，是质量文化的核心和精髓，埋藏在质量文化的深层，并渗透进员工的心里，沉淀在员工的脑海中。质量文化的三种不同表现形态相互关联、相互制约、相互转换、相互渗透。一定的精神文化是特定条件下物质文化的反映。精神文化被企业广大员工接受后逐渐形成制度文化，进而促进物质文化的发展。在新的物质文化的感染、制度文化的约束和激励下，又会产生新的精神文化、不断循环，使企业质量文化不断发展成熟起来。

四、物业服务企业质量文化的功能

质量文化具有以下四种功能。

（一）凝聚功能

凝聚功能——凝聚力往往取决于心理力量，质量文化通过潜移默化的方式沟通员工的思想，从而产生对企业质量目标、质量观念、质量规范的“认同感”和作为企业一员的使命感，潜意识地对企业产生一种向心力，这是企业最宝贵的资源之一。

（二）激励功能

激励功能——通常可以表现为两个方面，一是质量文化一经形成就具有一种“文化定势”，成为企业方针和目标的导向，把员工吸引到现实企业质量目标上来；二是质量文化所形成的“文化氛围”，使员工产生内在的文化心理效应，为赢得企业领导、同事的认同而产生自我激励的动因，为实现企业经营目标而努力工作。

（三）约束功能

约束功能——质量文化产生的认同根源，对于一切有利于这种观念的质量意识、质量行为加以排斥，从而产生一种无形的约束作用。

（四）辐射功能

辐射功能——企业是社会的细胞，员工是社会的一员，优秀的企业文化一旦形成就必然突破企业的界限，对社会风尚产生影响。

五、物业服务企业质量文化的构建策略

开展质量文化建设是一项系统工程，要把企业质量文化建设同质量管理结合起来，使

企业质量文化建设不仅成为一种发展生产力的活动，而且能深入到物业服务的每一个细节和过程，这是现在物业服务企业质量文化建设发展的新动向和新特点，也是企业质量文化建设的必由之路。

（一）以科学的管理方式为依据

要以科学的管理方式为依据——此为中层构建。作为一个物业服务企业，需要向社会提供统一的、高质量的服务，但由于生产这些服务的员工在知识、背景、性格、观念、思维方式上的不同会呈现出必然的差距，试图促使形成统一、一致的行为，就必须要通过科学有效的管理方式来实现。

（二）实施质量文化建设

要实施质量文化建设——此为深层构建。通过岗位培训、质量价值观教育、媒体宣传，提高员工的文化水平，质量行为准则、道德规范、思维方式、增强员工的荣辱感和责任感。从学习国内、外先进的管理经验出发，物业服务企业应按照 ISO 9001:2000 版强调的八项管理原则和质量管理体系标准要求，结合行业自身的工作特点，建立以质量方针、质量目标、质量价值观、质量道德观、质量行为准则、质量理念为主要内容的质量文件体系。

（三）关注质量文化的内容

企业形象是质量文化的重要内容——此为外层构建。企业形象是企业价值观、经营哲学与精神风貌的外在表现，最容易为物业服务客户和社会公众所感知。所以，企业应结合行业特点和产品特点，强调企业特色，采用科学的方法全方位立体式地塑造独一无二的企业形象。

第六节　物业服务企业标准化管理运作策略

在物业服务企业标准化管理运作方面，鉴于市场和客户的要求，以及国家、行业和地方标准的现实状况，一些具备一定实力，重视标准化管理的物业服务企业先后制定发布了企业内部的管理和服务标准。这对于促进行业物业服务标准化具有很大的作用。

一、物业服务企业标准化管理表面化发展能走多远

对于物业服务企业标准化管理，以行业最为熟悉的质量管理体系来讲，自 1996 年深圳万科、中海等企业在国内率先通过了体系认证，发展势头可谓迅猛，不仅对物业规范化服务、程序化作业很有帮助，而且对企业内部系统化、标准化管理起到了很大促进作用。但事实上，随着行业对认证活动的广泛开展和深入贯彻，许多人都已经发现通过认证绝对不是高质量的同义词。一些企业虽然已经通过了体系认证，甚至取得了整合三标证书，可实际管理服务水平却未见有多大提高。现实物业服务过程中，也有相当一部分物业服务企业迫于生存压力，把主要精力放在获取市场份额和收益方面，对企业标准化工作或多或少地存在着认识和执行方面的偏差。有些企业在扩张规模过程中，忽视业主服务需求闭门造

车；草率制定服务标准，使得服务质量无法衡量。有的企业貌似专业，其实偷换概念，经常把缺少服务标准支持的“某某式服务”挂在嘴边。这些与质量脱钩的服务承诺，不仅使业主莫衷一是，而且这种缺少责任、义务履行的收益和缺少质量评定的市场扩张往往经不起时间的考验，难以使企业获得长久的发展，对企业自身的发展和形象极具破坏性。这样的结果使得许多行业同仁开始质疑这样标准化管理的表面化发展能走多远？

二、重新认识企业标准化管理运作模式

服务区别于产品通常具有无形性。而物业服务既表现为提供劳务形式的无形产品，如秩序维护、客户服务等；又表现为与有形产品紧密结合在一起，如制冷供热、设备运行等。物业服务作为一种特殊的商品，其过程与结果具有一定的不确定性，其质量控制应以服务标准为衡量准则。完整的服务标准体系应包括服务基础标准、服务技术标准、服务提供规范和服务规范组成。服务规范是对顾客可以直接观察和评价的服务特性的统一规定，是企业开展服务工作的依据，是服务质量的评判准则。而服务提供规范是服务提供过程的管理标准，是实现服务规范的保障。为了防止企业在制定服务标准时混淆服务提供规范和服务规范，便于企业标准化工作的开展，很多物业服务企业在开展服务标准化工作中将服务标准体系划分为服务标准、管理标准与工作标准三个部分。

（一）服务标准

服务标准是企业标准化管理的基础和主体，即服务规范。其中包括物业服务委托合同签约双方受委托方的服务承诺，是衡量和判定物业服务效果的准则。

（二）管理标准

管理标准是为服务标准化体系中需要协调统一的管理事项所制定的标准，是实现服务承诺所制定的物业服务标准的措施和保证。涉及企业的经营管理、服务策划与创新、质量管理、设备与基础设施管理、人力资源管理、安全管理、职业健康管理、环境管理，信息管理等与服务标准相关联的重复性事物和概念。

（三）工作标准

工作标准是实现服务标准和管理标准的手段。主要指在执行相应管理标准和服务标准时与工作岗位的职责、岗位人员基本技能、工作内容、要求与方法、检查与考核等有关的重复性事物和概念。管理标准和工作标准共同构成服务提供规范。

物业服务标准的制定是依据顾客服务需求和法规要求，从服务的过程中找出共性的规则，对服务实际与潜在的问题作出统一规定，供共同和重复使用，在预定的服务范围内获得最佳秩序的过程。物业服务企业通过对物业服务标准的制定和实施，以及对标准化原则和方法的运用就是物业的服务标准化过程。

三、物业服务企业实施标准化管理运作的思考

为什么看上去很美的标准化管理运作模式，在行业实践的结果常常是镜中花水中月？

行业到底需要什么样的标准化管理模式？理论的逻辑和实践的发展都要求物业服务企业必须作出正确的选择。首先要解决的问题是服务定位，物业服务企业应该采用从外部到内部、从基层到高层、从战略到操作的反向方式进行推进；在标准化物业服务运作模式推进过程中，还应注意各系统不是相互割裂独立的，应该保持其相互之间的关联互通性。在其中有三个关键环节需要把握。

关键环节之一：提供规范化客户服务。

企业最重要的行为是为客户提供服务，制定规章制度、服务规范、运行手册应从规范客户服务开始。比如：海尔公司的竞争优势最先就是表现为客户服务规范，细化程度已经到了穿什么样的衣服、用什么样的工具箱、怎么敲用户的门、进门第一句话怎么说、第一件事是做什么、出门的时候如何打招呼的全过程规范。而且这套规范和内部管理结合得很好，服务规范、服务礼仪、服务用语、岗位衔接、互动制约、动态考核、激励升降等都是相互关联，服务流程背后是一套庞大而高效的标准信息化组织保障，这些都非常值得学习借鉴。

关键环节之二：标准化客户感受体验。

服务行业的产品中还有一部分内容是客户体验。例如：高端项目的产品定位，给服务也提出了更高的标准和要求，在客户体验的追求方面也会有一些差异。与普通服务的区别还会表现在为客户提供服务过程中追求的一种较高境界，这一过程往往是建立在认识、了解、理解客户，提供全面、持续满意服务的基础上，对于服务文化的建立。企业服务对象要求的体验不同，服务方式也就不同，标准化管理模式中的标准化客户体验，就是要求客户对服务的感觉、对环境的感知、与服务人员的互动都应该有一致的体验和感受。

关键环节之三：一致性公共关系处理。

企业除了要与客户打交道之外，还有很多公共关系需要协调处理。就以企业的外委服务来讲，负责提供服务的供应商也需要为企业提供作业指导书和工作手册，以规范整个服务过程。例如在签订外委保洁服务合同的同时，除了要对双方的责任权利进行明确界定外，还要对服务人员素质、培训体系、操作规范、服务标准等方面进行严格的描述和规定，以便使客户感受到的服务和体验都是标准、一致的，细致的作业指导手册和规范作为合同附件同样应具有法律效力。此外，一致性公共关系的处理还包括政府关系、媒体关系、社区关系、利益相关者等。

四、物业服务企业标准化管理运作改进实施策略

随着企业标准化管理思想的引入和社会化分工的进一步细化，市场对物业服务企业的专业化要求越来越高。而专业化程度往往表现为管理标准化基础上的服务差异化。市场上标准化的物业定制服务增多，物业项目服务标准化，标准系列化、模块化和组合化成为趋势。一些优秀物业服务企业的优势由专业化的行为转为特殊化的服务标准，企业通过制定长期发展战略，将多年来形成的稳定和超前的专业化管理、制度、服务、市场观念和标准

转化成员工的行为，以不断改进创新巩固专业领先能力，从而促进企业规模化发展。这不仅是企业在当今社会发展阶段对业主和社会应尽的责任和义务，同时也是企业能否获取市场得以生存发展的要求。

（一）建立超前思维模式，避免陷入标准化怪圈

简单模仿照搬成功企业的运作模式，不可能成为企业标准化管理改进措施的根本出路。因为，优质物业服务不仅仅是一套完善的制度和方案，要靠企业自身文化对服务观念和服务意识外延。文化决定观念，观念决定心态，心态决定行为，行为决定习惯，习惯决定未来。合理运用超前思维模式，能够使思维“跳出现在”的局限，处理好“知”和“行”的关系，“先谋势，后谋利”、“先知后行”，使企业“知行合一”并努力达到“先知”的境界，以期按时达到企业预计的发展目标。在一个优秀的企业中，优质服务绝对不仅是一项对外宣传，是以企业规范管理为存在形式的企业文化的真实反映。物业服务日常的工作显得很琐碎，也很单调和枯燥，因此决定了物业服务需要依靠一种超前思维和良性习惯去支持和实施。

（二）物业服务需要创新，打破标准管理僵化格局

所谓标准化管理就是要求物业服务的每一项工作、每一个环节都有章可循、有法可依，避免人为因素造成工作的随意性。然而，现在许多企业对标准理解表面化、盲目跟风，认为贯标、评优就是高质量的代名词。为了通过认证，确保证书的获得，过分强调程序化、制度化，势必会扼杀探索的激情，不仅使个人发展空间难以寻觅，而且阻碍员工主动创新的渠道，使企业发展原地打转。由于物业服务的特性决定了行业难以形成类似于高科技行业的“标准之争”，在物业服务领域只有反映行业特征和规则的基本标准，没有普遍适用于全行业所有领域的普适标准和万能规则。因此，要提高企业竞争力就必须打破标准管理僵化格局。例如：万科从初创时期的“业主自治”，到现阶段的“无人化管理”、“零干扰服务”模式；中海的“规范化发展，网络化运营，信息化管理，专业化增效”模式；还有中航物业的“经营型”模式等，无不说明企业在依靠标准化管理的基础上，适时运用创新差异化发展策略，才能争取更大的市场占有率和经济效益。

（三）运用标准化管理特点，保持物业服务行业持续发展力

为了防止企业发展过程中出现后劲不足的现象，保持强劲持续发展力效应，物业服务企业内部应建立标准化流程控制改进修正系统。

步骤一，建立规范操作运行手册。运行手册是企业标准化管理的存在形式，企业不仅要用心地研究服务特点，掌握规律，运用科学的方法实行有效的管理和运作，还应在此基础上细化标准程序及运行手册，对整个服务过程进行全程控制。

步骤二，设置适宜的物业服务监控点。行业不应再徒劳地寻找放置四海皆准的标准，而应转变思路，建立比最低标准要求更高的行业规范来控制服务过程，对检查出的问题及时采取整改或纠正措施，这些信息都应该作为提高企业标准化管理水平的主要依据。

步骤三，坚持强调标准化的持续改进思想。建立开放式的信息收集沟通系统，对收集到的各类信息和数据，按照科学数据分析的原则进行统计分析。特别要注意利用平时在各类检查活动、服务提供过程当中的信息和资料，分析服务的开展状况水准和内部管理水平，及时通报改进情况，从而使企业不断改进、提高、自我完善。

第七节 细节之处决定成败——细化服务标准要点策略

物业服务企业通过为业主提供各种各样的服务来获取利润从而生存和发展。在当前物业服务企业的实际经营运作中，很多企业的管理与服务模式、经营手段和方法都表现得愈来愈趋同。对服务的需求不仅体现在对基本生活层面的满足，如今的业主更需要得到对其自身价值的认可和尊重，有时候甚至表现得十分“苛刻与挑剔”。物业服务企业为业主提供什么样的服务才能满足广大业主的需求，正在成为困扰物业服务企业发展的难点问题。

一、“细枝末节处”体现物业服务价值

在传统认识中，物业服务行业基本上是以劳动密集型和相对较低的技术含量为典型特征，这就使得很多业内外人士都认为这个行业不仅入行门槛低，而且工作内容相对简单。然而，物业服务产品实现过程的多点多界面、连续和重复性并存的特点，却使得物业服务产品低缺陷或零缺陷的实现变得不是那么简单。如何把表面上简单的工作变为实践工作中的不简单，又如何平衡简单的劳动内容与现代物业服务模式之间的微妙关系呢？管理学里有句很经典的明言：“大处着眼，小处着手，魔鬼就躲藏在细节当中。”尤其是对于以服务为企业生命的物业服务行业来说，更应意识到没有细节就没有整体，物业服务的真功夫就体现在物业服务人员对强化工作和生活的方方面面细节管理和服务工作中容易忽略层面的关注，物业服务从业人员应该充分认识到1%的工作失误将会给业主带来100%的不满，物业服务的品位也就是在细节中得以放大和实现。

二、用精细的服务创建物业辖区的和谐

在现实生活中并不缺少想做大事的人，但愿意把小事做细的人却很少。如果物业服务企业在实际工作中有一个环节中的细节服务没有做到位，造成的结果往往使物业服务企业在业主心目中的形象大打折扣。比如：在住宅小区环境保洁工作中，能够避开小区业主上下班人流高峰及业主休息的时间进行服务；物业保洁员在清扫楼道的同时顺便将业主家门口的脚垫打扫一下，或者将业主放在门口的垃圾带到楼下的垃圾箱。再比如：提供秩序维护服务时，如果遇有业主东西多拿不动的时候，秩序维护员能够毫无怨言地帮业主拎上楼；有岁数较大业主到物业园区内散步的时候，秩序维护员也都能细心地一路搀扶，直到护送上楼。尽管这样的举动会被部分业主认为是物业服务的应尽之务和应做之事，但大部分业主都能给予这样的物业服务足够的表扬和赞许，这也从某个角度上反映了

强化细节管理的意识和以细节管理为着手点是实现物业服务价值、提高业主的满意度的有效手段。物业服务企业可以通过细节管理、细节意识和细节服务的有效推行实现物业服务的价值。

三、细化服务标准要点策略

(一) 实施细节管理——成为物业服务细化工作着手点

随着房地产市场供应量的进一步加大，物业服务企业之间的竞争将日益激烈，同时物业服务行业的发展也将进入一个艰难爬坡期。物业服务企业在细节服务上的不到位，往往会造成服务的真空地带。与之相反，物业服务企业对物业服务细节管理的调整，如：为了方便业主购买水、电、气，物业服务企业的收费人员工作时间会根据业主的需求进行适当调整，在节假日也应正常工作；再比如有些小区有机械车位设备，物业服务企业就可以要求车管员把车辆按照车主的出行规律进行排放，以便节省业主的出行时间。实施细节管理仅仅对工作进行简单的调配和安排，就会取得事半功倍的良好效果。如此一来，不仅有利于建立自身竞争优势，物业服务企业也无疑将从其中受益。

(二) 注重培养细节意识——让物业服务企业的每位员工都成为品牌代表

对于物业管理与服务的关系，物业服务企业的内部认识并不完全一致。当前的物业服务企业，对于服务的看法仅仅停留于表面化的简单认识远远不够。原因在于，物业管理的目的是要为辖区业主提供安全、舒适、整洁、便利的生活空间，提供的服务也应该是周到、完善、便捷的，一切工作都应以满足业主需要作为出发点。员工对自我价值的认同，能让其在与业主交往中赢得理解、好感和信任，实现业主对于物业服务的感受和建议，不论向物业服务企业的任何工种的员工反映，都能得到及时回复和相应改进；只要是在物业项目内发现不符合企业要求的事项，哪怕是道路上的一片纸屑或一盏不亮的路灯，任何岗位的员工都会责无旁贷地处理或上报。这一切不仅需要企业以高效的内部管理和完善的部门工作协同作为保证，同时也说明业主的幸福生活来自于物业服务企业员工保持一致的价值观趋向。这一认识应该得到企业每个层面员工，甚至是物业服务企业的分供单位的基本认同，并成为企业员工为之奋斗追求的目标。

(三) 推行细节服务标准——回归物业管理本质

近几年来，住宅小区的业主与物业服务企业之间常常在服务内容和服务标准等问题上产生纠纷。如：在房屋公共部位的乱堆乱放、私搭乱建现象该不该由物业服务企业管；物业服务企业在提供水、电等急修项目时，是否应对完成时间进行要求等。往往由于双方的责任和义务不清，或者缺乏明确细化的服务评价标准，造成矛盾日积月累不利于沟通解决。解决以上矛盾的有效方法就是在细节服务上做足文章，在物业服务企业内部建立一套相对完善的物业管理评价体系，尽量使物业服务企业的服务细化到每一个“规定动作”，这就为评判物业管理的好坏提供了一个客观的具体量化标准。例如：规定楼道每天清扫一遍，扶手每两天擦拭一次，楼道内玻璃每月擦拭一次等都是可以具体量化的指标。有了“细节服务标准”不仅使辖区业主有了评判物业服务企业工作好坏的统一标准，而且物业服务企业也可以通过标准给自己打分评判，发现工作中的差距，及时改正不足。

四、物业服务细节决定成败

无论在日常生活中，还是在企业管理中，人们最容易忽视的就是“细节”，在许多时候人们并不是被大事打倒，而是败在一些不起眼的细节上，正所谓“千里之堤，溃于蚁穴”，类似的细节在物业服务工作中也存在很多。在物业服务这个新兴的行业中，每个细节都是一个感化和沟通的过程，在心与心的交流中注重每个微小细节的服务，也许会成为转变物业与业主关系的桥梁和杠杆。不论时代如何变迁，也不论物业服务的模式创新到何种程度，为业主服务的理念一定将得到秉承和延续，因为这才是物业服务的核心和生命所在。而注重细节已成为企业竞争的最重要的表现形式；同时，对于细节的关注也是敬业精神和责任心的体现。这是一个细节制胜的时代，只有高度重视物业服务中的细节服务，才能演绎物业管理与服务的完美价值。只有那些能够自如地应对需求的变化，不断进行自我变革的企业才可能超越时代、保持住自身的优势，也只有注重不断地完善细节问题，才能在各个方面有新的突破。

第八节　物业服务企业服务活动风险及规避

从整个行业来看，物业服务所涉及的空间范围和时间范围都非常广泛，同时与千千万万业主的生活各个方面息息相关，这就决定了物业服务面临的风险可能是无时不在的、无处不在的。物业服务行业是相对利润低的行业，风险的承担可能导致企业正常生产经营活动无法进行，甚至事关企业的生死存亡，各种损失时时干扰和阻碍着企业的生存与发展。出人意料的、非预期性的经济价值减少的损失，使企业必然要对未来可能遭遇的风险进行预先识别并加以分析，通过风险识别来挖掘潜在的风险因素、确定风险源，调查了解潜在风险产生的原因，采取有效的管理措施规避并控制企业风险。

一、物业服务风险的表现形式

当前物业服务面临的风险主要表现在以下三个方面。

（一）物业灾害风险

假设一栋房子、一个停车场或是一个机电设备房被烧毁，仅靠物业服务企业来赔偿，有几家物业服务企业能赔得起？由于经济基础和财产保险意识两方面的原因，目前在我国绝大多数物业资产都没有购买保险。按目前来看，购买保险对本来就微利的物业企业来说，多数都难以承受，况且多数业内人士认为物业服务企业是受业主委托提供物业服务的，相应的物业资产保险也应由业主买单。如此一来，物业服务的灾害性风险因经济等因素还将长期存在。

(二) 物业服务风险

但凡做过物业项目经理人的都有过“如履薄冰”的感触，稍不留神就可能冒出什么事或什么差错，业主找上门来论理、索赔等。有句业内行话：“物业服务是个筐，什么都往里面装。”凡事都找物业服务企业，解决不了就是服务不好，动辄就以不交物业服务费用相威胁，出了事故就向物业服务企业索赔，这是物业服务企业所面临的严重问题。物业服务各个过程的方方面面，任何一个过程和环节管理失误，特别是安全方面出现问题，都将直接或间接导致各种经济损失。比如：停车场只收 5 元的车位使用费，车丢了就找物业服务企业索赔，少则几万元，多则数十万甚至上百万元；又比如犯罪分子潜入小区发生了命案，物业服务企业又被业主索取巨额经济赔偿。再比如：安全是物业服务至关重要的一环，安全问题自然成了物业服务中最让人担忧的风险。在近年的物业服务实践中，业主由于人身、财产受到侵害而要求物业服务企业赔偿的案件日益增多，并引起社会各方关注。而就实际情况而言，住宅小区中业主人身、财产受到侵害，不分缘由均要物业服务企业承担赔偿责任，对大多数保本微利的物业服务企业来说确实难以承受。但是，如果物业安全保卫工作存在明显瑕疵，如秩序维护人员工作失职、秩序维护设施失灵未及时维修等，致使业主人身、财产受到侵害，物业服务企业是要负一定责任的。

(三) 物业财务风险

一些物业服务企业为了争夺市场份额击败竞争对手，在参加招投标争取新的物业项目时不能充分主张企业应得的利益要求，在标书或物业服务方案中承诺“我们只求顾客满意，不讲利润”、“亏损报价”，连“保本微利”都不提，甚至效仿个别财大气粗的名牌物业服务企业来个带资多少万接管。这种低价位入市的做法将带来较大的财务风险，给中标者带来许多后遗症，要么难以为继，要么降低物业服务质量和标准，到头来业主和物业服务企业俱受其害。当电梯需要大修、供配电设备等待大修恢复供电、房子结构出现问题了亟待处理等都需要大笔的资金，谁来买单？首先想到的就应该是维修基金，《物业管理条例》规定，维修基金属业主所有，专项用于物业保修期满后共用部位、共用设备设施的维修和更新、改造，不得挪作他用。但是，目前仍有许多物业的维修基金不能到位，即使维修基金已经到位，如果维修基金管理、使用不当或被挪作他用，带给物业服务企业的不仅仅是财务风险，对于一些小型的物业服务企业而言，遇到这种大的风险很可能就要面临能否生存下去的问题了。

二、物业服务企业风险产生的原因分析

作为物业服务企业来讲，必须通过对风险产生的原因进行分析，有针对性地采取纠正预防措施以避免给企业带来不必要的损失。物业服务企业风险的产生，究其原因主要有以下几点。

（一）缺乏风险意识

企业没有风险意识就等于失去了警惕，本来可以发现和避免的风险也无法规避。

（二）从业人员素质因素

物业服务从业人员素质不高缺乏管理经验，难以应付物业服务中复杂多变的情况，从而给企业带来了风险。

（三）行业法律法规不健全

物业服务行业的法规长期滞后于物业服务发展的实践，使许多问题缺乏明确的法律依据，这样就加大了物业服务企业的风险。

（四）物业服务合同风险

物业服务企业在签订合同时没有明确约定相关责任或忽视了相关条款，甚至作出一些过头承诺，致使在合同履行过程中处于被动局面。

（五）缺乏政府及时的支持

政府对物业服务中发生的问题不能及时反应，也给物业服务企业带来了极大的风险。

（六）缺乏保险意识

由于物业服务企业缺乏保险意识，同时也为了节约成本支出而未上保险，一旦发生意外物业服务企业将承受巨大的损失。

三、物业服务企业风险规避原则

（一）掌握法律法规提高风险意识

物业服务企业必须学会运用法律法规行使权利，约束自己的行为，提高风险防范意识。

（二）谨慎承诺，避免合同风险

《物业管理条例》第三十六条规定，物业管理应当按照物业服务合同的约定提供相应的服务，物业管理未能履行服务合同的约定，导致业主人身财产受到损害的，应当依法承担相应的法律责任。

（三）完善管理，防范各类安全事故

各类事故的发生究其原因总是与管理制度、工作职责、管理流程未落实或落实不到位有直接的关系，如巡逻不到位、记录不完整、故障或安全隐患未及时排除、未按职责要求履行等。一旦有事故发生这些常常成为法律诉讼的焦点，所以要防范各类安全事故，作为物业服务企业首先要强化全体员工的责任意识，同时应建立完善的管理制度与管理流程，并严格地贯彻予以落实。并根据企业的发展需求不断地完善各项管理制度及流程，为各项服务的开展提供有效、充分、可靠而有力的保证。

（四）提高保险意识，适当进行风险转移

购买保险是一种非常有效的转移风险的手段，通过保险可以将自身面临的风险很大程度上转移给保险公司。

(五) 提高员工对潜在风险的警觉

在企业内部加强风险管理知识的宣传普及和员工的培训工作，让员工从意识上提高对风险的防范与警觉，真正将这种意识贯彻落实到实际工作中。采取降低风险损失的保护措施：严谨地履行合同签约，规范物业服务企业各类通知、知会等与相关方的往来文件，建立完善的交接手续，以规避责任风险。建立规范而完善的风险管理体系：建立起一套科学而标准的风险控制体系，通过风险控制程序和处理流程的完善，将风险管理的目标及具体措施落实到每个实际操作流程中，定期检查并根据实际情况进行必要的调整，以达到持续改进的目的。

(六) 对员工和财产提供相应的保护措施

通过给员工和企业财产上缴保险等措施降低企业风险。

四、物业服务风险的规避策略

(一) 把好合同关，明确相关方的权利、义务和责任

谨慎签订物业服务合同是规避物业服务风险的有力保障。《物业管理条例》明确规定：物业服务合同应对物业管理的服务事项、服务质量、服务费用、各自的权利义务、物业管理用房、合同期限、违约责任等内容作出约定；物业服务企业应当按照物业服务合同约定提供相应的服务，业主应当按照物业服务合同的约定履行交纳物业服务费用等义务；物业服务企业和业主违反物业服务合同约定的，应当承担相应的法律责任。

物业服务企业签订《物业服务合同》时应着重注意以下几点：明确委托物业服务的内容、范围和期限。如果约定不明或承诺过度，会带来很多不必要的麻烦。对违约责任的约定，要在服务合同里明确业主违反约定应承担的违约责任，约定的责任要具有实用性和可操作性，不要约定成一些大而空的法规内容。本着权利和义务对等的原则，在赋予物业服务企业管理整个物业项目日常事务权利的同时，也要明确物业服务企业和业主所承担的义务，并且尽可能地明确责任。例如业主物品被盗，物业服务企业在什么情况下可以免责，在什么情况下应承担赔偿责任；对于停车场停车，业主和物业服务企业分别承担哪些安全责任和义务；对于违反消防规定的业主行为，导致后果的应承担哪些责任等。

不少物业服务企业常常作出过头承诺、说过头话，盲目提高管理指标，甚至超过企业水平和能力，脱离实际，只图一时指标好看哪管日后如何实践承诺，在“业主至上”口号下，时常不注意自身利益的保护，为了争一点市场份额，保证不丢车、不发生人身安全、偷盗事件、不发生刑事案件，大中小修保证在多长时间内处理完毕。殊不知，这些都是理想的“奋斗目标”，可以作为内部管理的追求和内部考核，而一旦纳入合同或作出其他形式的承诺，就给自己上了一个圈套，设下一个陷阱，随之而来的风险也增大了。由于过头承诺，一旦物业服务企业不能按承诺进行处理，业主动辄将物业服务企业告上法庭，物业服务企业将自食其果甚至可能倾家荡产。

物业服务企业与其他相关方的合同签订也应慎之又慎。在许多物业纠纷案例中，因合

同缺陷带来风险的教训让人痛心而沉重，合同中的关键事项和条款可谓一字千金、万金，因合同条款考虑不周而带来的各种风险是人为的、本应避免的错误所造成的，物业服务企业应该建立适合自己的、完善的合同项目管理办法，大到秩序维护、保洁和工程项目的分包，小至请外面师傅清掏化粪池、维修室外空调甚至修补一块瓷砖，立项、审批、合同会签的程序要到位，内容要完备，以此降低因合同条款不慎、疏忽、错误而产生的各类风险。

（二）服务过程中全方位、多层次的“预防性提示服务”

物业服务企业在所有管理环节中、所有服务过程之中都要做好“预防性提示服务”，即对于一些潜在可能发生的、但又不可预测不可杜绝的事故，物业服务企业必须做到事前的提醒和警示。例如在人员复杂的写字楼每个租户门口贴上“写字楼人员复杂，离开时请务必断电断水，锁好门窗”等防火防盗警示语，在未设专人看守的单车停放处设置“本单车停放处仅提供免费停车场地，请车主保管好自己车辆”提示牌，在住宅小区游泳池旁放置“请照管好您的孩子，小孩不得进入深水区”标示等。

物业服务企业应尽可能考虑到一切不安全因素和隐患，能整改消除的当然更好，不能及时整改的，也必须向业主或其他相关方(包括物业服务企业内部员工)明示，在与开发商签订的《前期物业服务合同》中，在与业主大会签订的《物业服务协议》以及文明管理规约、公众管理规定或须知中，在物业服务企业内部各项服务作业流程、安全操作规程中，在所有针对不安全因素的提示和警示中，必须明确哪些不能做、哪些区域有危险、做哪些事应注意什么等等。一旦发现业主有违约定，物业服务企业有权责令其改正，造成后果的业主自负；一旦发现自己员工违反操作规程便立即纠正，避免质量和安全事故的发生。有了这些事前的明示，物业服务企业做到了尽量告知、说服、管理之职，一旦有了纠纷物业服务企业也可以避免或减少不必要的麻烦。

（三）对于物业服务风险的转嫁

许多业内人士认为，物业服务企业采用投保公众责任险可以转嫁风险。这在理论是对的，现在问题在于，有能力而且愿意承担保险费的物业服务企业有几家？开发商为了获取最大利润是不愿意为物业项目业主和其个人财产、公共设备设施等购买保险的，那么只有物业服务企业动员全体业主，让其自己购买保险或由物业服务企业先代为投保，再向业主收取保险费。为此，物业服务企业实施有效宣传，向业主灌输保险意识和推广场所责任险已成为必要。风险转嫁的另一个有效方法就是监督和使用好公共维修基金，充分发挥维修基金的作用。物业服务企业要监督维修基金及时到位，监督业主管理好维修基金、使用好维修基金。维修基金属于全体业主，可用于公共设备设施大中修，意味着物业服务企业可以花“业主”的钱为业主办事，这是降低物业服务企业财务风险的又一有效途径。

第五章

打造优秀物业服务企业职业员工团队
——高素质人才培育运作策略

现代企业的竞争归根到底是人才的竞争，没有人才便没有一切。加入WTO后，国外大型、成熟的物业服务企业纷纷进入中国，其与国内企业争夺的焦点肯定是“人才”这个对双方胜负起决定作用的关键因素。目前，先期进入中国的外资企业，如：“世邦魏理仕”、“高力国际”、“第一太平戴维斯”、“仲量联行”、“戴德梁行”等已经在北京、上海与内资物业服务企业展开了竞争。随着物业服务的快速发展，高档物业市场的不断扩大，有专业背景、知识面广、管理理论基础扎实、沟通协调能力强、熟悉相关法律法规的人才才能适应智能化、网络化、信息化等高质量物业服务的要求；而只有全方位、立体化的教育才能培养出高素质的、适应市场需求的人才。凭借物业服务企业自身的特点与优势选才、用才、留才，爱才、尊才、重才，改变对人才的传统认识态度，也必将成为提升物业服务企业竞争力的重要战略举措与不变的追求目标！

第一节　关注物业服务职业经理人在烦恼些什么

众所周知，物业服务职业经理人的决策和指挥的正确与否，对于企业目标的实现影响巨大，甚至决定了物业服务企业的成功或失败。因此，企业要求一名合格的物业服务职业经理人，首先应当切实践行物业服务行业的职业道德要求，自觉充当职业道德的化身角色；其次应当是一位学而不厌的求索者和诲人不倦的培训师，是一名高端物业项目的“操盘手”、物业风险管理和客户沟通专家；从长远看，他还应该主动扮演企业经理预备队成员的角色。这些不同角色是社会对物业服务职业经理人权利、义务和行为规范的特殊要求，因此每一位物业服务职业经理人必须自觉意识到角色赋予自己的各项要求和义务，即成为一个“自觉角色”，并以自己在管理服务实践中的业绩完成角色所赋予的各项任务；也正是因为物业服务职业经理人在企业中发挥着如此重要的作用，同时也相应承担着巨大的身体和心理压力，如何理解和体会物业服务职业经理人所承受的烦恼和痛苦呢？虽然这些烦恼和痛苦不一定能够得到所有人的理解，然而这些却是他们一种非常真实的生存状态。

一、管理意识之烦恼——对于服务工作为什么一定要追求完美

物业服务行业的特殊性影响着职业经理人的思维模式特征，正是这种独特的思维模式才会产生创意、管理的冲动、创新服务行为，并最终实现物业服务企业的既定目标。职业经理人们在工作中经常会遇到一些非常现实的问题——企业发展中自身存在的问题。为此，经理人们开始想办法去解决这些问题，凭借着多年的管理实践经验和对事物发展规律的敏锐判断，经理人们可以利用多种管理手段处理问题。例如通过制度惩罚犯错误的员工以使他们注意不要重复犯错误；通过学习借鉴来分享成功经验，以使员工能够获得充分的知识；通过关注细节和流程减少重复犯错的可能性；通过企业文化建设使员工意识到不断追求卓越是每一个人的必需行为；甚至通过解聘等极致手段员工引以为戒等，这林林总总的方法都致力于消除组织内出现的小问题使物业服务企业最优化。现在的问题是，如果这些方法真的能够完全奏效，那企业不早就卓越了吗？可是有哪一个企业没有问题？况且，一个问题的解决结果往往会导致另一个问题的产生。

任何一家企业都存在问题，即使那些经常拿自己的实践经验来与其他组织分享的优秀物业服务企业也不例外。这些问题影响企业发展和生存了吗？恰恰相反，“带着问题发展”其实是企业运营过程中最为正常和自然的状态，那些过分追求完美的人其实本身就构成了问题。接下来，不妨换一个角度进一步思考：问题，尤其是小问题一定要解决吗？或者说企业的发展和进步是通过解决问题来实现的吗？这就好比评价物业服务品质水平的高低，不是简简单单地看解决客户投诉有多么及时、投诉处理多么完美，关键是要看企业是否建立了正确处理客户投诉的服务体系，同时企业经理人们能否利用客户的投诉发现现有工作的不足，利用质量管理体系不断改进服务工作，最终实现企业长期稳定、可持续发展的目的。另一方面，允许企业内存在一定的问题，不仅可以使经理人决策的范围扩大，而且会令成员处在一种警觉状态。因为总要有人对出现的问题负责，尤其是当问题在被追究的时候，那些相关人或相关部门自然会处在一种敏感状态，要么接受批评，要么寻找理由防御，企业的生机和活力也由此显现，这恰恰是“问题”的价值所在。想到“水至清则无鱼，人至察则无徒”，企业经理人的心态或许能够变得轻松一些。

二、管理定位之烦恼——做一个管理者还是一个执行人

经常看到这样的物业服务职业经理人，一副整天忙得团团转的样子，电话不停地响，一个小时之内要发出几十条指令，好像他所领导的团队离开了他就一天也活不下去。然后他还会说：我很忙或我很累，我需要增加人手。这样的经理人经常事无巨细都要亲自过问，即使有很多员工，但是他的工作还是不胜其累、不胜其烦。甚至还有这样的事例发

生，物业经理人亲自参与对外判企业人员的监督管理，力求把服务做得更加细化到位，甚至会参与处理外判企业的日常客户服务工作。如果只有一两项服务，也许这样还可以承担；试想如果有若干个外判服务项目，是否能都参与到具体的服务工作中呢？另外一方面，是否考虑过物业经理人参与执行具体服务后所带来的其他负面影响？企业日常事务无人处理，人员工作无人关注，企业其他业务得不到经理的指导与协助，更是无人为企业的未来作打算。类似的经理人管理定位烦恼还有很多：譬如做工程出身的经理人就对自己的技术人员总是放心不下，觉得下面的人出马总是不那么牢靠；文笔较好的经理人总是要亲自起草文件，因为秘书起草的东西总是叫他看不上眼，如此等等。由此造成的结果是经理人整天搞得手忙脚乱，而管理效率却很低下。其原因在于，做经理者没有时间考虑企业发展的大局问题，做下属者觉得自己得不到信任，做事只能小心翼翼，不敢越雷池半步，导致工作没有积极性。

由此想到汉高祖刘邦，文不如张良、萧何，武不如韩信、樊侩，但是他性格豪爽，对人很宽容，善于识人用人，管理人才。物业职业经理人恐怕都需要学习一下刘邦的做法，即便你是在某些方面非常出色，也要放手让员工去做，不要怕他们犯错误。“用人不疑，疑人不用”，虽然很难做到，而且有时也不一定非要做到，但是作为经理人既然给了下属相应的职位，就应该让他们充分发挥能力、实现他们的价值；不能事无巨细替他们做主，不能“抢”赋予给他们的权利。作为物业服务职业经理人应该充分尊重下属员工意见；肯定员工的有效建议；容许员工犯合理性错误；用分析问题代替生硬指责；鼓励员工自己制定工作目标等。另一方面，物业服务企业每天都必须面对各种各样的复杂情况，这些情况可能是企业的发展机遇，也可能是企业发展中出现问题的地方。简单地说，如果一个经理人把精力用在执行和解决问题方面，他就没有那么多时间抓住发展的机会；而如果把精力用在发展方面，组织就会出现他不能允许的问题。这似乎是经理人面对的一个两难的境地——做一个管理者还是做个执行人？这个决断的前提是两者不可兼得，不要把自己当作“家长”，试图完全控制下属的各项工作，想“什么都管好”的后果只能是“什么也管不好”，长此以往反而限制了员工的发展，导致企业失去活力。作为物业服务企业职业经理人，真正应该做的是制定企业发展战略，站在一个管理者的角度把握机会并解决问题，树立人性化管理、亲情化服务的理念，对处理事务的方法和提供服务的过程加以控制，以期达到事半功倍的效果。

三、管理方法之烦恼——“人性化”OR“制度化”，适合自己的才是最好的

俗话说“鞋子好不好只有自己的脚知道”。聪明人买鞋不去挑价钱最贵的，也不会挑最流行的，而是买最合适自己脚穿着最舒服的。如果把穿鞋的道理移植到物业服务企业中，就派生出一个颇为有效的管理原则——适合自己的才是最好的，这一点非常值得经理人们认真加以借鉴。在企业发展的起步阶段，物业服务职业经理人一般都会把自己的发展战略锁定在强化管理，一步一个脚印，务实求进，稳健发展，力求给客户一个系统、规

范、有序、专业的印象。以企业制度为管理标准开展工作，体现了物业服务企业的服务标准，便于企业自检、自查，并对发现的问题加以改进。这种发展模式有利于对物业服务企业品牌的塑造，有利于企业管理的规范化、制度化；缺什么就补什么，谁做得好、制度能够认真落实到位，谁就能成为名牌企业，谁就能在市场竞争中崛起。

随着房地产市场的深入发展，物业服务对象发生了明显的变化，降低物业服务费和提高服务水平成为市场的主旋律，竞争已不可避免地把物业服务企业带入"以客户为中心"的客户满意时代，物业服务企业面临第二次的品牌塑造，这一次打的应该是服务牌，以服务来赢得市场。作为物业服务行业应树立"以人为本，客户至上"的服务理念、服务意识；融客户服务于管理工作之中，最终通过物业服务人员的优质服务，使客户真正感受得到一个美好的生活空间和精神环境，从而使物业服务企业即能保证获得经济效益，又能保证获得社会效益，同时也能够促进社会的文明进步。物业服务已经走进"大服务时代"，广泛地引入"人性化"服务理念，以关注员工的不同需求、关注客户的生活品质、关注环境的温馨和谐、关注社区的整体氛围为特征的"人性化"管理，使"以人为本"的服务思想贯穿于物业服务活动之中。通过"人性化"管理提高客户满意度，已成为物业服务企业能否做好物业服务工作，能否在激烈的市场竞争中处于有利地位，能否有效地处理好物业服务企业与客户之间关系，并实现长期可持续发展的关键性问题。物业服务企业职业经理人们对于"制度化"或是"人性化"的取舍，也并不是在于哪种管理方式更加"时髦"、更加"流行"，关键的问题在于企业需要一个循序渐进，农夫般耕耘的过程，基于自己独有的生存方式和已有的行为习惯和心理特点，产生适合于企业的独有的管理方法。通过正确认识自己、把握自己、使用自己擅长的手段，并执着地经营适合于企业自身的有效管理方法才是最好的。

第二节　物业服务企业人力资源管理策略

物业服务企业人力资源管理工作就是物业服务企业对员工的招聘、使用、培训、晋升、调动、辞退，直到员工退休的一系列管理活动的总称。当前物业服务企业必须树立起科学的人力资源管理理念，加强人力资源开发意识，运用现代管理方法，实现人力资源管理工作的高效率和最优化，科学、合理地使用人才，充分发挥人的作用，从而推动企业的发展和员工的成长，以强有力的人力资源保证企业的持续发展。

一、当前物业服务企业人力资源管理存在的问题

（一）企业内部存在的问题

目前，除少数物业服务企业建立了与现代市场经济相适应的现代企业管理制度，在人力资源开发管理方面比较规范、科学外，多数物业服务企业还未真正认识到人力资源是企业最宝贵的资源，在思想上仍没有超出原来传统的劳资人事管理框框，没有转变为对人力

资源全面系统的、科学的开发与管理的新模式。虽然大多企业都设立有专门的人力资源部，但在人力规划、招聘、培训、激励等环节上有较大的随意性，存在的问题主要体现在以下几个方面。

1. 忽视人力规划的价值，没有形成系统的人力规划体系。

人力资源规划是人力资源开发与管理的主要功能。人力资源规划可以为企业确定企业未来所需要的人才组合，然后利用这些信息为其招聘、录用以及培训和开发等环节制定计划。人力资源规划具有很大的价值，但许多企业都忽视了这一环节，因而没有形成系统的、长远的人力资源规划体系，普遍采用实用主义，缺什么人才就补什么人才，个别企业即便有所规划，也与企业的整个经营战略和发展规划相脱节。

2. 对人才的招聘录用重视不够，没有科学的招聘管理系统。

一些物业服务企业对招聘工作重视不够，认为劳动力供大于求，不愁招不到员工；不建立科学的招聘管理系统，在一些重要职位招聘工作中，欠缺科学合理的人事测量工具，甚至连预算都没有，招聘录用工作的随意性很大，影响了招聘质量，很难招到合适的人才。

3. 尚未真正理解培训的作用，培训工作流于形式。

很多物业服务企业只是狭义地理解培训，并没有把培训和发展放在一起考虑，进行规划和实施。有些企业随大流，看人家有培训自己也组织一些培训，但根本就没有做培训需求分析、培训计划等。有些企业把培训看成是员工福利的一部分，大家轮流参加培训，但培训过后没有做任何的评估和分析。更有企业为了包装企业品牌，斥巨资聘请行业内的一些著名顾问公司来进行顾问培训工作，但结果也只是流于形式。

4. 缺乏与现代市场经济相适应的、有效的激励机制。

当前许多物业服务企业都没有健全、完善、与现代市场经济相适应的激励机制，很多还处于偏向单纯的物质激励的阶段，没有做到用情留人、用心留人。一个企业没有行之有效的激励机制，很难激发员工的工作潜能、提升他们的进取心。当员工自身的发展愿望长期受挫时，就会导致人才严重流失，也限制了企业的扩张速度。一些企业由于缺乏与市场经济相适应的、有效的激励机制，成了行业内的“黄埔军校”，专为行业内的其他企业“输送”自己辛辛苦苦培养出来的优质人才。

（二）物业服务行业整体存在的问题

1. 优秀的人力资源开发与管理“领头羊”企业为数不多。

目前，尽管我国物业服务企业数量不少，但真正在人力资源开发与管理方面做得非常优秀的企业并不多见，能与国外一些同行企业相比的更是寥寥无几。导致缺乏优秀的人力资源开发与管理“领头羊”企业的原因是多方面的，其中与物业服务发展历史有很大关系。

2. 行业对人才的吸引力不大，缺乏保护人才的有力手段。

物业服务企业普遍小而分散，创利能力低下导致难以提供良好的薪酬待遇，加之外界普遍认为物业服务行业是一个低技术、劳动密集型的行业，人们更愿意从事待遇较高的酒店服务行业等与物业服务相似的行业，导致行业吸引力不大，也就难以吸引高素质的专业管理服务人才。另外，在实践中涌现的一批对行业发展有突出贡献的优秀领军人才，由于外部机制、体制的不完善、不健全，缺乏对员工进行保护的有力手段，致使员工无法拓展更大的空间，纷纷退出物业服务行业，这种流失现象对行业发展的影响难以估算。

3. 行业整体人力资源素质亟待提高。

物业服务从业人员的知识、技术、经验等素质，大部分还不能适应当前的物业服务发展状况，整体的人力资源素质亟待提高。据不完全统计，目前我国80%左右的物业服务从业人员来自城市企、事业单位下岗分流人员、部队退伍军人以及农村剩余劳动力；高素质物业服务人才紧缺。

4. 人才分布呈现出区域性失衡。

由于物业服务在各地的起步不同，相应整个行业人才分布也就呈现出区域性失衡。随着全国物业服务飞速发展，物业服务高素质人才紧缺，尽管深圳等地大量高层管理人才进入其他省市从事物业服务活动，但大多数地区物业服务人才状况仍不容乐观。

5. 社会供应渠道狭窄，导致人才供求失衡。

物业服务行业由于创利能力低下、行业人才培养机制落后，人才的培训工作一直比较滞后。目前，物业服务人才的供应渠道还主要是大中专院校，社会供应渠道的狭窄导致了整个行业的人才供求仍然失衡。作为行业最重要的考试制度——物业管理师制度，由于部分配套文件未及时出台，舆论宣传力度不大，以及外部原因导致两次计划考试未能如期举行，使得不少企业对这一制度无法准确把握，观望气氛较浓。

6. 缺少立体化的人才培养方式。

目前，我国越来越多的高校都开设了物业服务专业，教学层次多样化，包括大专、本科、专升本、自学考试等层面，授课对象很广，数量也非常巨大，而且质量在逐步提高；但在多数物业服务教学中存在着设置的课程脱离企业运作的实际业务等问题。

二、物业服务企业人力资源开发策略实施

（一）组织学习体系

组织学习包括上岗引导、员工培训、管理和组织开发等基本职能，它被用来开发使员工能完成当前和未来工作的关键能力。这种能力包括知识、技能和态度，与当前企业内普遍实施的培训体系相比，两者既存在共性，又有明显的区别。就两者的共性来说，一方面培训是学习的重要组成部分，另一方面培训又是组织学习机制的重要内容。组织学习与培训的区别主要表现在：培训侧重于成熟的知识、技能从专家向受训人员的单向传递，而组织学习不仅包括接受现有知识的过程，而且包括创造出新知识、新方法；组织学习是人、团体与组织的一项基本能力，它可以在没有人指导的情况下进行。基于企业的长期发展目

标，针对物业管理业对员工多元化知识与能力的要求，建立以“系统化”和“多元化”为核心的物业服务企业组织学习体系。下面对物业服务企业组织学习体系运作流程各环节的实施进行分析。

1. 需求评估与确定。

一般来说，需求评估应由三个层面进行，即员工个体分析、特定群体分析和组织整体分析。只有把员工个体学习、特定群体学习、企业整体发展三者统一起来，才能使各项组织学习工作真正发挥其增值效应，实现组织整体绩效的提升。在确定评估方法时，员工个体分析与特定群体分析可选用问卷调查、需求申报、员工访谈等方法，组织整体分析可采用德尔菲法、领导审批等方法。

2. 设置目标。

根据需求评估的结果，可以确定组织学习的特定目标。目标分为三类：一是技能培养，如基层员工的操作训练、管理层的书面与口头沟通能力、人际关系技巧等；二是知识传授，如理论的理解、知识的灌输和接受、认识的建立等；三是态度的转变，即员工认识与观念的变化。

3. 制定方案。

组织学习方案的制定包括四部分内容。首先是学习层次的确定。物业服务企业可以分为决策层、中层管理者、管理处主任、基层管理者、一线员工几个层次。其次是学习内容的确定，可以由需求确定结果得到。再次是学习方法的选择，如授课法是获取知识的有效途径，态度转变应采用计划性指导，而视频法则适用于问题解决技能的培养等。最后，应合理安排学习活动的环境因素，如时间、地点等。

4. 方案实施。

组织学习方案的实施需要解决两个关键问题，一是要有明确的组织者。根据企业的规模和结构不同，可以设置少数管理人员负责，也可以设立专职部门来开展学习活动。二是要有明确的具体负责人。提高员工工作能力和工作积极性是直接主管的主要责任之一，所以组织学习工作应成为他们工作中的一个关键部分。

5. 结果评估与反馈。

在对学习结果进行评估时，采用柯克帕特里克学习评估模型。组织学习结果的反馈可以归结为两个方面：第一，优化组织学习项目和结构，即根据评估结果重新设计、调整或取消学习项目；第二，沟通和总结组织学习结果。一般来说，企业中有四部分人员应得到评估结果。最重要的便是组织者，他们需要这些信息来改进学习项目；管理层是另一个重要的人群，因为他们当中有一些是决策者，决定着学习项目的未来；第三个群体是学习主体，他们应该知道自己的学习效果怎么样，并且将自己的绩效表现与其他人的绩效表现进行比较，这种意见反馈有助于他们继续努力，也有助于将来参加该学习项目的人员不断努力；第四个群体是学习主体的直接主管。

（二）职业发展体系

为了建立有效的职业发展计划，企业可以通过四个步骤予以实施。首先是自我评价，自我评价是员工对其能力、兴趣及职业目标进行认识和评价的过程，它是形成职业计划的开始；其次是组织评价，绩效评价是传统的组织评价方法，也是目前大多数企业进行职业发展所采用的主要信息来源，除此之外，员工的学历、工作经历等也是信息来源之一；再次，对员工的职业定位在组织内部进行沟通，员工为了确立切实可行的职业目标，必须通过与组织的信息交流与沟通，了解可利用的工作机会以及可能的选择；最后，为确立切实可行的职业计划进行必要的职业咨询，职业咨询是贯穿职业发展过程各个环节的活动，其咨询主体可以由员工的直接管理者、人力资源专家或两者一起组成。

（三）绩效考核体系

绩效是指构成员工职位的任务被完成的程度。绩效评价则是一个确定并与员工沟通其工作的状态，并制定相应改进措施的过程。如果进行得恰当，绩效评价不但能使员工了解自己的工作现状，还能影响他们未来的努力程度及工作方向。如果员工得到适当的鼓励，他们会进一步努力工作。

三、物业服务企业人力资源管理的发展应对策略

培养物业服务人才除了理论学习外，还需通过实践环节结合企业实际加深理解和把握所学的知识。

（一）建立系统的人力资源规划体系，优化人力资源配置

人力资源规划是人力资源开发与管理中科技含量最高、技术手段最集中的环节之一，在知识经济时代，社会对物业服务企业的要求越来越多，也就对物业服务企业的人力资源开发与管理提出了更高、更新的要求。这势必要求企业要建立更具前瞻性、更能适应环境变迁、社会发展的人力资源规划体系。物业服务是一个典型的以人力资源及智力输出为特征的服务性行业，其人才结构特征决定了这个行业具有很大的流动性，尤其是基层一线人员的流动，如秩序维护员、保洁员、技术员等的变动在一般物业服务企业是很常见的，尽管是基层的员工，但由于他们是与业主最直接接触提供服务的人员，关系着企业的正常运作，因此对每一个层次的人力资源规划都不容忽视。

（二）建立科学、完善的招聘管理系统

物业服务行业是一个流动性较强的行业，行业的人才结构特点决定了物业服务企业在招聘时必须根据岗位的不同、需要的不同采取合适的招聘渠道和手段。要建立公开招聘、公平竞争的用人机制，完善任职资格标准体系，实现人力资源的使用市场化、社会化，建立符合现代市场经济规律的人才流动机制，优化人力资源配置体系。

（三）提高行业整体素质，改革人才培养方式

鉴于物业服务从业人员素质整体偏低的现状，行业主管部门、行业协会、行业各类培

训机构和企业领导人，应当以战略的眼光多渠道、多形式地培养物业服务人才，使之适应现代化物业服务的需要，为物业服务的持续发展提供优质的人力资源。提高整个行业人员素质要采取有效的途径，做好两个结合，即企业培训与行业培训相结合，学历教育与非学历教育(成人教育)相结合。在培训内容上，传统的“大而全”人才培训方式，已无法适应未来发展的需要。为此，可探索举办主题明确、针对性强的管理人员专题培训，如专门的人力资源培训、财务培训等，聘请国内外知名学者作为授课老师，使培训效果更为显著。从企业而言，目前不少企业对于员工的培训十分重视，普遍采取分阶层培训，有些还设立独立的培训机构，负责整体的培训指导和监督，并将培训工作列入绩效考核内容。从培训方式来分，一般有入职培训、上岗培训、转岗培训等，从培训内容来分，一般有思想道德和职业道德培训、应知应会培训、技能提高培训等。不少企业的培训模式颇有特色，如万科物业的“工厂化制造人才”，华侨城物业的“创想训练营”、“主任俱乐部”等，都是对人才内部培训方式的创新。

(四) 创建合适的企业文化，制定合理、公平的激励机制

从企业管理的发展来看，目前我国已经进入柔性管理阶段，在这一阶段，企业必须抛弃传统文化中对人性的错误认识，正确理解人力资源的作用与地位，建立“以人为本”的企业文化。知识经济时代，只有“以人为本”的企业文化才能适应当今社会发展的需要。物业服务作为新兴的服务行业，更要建立适合企业特点的企业文化和激励机制。激励机制不单单是物质刺激，还包含企业对员工的精神向心力，员工对企业的忠诚度等，做到待遇留人、感情留人、事业留人、前景留人。合理的激励机制是人力资源充分开发利用的根本保证。

(五) 加大人才保护力度，促进人才合理有序流动

对于在实践中涌现的优秀人才，政府和行业协会应当逐步探索建立有效的保护机制，如进一步落实每个物业服务区域管理处主任或项目经理必须具备物业服务师资格，建立行业优秀人才信息库实现人力资源共享等。既为优秀管理人才提供政策保护，加强职业吸引力，增加人才数量，又使得人才可以根据个人职业规划在行业内合理有序流动，最大程度实现自己的个人价值，从而建立对人才的动态保护机制。

四、物业服务人力资源管理未来发展趋势

(一) 集约化、规模化的经营方式需要更多的专业人才

随着物业服务市场化的发展，物业服务招标投标工作的大力推行，物业服务企业将从数量型增长向质量、规模、效益型增长转变，物业服务的发展与社会经济的增长和人们生活水平的提高有着密切的联系，就当前的情况来讲，物业服务行业在未来相当长的一段时间内仍属于微利行业。在有限的市场资源条件下，物业服务企业的竞争将进一步加剧，这势必推动物业服务行业整体素质的提高，社会资源配置也将得到进一步的优化，走集约化、规模化的经营之路也必然成为物业服务企业的发展趋势。走集约化、规模化的经营之

路，可以提高工作效率、降低成本，一业为主、多种经营，进而提高企业的竞争力。这对企业的人才无疑也提出新的要求，规模扩大了，在人力资源上也并不是单纯的增加，而是要求物业服务企业要拥有更多的专业人才，尤其是高素质、高品质的物业服务人才、经营管理人才、技术人才，并要使英雄有用武之地。

(二) 信息化、智能化管理需要高素质人才队伍

伴随着计算机及技术的迅速发展和信息、网络技术的普及，信息化、智能化系统纷纷走进了人们的生活，相应的人们对服务的需求也越来越高。为适应社会发展的需求，信息化、智能化管理将成为物业服务企业的新趋势，过去传统的服务方式已无法满足业主的新需求。随着行业科技含量的不断提高，以及加入WTO后所面临的市场竞争，掌握现代管理和科学技术知识的高素质人才，将成为物业服务企业可持续发展的重要资源。物业服务企业要在巩固现有市场的基础上开拓新的市场、寻求可持续发展，就要向业主提供优质的服务，这也就要求物业服务企业必须拥有掌握信息化、智能化管理方法的高素质人才队伍。

(三) 专业化分工越来越细，部分专业工作将实行外包

随着我国经济逐步融入全球，已经有不少港澳和其他国家地区的优秀的物业服务咨询顾问公司进入我国内地市场。另外，面对激烈的市场竞争，社会分工日趋细化，专业性公司也与日俱增。物业服务企业为了降低成本，提高服务水平、工作效率，以提升企业的竞争优势，将对部分专业工作实行外包。如将人才诊断、员工素质测评、企业人力规划、人员招聘、人才咨询、员工职业生涯设计、猎头服务等外包给专业的人力资源管理顾问公司，将清洁卫生、绿化养护和更换等工作外包给专业的清洁公司，将电梯、中央空调等设施和消防系统的保养维护工作外包给专业的机电工程公司。

第三节　物业服务企业人员选聘实用策略

物业服务企业的竞争是综合实力的竞争，而物业服务企业综合实力的强弱，在很大程度上又取决于员工综合素质的高低。应该看到“不谋万世者，不足以谋一时；不谋全局者，不足以谋一隅”，对于人才的管理尤为如此，人才是企业最重要的资产，企业需要什么样的人？这些人怎样得到？如何选聘到优秀员工？是物业服务企业在竞争中取得成功的关键，值得认真思考。

一、物业服务企业人员选聘现状及问题

众所周知，物业服务行业具有技术含量不高、劳动密集的特点。在物业服务企业中人力不仅是一种资源，更是一种特殊的资本性资源。物业服务企业的服务质量最终取决于企业的人员综合素质，物业服务企业的品牌状况也最终由企业的人员综合素质来决定，有什么样的人，就会有什么样的品牌。越来越多的物业服务企业认识到人力资源管理工作的重

要性，开始重视企业的人力资源管理工作。要想使企业经营行为富有成效，关键在于如何合理科学地使用人才，建立科学的用人机制。现时绝大多数企业依然保留着传统人事管理的做法，虽然在语言描述上改进了，但实际上只追求工作的结果及成本的控制，制度落实不到位，视员工为监督的对象，从不重视员工的能力和发展潜力的提高，欠缺对员工的关心，导致员工积极性和自觉性，甚至令工作质量也随之下降。由于现实条件和实现途径的制约，许多物业服务企业在“选人、用人、留人、走人”方面出现许多问题。

问题一：企业缺乏人员规划，需要招聘时往往提不出明确的人员需求。

所谓人员规划就是要对本企业面临的人员需求和供给情况加以估计，并考虑如果出现岗位空缺，如何找到合适的人来填补的过程。在这方面，有所考虑的物业服务企业并不多；当人员发生流动，特别是骨干人员流失时，企业往往相当被动。也正因为平时缺少对人员规划的思考，在企业的招聘申请表里，很难了解到企业对于招聘人员的具体要求。譬如对新聘员工所期望的工资水平的要求、学历的要求、工作经验的要求等等，企业的招聘也只能满足“找一个人填补空缺岗位”的低层次目标。

问题二：企业人员招聘管理系统过于简单，招聘质量难以保证。

前几年，社会劳动力供大于求，很多物业服务企业走进了“工作难找，人员易招”的误区，对招聘工作不重视。有些企业虽然重视招聘工作，但大多数也只停留在口头上。企业没有科学的工作分析，招聘条件不清晰，招聘渠道定位失误，招聘方法不科学，重要岗位的招聘没有科学的人事测量工具，录用随意性大，很少对招聘工作进行跟踪、分析和总结。这样的招聘管理系统很难保证招聘到合适的员工。

问题三：缺少一套公正的绩效考核系统，员工的考核、晋升缺乏制度支持。

企业的人力资源管理工作，必然涉及员工的绩效考核。现在，大多数物业服务企业，还没有探索出一套适合本企业的、系统的、公正的绩效考核系统，并形成制度。很多企业是沿用其他企业的，甚至是其他行业的绩效考核制度，并没有根据本企业的情况进行修改和完善。企业的绩效考核，在很大程度上只是反映了某些主管的一些主观看法。甚至在一些企业里根本就没有绩效考核这么一回事。企业绩效考核制度的缺位，使企业的员工考核、晋升缺乏制度的支持。

问题四：直线经理人在企业人力资源管理工作中的缺位或参与不足。

直线经理人在企业人力资源管理工作中的缺位或参与不足，是制约物业服务企业人力资源管理水平的主要原因，致使很多企业的人力资源管理工作只能维持在传统人事管理的状态。管理的本质是人力资源的管理，一个好的领导者和管理者首先应该是一个好的人力资源管理经理。但是在很多物业服务企业当中，岗位分析与岗位评估、人力资源规划、人员招聘与选任、人员使用、人员培训、绩效考核、人员激励、人员薪酬、人员保护与福利、社会保险、劳动关系等人力资源管理工作好像只是人力资源部的事情，只是人事经理的主要职责，根本没有直线经理人的人力资源管理概念。在一些企业的管理处人员招聘面试过程中，经常会发现管理处经理缺位的现象。

问题五：没有人才梯队建设的明确规划和制度，企业普遍出现人才断层。

要构建企业的人才梯队，首先要对企业的人力资源现状有充分的了解。这种了解，不是简单的、主观的了解，应该有相关的人力资源统计数据作支持。目前，物业服务企业开展人力资源统计工作的还是不多。人才梯队的建设，还涉及企业及员工本人的职业生涯规划等问题。这方面的工作，很多物业服务企业还是很薄弱的，由于没有人才梯队建设的明确规划和制度，人才断层问题在物业服务企业里是相当普遍的。

二、物业服务企业选聘人员类型分析

根据成功的企业经验，结合物业服务行业的自身特点，物业服务企业应该形成自己独特的人力结构和企业人员素质结构，主要表现为以下几种形式。

（一）决策型

知识广博，眼界开阔，胸怀坦荡，既有雄才大略和过人胆识，又有敏锐的洞察力和缜密的判断能力。

（二）参谋型

有真知灼见、思维敏捷、阅历丰富，善于出谋划策、拟定方案。

（三）综合型

知识面广、综合能力强，能将先进管理经验和管理方法为我所用，能较迅速而准确地分析、概括、总结和发展各种新思想、新建议。物业服务企业应具备较多的此类型人才。

（四）协调型

活动能力强、人际关系好、善于组织协调、具有较丰富的心理学知识。对内能协调各部门关系，使其相互配合，对外则善于化解各方面的冲突。

（五）监督型

秉公从业、办事公道、铁面无私、管理严格、通晓法律、善于采取对策，依法维护经营权益。

（六）完善型

能准确领会决策者的意图，工作细致、认真负责、事业心强、善于把工作方案和设想付诸实施。

（七）执行型

办事认真可靠，落实迅速准确。

三、物业服务企业优秀人员选聘过程

物业服务企业确定并选聘优秀人员的过程主要包括五个方面的内容，这五个方面的内容分别是：人力资源规划、通过招聘增补员工、通过解聘减少员工、进行人员甄选、通过试岗让新员工与企业相互适应和了解。

(一)人力资源规划

1. 目的和作用。

人力资源规划是指物业服务企业的管理者在适当的时候，为适当的岗位配备适当数量和类型的工作人员，并使他们能有效地完成促进物业服务企业实现总体目标的任务的过程。通过人力资源规划可以将物业服务企业的总体目标转换为需要哪些人员来实现这些目标。人力资源规划不仅可以给物业服务企业现时的人力资源配备需要提供指导，还可以预测物业服务企业未来的人力资源需要。物业服务企业人力资源规划包括三个方面：对当前人力资源的评估，对未来人力资源的评估，制定满足未来人力资源需要的实施方案。

2. 对当前人力资源的评估。

物业服务企业的管理者对当前人力资源评估的一项内容是对企业现有人力资源的状况进行调查，调查的目的是为了帮助物业服务企业的管理者充分了解现有人员的工作技能。调查可通过让员工填写调查表的方式来完成。调查内容应包括被调查者的姓名、学历、所受过的培训以及以往的就业经历、能力、专长等。物业服务企业的管理者对当前人力资源评估的另一项内容是进行岗位分析，岗位分析的目的是为了确定物业服务企业中各岗位的职责以及履行各岗位职责所需要的条件，例如：客户服务部主任的职责是什么？做好客服工作所应该具有的知识、能力和技能有哪些？客服主任与客服助理这两个岗位人员的要求有哪些异同？在实际操作中有五种方法可用来进行岗位分析。

(1)观察法，直接对员工的日常工作进行观察或拍成录像，例如，安排相关人员对客服部人员的日常工作进行一段时间的观察并进行记录，最后总结出物业客服人员的具体工作内容。

(2)面谈法，逐个或以小组的方式与员工进交谈，例如，与客服部员工进行交谈，让他们对日常工作进行描述，对其所描述的内容进行记录，从而归纳出物业客服岗位所有的工作内容。

(3)调查法，让员工在一份调查问卷上列出他们所有工作的内容，例如，制作一份调查问卷发给客服人员，让其列出日常工作的所有内容，经过整理便可以得到客服人员岗位的具体工作内容。

(4)讨论会，让对某项工作有详细了解的人员一起确定某个岗位的具体内容，例如，让物业客服部的管理人员、物业服务企业中负责质量监督的人员以及其他有关人员一起对物业主管岗位的内容进行讨论，通过讨论进一步明确物业主管的工作内容是什么。

(5)记录法，让员工将每天的工作内容记录下来以供复阅，同时整理成岗位职责材料，例如，让办公室文员将每天的工作内容进行记录，将一段时间的记录整理后就可得到办公室文员的具体工作内容。

通过对现有人力资源的调查以及岗位分析的工作，物业服务企业就可以着手编制各岗位的职责和任职标准。岗位职责是对任职者需做什么、怎么做和为什么做进行的书面说明。任职标准是对任职者从事此项工作所应具备的资格标准提出要求，这些要求包括身体素质、知识素质、技术要求和工作能力等。岗位职责和任职标准是物业服务企业进行人员招聘和人员挑选时所应该持有的重要文件，它可以帮助物业服务企业确定哪个候选人更为合适。

3. 对未来人力资源的评估。

对未来人力资源的评估是指根据物业服务企业的业务发展计划以及经营管理目标对未来人力资源的需求情况进行评估，例如：根据物业服务企业本年计划接管的物业面积、物业类型及物业的规模，可规划出所需设置的岗位有哪些，每个岗位需要配置的员工数量多少。

4. 制定满足未来人力资源需要的方案。

通过对物业服务企业现有人力资源以及未来人力资源的评估，物业服务企业的管理者就可以依据所提供的信息制定满足未来人力资源需求的行动计划，例如：通过对现有人力资源状况的分析，可以知道物业服务企业中哪些岗位的人员多余，需要减少；哪些岗位的人员缺少，需要增加；哪些岗位的员工需要提高工作技能以适应工作职责。通过制定岗位职责以及就业标准可指导招聘人员及挑选人员。通过对未来人力资源状况的评估可以为物业服务企业制定未来的人力资源增减计划等。

(二) 通过招聘增补员工

通过招聘增补员工是指物业服务企业为安置、确定和吸引有能力的申请者的活动过程。物业服务企业招聘员工的过程一般采用内部招募和外部招募两种形式。

1. 内部招募。

在物业服务企业，内部招募是广泛采用的一种招聘方式，优点是花费少；有利于提高员工积极性；候选人了解企业的情况；能很快适应新岗位。缺点是人员来源有限。内部招募的主要方式有内部提拔、内部调换、内部工作轮换、内部员工推荐。

(1) 内部提拔。内部提拔是指物业服务企业根据空缺职位的需求，从现有人员中进行提拔，例如：将物业客服管理员提拔为物业客服主管。

(2) 内部调换。内部调换是指根据物业服务企业空缺职位的需求，从其他岗位平级调动人员填补空缺岗位。内部调换可提供员工从事更多岗位的机会，有利于将来的晋升，还可平衡企业人员比例，例如，物业客服主管出现了岗位空缺，而办公室主管的设置又出现多余的情况下，可将办公室主管平级调换到物业客服主管的岗位，这样既减少了办公室岗位多余的设置，又满足了物业客服主管岗位的空缺需求。

(3) 内部工作轮换。让物业服务企业内的员工定期进行岗位轮换，适应不同的工作岗位。通过对不同岗位的熟悉有利于提高员工的综合素质，有助于更高层次管理人员的产生，还可以减轻员工因长期从事同一工作而产生的枯燥感，提高工作效率，例如，让非技术性管理岗位(如财务管理、工程管理)的管理人员定期轮岗，以熟悉不同的岗位。

(4) 内部员工推荐。基于物业服务员工对所在企业的认识，让其推荐高素质的员工进入企业。员工推荐是一种最好的招募方式。首先，推荐者对企业和被推荐者都比较熟悉，因此，被推荐者在被推荐之前都经过了推荐者的精心筛选，较适合所需岗位。其次，出于对自己个人名誉的考虑，推荐者往往将素质较高的人员推荐给企业。员工推荐的不足之处是不利于企业员工类别和结构的增加，因为推荐者一般都会倾向于推荐自己熟悉的工种和岗位。

2. 外部招募。

外部招募是指物业服务企业通过外部渠道招募员工的一种方法，一般采用以下方式。

(1) 广告招募。广告招募是物业服务企业获得应聘人员的常用方法。这种方法的特点是辐射面广，可以有目的地针对某一特定群体。缺点是可能有许多不合格的应聘者。招募广告的内容可包括公司简介、招聘岗位介绍、应聘岗位的要求、工作待遇、联系方式等内容。好的招聘广告既可以提高物业服务企业的知名度又能够吸引较多的招聘对象，可谓一举两得。但应选择好招聘媒介，以达到较好的收阅、收视、收听效果。

(2) 学校分配。这是物业服务企业招聘初级岗位员工的一种较好方式。物业服务企业可与有房地产专业或物业管理专业的院校建立起联系，通过联合办学、设立奖学金、供需见面会等方式吸引优秀学生毕业后到企业工作。

(3) 公共就业机构。每一个城市都有由劳动、人事部门设立的人才交流中心和职业介绍机构，这些机构都储备了大量的人力资源并能提供及时的人力资源信息供用人单位挑选。物业服务企业应通过成为其会员等方式与这些机构建立起长期的合作联系，以随时获得所需要的应聘者和人力资源信息。

(4) 私人就业机构。对于高级管理人才、技术人才，物业服务企业可提出具体要求，委托私人就业机构(如猎头公司)代为物色。

(5) 临时性支援服务。对于特定时期因特殊需要的临时人员，物业服务企业可选用临时性支援服务的方式，例如，使用其他家政机构的人员或自由家政职业者临时为物业服务企业所承接的家政业务提供服务。委托招投标中介机构的专家提供物业管理招标、投标咨询服务等。

(三) 通过解聘减少员工

随着物业服务行业竞争的加剧以及业主自主选择物业服务企业情况的增多，物业服务企业因管理范围减小、放弃服务、业务转型等原因还经常要面对解聘员工的问题。解聘的目的是为了缩减员工数量，同时进行员工技能的重组，常用的解聘方式如下。

1. 解除合同。

解除合同是物业服务企业与受聘人员之间一种永久性的、非自愿地解除聘用的方式。为减轻这种方式在企业员工中所造成的负面影响，企业可采用文化考核、绩效考评、查验有效证件等方式来组织实施。

2. 暂时解除合同。

这是物业服务企业与受聘人员之间一种临时性的非自愿地解除聘用关系的方式。解聘可能持续较短时间也可能持续较长时间。

3. 自然解聘。

对因自愿辞职或退休而空缺出的岗位不再增员填补。

4. 调换岗位。

横向或者是纵向地调整员工，这种方式通常不会降低劳动力成本，但是可以缓减劳动力供求不平衡，例如，行政管理人员较多，可暂时将行政管理人员调整到基层操作性岗位。

5. 缩短每周工作时间。

减少每周工作时间，或者进行工作分担(一人数职、一人多岗)，或让临时工分担这些工作，例如，平时只保留很少的绿化管理人员，在特定时期雇用工人进行除草、施肥、修剪、喷洒农药等工作。

6. 提前退休。

为年龄大、资历深的员工提供激励，鼓励他们在正常退休年龄之前离开岗位。

(四) 人员甄选

物业服务企业通过人力资源规划确定了企业人才短缺，并通过实施过程开发了一批申请者后，管理者需要采取一定的方法对申请者进行甄别以确保最合适的人选得到这一职位。甄选实际上是一种预测行为，设法预见聘用哪一位申请者能按照物业服务企业的绩效考评标准把工作完成得有效。常用的甄选手段如下。

1. 申请表。

申请表是几乎每一个物业服务企业都在使用的甄选手段。表的内容一般包括受聘人员的姓名、年龄、文化程度、联系方式、专业技能、工作经历、任职情况、个性特长、就职愿望等基本情况。申请表的真实性一般较低。实际操作中的一些方法能增加申请表的有效性，例如，让申请者提供合乎条件的担保人；让申请者提供合法有效的证明；要求申请人对工作经历中每次离职的原因提供说明文件；对于一些特殊岗位的人员还可采用外调的方式了解情况。

2. 笔试。

笔试主要是考核申请者是否具备与所应聘岗位相关的综合文化素质，例如，物业服务人员的考核就应该包括物业管理基础理论、相关法规、公文写作、人际沟通、服务礼节等方面的内容。

3. 绩效模拟测试。

绩效模拟测试是一种在上岗之前就能够测试出应聘人员工作能力的甄选方法，主要包括工作抽样法和测评中心两种方法。

4. 工作抽样法。

工作抽样法是通过让应聘人员完成一项工作的某些核心任务，以测试应聘人员是否具有完成该项工作的能力。工作抽样法主要是用于一般员工的招聘，例如，让应聘绿化工作的人员辨认各种植物并说明各种植物的维护要点，以测试应聘者是否具备从事该项工作的基本素质。在机电维修人员招聘中，实操考核是常用的测试方法，具体内容包括：要求应聘者根据设备运行要求设计设备安装图纸，根据图纸要求进行设备线路及控制线路的排设，排设完成后用万用表对所排线路进行通电测试，接通电源使设备严格按照图纸设计进行运行等一系列内容。

5. 测评中心。

测评中心是一种更为复杂的模拟测试方法，主要是用于管理人员的招聘。具体是由物业服务企业中履行相关职责的管理人员、人事管理人员、监督管理人员一起成立测评中心对应聘者的综合素质进行考核的方法。考核的内容主要是完成与实际工作相关事件的处理能力，例如，让应聘物业管理岗位的人员进行物业接管方案的设计；提供装修管理的全程管理服务；对一些日常冲突提出自己的具体处理意见和措施。

6. 面谈法。

面谈法也是一种被经常使用的招聘方法，几乎每一个应聘者都经历过面谈的程序，很多人的工作就是通过面谈的方法得到的。物业服务企业的招聘者在组织面谈工作时应注意以下一些要点。

(1) 对所有应聘者设计一些固定的问题。所提问题应该具有针对性及目的性，尽量减少面谈工作的随意性。

(2) 取得与应聘者工作有关的详细信息。招聘者应该对应聘者所要应聘的岗位充分的熟悉，以确保提问的专业性。

(3) 尽量减少对应聘者履历、经验、兴趣或其他方面先入为主的认识。与应聘者相关的信息有可能使招聘者在提问时带有个人倾向，从而影响招聘者做出正确的判断。

(4) 多提问那些要求应聘者对实际做法给予详细描述的问题。所提问题不应该是空洞的理论，而应是用于实际工作中的案例。

(5) 采用标准的评价格式。应制定出问题的答案以便对应聘者所回答的问题进行评分。

(6) 面谈中要做笔记。应对面谈的过程及结果进行记录。

(7) 避免短时间面谈形成过早决策。面谈时间过短往往很难对应聘者的素质形成全面客观的认识，面谈的时间应相对较长。

7. 体格检查。

体格检查既是确保上岗所应具备的基本条件，同时又能避免给企业以及企业员工造成不必要的损失。

(五) 试岗

一旦确定了岗位的候选人，他就需要被介绍到相应的岗位、部门和企业中以便相互适应。试岗的目的是为了减少员工在一个新的工作环境中所产生的焦虑，让新员工熟悉所就职的岗位、部门、企业，在试岗的过程中也让企业进一步了解该员工是否适合所应聘的岗位，是否是企业所需要的人。试岗的时间不宜过长，一般来说，一至三个月较为合适。

第四节 物业服务企业员工培训实施策略

物业服务企业如何在竞争中谋求生存和发展，关键因素是能否培养和造就出优秀人才，要实现这一目标取决于企业能否培训和利用好现有的人力资源，能否最大限度地开发人力资源，使其发挥最科学、最合理的作用。有些物业服务企业已经形成并运行了一套完整的培训体系，企业内部也设立有专职培训机构，培训活动由总部统一领导、计划、组织和实施，这样的培训体系有利于充分利用企业的培训资源，统一公司的培训标准和培训要求，有利于资源共享、降低培训成本。企业员工要在不断的学习过程中来提高自己，在各种培训中受益，进而提高企业的竞争力。

一、物业服务企业员工培训工作的目的和意义

(一) 员工培训是物业服务企业参与市场竞争的需要

物业服务企业的竞争归根到底是人才的竞争，物业服务企业除了从市场上招聘到合适的人才外，更为有效的方式是通过培训提高现有员工的素质，使其成为满足企业需要的人才。

(二) 员工培训是物业服务企业管理者激励员工的方法

当今社会，学习培训已成为很多人改变自己生活和环境的重要手段，几乎每一个人都有对学习的需求和渴望。物业服务企业内浓郁的学习氛围，以及有效的学习政策都会对员工产生足够大的吸引力，有利于员工队伍的稳定。

(三) 员工培训是物业服务企业经营管理现代化的基础

物业服务行业已从过去传统的房屋协作管理转向以委托管理方式为主的市场化经营管理，这种社会化、市场化的经营管理方式对物业服务从业人员的素质提出了较高要求，物业服务已不仅是一个劳动密集型的行业，需要有大批精通管理的优秀人才来推动行业的发展。因此，员工培训是实现物业服务企业经营管理现代化的基础环节和可靠保证。

二、物业服务行业员工培训的特征

物业服务行业伴随着商品房的产生而产生，是一个新兴的行业，该行业的培训也必然渗透着新兴行业固有的特征。

(一) 培训内容多

物业服务行业作为新兴行业必然有许多新的观念、新的知识、新的技能、新的规范，这些都需通过培训来普及和推广。从培训的范围来看，物业服务行业培训必须是全面的，如果短缺一部分或有一个弱项，即会造成整个行业服务效果整体效果差，容易给服务对象“服务质量低”的感觉，所以物业服务行业培训知识必须是跨学科的，既涉及各种专业技术(房地产规划设计、接管验收、房屋维护与修缮、设备维修、秩序维护、清洁卫生、绿

化建设、环境美化、财务管理、微机操作），也涉及法学、管理学、心理学、公共关系学、信息科学等多个学科领域，所以物业服务行业培训内容多。

（二）培训难度大

物业服务属于劳动密集型的行业，换言之，就是物业服务行业入行的门槛低，入行人员主要来自大量的社会剩余劳动力，而这一特点往往容易使大部分行业人进入一种“误区”，即误认为在知识经济时代中，物业服务行业的行业地位低，学习物业服务知识、技能，不如学习计算机、生物科学等高科技来得新奇、刺激、上档次。据调查，这种想法在物业服务行业的从业人员中带有普遍性，并且成为物业服务行业培训的主要思想障碍，容易导致物业服务行业接受培训人员认识上的模糊性和误导性，从而加大行业培训的难度。

（三）培训范围广泛

第一，从物业服务行业的服务内容看，既有对房屋的维修，又有对房屋附属物、设备、设施的维护与保养；既有对场地、道路、周边环境的清洁绿化，又有对整个物业服务区域的治安防范。第二，是从物业服务行业的服务对象和参与主体的组成看，既有业主也有非业主，还有租户和临时出入物业管理区域的人员；既涉及业主、物业服务企业，又涉及房地产开发商、政府主管部门、公安、消防、工商、税务、物价等相关部门。第三，是从物业服务行业的服务活动所涉及的法律性质看，既有平等民事主体之间的权利义务，也有不平等民事主体之间的权利义务。

三、物业服务企业员工培训应避免的问题

在企业员工培训的过程中，要提高企业员工的培训效果、加强企业培训的管理，特别要注意避免出现以下几方面的问题。

（一）提高员工基本素质的培训——忌讲解枯燥

提高员工基本素质培训的内容多数是理论方面的，在讲解的过程中，容易让受训者打不起精神来。应该在讲解的过程中穿插生动的故事、有关的幽默、笑话、案例、图片、VCD资料播放等手段来提高培训质量。

（二）提高员工工作效率的培训——忌口无遮拦

提高员工工作效率的培训要多传授如何提高工作效率的方法，不能把培训变成批评员工的大会，要举工作效率高的典型榜样，让他们的工作事实说话，有的放矢。忌讳举受训员工中的工作效率不高的典型，可举其他单位的案例。这样不至于使受训者有抵触情绪。

（三）提高员工礼仪常识的培训——忌空洞无边

提高员工礼仪常识的培训内容在很多书中都有，有的员工都清楚该怎样去做。在培训中要有鲜活的例子，要有成功人士在礼仪方面的出色表现，也要有生活中普通人在礼仪方面的表现，结合企业对员工在礼仪方面的要求来讲解，要有动作示范，重要的礼仪知识要让受训者在培训中亲身去体会，并形成流程：我做你看，你我同做，你做我验。

（四）提高员工团队精神的培训——忌大话连篇

提高员工团队精神的培训内容多数是教育员工加强合作、协调配合、以企业的利益为重、爱岗敬业、团结同事等等，团队精神的培养要体现在具体工作的实际中，不能空喊高调，要结合员工身边的典型示范来教育员工，培养团结互助的精神。让空洞的口号转化在工作的小事中，让关爱体现在方方面面，让集体精神体现在员工的日常工作、生活、学习中。让员工的敬业精神得到赞扬。

（五）提高员工销售技巧的培训——忌无实战操作

提高员工销售技巧的培训内容是在实际工作中具体应用的，如有实际销售经验的工作者来讲解是最好的，要求人力资源工作者有销售的经验是必要的，不知道销售怎样运作是不行的，没有和实际工作结合的理论是无任何意义的，要亲自体会，亲自销售企业的产品，亲自参加企业产品销售的谈判，才能更好地给受训者提供优质服务，明白销售员工的心理反应和知识需求。

（六）提高员工企业理念的培训——忌总讲创业史

提高员工企业理念的培训内容有企业文化、企业的创业史、企业的规章制度、企业经营管理理念、企业的发展情况、企业的未来规划等等。企业文化理念的范畴是非常广泛的，对员工企业文化理念方面的培训不要每次培训都重复讲企业的创业史，企业过去的辉煌。要着重讲企业会给受训者带来什么利益、什么好处、什么本领。要着重讲将来企业的规划蓝图，但要有可实现性。不要在过去的奖状上“睡觉”，留恋企业过去的辉煌。

（七）提高员工专业技能的培训——忌外行讲内行

提高员工专业技能的培训内容是要非常专业的，最好是请这方面的专家来进行培训。人力资源管理工作者要组织好对员工专业技能的培训，设计好课题，可以内请专家也可以外聘专家来进行培训，培训的内容要和实际操作相结合，做到受训者可以随时随地探讨专业技能方面的问题，共同解决问题，忌外行讲内行。

四、物业服务企业员工培训工作实施策略

（一）在实施培训前，必须明确企业所培训的对象，并对其进行合理分类

物业服务企业员工构成基本可分为决策层、管理层和操作层。由于物业管理的服务特点，其工作内容大致可分为保洁、绿化、秩序维护、工程设施维护以及特约服务等几个部分，除了专业类培训的特别要求外，还要求员工，特别是管理层干部具有较高政策水平。因此，在对员工进行培训时既有相同要求，又有个性需求。培训最忌讳培训对象水平的参差不齐，因为培训内容的设计通常针对性很强，同样的培训内容因受众群体不同，效果往往有很大差距。从这个层面上理解，可以将物业管理培训内容分为基础类、专业类和应用类三种。

1. 基础类。

主要是学习、了解和掌握物业管理相关法规和基本运作程序及方法，是日常工作的指

导性知识和内容。

2. 专业类。

主要涉及具体工作所需的专业知识和专业技能。这部分内容有的可以通过物业服务企业的培训达到，如保洁绿化人员的作业培训；但有的仅靠物业服务企业的培训是不够的，如工程技术类的专业知识和专业技能，还要由社会的基础教育及学历教育，以及职业技能教育提供，物业服务企业通过选择性招聘具有所需专业知识和专业技能的人才，并通过企业内部和外派的培训进行补充和充实。

3. 应用类。

主要是指做好物业管理具体工作必须用到的知识和技能，如面对客户所需要的礼仪常识和沟通技巧等。由于物业管理大多数岗位都有客户沟通和服务层面，因而对相应的规范和技巧都有要求。另外，这方面还应包括物业服务企业为实施某些管理措施所开展的培训，如为推行 ISO 9001 质量保证体系标准或企业 CI 形象体系而进行的，旨在贯彻标准而进行的培训，还有旨在弘扬企业文化，进而加大企业内聚力和对外发散力的培训。

(二) 培训课程设计要有针对性

这不仅意味着培训人员要有的放矢，还必须根据公司的管理目标和方针，针对不同素质、不同层面、不同要求的员工，做出合理安排。如对于保洁绿化人员的培训，不必使其对物业机电设备状况有详细了解。基于面向的管理和服务对象各有侧重，培训的要求和方向显然也不应相同。

(三) 参与培训的师资队伍要同时具备专业知识和工作热情

专业知识的丰富与否直接影响到培训内容。不少物业服务企业在选择培训的师资上都有要求。经常聘请一些有丰富理论和实践经验的行业专家，或是某领域的带头人给高级管理人员进行培训；对操作层的培训也是聘请专业工程师或有丰富经验的高级技工担当老师。工作热情对于培训教师也同样重要，意味着该教师是否热爱这份工作，能否将培训大纲的内容认真地传授给接受培训的员工，使之掌握并能在实际中灵活运用。

(四) 物业服务企业要建立完善的评估制度

培训的效果要通过对教师和学生的测评得出。对教师评估有利于提高教学质量；而对学员的成绩评估则是为了有相对的制约，以保证学习效果。因为企业的培训往往是免费和不正规的，易流于形式，所以培训最终要有对学员完善的考试，定期对老师教学质量的测评调查。对于企业来讲，培训的内容和效果还应与员工的升迁、任职相联系，增强员工参加培训的热情和动力，将员工素质的提高与企业的发展、竞争力的提高有机联系起来。

第五节　物业服务企业人员绩效考核存在的问题及改进策略

绩效考核是企业对员工在工作过程中表现出来的业绩（工作的数量、质量和社会效益等）、工作能力、工作态度（含品德）进行的综合评价，并用评价结果来判断员工与其岗位的要求是否相称。其目的是确认员工的工作成就，改进员工的工作方式，以提高工作效率和经营效益。绩效考核是人力资源开发与管理中非常重要的范畴，是在管理工作中大量使用的手段，它是构成人力资源开发与管理操作系统五大体系之中的一个部分。绩效考核为人力资源管理的其他环节提供确切的基础信息，其结果可以为生产、供应、销售、财务等其他职能部门的决策提供参考依据。

一、绩效考核在管理中的作用

绩效考核是企业经营管理工作中的一项重要任务，是保障并促进企业内部管理机制有序运转、实现企业各项经营管理目标，将绩效成绩用于企业日常管理活动中，以激励员工业绩持续改进并最终实现组织战略及目标的一种管理行为。具体来说，绩效考核具有如下作用。

（一）绩效考核是企业聘用人员的依据

要实现一个组织人与事的科学结合，必须“识事”和“知人”。岗位分析、岗位评价和岗位分类是“识事”的基本活动，考核则是“知人”的主要活动。只有“知人”才能“善任”，通过绩效考核，能够对每位员工的各方面情况进行评估，了解每个人的能力、专长和态度，从而能够将其安置在适合的职位上，达到人尽其才的目的。

（二）绩效考核是员工调动和升降职位的依据

绩效考核侧重于对员工的工作成果及工作过程进行考察，通过绩效考核，可以获得员工的工作信息，如工作成就、工作态度、知识和技能的运用程度等。根据这些信息，可以进行人员的晋升、降职、轮换、调动等人力资源管理工作。这对个人来说是扬长避短，对组织来说则是实现人力资源的优化再配置。如一个员工绩效优秀而且大有潜力时，可以给予晋升，既发挥其才能，又增强组织的竞争力；一个员工业绩不良，可能是因为他的素质和能力同现在的职务不匹配，这就应当进行工作调动和重新安排，以发挥其长处，帮助其创造更佳业绩。

（三）绩效考核是员工培训的依据

培训开发是人力资源投资的重要方式，可以使人力资源增值，是企业发展的一项战略性任务。绩效考核可以为企业对员工的全面教育培训提供科学依据，知道哪些员工需要培训，需要培训哪些内容，使培训开发做到有的放矢，收到事半功倍的效果。绩效考核在此方面的作用是：一方面能发现员工的长处与不足，对他们的长处给予发扬；另一方面也可以查出员工在知识、技能、思想和心理品质等方面的不足，使培训开发工作有针对性地进行。通过持续的绩效管理，促进培训开发工作的深入。

（四）绩效考核是确定薪酬和奖惩的依据

现代管理要求薪酬分配遵守公平与效率两大原则，这就必然要对每一个员工的劳动成果进行评定和计量，按劳付酬。绩效考核为报酬分配提供依据，进行薪资分配和薪资调整时，应当根据员工的绩效表现进行，运用考评结果，建立考核结果与薪酬奖励挂钩制度，使不同的绩效获取不同的待遇。合理的薪酬不仅是对员工劳动成果的公正认可，而且可以产生激励作用，形成进取的组织氛围。考核结果不与薪酬、奖励、提职、培训等挂钩，就等于一句空话，不仅起不到激励效果，反而会挫伤员工的工作积极性，影响工作业绩和效率。

（五）绩效考核有利于形成高效的工作气氛，使个人目标与组织目标相一致，并促进员工的发展

通过考核，经常对工作人员的工作表现和业绩进行检查，并及时反馈，要求上下级对考核标准和考核结果进行充分沟通，因此，考核有利于形成高效率的工作气氛，有助于组织成员之间信息的传递和感情的融合。通过这样的沟通，可以促进员工相互之间的了解和协作，使员工的个人目标同组织目标达成一致，建立共同愿望，增强组织的凝聚力和竞争力。绩效考核可以促进员工发挥潜在能力，通过绩效考核，员工对自己的工作目标更加确定，并会努力提高自己的期望值，比如学习新知识、新技能，以提高自己胜任工作的能力，取得理想的绩效，个人也就得到了进步。所以，绩效考核是促进员工发展的人力资本投资。

越来越多的企业已认识到绩效考核在企业经营管理工作中的地位与作用，与此相伴的另一个现象是大多数经营者对绩效考核普遍存在困惑，企业如何对员工的工作绩效进行精确的评分，如何真实地反映员工的绩效水平？绩效考核并不完全是一个理性的过程，考核者和被考核者往往都对考核的目的要求不同，考核者关心的是如何利用绩效考核实现自己或小团体的目的；被考核者关心的是如何得到好的评分，如何通过绩效考核得到更多利益。绩效考核结果往往与各种物质和非物质利益挂钩，如果绩效考核出现偏差，必然会误导员工，取得适得其反的效果，可能引起各种利益冲突、引发企业内部各种矛盾、降低企业经营管理的效率，打击员工的积极性，引起员工的抵触情绪，引发员工之间的矛盾。

二、绩效考核操作中的认识误区

绩效考核本身不是目的，而是为获得更高的业绩水平而使用的手段。考核者往往背离绩效考核的目的，只是为了考核而考核，用绩效考核来评价员工的工作状况，人为地拉开距离，抓住那些绩效低下的员工，甚至把他们淘汰掉。而被考核者对考核标准的不认同和抵触情绪，又影响了员工的工作绩效。他们往往觉得自己是被监视、被责备的对象，不被尊重，没有安全感。所以往往会出现消极抵触、防御心理的局面。绩效考核过程中容易出现的问题和认识误区主要表现在以下几个方面。

（一）认为绩效管理是人力资源部的事情

由于没有意识到绩效管理是一个系统，没有认识到绩效目标的实现是企业目标实现的基础；每一个管理者的绩效目标的实现是由他的员工的绩效目标的实现来支持的；绩效管理是每一个管理者日常工作中最重要、最基本的组成部分；他们往往把绩效管理简单地看成是填一些表格，看成仅仅是人力资源部的事情。在建立绩效管理的过程中，由于绩效管理与战略性的人力资源管理的选、育、用、留等环节，尤其是“用”的环节，有密切的关系，很多企业直觉地将绩效管理作为人力资源管理的一个部分，交由人力资源管理部门负责。这从理论上讲没什么错误，但这种做法在实践中会造成很多问题，使绩效管理流于形式，还可能会在部门之间、员工之间产生很多矛盾。产生问题的根源，是企业的管理者将绩效管理等同于绩效考核。从严格意义上讲，企业的人力资源管理部门，和其他职能部门一样，是为业务部门提高运营效率提供支持和服务的，是企业人力资源管理政策的管理者。显然，绩效管理的功能超出了人力资源管理部门的职能范围，其真正的责任人，应当是企业的总经理及各级管理人员。人力资源管理部门在绩效管理过程中、在具体的操作中，承担横向的组织和协调工作。

（二）绩效考核等同于绩效管理

绩效考核是人力资源管理中越来越被人们熟悉的一个概念，许多企业的管理人员认为年末填写的那几张考核表就是绩效管理。事实上，那只是绩效考核，绩效考核绝不等于绩效管理。绩效管理是人力资源管理体系中的核心内容，而绩效考核只是绩效管理中的关键环节。绩效考核仅是对员工工作结果的考核，是绩效管理的一个部分而不是全部。绩效管理是企业将战略转化为行动的过程，是战略管理的一个重要构成要素，其深层的目标，是基于企业的发展战略，通过员工与其主管持续、动态的沟通，明确员工的工作任务及绩效目标，并确定对员工工作结果的衡量办法，在过程中影响员工的行为，从而实现企业的目标，并使员工得到发展。完整的绩效管理是包括绩效计划、绩效辅导、绩效考核、绩效诊断、绩效沟通、绩效改进和绩效应用的系统管理活动。在这个过程中，它不仅强调达成绩效结果，更强调通过计划、分析、评价、反馈等环节达成结果的过程。绩效管理所涉及的不仅仅是员工个人绩效的问题，还包括对组织绩效的计划、考核、分析与改进。目前行业大多数企业缺乏完整的绩效管理体系，还停留在绩效考核阶段。

（三）绩效管理不需要沟通与反馈机制

把绩效评价当作“机密”，人事考评也不公开，这样就加重了员工对考评的不安心理和对考评者的不信任感，进而妨碍了考评对员工指导教育的作用。在许多企业中员工对绩效管理制度缺少了解，许多员工反映不知道公司的考核是怎样进行的；考核指标是如何提出来的；考核结果是什么；考核结果究竟有什么用处等等，至于自己在工作中存在哪些问题，而这些问题又是由什么原因造成的，应该如何改进等就更无从得知了。所以，要做好绩效管理工作就必须有良好的沟通与反馈机制，让员工充分了解企业的绩效管理制度。

三、减少人员绩效考核偏差的改进策略

如何让绩效考核真正发挥作用，成为企业发展的现代化管理工具，已刻不容缓地摆在管理者面前。对工作绩效真实地考核，并保持对员工的有效激励和反馈，企业就能激发起每位员工的工作热情和创新精神，推动其能力发展与潜能开发，形成一支高效率的工作团

队。为了减少绩效评价中的偏差，提高绩效考核过程和结果的正确性，需要采取以下改进措施。

（一）制定客观、明确的考核标准

考核内容是绩效考核的基础，应由专业人员及业务人员结合不同企业、不同部门及不同岗位的具体情况共同研究、制定。在绩效考核中，要尽量采用客观性的、与工作密切相关的考核标准。以职务说明书或职务分析为依据制定考核项目和标准是一个简便有效的方法。考核标准要明确，即含义清楚，不能随意解释，考核者对同一类被考核者使用的考核方法一致。绩效考核的客观性，首先是指考核的指标应尽量以可量化的、可实际观察并测量的指标为主。同时，考评的指标应尽量简洁，过多的指标极易导致考核组织者工作量的增加，并且难以区分各考核指标之间的权重对比。其次，是确定考核的内容指标时，要考虑企业的实际特点，建立有针对性的、切实符合企业自身管理要求的指标体系。第三，在考核工作中，每一项考核的结果都必须以充分的事实材料为依据，如列举员工的具体事例来说明和解释评分的理由。这可以避免凭主观印象考核和由晕轮效应、成见效应等所产生的影响。

（二）选择科学合理的考核方法

选择考核方法的原则是，根据考核的内容和对象选择不同的考核方法，该方法在该次考核中具有较高的可信度和有效度，能公平地区分工作表现不同的员工。可选择的方法包括：序列法、配对比较法、强制分配法、标尺法、要素评定法、工作记录法、关键业绩指标法、行为锚定法、目标管理法、360°考核法等。每一种考核方法都有其优点和缺点。例如，标尺法可以量化考核结果，但考核标准可能不够清楚，容易发生晕轮效应、宽松或严格倾向以及居中趋势等问题；序列法和强制分配法可避免上述问题，但在所有员工事实上都较为优秀的时候非要人为区分又会造成新的不公正；关键事件法有助于帮助评价者确认什么绩效有效，什么绩效无效，但无法对员工之间的相对绩效进行比较。

（三）选适合的考核人员，并对其进行必要的培训

如果人力资源部门既负责考核工作的组织与策划，同时又承担具体的实施操作职责，这势必影响考核工作的效率与效果。作为企业的核心职能部门之一，人力资源部门的职责应定位于对考核工作的组织及策划，即负责制定考评目标、规范考核的主体内容、指导各具体考核工作单位的考评实施与结果运用。绩效考核工作应当由能够直接观察到员工工作的主管承担，甚至由最了解员工工作表现的人承担。一般情况下，绩效考核的主要责任人是员工的直线经理。这是因为直线经理在观察员工的工作绩效方面处在最有利的位置，而且这也是他应该承担的管理责任。但是，直线经理不可能对下属的所有工作全部了解，他在考核下属时可能会强调某一方面而忽视其他方面，这种情况在矩阵式组织中更加突出。因此，考核者还应当包括考核对象的同事、下属及其本人。

对考核者进行培训，是提高考核科学性的重要手段。尤其是对考核者进行避免晕轮效应、宽严倾向和集中倾向等培训，有助于减少上述考核误差问题。进行考核培训，首先要让考核评价者认识到，绩效考核是每一个管理者工作的组成部分，要确保考核对象了解企业对他们的期望是什么，进而要让考核者正确理解考核项目的意义和评价标准，掌握常用的考核方法，并能够选择合适的考核方法。通过培训，还要让考核者了解在绩效考核过程中容易出现的问题、可能带来的后果，以避免这些问题的发生。

（四）公开考核过程和考核结果

绩效考核结果必须公开公示，这不仅仅是考核工作民主化的反映，也是组织管理科学化的客观要求。考核评价作出以后，要及时进行考核面谈，由上级对下级逐一进行，将考核结果反馈给员工，使员工了解自己的业绩状况和考核结果，也使管理者了解下级工作中的问题及意见，创造一个公开、通畅的双向沟通环境，使考评者与被评对象能就考核结果及其原因、成绩与问题及改进的措施进行及时、有效的交流，并在此基础上制定员工未来事业发展计划。这样，绩效考核才能真正发挥其效用，推动员工素质的提高，实现组织发展目标。对绩效考核结果保密，则只会起到导致员工不信任与不合作的后果。

（五）设置考核申诉程序

考核申诉产生的原因，一是被考核员工对考核结果不满，或者认为考核者在评价标准的掌握上不公正；二是员工认为考核标准运用不当、有失公平。因此，要设立一定的程序，从制度上促进绩效考核工作的合理化，达到提高组织绩效的应有作用。处理考核申诉，一般是由人力资源部门负责。在处理考核申诉时要注意尊重员工个人，申诉处理机构应该认真分析员工所提出的问题，找出问题发生的原因。如果是员工的问题，应当以事实为依据，以考核标准为准绳，对员工进行说服和帮助；如果是组织方面的问题，则必须对员工所提出的问题加以改正。其次，要把处理考核申诉过程作为互动互进的过程，当员工提出考核申诉时，组织应当把它当作一个完善绩效管理体系、促进员工提高绩效的机会，而不要简单地认为员工申诉“是员工有问题”。第三，处理考核申诉，应当把令申诉者信服的处理结果告诉员工。如果所申诉的问题属于考核体系的问题，应当完善考核体系；如果是考核者的问题，应当将有关问题反馈给考核者，以使其改进；如果确实是员工个人的问题，就应该拿出使员工信服的证据和做出合理的处理结果。

第六节　全方位立体化培育物业服务企业高素质人才策略

我国加入WTO后，国外大型、成熟的物业服务企业纷纷进入，其与国内企业争夺的焦点肯定是“人才”这个对双方胜负起决定作用的关键因素。随着物业服务行业的快速发展，高档物业市场的不断扩大，有专业背景、知识面广、管理理论基础扎实、沟通协调能力强、熟悉相关法律法规的人才才能适应智能化、网络化、信息化等高质量物业服务的要求；而只有全方位立体化的教育才能培养出高素质的、适应市场需求的人才，改变对人才的传统认识态度，也必将成为提升物业服务企业竞争力的重要战略举措与不变的追求目标。

一、寻找称职的物业服务企业服务人员

（一）物业服务企业职业经理人应具备的职业素质

1. 具备良好的职业道德。

良好的职业道德主要包括是否具有良好的职业态度，在工作中是否体现了优良的职业风范，是否从内心深处认同职业规则并表现出很好的职业素养。物业经理是否具备真心诚意为客户服务的意识，是否认同企业文化和战略规划，都应该成为项目经理最基本的职业特征。如果项目经理不具备良好的职业素养，不按流程和规范办事，将形成一个动态的恶性循环，引起物业管理工作的混乱和客户的抱怨。

2. 掌握娴熟的职业技能。

职业技能可以体现出一个人的职位胜任能力，其主要包括专业知识的精深程度、职业技能、工作成果等，例如：律师需要对法律有深入的了解，要有很强的调查取证和辩护水平等等；注册会计师要全面掌握会计、审计、财务管理、税法和经济法等领域的知识和相关能力；物业服务企业的项目经理，则要求掌握秩序维护、保洁、绿化、工程设备设施养护、房屋的基本构造等相关专业知识和技能。因为，客户满意水平的高低是考评项目经理业绩的主要指标。如果项目经理工作上任劳任怨、废寝忘食，但他所管物业项目的客户满意度明显下滑，那他就不能算作一个优秀的项目经理；反之，尽管项目经理表现得轻松自在，但在管辖物业项目的客户却对他和他管理的项目团队高度认可，客户满意度也稳中有升，那他就是一个真正优秀的项目经理。而这些，往往和项目经理本人是否掌握了娴熟的职业技能密切相关。

3. 按既定的行为规范开展工作。

规范是经验的积累，而经验往往是从失败的教训中得来的；规范是效果和效率的保证，能对工作中的疏漏进行有效的防范。一般来讲，物业服务企业项目的硬件条件各不相同，但可以通过“分级管理”来确定不同的管理类别，在某一个管理类别中推行相同的规范，从而把各个项目以及项目经理成功的经验和失败的教训进行总结，转变为企业的经验教训和宝贵的财富。

有些项目经理为了达到公司下达的绩效指标，对项目需要完善的工作蓄意隐藏，对客户的承诺也不予兑现，导致了客户的不信任甚至不满；也有一些项目经理将公司的利益置之不顾，以己之利而损害公司的利益，这说明物业服务项目经理的职业道德问题仍需引起足够的重视。

（二）物业服务企业职业经理人应具备综合的工作能力

1. 科学的管理能力。

在项目组中项目经理是整个项目的协调者和组织者，就好像是乐队的指挥一样，其主要的职能是保证所带领的团队协调一致地工作。因此，要成为一名合格的项目经理，就要学习关于项目管理的基础知识，并进行项目管理的技能训练，既要有管理意识，还要有管理的基本技能。在我国的物业服务企业中，管理者在其位却未谋其政的现象比

较普遍。不少企业发展速度很快，但内部各级管理者的成长速度和人员培养速度却跟不上企业发展的步伐，从而形成了“高岗低就”的现象。以项目经理为例，有些不符合条件的项目经理“跑步上岗”后，往往无力胜任自己的工作，主要表现为无所适从或随心所欲。另外，因为各项目相对独立，一旦监督和管理措施不到位，完全凭借项目经理的个人能力，将很难保证物业服务企业的整体服务质量，难免引起客户的不满。

2. 社区文化氛围的营造能力。

一个社区，是由许多来自不同的地方、不同性格、不同文化素质、不同文化修养的人群组成的，如何找出本社区的文化特征，营造一个祥和的社区文化氛围，是一个系统性的工作，不仅仅是开展几次社区文化活动，而是要从社区文化建设的角度去考虑。很多人都知道麦当劳的食品其实很简单，除了他标准的作业规范外，其实就是在营造其本身文化的特征，即出售另外一种饮食文化。

3. 制定团队发展规划和发展目标的能力。

没有思路就没有出路，思路不清，竞争很难胜出。有什么样的思想，就会有什么样的行为，有什么样的行为就会有什么样的结果。一个没有目标的企业，不难想象其发展有什么样的结果。职业管理处主任必须清楚地认识到目标客户群以及对目标客户群的服务目标。

4. 有效的沟通协调能力。

对于项目经理而言，良好的组织、沟通、协调能力是一项不可或缺的重要素质，具备这项素质，物业服务工作中的各项矛盾往往可以大事化小、小事化无；反之，则误会重重，隔阂加深。据统计，在目前的物业管理投诉总量当中，有效投诉只占15%左右，绝大部分投诉是由于客户与物业服务企业沟通不畅或产生误会所导致的，这对项目经理的沟通能力提出了更高的要求。

首先，项目经理应注重与客户的沟通。这体现在日常的生活和工作当中，应随时与客户保持及时、真诚、有效的沟通，而不是局限于一年几次的客户意见征询活动。

其次，项目经理应注重与员工的沟通。团队的力量是巨大的，物业经理应致力于为员工营造一个团结协作、和谐创新、快速执行、积极进取的工作氛围，这不仅需要规范化的管理和企业文化的滋润，更需要全体从业人员之间真诚、有效的沟通，以充分调动员工的积极性。

最后，项目经理应注重与相关部门和上级主管部门沟通。项目经理可以说是肩负着“上传下达”的社会责任。只有与上级主管部门和相关部门及时、有效的沟通，才能准确把握当前行业中存在的问题、行业发展的方向以及行业难题的解决办法，与时俱进，同时更有利于自己工作的开展。

5. 人力资源管理能力。

每一位员工都是物业服务企业最重要的资源。物业服务提供的服务是无形产品，每项工作都是通过员工的服务来完成的，要留住人、用好人、用事业感召人、用情感凝聚人。人力资源开发和管理的每一项工作对职业管理处主任的个人素质来说都是一次考验。明确团队的经营理念及价值观，尽力使全体员工了解、认同、支持并执行共同的经营理念和价值观。建立有效率的组织机构和制度体系，明确岗位职责，细化到每一位员工；其次，就是建立招聘、培训、考核、业绩评估等程序。职业管理处主任同时也是一名称职的培训师，要使企业的经营理念、价值观、工作标准等成为每个员工共同遵守的守则，需要通过完善的培训机制来达到。

6. 严格要求管理能力。

管理制度化、工作标准化，是当今企业管理的一种重要方法，其中最重要的一条是彻底地实行制度化，建立、健全制度体系，严格地执行制度体系，注重管理的量化。任何工作要求、目标确定都应千方百计地用数据量化约束，量化管理越深入效果越好。制定和落实 1 个量化指标顶上 100 句不确定的豪言壮语。强调规范，按程序办事是职业经理成熟的标志之一。如果职业经理至今尚未建立规范意识和理性思维，即使 ISO 9000、ISO 14000 全部获得认证，管理效果还是会大打折扣。

7. 财务管理和成本控制能力。

项目经理要有一定的财务知识，这不仅是出于定期向上级领导汇报的需要，而且能及时发现工作中潜在的利润和风险，从而想方设法规避风险或将风险转变成利润，有助于项目经理进行有效的风险管理。另外，物业经理应具备一定的成本控制能力。在美国或者中国香港地区，评价一个物业管理项目是否成功，除了进行客户评价和内部审核之外，成本是否得到有效控制也是必要条件之一。大部分物业服务企业中，纯粹的管理业务利润率很低，但这不是导致行业盈利能力始终无力上扬的主要因素。实际上，大多数物业服务企业或管理处长期处于低盈利状态，甚至亏损的重要原因，往往在于缺乏有效的成本控制。在日益激烈的物业管理竞争中，从客户身上挖掘出更多的利润已经不再现实，项目经理应通过强化内部管理来增加效益，预算和成本控制能力将成为项目经理的基本功。

二、物业服务行业专业人才培养

培养人才是提高企业竞争力的战略举措，产品竞争力归根到底还是由具备竞争力的人才创造出来的。基于这样的认识，世界上许多著名公司都非常舍得花巨资培养自己的专门人才。我国物业服务企业必须重视员工的培训，加大对人才的投入，努力提高员工的素质和技能，实现人力资源管理工作的高效率和最优化，以强有力的人力资源保证物业服务企业的可持续发展。

（一）物业服务人员现状的分析

早些时候，入行的物业人员大多是半路出家，管理人员素质不高是情理中事。现在的物业服务人员的来源大概可以分为三类。一类是由原房管所职工直接转化而来的，这类人员不熟悉现代物业服务的模式；另一类是学公共管理、饭店管理的人员，他们有一定的能力，但不熟悉物业服务的细微方面；还有一类是物业管理的中专生、高职生以及大专生，他们能够胜任基本的物业服务工作，但往往缺乏管理的战略思维、创新思想，在工作中处于被动的地位，不具备从战略上进行管理的能力。

物业服务人员专业水平参差不齐的现状与客户的期望要求不相适应。随着高档物业市场的不断发展，只有高素质管理人才，才能提供适应智能化、网络化等高质量的物业管理。人才对企业来说起着至关重要的作用，物业服务人员素质的高低，不仅影响到物业服务的质量水平，而且事关整个企业的兴衰成败。对于物业管理这样的服务性行业来说，好的管理人员就是企业的旗帜。所以，好的物业服务企业都在进行对物业管理人才的激烈争夺。目前，物业服务人员的知识结构层次不高、业务水平有限、综合素质偏低，已经制约了这个行业的发展。

（二）提高行业整体素质，促进人才专业化人才培养

人力资源是知识经济时代的第一资源，每个企业都应该时刻意识到，企业的竞争力归根到底取决于对人力资源的培训开发程度。企业自己培养的人才最了解企业的情况，对企业也有更深的感情。如果企业有计划地培养一批批的人才，企业的发展就会更显得有活力。作为企业的领导，应该有长远的眼光，把培养人才纳入企业发展的整体战略之中，当成企业发展的大事来抓，并要常抓不懈。

鉴于我国物业服务从业人员素质的现状，物业服务行业的主管部门、行业协会、行业各类培训机构和企业领导人，必须以战略的眼光多种渠道、多种形式地培养物业管理人才，使之适应现代化物业管理的需要，为物业管理的持续发展提供优质的人力资源。提高整个行业人员素质要采取有效的途径：一方面抓好从业人员的上岗培训，严格按照建设部《关于实行物业服务企业经理、部门经理、管理员岗位培训持证上岗制度的通知》的要求，科学地对各类人员进行专业培训；另一方面要抓好学历教育，采用科学的、立体化的人才培养方式，着眼于行业当前和未来，与时俱进地培养高素质人才。

（三）建立一套客观而公正的绩效考评系统

一个良好的绩效考评系统对组织有很大的好处，但要开发和实施这样的一个系统却不是一件容易的任务。虽然大多数企业都建立了自己的绩效考评系统，但评估的可靠性和有效性不高在大多数的考评系统中仍然是存在的主要问题。良好的考评系统有赖于科学的绩效标准、考评方法、评估工具，当前用得比较多的有“目标管理（Management by objectives，MBO）”、“关键业绩指标（Key Performance Indication，KPI）”、“360度考核法”、“平衡计分卡（Balanced Scorecard，BSC）”等，但大多数企业还不能很好地运用。物业服务行业作为一个新兴行业，其当前的绩效考评系统尚未成熟，很多都还处于效仿完善阶段，因此建立一套客观而公正的绩效考评系统无疑成为大多企业的当务之急。

（四）创建合适的企业文化，制定合理、公平并有效的激励机制

从企业管理的发展来看，目前我国已经进入柔性管理阶段，在这一阶段，企业必须抛弃传统企业文化中对人性的错误认识，正确理解人力资源的作用与地位，建立“以人为本”的企业文化。知识经济时代，也只有“以人为本”的企业文化才能适应当今社会发展的需要。物业管理作为新兴的以人力资源及智力输出为特征的服务行业，更要建立适合企业特点的企业文化。知识经济时代，员工激励主要有两类：一是薪酬福利的现值分配激励，二是精神鼓励的潜值分配激励。合理的激励机制是人力资源充分开发利用的根本保证，结合以上对我国物业服务行业人力资源开发与管理的现状分析、发展对策以及发展趋势，物业服务企业领导势必要将企业的人力资源开发与管理工作放到战略地位来考虑和处理。而执行企业人力资源开发与管理工作的人力资源部门，更要掌握先进的人力资源开发与管理理念和实践技能，提高人力资源开发与管理的工作效能，进而提升企业的核心竞争力和全面竞争力。

三、全方位立体化培育高素质人才

尽管国内物业服务行业从业者甚多，但物业服务人员专业水平参差不齐，管理人员素质普遍偏低、缺少服务意识，是一个不争的事实。入行的物业服务企业员工，往往缺乏管理的创新思想，不具备从战略上进行管理的能力，在工作中处于被动的地位；再加上长期以来，很多人认为物业管理是一个低技术、劳动密集型行业，其日常工作也就是简单的维修、清洁、绿化和保安，不需要高素质的人才，造成许多物业项目还保留着房管所年代管理员的遗风，为日后工作埋下了隐患。高素质人才的相对匮乏，已经成为制约中国物业服务行业进一步发展的瓶颈，培养高素质的物业管理人才已成为物业服务行业进一步发展的当务之急。

（一）横向学习——立足本行，拓展同业

物业管理是一门专业，需要高学历、高素质的人才，物业服务的竞争力归根到底还是由具备竞争力的人才创造出来的，“人才”已经成为物业服务企业竞争中至关重要的砝码。正是基于这样的认识，物业服务企业的领导层和经理们有必要以新的观念重新认识高素质人才的培育问题，在企业中建立全方位立体化的人才培育体系。而首当其冲的就是“横向学习”，注重与“同行”和“同业”间的交流互补。这里不仅是指物业服务行业中不同物业服务企业之间经验的学习和交流；在如今市场竞争日益激烈的环境下，开展物业服务行业同广义服务业之间的学习也非常重要。当前，很多物业服务企业已经意识到封闭发展与自我繁殖的危害，并且开始进行不同城市和不同地区间的交流学习。除此以外，还应该看到作为第三产业的物业服务行业尚处在起步阶段，与同属服务行业的酒店管理、旅游饭店、公寓服务、会所经营之间的发展差距还相当大。因此，物业服务行业完全可以借鉴这些成熟行业的管理经验和经营思路，规划本行业的发展前景。比如：在条件允许的情况下，可以在楼宇大堂摆一些沙发或坐椅，供客户和访客休息；在物业客服中心安排播放背景音乐，放松身心、调整气氛；适时联合物业项目周边商家，组织一些实惠的促销活动，希望借助同业的发展优势创造自身的服务特色，增加市场竞争力。

（二）纵向挖掘——细化服务，深入管理

相比起“横向学习”，很多物业服务企业对某一管理层面的纵深挖掘研究活动开展还比较的肤浅，甚至在服务和管理工作中表现得非常的浮躁，例如：很多物业服务企业都存在的问题就是很少有人（包括物业服务企业管理层人员）愿意真正花时间去学习和理解 ISO 9000 体系标准，而只是想抄近道走捷径，自己不动脑筋，咨询公司说什么就做什么，这种“矮人看戏何曾见，只是听人道短长”的境界，不足为取。大多数物业服务企业在做完质量管理体系认证后，发觉没有起太大作用，甚至还会因此制约了企业进一步的发展，由此认为，ISO 9000 体系标准规定过于死板，缺乏灵活性，其实这些都是由于企业没有完全理解标准造成的。物业服务企业虽然大都进行了 ISO 9001 质量管理体系的认证，但是却很少有企业在获证之后，去细致研究本企业在质量管理中究竟还存在哪些问题；甚至有些企业在没有真正学习、领会管理思想、巩固体系成果的情况下，又去追求 ISO 14000、OHSAS 18000，使认证、评优彻底沦为了物业服务企业的一种“做秀”行为。这也就难怪物业服务企业在遇到一些计划外的、不可预期的事件时会自乱阵脚，这不仅对日常服务造成不利影响，同时也会阻碍企业阶段性总体目标的实现。应该承认当前的物业服务行业确实存在发展中的问题，加之物业服务本身开展的业务又较为繁杂，容易出现大量不可预期的情况。如果我们变换一种思路，以更加专业的角度开展日常工作、安排管理事务，在出现问题或矛盾后，如何采取纠正措施，怎样进行预防性工作；在这些活动完成后，应该进行什么样的改进总结，才能实现不断的可持续的螺旋式上升的发展；以上这些问题应该通过细化的服务和深入的管理逐步实现。由此，我们不难发现学习领悟先进管理思想对细化服务、深入管理的重要性。换句话说，只有结合自身的企业特点和管理实际，把浮于表面的管理思想变为指导企业运营的实践经验，才能专业、才会精尖，至诚才会尽美，不论是企业的普通员工还是中高级领导层，都应该领会这一思想，把力求尽美的管理思想贯彻到服务的每一个细节当中。除了对相关业务知识的了解以外，行业从业人员还应该通过业务实践环节进一步领会服务理念，实现在体验中学习并在学习中得到改变。

（三）职业培训——形式和内容一样重要

这里所指的职业培训，通常是物业服务企业为提高员工的业务素质而提供的在职教育训练，这种学习培训日益受到广泛的重视，并成为现代人力资源管理中非常重要的职能之一。这种培训非常注重内容上的针对性和实用性，再加上考虑到参加者的时间安排，培训课程通常仅仅一到三天，内容极为精炼浓缩，因而容易造成只注重培训内容但却忽略培训形式的问题。要知道，在一个企业中的职业培训和在传统学校中的学历教育相比，无论是培训对象、教授内容、教育背景、关注焦点都会存在很大的差异和不同。因此，企业在职人员培训就应该更加关注员工的自身特点，分层次、分类别展开，并在实施培训过程当中适当采取多种形式，比如：小组讨论、角色扮演、模拟游戏、案例分析等先进的教学方法与讲授相结合，强调参与性并能够接纳不同的意见融会其中，营造互动式的氛围，以便调

动更多员工参与的积极性，强调引导参与者建立先进的观念，激发培养工作能力，而决非仅仅是知识的传授。此外，为了让更多的员工都能感受到职业培训的重要意义，作为物业服务企业至少要从人员组织、时间安排、设施经费等各方面给予充分的关注和保障。以正式的《培训通知函件》发文代替简单的口头通知，对参加学习培训并且成绩符合要求的员工，颁发正式的“企业内培合格证书”以资鼓励，并努力把这种参加学习再教育的机会演化成为物业服务企业中最好的福利。

（四）适时思考——在总结中得到升华

“如果一个企业想要得到持续的稳步发展，就必须给员工留下思考的时间。”这句话阐明了总结提高对于企业发展的重要意义。物业服务企业的全方位立体化人才培育，除了要做好“横向”、“纵向”的学习外，还应借助职业培训把这些单线条的活动编制成网，通过对整个活动的交流和总结使培训的效果得到升华，并最终形成一套全方位立体化的适合人才生存、发展的学习体系。“温故而知新”，做好学习的总结对于企业长远的发展、个人素质的提高起着至关重要的作用。当然，现在很多企业都已经意识到了总结的重要性，也纷纷采取各种形式、各种方法实现对总结的改进和创新，但若只是简单地写份总结报告、进行一次闭卷考核往往达不到要求。而且长此以往，员工还会养成应付的习惯，把培训学习当成一种负担，使培训效果大打折扣。在此方面，有些物业服务企业的做法就非常值得推广，他们认为，在人脑里想的东西只是“气态存在”、嘴里说的是“液态存在”，只有写出来的才是“固态存在”，才能被长久地保留和传承。因此，这些企业会借助企业内刊、企业网站等作为中间媒介，提倡员工把所学所想通过文字反映给企业全体人员，并且把其中的优秀经验推而广之。还有些企业对员工的学习总结很重视，并不是一交了事，公司要求部门领导必须对员工的总结进行审阅和批改，并且在此基础上进行分析讨论，通过分享交流的方式把一份所得变成参与讨论的每一位员工的收获。如此做法不仅有利于员工自身素质的提高，同时也有利于企业创造学习氛围，形成独特的企业文化，实现企业可持续发展。

四、物业服务企业员工团队合作能力培养

随着知识型员工及工作内容智力成分的增加，越来越多的工作需要团队合作来共同完成。全新的团队合作模式更强调团队中个人的创造性发挥和团队整体的协同工作。团队合作模式对个人的素质有较高的要求，除了应具备优秀的专业知识以外还应该有优秀的团队合作能力，这种合作能力有时甚至比专业知识更显重要。作为物业服务企业管理团队的一员，应该从以下几个方面来培养自己的团队合作能力。

（一）积极发现每个成员的优点

在一个团队中，每个成员的优缺点都不尽相同。我们应该积极发现团队成员的优秀品质，学习它、发扬它，并使自己的缺点在团队合作中逐渐被消灭掉。团队强调的是协作，最好不要有命令和指示，这样团队的工作气氛才会变得轻松和谐，工作才会变得很顺畅，

团队整体的工作效率也会大大提高。

（二）对每个人都给予鼓励

每个人都有被人重视的需求，特别是那些辛劳工作的基层员工更是如此。就如我们的保安员、清洁工，工作时间长，工作又苦又累，有时给予他们一句小小的鼓励和赞许就可以使他们释放出无限的工作热情。最关键是当你对他们给予表扬的同时，他们也同样会给予你希望。

（三）时刻检讨自己的缺点

“金无足赤，人无完人”，我们应时刻检讨自己的缺点，比如检讨一下自己的工作心态好吗？与日常的工作是不是有所怠慢？与客户的沟通工作做得够不够好？能否虚心接受别人对自己的批评？这些缺点在自己看来可能不算什么，但在团队合作中它就会成为你进步成长的障碍。如果你固执己见，无法听取他人的意见，你的工作状态不可能有进步，甚至会影响到其他成员的工作积极性。团队的效率在于每个成员配合的默契，如果你意识到了自己的缺点，不妨坦诚地承认它，想方设法改掉它，也可以让大家共同帮助你改进。当然，承认自己的缺点可能会让你感到尴尬，但你不必担心别人的嘲笑，你只会得到他们的理解和帮助。

（四）保持足够的谦虚

团队中的任何一位成员都可能是某个领域的专家，所以你必须保持足够的谦虚。任何人都不喜欢骄傲自大的人，这种人在团队合作中也不会被大家认可。你可能会觉得在某个方面他人不如你，但你更应该将自己的注意力放在他人的强项上，只有这样才能看到自己的肤浅和无知。谦虚会让你看到自己的短处，这种压力会促使自己在团队中不断地进步。

有人说团队和个人的关系就好像是水和鱼的关系，物业服务企业的每一名员工都是鱼，而物业服务企业这个团队就是水。鱼是离不开水的，无论从事怎样的工作，其实都是处在一个团队当中。如果每名团队成员都能够不断地释放自己的潜在才能和技巧，能够相互尊重和被重视、相互鼓励、坦诚交往，就能在各自的岗位上找到最佳的协作方式，为了团队共同的目标，自觉地担负起各自的责任，并为此积极奉献，使付出的努力获得收获。

五、打造一支新型职业化物业服务团队

管理本身就是和团队关联性极高的一种职业。管理水平的高低集中体现在团队整体的服务水平上。因此，物业管理的行业特点决定了物业服务企业必须把团队精神的培养作为创建特色物业管理模式的核心来对待，通过团队精神打造企业的核心竞争力，而不是仅仅从普通意义上谈论团队精神的管理学意义。

（一）新型团队是集服务型、激励型、业绩型三位一体的职业化团队

通过对物业服务的内涵和外延的分析，物业管理的整个过程将贯穿在服务中。物业管理在保证物业项目的“四保”（保洁、保卫、保绿、保修）有形服务外，重要的是对客户的无形服务；只有真正理解客户服务的内涵，物业管理才能被客户认可。物业管理的延伸功

能——通过良好的服务，为客户提供便利，并创造良好的人文环境，逐步从简单的“四保”服务过渡到向客户提供更多个性化服务上。所有物业人员要意识到，客户对服务的满意度是物业管理工作的唯一检验标准。因此，物业管理团队首先必须是一只服务型团队，企业持续发展的根本就是提供质价相符的服务。

以服务型团队为基础，树立强烈的服务意识，不断追求、提升管理服务质量，必须导入激励型团队。激励型团队具有明确的奋斗目标，以激励员工愿望、增强工作动力为出发点，采用各种可能调动员工积极性的方法和手段，在压力和动力的双重作用下去追求目标。激励型团队与服务型团队的结合，确保了服务型团队提供服务的过程控制，有利于更好地提供质优服务。可以说，激励型团队是升华服务型团队的有力保障。

业绩型团队以提高业绩为工作重点，目标明确，并且运用目标管理模式，对团队目标进行层层分解，这有利于目标的实现。但它强调的是工作结果，而不是工作过程；往往由于片面地追求业绩，忽视过程的控制，容易导致缺乏扎实基础，内部管理滞后。一旦目标错误，会给企业带来灾难性后果；另外，由于是目标链，一旦某个环节出现问题，就会牵一发而动全身。因此业绩型团队必须以扎实的服务型团队为依托，由激励型团队将两者有机地结合起来，形成服务型、激励型、业绩型三位一体的团队，真正打造一支具有独特核心竞争力的优秀职业化新型团队。

(二) 通过团队精神的培养打造物业服务企业的核心竞争力

1. 要有一个共同的愿景。

俗话说，道不同，不相为谋。一个团队，必须有一个明确的目标，一个共同的价值观，一个共同的愿景。对于物业服务企业来说，共同的愿景就是最大限度地满足客户需求，为客户提供等价服务。物业服务明确了服务项目和服务标准。作为企业的员工，每个人都要了解和熟悉合同，在实际工作中处处体现“以客户为中心”的理念，时时规范自己的言行，使之符合项目团队的形象和利益。只有这样，团队才能切实把合同约束转化为企业自身的竞争力。此外，由于物业服务企业所管理的项目价值远远大于企业的自有价值，而客户委托的项目也不仅仅是短期内的需求满足，团队的愿景必须把长期愿景和近期目标结合起来，既要考虑短期的合同约定，又要考虑物业长期的保值增值；不仅要关注外在的环境和个性化服务，还要重视房屋设备的长期使用和维护。

2. 要有一个共同的规矩。

“没有规矩，不成方圆。”一个团队，之所以称之为团队，是按照某种规矩组织起来的。这不仅包括企业的各项规章制度，也包括企业共同的理念和作风，以及存在于员工之间的无形文化约束。物业服务企业是提供物业服务的，服务标准是一种软约束的东西，怎样保证团队提供给客户的产品和服务是合格的，是我们应该关注的。为了提供合格的服务，必须给提供服务者以一定规则的约束。时下，许多物业服务企业都进行了ISO 9001质量管理体系的认证，其目的也是要规范提供服务的物业管理团队，通过这种规范，使每一个员工提供的服务都不仅仅是个人的服务，而成为团体的一种组织行为。每一个员工也因此能够时刻牢记自己是服务的一个窗口，尽职尽责地完成团体共同的目标，不断凝聚起“一损俱损、一荣俱荣”的团体意识。

3. 要有一个独特的沟通模式。

沟通是合作的开始，优秀的团队一定是一个沟通良好、协调一致的团队。没有沟通就等于没有效率。同时，沟通也是一个明确目标、相互激励、协调一致、增强团队凝聚力的过程。物业管理作为服务行业，沟通无处不在，和客户的沟通、和社会方方面面的沟通都非常重要。但是物业服务企业要做好各种关系的沟通，前提是员工队伍内部要有一个独特的沟通模式。要提倡管理者积极和员工尽心沟通，员工主动和管理者沟通，在双向沟通中消除误会、增进理解、提高绩效。要让员工清楚沟通的目的、对象、内容、途径、方式方法等，不断促进团队的协调一致，增强团队的凝聚力和战斗力。进一步可以说，在中国现有的物业管理环境下，在面临如此众多复杂关系的服务过程中，良好沟通不仅能够起到相互激励、协调一致的作用，还是化解物业服务公司和各关系主体之间矛盾唯一有效的方法。通过沟通，达到求大同存小异，增进各方理解，共同营造和谐社区。显然，有一个独特的沟通模式，就可以适应物业环境的变化，快速适应新接项目的服务要求，为企业向外发展打下良好基础。

4. 要有一群优秀的员工。

一个优秀的团队必须要有一群优秀的员工。企业要让员工有归属感，要提高员工对企业的忠诚度。这里，培养全体员工对工作的热爱，对工作的尽职尽责，是培养团队意识的有效手段。没有敬业，就没有卓越感，物业服务所要从事的工作都是实实在在平凡得不能再平凡的，培养敬业的员工尤其重要。因为，除非每个从业人员能够尽职尽责，全身心地投入到工作中，否则物业服务就不可能做好。而服务做不好，企业就没有竞争力。为此，一个优秀的团队，要能够创造一种机制和组织氛围，使团队成员最大限度地发挥自己的潜力，产生以一当十的力量。要让每个人在这个团队里，找到自己的位置、感到自己的价值；要尊重个人的兴趣和成就，根据不同人才，给予不同的待遇、培养和肯定，让每一个成员都能拥有特长，都能表现特长。

5. 要有一个善于发现问题解决问题的领导。

培养团队精神，关键是领导。“兵熊熊一个，将熊熊一窝”，自古以来，团队发展都离不开优秀的团队领导。如果说，员工是把事做正确的人，那么领导就是做正确事的人。一个不懂用人艺术的领导绝对不能成为一个优秀的领导，事事亲为的领导也不是优秀的领导。领导目标依靠下属来实现是领导活动最为重要的特征。正像施密特定理所揭示的那样：成功的上司不一定是专权的人，也不一定是放任的人，而应该是在一定具体情况下善于考虑各种因素采取最恰当行动的人。当前，物业服务当中，好的项目经理非常之少，因为物业经理作为团队的领导，除具备必要的业务知识外，还要具备根据物业项目特点制定特定的管理方案，并且千方百计地落实方案的能力，这是非常困难的。一个物业管理项目就是一道应用题，怎样考虑各种因素分析各种给定的条件、提高项目的服务水平、确保项目保值增值是每一个项目经理必须求解的。团队的服务水平和管理绩效，与项目经理的管理水平和管理绩效紧密相连。

第七节 物业服务企业经理人的六堂领导课

在物业服务企业内部身处管理层地位的经理人们，一直就是关乎企业发展的关键核心力量。然而，随着时间的流逝有些经理人却时常感到力不从心，原因不仅在于业主们维权意识的逐渐增强所带来的现实工作压力，有些时候来自企业内部的管理问题，更是让企业经理人们感到困惑不已。

一、赋予物业服务企业员工尝试的勇气

赋予员工尝试的勇气是一门管理艺术，并不是口头上说说“你们大胆去做”就能够达到的。那么，如何赋予企业员工大胆尝试的勇气呢？作为物业服务企业可以通过尊重员工意见；肯定员工的有效建议；容许犯合理性错误；用分析问题代替生硬指责；鼓励员工自己制定工作目标；设置创新奖金等方式进行培养。要知道，不论如何避免，人犯错误是必然的，但是犯同样错误的情况却是可以避免的，关键的问题是当员工犯错误的时候，最不愿意得到的是严厉的处罚，此时最需要的就是友善的鼓励。一方面，物业服务企业的经理和主管不要把自己当作“家长”，试图完全控制下属的各项工作，想“什么都管好”的后果只能是“什么也管不好”，长此以往反而限制了员工的发展，导致企业失去活力。另一方面，企业的经理人真正应该做的是对做事方式方法和服务过程的控制，并在此基础上制定最低服务标准，进行严格考核，以保证物业服务质量，像一些诸如：上班时间、各工种运行操作手册、岗位机构设置，还是由基层员工自己制定为佳。

二、整合企业脑力资源加强知识库管理

整合企业脑力资源、加强员工知识库管理，正适用于支持企业隐性知识和显性知识的获取、积累和共享。对于“脑力资源”的管理不仅能够整合企业现有的知识资源，还能将员工个人掌握的有限知识、经验和信息，提升为物业服务企业的组织知识资源。按照企业的实际需求，对知识进行分类和有序化处理，将知识资源间的相互关系进行组织、存取，便于知识经验的积累和共享，解决知识资源“找不到”的问题。企业可以借助企业内刊、企业网站、阶段培训、总结交流活动等作为中间媒介，提倡员工把所学所想通过文字反映给企业全体人员，并且把其中的优秀经验推而广之。企业知识资源库的有效管理给员工提供了一个简单而又方便的知识信息管理平台，在这里企业员工可以找到自己所需要的信息，更为关键的是以企业知识库为基础，新员工能够很快地熟悉艰苦的工作环境，学习其他企业员工的优秀经验，进而减少因员工流失带来的经验损失，增加企业知识资源储备，方便企业的后继者轻松获取前人积累的知识和经验，获得一个1+1远大于2的结果。

三、让企业员工懂得“要事第一”的工作原则

物业服务包含的内容十分丰富，日常业务不仅包括保洁、秩序维护、绿化等非常表面的服务内容；还包括设施维护、资产管理、对外联络、物业经营、外委管理等项内容；除此之外，很多涉及企业内部管理的工作，如行政业务、财务收支、人力资源管理也要占用很多工作时间。作为物业服务企业经理人要面对如此繁杂的工作，如果不能专注于重点内容、把握服务关键项目，很可能会造成工作安排失去章法，眉毛胡子一把抓，直接导致企业员工“瞎忙”，但整体工作效率却很低下的局面。面对这样的局面员工和领导都不会愉快，就更不要提业主的满意了。

那么，如何解决这个物业服务企业常见的问题，如何改善这种管理的被动局面呢？物业服务企业经理人可以尝试从员工每天都会面对的常见工作入手，将日常活动分成四个象限，通过对事务紧迫性和重要性的排序合理安排工作（图 5-1）。

第一象限	第二象限
• 紧急状况 • 迫切的问题 • 限期完成的会议或工作 • 处理突发事件	• 长期的计划工作 • 工作预防措施 • 树立企业品牌 • 上下级深入沟通
第三象限	**第四象限**
• 造成干扰的事、电话 • 公司例行会议 • 许多迫在眉睫的急事 • 符合别人期望的事	• 忙碌琐碎的事 • 电话业务 • 浪费时间 • 逃避性活动

图 5-1 “要事第一”工作原则四象限图

第一象限：重要且紧迫的事情。诸如应付难缠的业主、准时完成工作、处理突发事件等。这是考验员工的经验、判断力的时刻，也是可以花费更多时间用心耕耘的园地。

第二象限：重要但不紧迫的事情。其中包括长期的工作规划、工作问题的发掘与预防、为重要的会议做准备、多花点时间去倾听同事及下属的心声等等。

第三象限：是紧迫但不重要的事情。可以称之为似是而非型领域，往往我们花很多时间在这个范围打转，自以为是在第一个象限，其实不过是在满足别人的期望与标准。

第四象限：属于既不紧迫也不重要的事情。简而言之就是一些浪费生命的事，所以根本不值得付出时间和精力在这个象限。

在进行时间安排时要遵守重要性原则，应权衡各种事情的优先顺序，懂得“重要的少数与琐碎的多数”之间的关系，在工作中要学会“弹钢琴”。对工作要有前瞻能力、防患于未然，遵守“重要程度”编排事务优先次序的准则，努力把时间用在最具有“生产力”的地方。

四、使每一名员工做到每天1%的变化和调整

常言道，“江山易改本性难移”。要打破旧有的管理模式和运营思路的确要有足够的勇气和适应能力。特别是对于当今的物业服务企业来说，一方面，物业服务投诉量大幅度上升，业主对物业服务满意度持续走低；另一方面，物业服务企业自身又面临严重问题，矛盾重重，发展举步维艰。物业管理的实质是服务，物业服务企业通过为业主提供各种各样的服务来获取利润，从而生存和发展。而在当前物业服务企业的实际经营运作中发现，很多物业企业的管理与服务模式、经营手段和方法都表现得和这一初衷有所背离。有些物业企业甚至一味地迎合市场，经营行为表现得极为浮躁，不仅没有自己的特长与优势，同时也缺乏创新的思路，使得物业企业发展的道路越走越窄。与之恰恰相反的是，物业服务的受众，甚至是开发商对物业服务行业的变革都表现出了极大的关心和极高的热情，南京的物业“菜单式”收费、北京华远地产的“业权”分配、物业服务“信托制”的引入，都是在进行物业服务变革的有益尝试。

一个物业服务企业要进行本质的改变并不容易，但是要实现每天1%的调整和变化还不算是一件困难的事。比如在企业成百上千的质量体系文书记录中，每天寻找一个不合理或是不适当的地方加以调整改进，尝试改变一个服务的过程、进行一项流程优化，其调整后产生的效果绝对不仅仅是工作执行和记录填写上的变化，它可能会给企业带来效率上的成倍提高和改善。在其中，也许根本不需要企业对服务工作进行根本性的变化，只需要稍微的调整，也许只是改变一下收费员的工作时间、调整了保安员的巡视路线，这些少许的努力就可能给企业带来不菲的回报。

五、物业服务企业中不可缺少的员工团队协作精神

有人说，物业服务企业就像是一个完整的人，有了客服部和工程部组成的双腿，企业才能向前发展；人力资源部和保安部就好像人的两只手缺一不可；财务部和办公室构成了这个人的大脑，起着资源供给和领导作用。也只有各个部门协调合作，每名员工各司其职，才能使企业的努力获得收获。在现代物业服务企业里，单凭一个部门或是某个人的力量是无法实现业主满意的。就拿哪个物业公司都可能遇到的“电梯困人”问题来说，如果安保中控发现得及时，客服人员安抚得到位，工程人员对设备进行有效调整，人力资源部和财务部对所需资源的供应到位，即使发生了这种不愉快的事情，通过各部门的协调合作还是可以得到业主的谅解的。

六、经理人对物业服务的内容和形式不需强求一致

无论是复杂的或是简单的服务都离不开“人”的因素的参与，所以员工对企业经营理念的认可就显得非常重要。然而很多时候在物业服务中却事与愿违。比如有些小区路侧不允许停靠车辆，车管员如果不知道这是由于道路兼为消防通道，为了人员和车辆的安全而禁止停车，只是一味强调“公司规定”进行解释，业主当然不会满意。因此在物

业服务企业的很多职业经理人看来，他们主要的工作就是要在全公司灌输他们理想中的信念，让所有员工都为达到他们所设立的目标而奋斗。在这个过程中，如果有某些员工游离于经理人所制定的目标之外，这些经理人就会觉得他们的理想受到了侵害。在给出对方一段时间的宽限调整期后，经理人们最终会给这些踌躇不前的员工两个选择：要么按照计划行事，要么卷铺盖走人。这样做的后果就是让很多员工失去自己独立的想法，机械地执行公司下达的各项任务，直接导致物业服务企业的规章制度停留在简单表面化的执行层次，而一旦在物业服务工作中遇到矛盾或问题，解决起来就显得十分被动。如果一味地排除所有不同的意见，只会让自己失去在问题初露端倪之时解决它的最好机会。

其实，物业服务企业完全没有必要这样去做，因为经理人在企业贯彻执行管理思想要建立在员工对领导层管理思路认同的基础上，也就是说企业管理思想的落实不是依靠经理人简单地对员工进行思想形式上的说教，而一定要通过多种形式让企业员工自己理解认识到贯彻管理思想的重要性，从被动的“企业要求我去做”，转变为“为了企业我要主动去做”，从内心对企业的认同不仅仅会体现在员工日常工作表现的方方面面，还会从根本上解决员工思想认识问题。这样一来，员工会把服务的注意力转向接受服务的业主，也就不会简单地用一句“公司规定”来指导自身的工作了。同时，在这个倾听不同意见的过程中，物业服务企业经理人的管理思想也会得到不断的完善与补充。

第八节　物业服务企业有效执行力的塑造与提升

对于有效执行力的渴望与追求，作为提升品牌竞争力的有效途径，一直以来都被广大物业服务企业视为成功信条推崇备至。然而，在物业管理实践工作中，很多物业服务企业却深陷缺乏执行力、做事不到位、工作效率低下的苦恼中不能自拔。另一方面，物业服务企业有效执行力的塑造与提升，这一良好愿望却总是被诸如结构混乱、机构臃肿、职责不清、计划改变、人员调整等合理与不合理的“借口”拖延殆尽。事实上，企业不能奢望随着时间的推移，现状会向着所期望的方向改变，恰恰相反，一年又一年，周而复始，大量可转换竞争力的优质资源、提升自身品牌的有效措施、企业自身大量人、财、物成本逐渐消耗流失。面对如此严峻的局面，物业服务企业不能充耳不闻、视而不见，也不应只是把问题简单地归结为：没有执行力，更不能坐以待毙。有效执行力的塑造与提升问题，是关系到企业竞争力和长期稳定发展的关键因素，因此，必须引起物业服务企业高层决策者、中层管理者和基层实施者的关注与思考。

一、物业服务企业“执行力”实施误区

每一个组织都对执行力有着不同的理解和感受，那么到底什么是执行力呢？物业服务企业又该如何避免执行力实施误区呢？简而言之，执行力就是执行并完成任务的能力。对

企业来说，是执行并实现企业长期既定战略目标的能力；而对个人来讲，执行力就是完成工作有章有法，有据可依，以及专业、规范的处事能力。在物业服务企业实施管理的工作过程中，很多人想当然地认为企业执行力不强是下属没有按照上级的意志去落实所布置的工作，像大多数管理者认为的那样，是“别人没有按照自己的想法去做事”，是“目标不明确、职责不清晰、沟通不顺畅”等因素造成的，其实这是一个理解误区。原因在于，执行力不是简单的做事的能力，其内涵包括了企业目标、组织构架、职责分工、工作流程、过程监控等等，所有的因素必须有机结合；同时，执行是一个管理过程，任何一项决策的完成，必须经过 PDCA 循环，完善制度制定计划与执行实施、检查总结和绩效修正四者间的互动关系。在完整的执行力链条中，真正需要的是把既定计划和目标进行落实的人员因素、科学方法和监管体系，应该注意避免执行力实施过程中的诸多误区。

二、企业有效执行力塑造与提升策略

(一) 有效执行力链条关键环节之一——管理层级与员工价值

有很多物业服务企业已经建立了比较完善的质量管理体系，形成了业绩考评系统以及员工激励机制，物业项目也通过了市优评比，可能正在向国优标准努力，物业服务各项工作从表面上看一切进展顺利。在此，我们无意否定物业同仁对行业发展做出的努力，但我们在急速往前发展的同时，是否也应该适当地停下来，倾听一下来自于企业内部员工的管理意见和来自于外部客户的需求建议，毕竟物业管理在我国尚处于发展阶段。而实际情况并非如此。在现实中，常见到的现象是每每遇到问题时，悬而未决，遇事拖延，最后不了了之，种种现象说明管理者的执行力受阻，团队的执行力速度放慢。那么，在完善的工作标准、制度规范支持下，是否就一定能够提供客户满意的物业服务呢？结果一定是否定的。因为，在执行过程中，一个不能忽略的重要因素就是“人的问题”，而这个问题在有效执行力链条中非常关键。人不是机器，不同人对于同一个事务的判断和理解各不相同，在按照企业统一标准处理问题时，其结果必定会带有鲜明的个性特征，这是在管理中必须要承认的客观“人员因素”。这正是很多企业无法由“人治”根本转变为“法治”的原因。

在现代企业管理中，我们发现有一种“倒金字塔”组织结构，把企业员工放在了最重要的位置。对物业管理这种全面与人打交道的服务行业来说，员工在第一线工作，单纯运用经济方式进行控制，只是人力资源管理中最肤浅的手段。不挖掘员工的潜在能力和对企业的价值，是很难让员工有归属感的。没有归属感的员工在平衡企业利益和个人利益时，更多的考虑是个人利益。所以，没有满意的员工，就没有满意的客户；满意的员工，不仅是能获得一份不错的报酬，还在于为员工进行职业生涯的规划，提供培训教育的机会、发展的空间，让员工在成就企业品牌的同时，也成就个人的品牌；使员工的目标能够从物资层面上升到精神层面；使企业各层面都积极、健康、向上。

(二) 有效执行力链条关键环节之二——团队合作与激励效力

对物业服务企业而言，大量长期性、精细化的工作都要靠广大基层员工执行完成，如何能够实现客户对于物业服务项目的感受和建议，不论和物业的任何工种的员工反映，都能得到及时回复和相应改进。这一切需要物业服务企业以高效的内部管理和完善的部门团队合作、工作协同作为保证。每个员工都对任务无条件地执行，凝聚成的团队才会具有超强执行力；每支团队都有执行力了，整个企业才会有竞争力和优异的业绩。一个企业的运作是靠全体员工的团队协作，而不是仅仅靠“老板”一个人。为此，管理者必须挑选管理团队、制定战略、引导企业运营，并在这个过程中落实各项计划，培育一个执行力强的团队，形成一个执行力培育体系，通过沟通，群策群力、集思广益可以在执行中分清战略的条条框框，通过自上而下的合力使企业执行更顺畅，从而提升整个团队和企业全体员工的执行力。再者，管理层应当遵循人的行为规律，运用物质和精神相结合的手段，采取多渠道、多层次的方法(如奖金、工资调整、轮岗、评选优秀、储备人才培养等措施)，最大限度激发下属的主动性和创造性，建立激励和约束机制，以保证组织目标的贯彻执行。同时，任何一项激励措施，都可能会引发员工的各种行为反映，但其中的部分行为并不是企业所希望的。因此，在配套的激励机制基础上，应建立合理的约束机制(如实行一定比率淘汰制)。否则，员工只想得到好处，其行为就会偏离组织目标。执行力的生成和养成是以切合实际的激励约束机制为依托和载体的，没有一个好的激励约束机制，肯定没有执行力。

(三) 有效执行力链条关键环节之三——权威决策与员工参与

在物业服务企业管理层中，高层决策者关注的应该是结果，中层管理者关注的应该是过程。不同能力的人执行力是不同的，在一个团队中，整个团队的执行力常常会取决于管理层的执行力是不是够格和到位。管理层本身的角色就是以教练者的身份指导下属进行工作并达成工作目标，如果管理层的执行力强，就会影响到团队中的每个人甚至整个企业的员工执行力随之增强；而管理层的执行力如果不到位，决策管理思想与实践指导方法，没有尽可能地运用于实际的管理要求中，就会使下属以至于更基层的工作人员不能认真地对待和落实执行目标与工作方案。下级完成上级制定的目标和计划是执行；而上级明了下级如何去具体实施才能实现目标更是执行。在整个过程中，基层员工主要是实施，而管理层却要关注全过程与最终结果。因此，在执行的过程中，管理层的作用更大，不仅要告诉员工完成某项任务的标准和时间，还要在执行过程中进行检查和协助，同时还必须保证有最合适的员工去完成该项任务。再者，企业高层决策者和中层管理者本身的权威地位和榜样作用十分重要，强调卓越管理层必须身体力行，首先为下属做出好的榜样。管理层的行为、追求、价值、能力、品味、风格必须与追随者的需求、价值、追求、渴望合拍。同时，管理层和追随者的行为还必须符合情境(包括环境、时间、地点、文化)等特征，做到与时俱进，能够换位思维、顺畅沟通。这种互动的过程使管理层在下属心目中有较高的名望和权威，使员工自觉、自愿、主动地追随领导，主动改变自己的态度、价值观和行为。而另一方面，为了在市场中有效竞争，企业必须有明确的战略计划，并且在形势发生变化时能灵活机动地改变计划。改变计划对物业服务企业来说意味着机遇，但对员工来说，似乎意味着破坏。因为，员工与企业之间存在的互惠义务和互惠承诺（包括公开描述的和隐含的承诺），界定了两者的关系；企业的变革无论是主动的还是被动的，无论是正确的还是错误的，都改变了双方约定的内容。如果企业在制定新的措施时，不让员工参与，员工就无法了解变革的意图，变革的措施就很难被员工接纳。因此，只有让员工参与其中才容易理解接受。而且，员工往往最了解问题的症结、改进的方式以及客户的想法，当工作中出现意外情况时，他们就会根据全局情况，做一些机动处理。并且，员工对自己参与制定的战略计划印象深刻，执行起来自觉性、责任感都将大大增强。

（四）有效执行力链条关键环节之四——及时跟进与保障监管

在市场经济日益成熟的今天，物业服务企业制定出一个好的战略计划并不是万全之策，也不一定保证达到目标，因为战略目标的实施是一个漫长而复杂的过程，需要不断地跟进，必须考虑各种可能出现的因素，需要承担的风险以及预期的回报，针对工作效率、客户满意率等指标对员工做多方面的考评。物业服务企业按照认证标准，建立完整、规范的管理体系、工作标准和服务程序，明确规定每一个岗位的工作职能、每一类工作的操作步骤、各种问题的处理方法，让每一个员工工作都有章可循，才能确保工作质量，全面提高公司的管理水平和服务质量，科学地分解、组合管理服务过程，最大限度地提高工作效率。避免管理和服务的“表面文章”，关键并不是在结果，而是要看在这一过程中，物业服务企业能否真正按照标准去执行，客户能否真正享受到其所带来的物业服务升值的快乐。也许有些工作不可能立竿见影，但其最终效果应该使管理工作步入标准化、规范化的轨道。把规范化的管理落实到部门，进而落实到部门的每一个岗位和每一件工作事项上，是高效执行规范管理、精细化管理的务实举措。只有层层实行规范化管理，事事有规范、办事有流程、工作有方案、监管有标准，才能提高物业服务企业的整体管理水平和品牌优势，从根本上提高企业执行力。按时间来划分，跟进具体可以分为三个阶段：一是事前跟进，发现潜在风险提前给员工预警；二是事中跟进，在任务进行中发现问题，寻找解决办法，使员工的工作重新回到正轨上；三是事后跟进，出现问题后，找出原因，提供补救建议和具体措施，避免员工以后再犯同样错误。通过跟进保障监管机制，向员工传达一个敦促行动的信号，确保在开展工作的时候做到协调同步，这是提高员工执行力的一个重要控制措施。

物业服务企业还应意识到，由于缺乏服务标准和监管体系，物业管理服务的提供和客户需求方面产生了说不清、道不明的一些扯皮现象甚至矛盾。而作为一个面向全社会开放的公众行业，需要有一个可供客户和社会监督的行业服务体系标准；即使是企业内部的运作标准，也应该具备社会监督的职能和操作性，为了保证执行效果，必要时可以引入外审组织、第三方监督机构协助监管，使物业管理的规范化、标准化以及物业管理的公开、透明成为可能，也使客户能真正享受到物业管理服务带来的舒适、便捷生活，还可使物业服务企业的诚信无欺得以现实。

第六章

聆听物业服务企业与业主们的平等对话
——行业可持续发展运作策略

业主、业主委员会、开发商、物业服务企业、维权，这些中国社会的热门词汇，经常会暴露出浓浓的火药味，这从一个侧面也反映出社会的不和谐。在目前“强国家，弱社会”的现实政治框架下，事实存在的“不公平”替代了本应纯粹的市场博弈。而从构建和谐社会的高度看，一方面应充分反思物业服务行业的发展，另一方面也应引导业主的理性维权。物业服务企业通过为业主提供各种各样的服务来获取利润，从而生存和发展，而在当前物业服务企业的实际经营运作中我们却发现，很多物业服务企业的管理与服务模式、经营手段和方法都表现的和这一初衷有所背离。企业为了经济利益的最大化，忽略了物业服务具有的公共服务属性，有些企业甚至一味地迎合市场，经营行为表现得极为浮躁，不仅没有自己的特长与优势，同时也缺乏创新的思路，使得物业服务企业发展的道路越走越窄。另一方面，业主在物业服务纠纷方面采取非理性维权的方式，其结果往往是南辕北辙。轻用其芒，动即有伤，是为凶器；深藏拙出，临机取决，是为利器，如何掌控这柄剑是其胜败所在。

构建和谐社会需要妥协，推进民主进程也需要妥协的过程。如果没有协商、没有沟通、没有对利益的让步与妥协，就不可能实现共同的管理，也无法实现小区的和谐。妥协的目的也不是要保证所谓的“稳定压倒一切”，民主、和谐应当是各方利益磨合中的动态平衡。对立和冲突并不可怕，可怕的是缺失有效的利益诉求表达方式和沟通协调机制。

第一节　物业服务企业与业主委员会关系处理策略

处理好物业服务企业与业主的关系是物业服务活动中永恒的话题。由于物业服务是一项涉及面广，法律关系复杂的综合活动。牵扯到房屋、土地、环境、人与物、人与人等错综复杂的关系，加上地区的不同，城市的不同，业主的不同等许多差异，形成了物业服务活动本身的多样性和复杂性。在现阶段国情与现行法律框架下，物业服务企业与业主经济利益存在差异，出现问题、产生矛盾与纠纷是在所难免的。许多问题和矛盾的出现，不能完全归咎于一方，往往不是一个主体单方面原因造成的，可能有物业服务企业行为不规范的原因，可能有业主自律性不强的原因，也可能有开发商在开发建设时遗留问题的原因，任何一方单方面的举动，都有可能导致物业服务活动中问题、矛盾的出现。

一、业主、业主大会、业主委员会的相互关系

（一）业主

所谓业主通常是写在购房合同或产权证上名字的人。业主既物业的所有权人，对财产享有完全的占有、使用、收益和处分的权利。在这里，业主所拥有的物业权利有两种形态：其一，业主独自拥有的物业；其二，业主与同幢或同区域的其他业主共同使用的物业，既公共部分。其中的公共部分在产权上属该楼宇或该区域全体业主共有，但在使用上又是不可分的。显然，在私有产权和共有产权混合在一起的共同体中，对共有部分物业服务的决策不是某一个业主所能决定的，决策权主体应该是全体业主。业主的责任，除了对房屋内专有部分所有权的行使，更重要的是还承担遵守物业服务区域内物业共有部位和共用设施设备的使用，公共秩序和环境卫生的维护等方面，由公约和规章制度确定的义务。

（二）业主大会

多个业主之间必定形成共同利益和共同事务，而共同利益和共同事务不是一个人能够代表的。业主大会由物业服务区域内全体业主组成，是物业服务区域内的最高权力机构。业主大会代表物业服务区域内全体业主的权益，维护大多数业主的合法权益，对物业服务区域内各项事务有最高决策权。业主大会按照《物业管理条例》和业主大会议事规则确定的程序作出的决定，包括《业主规约》等，视为全体业主的共同决定，对全体业主具有约束力。通过这些规定，保证业主大会能够确实担负起代表和维护全体业主合法权益的职责。

（三）业主委员会

业主委员会是在物业服务区域内代表全体业主对物业实施自治管理的机构，是由全体业主通过业主大会会议选举产生的业主大会的常设性执行机构，对业主大会负责，具体执行业主大会交办的各项物业服务事宜。业主委员会应当自选举产生之日起30日内，向物业所在地的区、县人民政府房地产行政主管部门备案。

（四）业主、业主大会、业主委员会“三方互动”

业主大会是物业服务活动的最高决策机构，对事关全体业主利益的重大事项具有决策权，如《业主规约》和业主大会章程的制定权、业主委员会成员的选举和罢免权、物业服务企业的选聘和解聘权、住房专项维修资金的使用和续筹的决定权等。业主委员会作为业主大会的执行机构，是沟通业主和物业服务企业的桥梁，代表和维护着房地产产权人、使

用人的合法权益，负有召集和主持业主大会会议、报告物业服务的实施情况、与选聘的物业服务企业签订物业服务合同、听取业主的意见和建议、监督和协助物业服务企业履行合同、调解物业服务活动中的纠纷、监督业主遵守《业主规约》等职责。业主作为物业的所有权人和物业服务消费的主体，享有业主大会召开的提议权和物业服务事项的提案权、《业主规约》和业主大会章程的修改权、业主委员会成员的选举权和被选举权、对物业服务企业和业主委员会工作的监督权、对物业服务执行情况的知情权、对住房专项维修资金管理使用的监督权等。业主在享有以上权利的同时，也应当承担相应的义务，如遵守《业主规约》和业主大会章程、遵守物业服务区域内物业共用部位和共用设施设备的使用、公共秩序和环境卫生的维护等方面的规章制度、按时交纳物业服务费用等。强调业主享有权益，同时明确业主承担相应的义务、遵循权责一致的原则，是业主大会、业主委员会规范运作的关键。

二、业主委员会在物业服务中的地位和作用

与计划经济年代由政府或企事业单位采用行政手段进行的传统房产管理相比，物业服务作为社会主义市场经济条件下产生的一种新型管理服务体制，其最基本的特点是业主自治自律与物业服务企业统一专业化管理服务相结合。业主自治自律包含两个方面，首先，业主是物业的所有人，对所拥有物业享有占有、使用、收益、处分的权利，同时也必须承担出资对物业进行必要的管理、维护的义务。在此基础上，业主享有选聘、监督物业服务企业的权力和对重大物业服务问题的决策权力，这就是业主自治。其次，在共同使用物业的过程中，单个业主的利益不可避免地会与全体业主的共同利益发生一些矛盾，这就要求单个业主从维护全体业主共同利益的原则出发调整、约束自己的行为，这就是业主自治。业主委员会是广大业主实现业主自治自律的前提和关键，其主要有以下原因。

（一）业主委员会是维护广大业主合法权益的有效组织形式

在物业服务起步的初期，业主无法自主选聘物业服务企业，往往是“谁建设谁管理”，由房地产开发公司自组或指定一家物业服务企业负责物业服务。服务好的企业依托其服务质量、品牌信誉接管更多的项目，形成规模效益；服务差的企业则得过且过、滥竽充数，无视业主的意见和不满垄断经营。物业服务行业没有竞争，企业就没有生存的压力，也就没有前进的动力，长此以往必然造成整体服务质量的下降，损害广大业主的利益。而近年来出现的业主委员会以招投标形式选聘物业服务企业的做法，正是打破垄断管理局面，培育物业服务市场竞争机制的有效途径，是促进物业服务行业健康发展、管理服务水平不断提高的重要动力。由业主委员会这样的组织通过少数服从多数的民主原则选聘物业服务企业，使业主选择物业服务企业、决定物业服务重大事宜的权利得以有效地实现。

在物业服务消费过程中，由于单个业主与物业服务企业相比往往处于弱者地位，仅凭个人力量难以与之抗衡，业主对物业服务企业的监督权、建设权难以得到保障，而业主委员会则可以在享有对物业服务企业的选择权的基础上有效行使监督权。因此，通过业主委

员会代表全体业主集中行使物业服务的选择权、决策权，是维护广大业主合法权益的有效组织形式。

（二）业主委员会是连接业主与物业服务企业的桥梁

物业服务企业作为以经营为主体的企业，上有行业主管部门、工商行政管理部门、行业协会制约，下有广大业主的监督，如若违规，将寸步难行。而作为房屋所有权人的业主，则为小区聚居的个体居民，其职业各不相同，文化程度、道德修养等个人素质千差万别。对物业服务法律法规及其相关知识或知之甚少或全无所知。现代居住小区的特点是房屋毗连，邻里却互不相通，颇有“鸡犬之声相闻，老死不相往来”的意思。房屋毗连导致共用部分、共用设施设备的增多，不相往来使得业主只关注个人居室空间舒适温馨，而很少注重外部环境。作为业主委员会就要对社区的硬件、住户构成以及物业服务企业的各方面情况有充分的了解，并对建设和谐社区作出应有的贡献。

（三）业主委员会是明确业主与物业服务企业责权利关系的有效形式

业主与物业服务企业之间的关系是物业服务的消费者与提供者之间的关系，除了受到有关法规、规章的调整和规范外，还应通过物业服务合同明确双方的权利和义务。在现实生活中，由于业主是一个分散的群体，业主的意志具有多元化的特点，任何一家物业服务企业都难以做到与每一个业主分别签订物业服务合同。曾有个别房地产开发公司下属的物业服务企业在向业主交楼时，以交钥匙为条件强迫业主与其签订物业服务合同，但这一做法显然违背了《民法通则》、《合同法》等有关规定。没有物业服务合同，业主与物业服务企业之间的责、权、利关系就无法具体明确，物业服务质量、费用等问题就无法量化、细化，一旦发生纠纷，就缺乏有效依据。因此，通过业主委员会与物业服务企业签订物业服务合同，是明确业主与物业服务企业责、权、利关系的唯一有效形式。

三、物业服务企业与业主委员会的关系处理

在物业服务这一“矛盾共生体”的活动中处理好物业服务企业与业主的关系尤为重要，双方如能在关键的原则问题上达成共识，有一个良好的社会氛围，既可以防止出现的问题激化升级、又利于行业的健康发展。怎样才能处理好物业服务企业与业主的关系呢？从下面三个方面着手。

（一）明确双方定位、利益共享

在法律层面上《物业管理条例》中已确认了双方是两个独立平等的民事主体；在经济层面上，是两个合同当事人的平等关系；在劳动关系层面上，是服务与被服务的平等关系。不能简单地定位谁为主谁为辅，谁为上谁为下。但是在社会层面上，人们受传统思维影响，在观念上使得双方原本平等关系的地位产生错位，部分业主采取了拒绝的态度，给物业服务活动增加了困扰。因此，明确双方的定位与平等关系地位，是处理好物业服务企业与业主关系的前提。

在物业服务活动中，物业服务企业与业主虽然在经济利益点上有差异，但其目标一

致，是“对立的统一”，寻求双方的共同利益，才是处理好双方关系的根本保证。人们常常忽视了在物业服务活动中推广“合伙经营”的理念，营造一种“合作伙伴”的氛围。社会上人们关注更多的是两者通常意义上的服务与被服务关系，双方的思维都单方面地局限于遵循着市场经济原始规则的一般的商品交换，即“以最小的付出，获取最大的利益”，这势必造成双方在根本利益上的冲突。由于部分业主尚未形成个人资产经营概念，未能体会到资产统筹经营的实惠，再加上业主经济意识上存在较大的差异性，部分业主较看重个人既得利益的获取，漠视长远的、公众的利益，造成推广“合伙经营”理念的困难。一般物业服务企业只好将大部分精力和财力放在业主个人感受服务上，而放在实现“共同利益”目标上的精力与财力远远不够，遇到素质不高业主的非理维权和无理要求，物业服务企业又常处于“被动挨打”的境地。同时，一些物业服务企业对“合伙经营”、“合作伙伴”的概念认识不足，为追求短期利益，仅实行一般意义上的服务与管理。因此，双方都应清楚地认识到，在物业服务活动中双方都处在同一个“利益共同体”中。是合作伙伴，应该同舟共济，互为依存，合作建立一个双方都接受的“利益共同点”，互惠互利才是双方利益的根本所在。

（二）建立互信机制，共存共荣

作为物业服务企业应该正确对待业主的利益，要把业主利益摆在首位，力戒追求现实利益的短期行为。在提高服务品质与管理水平、提高服务档次，推行“品牌”效应上下足功夫。要在员工的思想意识中肯定和树立“业主第一”的观点，认真对待和处理业主的诉求。同时，在提升一线员工素质上要下足工夫，动用企业的一切资源作为支撑，这样才能促使员工有效地与业主进行友善的沟通，才能给业主留下良好的印象。对提供哪些内容的服务，服务水平应达到什么样的标准，实现什么样的管理服务目标，应该切合企业的综合能力，充分尊重业主的意愿，在双方平等协商、认同的基础上，忠实地履行委托合同内容，才能最大限度得到业主认同和信任。

作为业主，在物业服务活动中，不能以监督者自居，不能冷眼旁观，吹毛求疵或是专门挑错指责。对于出现的问题和意见分歧，应该置身于“合作伙伴”角色之中，在认识上求得统一，在行动上给予物业服务企业最大的支持和协助。业主应当正确运用监督机制，而不应简单地、随意地行使监督权和否决权。要认识到合法权益的监督权，是实行民主自治的根本保证。但是，这种监督权的行使，必须是建立在一定法律法规范畴之内，依据合同法的规定，按照具体合同或协议的约定进行的，不是随心所欲的个人行为，更不是为监督而监督的管制行为。监督权与否决权的滥用，必然导致双方相互设防、互不信任的对抗局面产生。成功运作的物业项目，业主和物业双方都将对方作为不可缺少的合作伙伴。业主和物业服务企业应该共同使业主委员会成为一个有效的交流平台，建立一个完善的信息反馈体系，充分发挥业主委员会“桥梁”和“润滑剂”的作用。在业主委员会这个平台上，真正做到你中有我，我中有你，互相包容，和平共处，共存共荣。

（三）促成交流沟通，完善法制

沟通是把思想、情感、知识，信息等在个人或群体间传递、交流的过程，它是增加感情、拉近距离、求同存异，达成共识的最有效手段。作为共同利益的合作双方都必须有强烈的交流沟通意愿，在物业服务活动中应共同经营维护良好沟通环境，创造相互沟通的条件，以融洽双方的关系，增加彼此间的了解，消除彼此间陌生与误会，取得彼此间的认可和信任。因此，不管是物业服务企业，还是业主都应重视和加强彼此间的沟通，这样才能关系融洽、相互信任、和睦共处。

第二节 在物业服务纠纷中业主委员会的责任缺失问题分析

物业服务作为一种新型的经营性服务行业，随着市场经济的发展不断地深入到全国各地，物业服务纠纷不断地见诸报端，起诉到法院的物业服务纠纷案件也随之增加。近几年国家立法机关也注意到这一问题，希望通过立法来加以解决，但效果并不乐观。

一、三类主要的物业服务纠纷

物业服务纠纷是随着房地产开发商加强售后服务及物业服务行业的出现而产生的较新类型的纠纷，该类纠纷因其独特性而与一般的纠纷有着不同的特点。由于物业服务涉及多个主体，涉及事务十分繁杂，故引发纠纷的原因也呈现多样化，以下三类纠纷最为突出。

（一）收费问题引发的纠纷

业主以收费依据不足、前期遗留问题、对服务标准和服务价格认同不一致等原因为由拖欠物业服务费。这类纠纷占所有物业纠纷案件的70%。名人拖欠物业费案，以及法院对拒交物业费的业主进行司法拘留，更是引起了全社会对物业服务所引发纠纷的越来越关注。

（二）权属更迭产生的纠纷

业主或业主委员会选聘、解聘物业服务企业产生的纠纷，物业服务项目接撤管引起的纠纷。此类纠纷目前较为突出，如前任的物业服务企业不退管，新的物业服务企业进不来；前任物业服务企业不移交相应管理资料等。

（三）管理责任纠纷

车辆丢失；家庭财产被盗；人身伤害；各种管线爆裂引发的财产损失。当前，业主与物业服务企业的纠纷不少已经开始转移到家庭财产的失窃方面。由于业主家里的财产被盗事件经常发生，于是许多业主片面理解物业服务企业就是物业项目的“第二警力”，一旦自己家庭财产遭到损失动辄就将物业服务企业推上被告席，然而这并不代表物业服务企业必须承担赔偿的后果。

二、物业服务纠纷多发的主要原因

房地产市场近年来发展较快，统一规范物业服务法律秩序的法规和司法实践尚不成熟。立法上的原则性导致业主与物业服务企业之间责、权、利不清，不仅容易诱发纠纷，而且纠纷案件的不断上升，除相应的法律法规缺乏之外，还有以下三方面不容忽视的原因。

第一、房地产发展速度太快，以及综合开发模式的采用。成片的大社区，公共秩序，公共事务的管理由物业服务企业承担，必然需要对违规人进行管理并伴随冲突。

第二、推行物业服务是一场深刻的体制变革，物业服务消费意识有待提高。物业服务是市场经济管理模式下经营性服务型的管理。物业服务和传统房产管理虽均是对城镇房地产实施管理，但他们之间无论是在管理模式上、手段上、观念上，还是管理的深度和广度均有着很大的区别。

第三、传统的社区管理模式已经不适应时代的发展。一些问题旧的组织体系解决不了，新的自治组织又没有完全建立起来；成立了业主委员会的，运作规范的非常少；运作规范的业主委员会，还得不到社会的理解。

三、业主委员会责任缺失的问题

国务院颁布的《物业管理条例》规定，谁拥有房地产权证谁就是业主，业主大会是广大业主的权利机构，而业主委员会则是一个执行机构，它既不是企业法人，也不是群众自治组织，它无权作出任何重大决议，包括物业服务企业的选聘以及诉讼等有关广大业主切身利益的决定，必须按照法律法规的规定，得到管理区域有投票权的业主2/3以上通过并明确授权才能生效。而在现实中业主委员会擅自扩大自身权利，业主对自身权利的淡漠是使得物业服务纠纷数量上升，矛盾激化的主要原因。现阶段业主委员会所产生的整体性缺失问题可归纳为以下四方面。

（一）形成机制上

《物业管理条例》第十一条规定业主委员会由业主大会选举产生，但实际情况是，完全按照规定来办的占极少数，一般新建物业的业主委员会大多由开发商制定并且业主委员会与物业服务单位也有千丝万缕的关系，而在每次换届选举中，由于很多业主权利意识的淡薄，根本不会注意小区的业主委员会是哪些人，而根据《物业管理条例》召开业主大会并且有1/2以上有投票权的业主参加来讨论或者书面征求意见，在很多小区中都难以实现的事情。这样在实际操作中，业主委员会往往成为开发商、物业服务单位的嫡系，维护广大业主权利就无从谈起了。

（二）管理模式上

业主委员会成员是否能拿津贴遭众多质疑，一般小区的业主委员会委员多由退休在家，无后顾之忧的老人来担当，只有少量有专业知识或有社会声誉的业主参与，而且这部分人往往工作繁忙，无心参与业主委员会的工作，大多只是挂个名。这就导致业主委员会的专业能力不高，对于知识要求较高的物业财务审计、招投标聘任新物业服务单位等来说很难作出科学合理的判断。

(三) 责任意识上

物业纠纷案件中，因业主私搭乱建行为引发的物业服务纠纷在案件中也占了相当大的比例，出现了以物业服务企业为主体起诉业主要求拆除搭建的案件。由于物业服务企业并非与业主订立《业主规约》的权利义务相对人，真正的权利义务相对方应当是业主大会，故法院对于此类案件一般以诉讼主体资格不符驳回起诉。如何使此类纠纷得以避免，业主委员会是应承担一定责任的；作为业主大会的执行机构，物业服务者发现有违章搭建的情况也应通过业主委员会来帮助做工作。

(四) 权利义务上

日前，某小区内公共用地被挪作他用，一小区业主委员代表全体业主起诉开发商，但当地法院以业主委员无权代表业主起诉为由驳回业主委员的起诉。目前物业纠纷的特点是，业主往往联合起来共同维权，由业主委员代表广大业主向法院起诉。但正是由于对业主委员在法律地位认识上的不一致，导致无法实现共同维权。因此，业主委员会的性质和地位应通过立法得到进一步的明确。

第三节　警惕业主委员会的三大不良发展倾向

在实际生活中，业主委员会的成立，带来的并不都是和谐的声音，有时甚至出现了种种令人们匪夷所思的现象：有的小区业主不满业主委员会向业主强加意愿的行为要炒掉自己的业主委员会；有些小区在一个物业服务区域内竟有两个业主委员会在同时运行；有的业主认为少数业主委员会成员的行为侵害了大多数业主的权利，最终导致业主把小区业主委员会告上法庭。面对这些以前并不多见的现实问题，有些业主茫然，有些业主选择退出，有些消沉郁闷，业主维权真可谓“伤痛谁先觉，唯有我自知”。那究竟是什么原因在制约着业主委员会正常作用的发挥？在解决成因复杂的现实分歧时，又应该如何避免业主委员会出现更深层次的问题和更为严重的损失，引导业主委员会将来的正常发展？

一、好心办了坏事，“善意”的行为导致小区利益失衡

北京的某位名人因拖欠物业费纠纷被物业服务企业告上法庭。官司一审虽然判定物业服务企业胜诉，但是被告方却指出小区业主委员会和物业服务企业签订了《临时物业服务协议》，并于当天入住该小区开始物业服务的行为只是得到了当时小区业主委员会的同意，并未得到多数业主的认可。同时，根据《物业管理条例》及北京市政府管理部门的有关规定，选聘、解聘物业服务企业必须经物业服务区域内全体业主所持投票权 2/3 以上通过；业主大会会议决议选聘新的物业服务企业的，应当通过招投标方式进行。《物业管理条例》实施前已组建的物业服务委员会，在召开业主大会前，原物业服务委员会不得履行业主大会的职责。案件当事人的这一观点在其后相关网站进行的有关调查中也得到了验证，该小区有近六成业主认为目前大多数业主委员会没有代表大多数业主的意愿行使权力，认为业

主委员会向业主强加意愿。为此，本案当事人近期将会把小区的业主委员会告上法庭并将官司打到底，而此次物业纠纷的焦点在于——业主委员会的意愿能否凌驾于业主之上！

在此，先不讨论关于欠费纠纷的具体案件，单就业主委员会应有法律地位和现实作用的话题就非常值得探讨和研究。就目前的现状，很多人对业主委员会都有一种普遍的错误认识：即业主委员会是全体业主的代表组织，是有权利替别的业主做主的组织。这恰恰是国务院于2003年颁布的《物业管理条例》中所规定的“业主委员会是业主大会的执行机构”的理解误区。它导致不少业主委员会出于好心为业主做了事情，善意地替业主作了决定，但由于未经业主授权，也未经法律程序，“善意独裁行为”却成了“越权恶意行为”。这样做只会使事情的结果和业主维权的初衷严重背离，从而导致业主的利益受到损失。为此，还是应该强调《物业管理条例》规定下的多产权人区分所有的不动产权利和《公司法》规定的股东及董事会的权利的差别。《物业管理条例》规定“业主委员会是业主大会的执行机构”。这一规定，明确了业主委员会只能执行业主大会的决议；业主委员会是业主大会的公仆，而不是《公司法》中的董事会；也不是类似公司的股东大会或者董事会的组织，而其进行的非业主大会决议的事项，业主大会以及成员不为其承担责任。

二、发生物业纠纷时，变“维权活动”成“违法行为”

按照北京市煤改气的供暖要求，将小区内的供暖燃煤锅炉改为燃气锅炉，同时供暖费价格由原来的每年每平方米19元调整为30元。在当年供暖季开始前，物业服务企业开始征收当年度供暖费。而小区业主委员会却提出，小区的楼道、步行梯、门口大厅等公摊面积都没有供暖设施，物业服务企业按照建筑面积向业主收取供暖费不合理，在和物业服务企业协商无果的情况下，业主委员会在小区公告栏内张贴通知，并在互联网业主论坛上发布公告，号召小区业主“缓交当年供暖费”。物业服务企业认为由于小区业主委员会发布的号召业主“缓交当年供暖费”的行为，严重影响了小区供暖费的正常收取，导致本供暖季收费比例仅为10%，把小区业主委员会起诉到了当地人民法院，要求业主委员会不要再“阻挠”物业服务企业收取供暖费的行为。

在《物业管理条例》中业主委员会被赋予了较大的权利，而不受监督的权利不仅可能引发腐败的萌芽，一旦业主委员会的维权活动出现失误，其损失必然由小区全体业主承担，甚至会直接损害小区业主的权益，而且可能严重扰乱物业服务的正常开展和业主委员会的健康发展。针对这种情况，《物业管理条例》第十五条规定，“业主委员会是业主大会的执行机构，履行下列职责：召集业主大会会议，报告物业服务的实施情况；代表业主与业主大会选聘的物业服务企业签订物业服务合同；及时了解业主、物业使用人的意见和建议，监督和协助物业服务企业履行物业服务合同；监督《业主规约》的实施；业主大会赋予的其他职责。”对于发生在该小区里的供暖费收费标准和收费原则的质疑，本应该通过小区业主大会或临时会议决议决定，并通过合理的途径与小区供暖单位协商解决问题。业主委员会采取的号召业主“缓交当年供暖费”的行为的确有些欠妥，所以，就这一点而言，任何不经过业主大会决议的维权活动都可能是凌驾于广大业主的意志之上的不当行为，都应该引起广大业主的重视。

三、业主在有意无意间，造成了不好处理的尴尬局面

另一起纠纷发生在北京某住宅小区。一年前，该小区开始为业主办理入住，当时业主与物业服务企业签订了一份为期一年的《物业服务协议书》，转眼间原协议就要到期，按照相关法规程序的要求，业主要决定是否再续签物业委托协议。小区在相关管理部门的指导下，由物业服务企业具体实施了小区业主委员会的选举和小区物业服务企业的选聘工作。事情似乎进行得很顺利，业主委员会也如期到小区办进行了备案，但是接下来的事情却是业主们始料未及的，业主委员会和原物业服务企业续签了小区的物业合同，一签就是三年，而且新合同上的很多条款有些业主也认为存在问题。由于业主委员会没有能够代表广大业主的实际利益，加之有部分业主发现，表面上按照程序进行的业主委员会委员选举，实际上缺少了大家的监督，在此过程中的很多重要细节都被业主们忽略。之后经过部分业主的积极活动，该小区在广大业主的全程监控下，再次投票又产生了小区新一届的业主委员会，但是却已经得不到小区办的备案认可。这样，一个小区里就出现了两个业主委员会同时运行的尴尬局面。

业主维权本身是好事，一方面说明业主的法律意识开始觉醒，对法律所赋予的权利可以很好地利用；另一方面，在保障业主利益的同时，也会对房地产开发行为和物业服务的进一步完善发展提供有益的帮助。但是由于业主对国家相关法律制度的不了解，对相关法律程序的不熟悉，就难免会出一些问题，比如出现一个小区两个业主委员会的怪现象，业主选举的业主委员会得不到政府相关部门的承认，而小区办备过案的业主委员会业主又不认可。如果抛开政府相关部门和法律程序上的问题不谈，单就此事产生的原因而言，不能说和该小区的业主完全没有关系。有关维权专家也特别提醒业主，今后业主大量的维权工作实际上主要应发生在业主和业主之间、发生在业主与业主委员会之间。为此，业主委员会的许多工作都涉及小区内每一位业主的切身权利，业主们更应主动认真研究学习相关知识，多关注这方面的事情，珍视法律赋予的这份权利。同时，从开始成立业主委员会筹备组、订立议事规程、确定选举监督方法时，就设计出一套相对完整、公开的制度并严格执行，才能选举出代表大家利益的业主委员会，并最终达到营造和谐小区氛围、构建和谐社会环境的目的。

第四节　业主委员会整体运作问题分析

由于受我国物业服务发展的历史及整个社会民主、法制观念、意识的局限，目前我国业主委员会运作体系还不成熟，矛盾和纠纷时常发生，这在一定程度上影响了物业服务的发展。对业主委员会运作情况的分析，有助于加强对物业服务市场的深度了解，找出制约

物业服务发展的症结，从而推动物业管理的健康、快速发展。

一、业主委员会主任、委员的综合素质分析

由于业主参与业主委员会不同心态和目的的驱使，使参加业主委员会的人群有了特殊的特征。对业主委员会主任、委员的综合素质进行观察和分析，会发现当选业主委员会主任委员的综合素质基本上分为两个极端：即综合素质特别高和综合素质特别低的，综合素质处于中等的很少见，这与一般的选举结果产生了鲜明的对比。此外，单位产权物业，如一栋住宅楼里有一家银行单位等，由其单位指派参加的业主委员会委员的综合素质一般处于不确定状态，综合素质呈现低、中、高的几率都有可能，但这种情况在总的业主委员会运作体系中所占的比率还是比较低的。

二、业主委员会主任、委员的参与心态分析

对业主委员会主任、委员的心态进行观察和分析，发现业主参与业主委员会的动机和心态也有两个极端。部分业主为人很正直、有良好的社会责任感和社会公益心以及良好的综合素质，他们站出来免费、义务为全体业主服务完全是为了维护全体业主合法的权益，配合物业服务企业搞好物业服务。另一部分业主把进入业主委员会当成谋求自己私利的工具，甚至把它当作自己事业的辅助手段。如要求物业服务企业为自己安排人员就业，减免自己的物业服务费和停车费甚至水电费。还有少数业主委员会主任、委员，勾结其他的物业服务企业要炒掉原来的物业服务企业。目前，后一种现象在业主委员会运作过程中仍占较大比例，这也是目前业主委员会运作体系不成熟的重要表现。

三、业主委员会成立现象分析

(一) 业主委员会成立难度大

业主委员会成立难度大主要表现在以下几个方面：一是业主的产权意识、维权意识不强，不少业主不愿意参与业主委员会，甚至连选举投票都不愿意参加；二是业主对物业服务的认识和需求不一样，很难形成共同的观点、一致的行动；三是物业特别是住宅小区业权分散，业主户数较多，组织召开一次业主大会本身就非常困难，通过业主大会按正规程序选举业主委员会就更加困难了；四是业主大会召开、业主委员会选举要在政府物业服务行政主管部门和居民委员会的指导和监督下进行(目前有的地方法规要求居委会参与，有的地方法规则没有此要求)，但往往政府相关部门人员精力有限，组织召开一次业主大会困难很大；五是受召开业主大会的场所及经费所限等。

(二) 业主委员会成立阻力大

业主委员会成立的阻力主要来自以下几个方面：一是来自原房地产开发商的阻力。在房地产开发过程中，房地产开发商可能存在诸多的问题，如开发质量问题、办理产权证问题、配套设施及服务承诺不到位问题以及房地产开发商将共用场地占为己有等。房地产开

发商害怕成立业主委员会，他们担心成立业主委员会后业主有了一个组织来对付他们。一般情况下，房地产开发商总是想阻止成立业主委员会，目前很少有房地产开发商会主动支持成立业主委员会的。二是来自现管物业服务企业的阻力。现管物业服务企业害怕成立业主委员会后会对他们的工作形成压力，如害怕业主委员对物业服务工作的监督，对物业服务财务的检查，甚至会害怕业主委员会炒掉他们。在现实中，确实存在业主委员会一成立就要求降低物业服务管理费或马上就要炒掉原物业服务企业的例子。所以一般情况下，物业服务企业特别是房地产开发商下属的物业服务企业不希望成立业主委员会，他们在很多时候还阻止成立业主委员会。三是来自一些既得利益者的阻力。如一些共用区域被某些业主擅自占有，业主擅自改变了物业的使用功能，乱搭建影响了他人的生活等。这些既得利益者也不希望成立业主委员会，甚至会阻止成立业主委员会，他们也害怕成立了业主委员会后，自己的既得利益可能就没有了。

（三）业主委员会规范成立的不多

由于业主对物业服务的参与意识不强，业主的时间有限，小区业主人数众多，召开业主大会的场地及经费有限等原因，致使在业主委员会选举的过程中还存在着诸多的问题。目前，完全符合物业服务法规要求成立的业主委员会并不多，即使已经成立的业主委员会也都或多或少地存在一些问题。所以会经常出现部分业主对原已成立的业主委员会不予承认，致使一个小区内出现两个业主委员会等状况。目前业主炒业主委员会已是经常之事。

（四）业主委员会成员的随机性大

在现代城市里，人们的生活交往并不是以住宅区为单位的，所以在同一个小区内相互不认识、不了解的现象非常普遍。因此，在业主委员会的选举过程中，往往谁站出来业主就选谁，在选举中业主委员会当选的成员随机性很大，这样就造成了业主委员会成员素质低，业主委员会运作混乱等现象普遍存在。

四、业主委员会运作的现象分析

（一）运作经费匮乏

目前，业主委员会无物业的经营权，无任何经费来源，这使得业主委员会日常的运作因缺乏经费难以开展下去。

（二）兼职而非职业操作

虽然业界正在讨论业主委员会能否职业化，但业主委员会职业化毕竟是未来的事。目前业主委员会主任、委员都是兼职的，是义务为全体业主服务。即使业主委员会主任、委员在物业服务企业领取了部分津贴，那也是很少的。正因为这种情况，很多优秀人士不愿意出任业主委员会主任和委员。

（三）权威性不够

业主委员会主任、委员虽然是由业主选举出来的，但其实质上对业主并没有管理权和处分权。由于业主人数众多，各种思想、观念和道德品质的人都有，当业主不支持物业服务企业或业主委员会工作时，业主委员会也没有办法、业主委员会没有权威性，很多情况下，业主委员会所做的工作往往是吃力不讨好。这种情况是致使部分业主委员会主任委员到期后不再连任的重要原因。

（四）群众支持性不够

由于目前人们对公共产权的性质以及对物业服务认识的不足，使得人们对物业服务的工作支持不够，对业主委员会的支持也不够。这是目前业主委员会运作困难的重要原因之一。

（五）正直透明操作不够

目前总体来说，业主委员会委员综合素质并不高，这导致业主委员会正直透明操作的不多，而暗箱操作现象比较普遍，这引发了人们对业主委员会的运作更多的关注和思考。因此，有业内专家称什么时候解决了业主委员会暗箱操作问题，物业服务才真正走向了规范化发展的道路。

（六）跟物业服务企业发生冲突的较多

业主委员会体制产生的主要目的是代表广大业主行使主权，并配合物业服务企业开展工作，然而，目前业主委员会配合物业服务企业工作的不是很多，与之发生冲突的现象却比较普遍。

五、业主委员会运作困境的解决办法

（一）业主维权意识、民主意识的觉醒

目前，业主委员会运作的困境尚没有非常好的解决办法，这主要与我国公民的民主意识有关。长期以来，由于社会体制的原因，人们对公有产权不太关注，对行使自己的民主权利也不太热心。在这种心态的影响下，人们对公共性服务的物业服务也不太感兴趣和关注。但随着整个社会民主意识的加强，业主对公有产权的关注和维权意识的提升，人们将越来越关注物业服务，对业主委员会的工作也将越来越热心和支持。业主维权意识、民主意识的觉醒和加强是解决业主委员会运作困境最根本的方式。

（二）业主形成物业服务正确的消费观念

业主维权意识和民主意识的觉醒，可促使人们加强对物业服务的理解和支持。此外，社会舆论的宣传和政府的政策导向也影响人们对物业服务的认识。因此，政府和宣传媒体要加强对物业服务的正确宣传，从而引导人们形成正确的物业服务消费观念。

（三）房地产、开发商、物业服务企业形成对业主委员会正确的态度

有些房地产开发商和物业服务企业把业主委员会当成是“洪水猛兽”，总是千方百计地阻止成立业主委员会，这种观念是错误的。其实物业服务企业与业主委员会目的是一致的，就是要把物业服务做好，使业主有一个好的生活和工作环境。房地产开发商和物业服务企业错误认识的形成可能有两个原因：一是房地产开发商、物业服务企业本身存在着诸多的问题，一旦业主委员会成立后，这些被压制的社会矛盾就会显露，房地产开发商的一些既得利益可能就会丧失，物业服务企业免不了被炒的结局；二是目前业主委员会不规范的运作，也使房地产开发商和物业服务企业望而生畏，产生了很多担心心理。但是从整个社会发展的角度来看，这些被压制的矛盾最终是需要得到解决的。因此，房地产接纳业主委员会，并与之进行良好的沟通和协调。同时业主委员会也要正视自己的工作，用尊重历史事实的态度，解决房地产开发的一些遗留问题，用公正、公平、公开的方式选择合适的物业服务企业。

第五节 业主大会、业主委员会现存问题与改进策略

随着物业服务行业的全面发展及业主维权意识的不断增强，物业服务领域的投诉和纠纷数量正在不断上升，矛盾的激化已经发展到危及社区生活环境及社会安定的程度。如何处理好物业服务中的各种关系，是有效解决各种物业纠纷的关键。

一、业主大会、业主委员会运作问题的提出

近年来，有关业主大会、业主委员会运作的矛盾和问题不绝于耳。如：业主大会、业主委员会的性质与职权界限，业主大会的“民主协商”、“少数服从多数”原则，“只要2/3以上业主通过就可以炒掉物业服务企业”；分期开发入住的小区，随着小区业主人数的增加，是否有重新选举业主委员会的必要，如果有必要该如何操作？小区滚动开发尚未结束时，业主委员会是否可以有权选聘物业服务企业？20％以上业主提议召开业主临时会议，如果业主委员会不组织召开，导致会议不具备决策效力的矛盾该如何解决？在业主委员会换届乃至整个业主自治活动中，政府主管部门应该起到什么样的作用？诸如此类。业主大会、业主委员会运作举步维艰，甚至处于“困局”状态，严重制约和影响了物业服务的和谐发展。对此，一般的观点往往是将其归咎为物业服务相关法规缺位、制度设计不完善、业主素质低、政府监管不到位等因素。诚然，上述因素是现实的、客观的，但仅仅以此来“过错推定”则未免过于简单，难以使人折服。

二、业主大会、业主委员会制度的立法基础和基本原则

业主大会、业主委员会和业主是物业服务活动的重要主体。正确发挥业主委员会的作用，对解决在物业服务中不断增多的矛盾和投诉，提高社区生活环境、稳定社会秩序是十分重要的。

（一）业主大会、业主委员会制度立法基础分析

《物业管理条例》出台之初，住房和城乡建设部房地产业司在介绍立法背景时称，建筑物区分所有权理论是《物业管理条例》立法的理论基础。自然，其也是业主大会、业主委员会制度的主要理论基础。业主大会制度是在建筑物区分所有权理论的基础上，为业主表达共同意愿，实现业主利益均衡，提供组织上的保障。业主大会权利的本质是该小区单

个业主权利的总和，单个业主的权利来源于业主所拥有的业权份额，而表示业权份额的标志是建筑面积或住宅套数，透过建筑面积和住宅套数折射出的是业主拥有财产的多少。说到底，业主表决权取决于财产的多少。业主大会是建立在全体业主财产权利基础上的，其与属于行政管理体系中的政治意义上的自治组织，如居民委员会、村民委员会有着本质区别。前者是以业主拥有的业权份额为单位，后者则是以自然人为单位行使相关权利，前者权利人的权利(业主与业主的权利)是不平等的，而后者(公民与公民的权利)则是平等的。从另一个角度看，以公共选择理论分析，物业区域中如果任何决策都要众多业主谈判解决，则需要业主搜集信息、开会、协商谈判以及投票表决，其谈判的成本必然极高。由大家共同认可的“公共机构”来完成，通过在物业小区设立一个执行机构并由业主向其授予一定的权利，就能大大降低物业小区众多业主的谈判成本或交易成本。业主大会、业主委员会制度不仅是以建筑物区分所有权理念，也是以经济学的成本效率原则为立法基础的。

（二）业主大会、业主委员会制度的基本原则

弄清业主大会、业主委员会制度的立法基础，认真学习《物业管理条例》、《业主大会规程》，不难看出我国业主大会业主委员会制度具有以下基本原则。

1．业主大会要代表和维护业主合法权益的原则。

业主大会是基于物业服务区域内物业在结构组成、权力归属及使用上不可分离的共同关系而产生的。只要是物业服务区域内的物业所有人均享有参加业主大会、对物业共同事项进行管理的权利，业主大会应由物业服务区域内的全体业主组成，委员也应当从全体业主中选举产生。业主大会各业主权利的行使是基于其拥有的财产权份额，业主委员会权利的行使则是基于业主大会的授权，毋庸置疑的是，业主大会、业主委员会均是维护全体业主物业服务合法权益的组织机构。

2．业主大会决策、业主委员会执行的原则。

《物业管理条例》第十一条明确规定业主大会履行如“选举、更换业主委员会委员，监督业主委员会的工作”等职责。第十五条第一款规定：“业主委员会是业主大会的执行机构。”可见，业主大会行使相关权利的核心是物业区域物业服务事务的决策，业主委员会行使相关权利的核心是执行业主大会的决议，超出这个界限，就是超越职权。

3．业主的权责相一致的原则。

在物业服务活动中，业主基于对房屋的所有权享有对物业和相关共同事务进行管理的权利。这些权利有些由单个业主享有和行使，有些只能通过业主大会来实现。同时，权利和义务是相对应的，权利与义务具有一致性，即权利与义务是并存的，任何一项权利都必然伴随着一个或几个保证其实现的义务，没有无义务的权利，也没有无权利的义务；而且权利和义务是对等的，业主在享有一定权利的同时还应当履行一定的义务。

三、业主大会、业主委员会制度运作典型问题分析

明确业主大会，业主委员会制度的立法基础和原则，并拟以此为基础通过分析物业服

务实践中的业主大会、业主委员会运作典型问题，以期抛砖引玉，引发业内同仁思考，共同解决业主大会、业主委员会运作存在的问题。

（一）正确理解业主大会中的“民主协商”、“少数服从多数”原则问题

“民主协商”、“少数服从多数”是业主大会议事的基本原则。物业服务实践中业主往往以此为依据，行使自身权利主张。其实业主大会的“民主协商”、“少数服从多数”原则与政治权利中的“民主协商”、“少数服从多数”的基础是不同的，前者是财产权，即体现了现代民法的基本原理，正如现代民法所崇尚的“财产即自由”，也诚如经济学家布坎南所言“否定了财产权，自由就失去了保障”。而后者是人权，天赋人权，“人人生而平等”。业主大会中业主权利的行使，并非是政治权利中的一般原则，而是在民主协商的基础上，根据物业业权份额来行使其相关权利，占全体业权份额少的那一部分业主必须服从于占全体业权份额多的那一部分业主。业主大会简单地以政治权利的“民主协商”、“少数服从多数”原则决定物业服务事务，既是违背业主大会、业主委员会制度原则要义，也是对业权份额较大业主合法权益的侵害。

当然强调“少数服从多数”原则，并不排斥维护弱势群体利益，保护小业主权益的公平，是一种适当保护，这种保护是有一定限制条件的，其不能损害其他业主，尤其是业权份额较大业主的合法权益。因此，业主在行使自身合法权利时，首先要正确理解业主大会的“民主协商”、“少数服从多数”原则。

（二）准确理解业主委员会是业主大会的常设执行机构的问题

业主既是业主个体自治法律关系的基本主体，又是业主团体法律关系的构成主体，即物业服务区域内全体业主是业主大会的组成人员。业主委员会的组成人员则是全体业主基于信任按法定程序经业主大会民主选举产生的，业主委员会可以在业主大会的授权范围内就某些物业服务事项作出决定，但重大的物业服务事项的决定必须由业主大会作出。从本质上说，业主委员会是业主大会决议的执行机构，仅仅是解决物业服务中共有财产权利保护问题时的常设机构。其对物业服务事务并无决策权，只有执行权。

严格界定业主委员会的权限，可以帮助有效地推进业主大会业主委员会制度运作。例如，物业服务实践中，基于有效组织和业主心理安慰因素考虑，业主委员会委员选举制度设计上往往强调“正态分布”、“兼顾各期”（多期开发的物业）。试想如果业主委员会和委员均能准确把握业主委员会的定位，忠实、有效地履行自身职责，那么这种业主委员会委员的“正态分布”、“兼顾各期”还有必要吗？某些情况下倒有画蛇添足之嫌。同样，业主委员会委员在履行自身其他职责时，特别是在物业服务单位的选聘、解聘过程中，更应该合理、谨慎履行自身的权力，否则，既是对物业服务民主肌体的侵害，对业主大会、业主委员会制度的扭曲，也使本应用于维护全体业主合法权益的资源形成不必要的浪费，提高业主、政府管理物业服务事务的成本。因此，应正确理解，准确界定业主大会和业主委员会的权限，明确业主委员会委员的职责方能忠实地实现业主大会、业主委员会制度的本义。

(三) 正确理解业主大会、业主委员会权限问题

业主大会、业主委员会的权限是有边界限制的，业主大会、业主委员会的行为职权均受到法律的约束，业主大会、业主委员会只能就物业区域的物业服务事务作出决定，超出这个范围不仅是越权，也是违规违法的。例如，业主大会只能从事与物业服务有关的活动；业主大会中的任何决定必须严格遵照《物业管理条例》的规定。同时，业主大会、业主委员会在处理物业服务事务中也必须受到《民法》和《合同法》等法律的制约。例如，社会和部分业主普遍认为的“由物业服务区域内 2/3 投票权业主通过可以解聘物业服务企业”实质是一种对物业服务解聘权的误导。“2/3 业主通过可以解聘物业服务企业”，并非解聘物业服务的充分条件，其重要前提是物业服务企业有违规、违约行为或者物业服务合同已经出现法定解除或约定解除的条件。否则，这样的解聘是不合法行为，必然要付出承担违约责任的代价。

业主委员会委员是业主的代表，并非特别业主，既要履行作为委员的职责，更应该模范履行业主义务。拒不履行业主的法定义务和根据《业主规约》和物业服务合同的相关约定而必须共同遵守和完全履行的约定义务的，本身已经失去作为业主的基本道德，更没有资格成为业主委员会委员行使业主大会授予的权利。例如，20%以上业主提议召开业主临时会议，业主委员拒不组织召开；一些业主委员会主任经业主大会授权，擅自以业主委员会名义代理业主大会的，更有甚者利用自身或少数人掌控业主大会或业主委员会公章的便利条件，冒用业主大会或业主委员会名义损害全体业主公共利益等，均是越权违规违法行为，必须承担相应的行政法律责任。

(四) 充分发挥政府主管部门的监督和指导作用问题

加强对业主大会、业主委员会活动的监督管理，将业主自治活动纳入依法运行轨道，是当前规范发展物业服务的一个重要保障。物业服务实践中业主大会、业主委员会超越职权等行为屡有发生，表面看是物业服务相关法规、制度尚需完善，业主民主意识尚未完全建立，规则意识淡漠，素质尚需提高，政府监督管理尚需改善，实质上是蔑视、践踏法规的行为。仅仅依靠发扬社会民主，培养业主的法制观念、维权意识是不够的，还需要各级政府主管部门进一步加强而不是削弱对物业服务活动的监督和指导，切实维护法律法规的尊严。

第六节 完善业主委员会自身制度与第三方监督体系的建立

业主委员会运作体系是物业服务体系中重要的组成部分，业主委员会也是物业服务市场的重要主体之一。由于受我国物业服务发展的历史及整个社会民主、法制观念、意识的局限，目前，业主委员会运作体系还不成熟，矛盾和纠纷时常发生，这在一定程度上影响了物业服务的发展。对业主委员会运作情况的分析，有助于加强对物业服务市场的深度了解，找出制约物业服务发展的症结，从而推动物业服务的健康、快速发展。

一、关于业主委员会法律地位的预设模式

我国《物业管理条例》虽然把业主委员会规定为业主大会的执行机构，赋予了其与物业服务企业订立物业服务委托合同的权利，但是却没有明确其法律地位，没有明确赋予其民事主体地位。一旦发生纠纷，问题接踵而来，很多地方的做法是业主委员会只能做被告，不能做原告；因为其不是民事主体，不符合原告的主体资格。当物业管理发生纠纷时，也只允许个别的业主作为原告来进行诉讼，这极大地损害了全体业主的利益。下面通过分析比较中外关于业主委员会的法律地位，构思一个合理的制度，来明确业主委员会的法律地位。

如何确定业主委员会的法律地位，纵观世界各国和地区的立法和司法实务，主要有四种不同的模式。

1. 法人模式。

在法国《住宅分层所有权法》和我国香港地区《建筑物管理条例》中规定，业主委员会具有独立的法人资格，其中法国的区分所有权管理团体是当具有两名以上所有人时当然构成，而在香港的业主自治组织是经登记成立的。

2. 非法人模式。

此种模式在立法上与法人模式完全相反，不承认业主委员会具有法人资格。以德国《住宅所有权法》为代表，把业主委员会设计为没有权利能力的团体，即非法人团体，适合有关合伙的规定。

3. 附条件的法人模式。

在日本《建筑物区分所有权法》和我国台湾地区为代表的立法均采用该种模式，承认在符合一定条件时可登记为法人。其中日本法规定区分所有权人超过一定数量时可以决议并登记为法人。我国台湾地区则规定当该组织符合民法总则社团或财团的规定时也可申请登记为法人。

4. 判例实务的法人人格模式。

这种模式以美国为典型代表，虽然在立法上不承认区分所有权人管理团体具有法人资格，但在其判例和实务中承认其法人资格。

相比而言，我国在业主委员会制度规定上还有很大的不足，对其法律地位没有一个明确的规定，对业主委员会的法律地位在理论上也颇有争议，涉及的主要观点如下。

1. 业主大会属于社团法人，而业主委员会为该社团法人的代表机构，对外以业主大会的名义从事各种民事活动，并由业主大会对其合法活动承担民事责任。也就是说，业主委员会不具备民事主体资格。

2. 业主委员会是在一个物业服务区域内代表全体业主，对物业实施自治管理服务的群众性组织，业主委员会只对业主所拥有的物业负责。因此，业主委员会与物业服务企业之间是一种平等民事主体关系，通过合同约定的方式来明确双方的权利和义务。

3. 业主委员会合法成立，有一定的组织机构和财产，已经具备了《最高人民法院关

于适用(中华人民共和国民事诉讼法)若干问题的意见》第四十条规定的条件，业主委员会应属于具备民事主体资格的其他组织，可以以自己的名义参加诉讼。

4. 业主委员会是依法成立，有必要的财产和经费，有自己的名称、组织机构和场所并能独立承担民事责任的一级法人。

二、业主委员会法律地位的构建

对于业主委员会的法律地位，理论上有不同的表述。《物业管理条例》表述为：业主委员会是业主大会的执行机构。以上各种表述都仅从某一特定角度对业主委员会法律地位作了局部把握，未能从整体上真正揭示业主委员会法律地位的实质。那么，业主委员会法律地位的实质是什么呢？在目前我国现有的民事主体三元结构体系下，将业主委员会定位于其他组织，即非法人组织更为合理更为可行。

（一）业主委员会不具有法人资格，不能成为法人

所谓法人，是指具有民事权利能力和民事行为能力，依法独立享受民事权利和承担民事义务的组织。根据我国民法通则的规定，法人应具有下列条件：依法成立；有必要的财产和经费；有自己的名称、组织机构和场所；能够独立承担民事责任。

据此，来分析业主委员会。第一，业主委员会作为业主大会的执行机构和常设机构，没有自己完全独立的财产。区分所有权人所缴纳的物业服务费用是属于全体业主的共有财产，业主委员会一般不能随意支配和处理。

第二，业主委员会本身所具有的不可避免要从事经营性活动的特性，与其不得从事经营性活动的要求背道而驰。法人是除自然人之外最重要的民事主体；是近现代民法上一项极为重要的法律制度。团体的法律人格的赋予，是民法理论最富想象力的和技术性的创造。根据我国业主委员会的职责和权限及存在现状，不难看出业主委员会不能也不会具有法人资格，主张不将业主委员会作为社团法人占据主导地位。

（二）业主委员会应该成为其他组织，即非法人团体

所谓非法人团体是指不具有法人资格但可以实施法律行为并享受权利、负担义务的组织体。相当于德国民法所谓的“无权利能力社团”。非法人团体是一种社会组织体，但不具备法人条件，不能或者未能取得法人资格，但依照法律规定能够以自己名义实施法律行为。非法人团体的条件包括：非法人团体必须具备区别于其他组织的名称、组织机构和场所。有一定可支配的财产和自己的组织章程，其设立必须合法，且非法人团体必须进行登记。

三、业主委员会制度的改进思路

尽管物业服务体制中有关业主委员会的制度在实践中已沿袭多年，且在目前条件下有其一定的现实合理性，但也必须认识到这一制度由于业主委员会法律地位的缺失，仍然存在着法理缺陷。这一缺陷集中体现在物业服务合同契约关系中业主一方的主体定位

问题上。各地物业服务法规一般都规定：业主委员会有权代表全体业主与物业服务企业签订物业服务委托合同。但由此却产生了这样一个问题，若个别业主违约(如欠费不交)，物业服务企业是追究业主委员会的责任，还是追究违约业主个人的责任？首先，从实践的角度来看，业主委员会显然不可能承担确保每个业主不违约的义务。那么从理论上说，如果认为业主委员会与物业服务企业签订的合同对每个业主均具有约束力，物业服务企业应直接追究个别违约业主的责任，则前提就必须是业主委员会与各个业主之间存在着某种代理关系。但根据我国《民法通则》的规定，代理人在代理权限内，以被代理人的名义实施民事法律行为。换句话说，如果业主委员会与业主之间代理与被代理关系成立的话，业主委员会就不能以自身的名义签订合同。这就形成了一个悖论，物业服务企业由于无法与每个业主分别达成协议而只能与业主委员会签合同，但若业主委员会以自身名义签了合同却又对各个业主不具备约束力。这一悖论事实上对物业服务企业签订的合法性、有效性构成了挑战，为今后更多的物业服务纠纷埋下了隐患。作为物业服务体制基石之一的业主委员会制度，存在如此致命的缺陷必须引起我们的重视和深思。

业主委员会是业主团体的内部的常设执行机构，由业主团体内部各个成员按一定程序选举产生，负责具体处理业主团体的日常事务。在处理全体业主的共同事务时，如参与涉及全体业主共同利益的民事诉讼或与物业服务企业签订物业服务委托合同等，业主委员会仍然是有关民事行为的具体实施者，但在实施这些民事行为时，不能使用业主委员会自身的名义，而只能使用业主团体的名义。只有如此，才能从根本上解决现存制度中主体缺位的问题。而业主(代表)大会不是一种实体组织，而是业主团体内部的一种议事形式。业主团体在处理团体内部重大事宜(如选举业主委员会、选聘物业服务企业、制定维修基金使用计划等)时，应召开业主(代表)大会形成决议，由业主委员会负责贯彻执行决议。《业主规约》的地位、效力在现存制度中一直比较模糊，在改进制度设计时也应加以明确。《业主规约》应定位为业主团体内部各成员间的多边合同、契约，其内容主要是各业主在物业服务中的权利义务、业主在物业使用和维护中的行为规范以及相关的法律责任。《业主规约》经一定比例业主签字后即可生效，并对全体业主(包括公约生效以后受让物业产权的新业主)均具有同等约束力。《业主规约》的主要作用是加强业主自治自律的可操作性，调整平衡单个业主相互之间、单个业主与全体业主之间的利益关系。各地现行的《业主规约》示范文本大多缺乏法律责任方面的条文，对违反《业主规约》(如拒不分摊物业共同部位维修费用、破坏公共设施)的业主应承担何种法律责任、如何追究其法律责任等均无明确规定，造成《业主规约》实际上沦为一纸空文，难以发挥业主自治自律的效用。在改进时应充分加以考虑，如个别业主违反《业主规约》的规定，既可由业主委员会以业主团体的名义直接追究其违约责任，也可委托物业服务企业作为业主团体的委托代理人予以追究。

四、引入第三方监督体系规避业主委员会运作风险

在我国现有的管理体制下，对业主委员会的权力监督包括内部监督与外部监督两种形式。所谓内部监督，是指来自业主委员会及其成员彼此之间的自我约束与控制，很明显仅靠业主委员会成员的自律和规章制度的约束，其监督效果并不见佳。从其外部监督机制来看，除了由全体业主组成的业主大会，业主委员会没有任何别的可以直接制约它的“上级”。《物业管理条例》虽然也规定业主和业主大会都有权监督业主委员会的工作，但对监督权的行使、监督机构、监督方式等都没有明确规定，这就造成了“人人监督，人人都没时间、精力、能力监督，最终人人都没监督”的尴尬局面。可见，对业主委员会权力的监督仅从监督主体上看就存在明显的缺漏，必须设法加以填补。从逻辑上看，对业主委员会监督体制的缺漏首先应从业主监督角度设法加以填补。在实践中，业主委员会监督体制的缺失和问责制度的匮乏，也让很多业主很不放心。据了解，由于业主和业主大会对业主委员会监督乏力，有的物业项目为了想办法监督业主委员会，又成立了一个名为“业主委员会监督委员会”的组织，但实行效果平平，且又有个别业主发问：又由谁来监督这个“业主委员会监督委员会”呢？看来对业主委员会的监督权必须由业主内部向外转移。

为此，就需要在业主委员会运作监督制度设计中引入“第三方”，建立异体监督或称第三方监督体制是强化对业主委员会工作的监督力量的一条有效途径。如果将业主和业主大会作为甲方，将业主委员会作为乙方，所谓对业主委员会引入多种方式的第三方监督也就是要寻求甲乙双方以外的第三方主体对业主委员会实施有效的外部监督。业主委员会活动的第三方监督，无论从理论还是从实践来看，对不少人来说，还是一个新概念。作为独立于委托方(业主和业主大会)和业主委员会的第三方，对业主委员会及其组成人员的管理行为进行监控、督导与评价，克服管理工作中的随意性与盲目性。监督方作为独立、公正的第三方，接受业主的委托后，依照物业服务法律法规及业主委员会的职责权限，帮助业主对业主委员会活动的全过程进行监督管理。实施监督的第三方可以提供的服务包括许多方面，如协调各方关系促成业主委员会如期依法成立，对业主委员会提供法律业务咨询，对业主委员会实施财务监控与审计，定期对业主委员会工作展开监督与评价等。对第三方监督可以从广义和狭义两方面分析。

(一) 从广义角度分析

第三方监督包括各种广泛的形式，比如政府行政监督、非政府机构监督、舆论监督以及聘请监督员开展的个人监督等。这些监督主体不是一种摆设，它们以第三方的视角来监督业主委员会，这不但使个别管理区域的业主委员会处在监督之下，宏观上看也使全社会的业主委员会同样处于被监督的位置。

(二) 从狭义角度分析

按照国际通行的惯例，所谓“第三方”监督狭义上只是特指非政府机构的监督。因而，在其本来意义上，所谓对业主委员会第三方监督就是要发挥各种民间社团和企事业单

位的积极作用，赋予它们一定的监督权力，在维护自己合法权益的同时，对业主委员会的管理行为实施监督。如对现在一些小区业主委员会的监督，完全可以聘请律师事务所、审计事务所和会计事务所等中介组织来进行，便于对业主委员会财务等方面的工作开展监督。业主委员会日常管理工作中出现的一些不公正现象大多和某些程序不透明有关，实现业主委员会工作的公正、透明需要“第三只眼”加以有效监督。在业主委员会监督管理中引进由第三方社会中介机构对业主委员会管理工作过程进行监督的形式，使每一个管理环节都能做到公开、透明，这不仅能大大提高业主委员会工作的信誉度，还能有效阻止业主委员会运作过程中各种腐败现象的发生。在当前的实践中，除了业主委员会的自身监督和来自业主和业主大会的监督以外，各地的业主委员会工作都是由相关政府部门，如建设主管机关来履行监督功能的，媒体等社会舆论机构也会对业主委员会进行监督，但由第三方机构参与到对业主委员会的监督程序中尚鲜有所见。

第七节　规范业主委员会行为策略

物业服务活动的法律主体是业主(前期是开发商)和物业服务企业。业主大会、业主委员会只能代表物业服务区域内的全体业主，维护业主在物业服务方面的合法权益。业主大会是物业服务活动中的权利机构，业主委员会只是业主大会上的执行机构，它只有执行业主大会决定的职责。据此《物业管理条例》明确了业主的概念，规定了业主的权利与义务，业主大会的组成、宗旨、成立条件、职责、会议制度、议事规则、业主委员会的性质、职责与组成，《业主规约》的内容、法律效力，业主大会、业主委员会、居民委员会的关系等内容。为了规范业主大会的活动，维护业主的合法权益，根据《物业管理条例》，建设部又颁发了《业主大会规程》。依据物业服务工作实践，从业主委员会的合理构建与行为规范，确立与物业服务企业既监督又合作的工作关系，建立沟通信任的工作基础等方面，规范业主委员会行为并发挥积极作用。

一、业主委员会现状是物业服务规范发展的瓶颈

物业服务主体之一——业主委员会的发展速度远远落后于物业服务企业，业主委员会的规范化程度也远远落后于物业服务企业。作为物业服务活动中重要的法律主体，业主大会、业主委员会没有及时建立健全，或缺位或不能充分发挥其职能，一些业主委员会滥用职权将小区弄得鸡犬不宁，直接影响了物业服务的法制化、规范化进程。

用现行的物业服务法律、法规规范物业服务企业，相对业主而言比较容易。物业服务企业作为企业，上有行业主管部门、工商行政管理部门、行业协会制约，下有广大业主监督，如若违规则寸步难行。而作为房屋所有权人的业主，其职业各不相同，文化程度、道德修养等个人素质千差万别，对物业服务法律法规及其相关知识，或知之甚少或全无所知。小区业主的违章装修，房地产行政主管部门、行政执法部门暂无有效措施，物业服务

企业更是无可奈何。不遵守《业主规约》，私搭乱建侵占公用面积、恶性欠费这些严重侵害多数业主利益的行为，仅靠物业服务企业是解决不了的。以欠费为例，无论是新旧小区均不能达到100%的收费率。虽然《物业管理条例》明文规定，物业服务企业可以向法院起诉欠费业主，但收费难仍成为长期困扰物业服务企业发展的关键。欠费业主的理由自然是物业服务企业服务不到位，但究其实质，欠费是侵占了大多数业主的利益，业主委员会从维护业主利益出发，首先应当追讨。物业服务企业因此而起诉欠费业主，业主委员会也应作为原告。再如，业主违章装修、私搭乱建、侵占公用道路场地，业主委员会可以从维权的角度进行干涉，制止这种妨碍、侵害公共利益的行为。如果业主委员会能真正起到作用，在一个物业服务区域内，凡侵犯广大业主利益的行为，无论是来自于物业服务企业或来自于业主，都能得到纠正。物业服务的实质是通过物业服务企业提供的公共管理服务使物业保值、增值，借以最大限度地保障业主的利益。而当前发挥健全作用的业主大会、业主委员会为数甚少，如何建立健全业主大会、业主委员会是当前物业服务的瓶颈。

二、规范业主委员会行为，发挥积极作用

业主委员会是全体业主的义务服务者而非处于权力地位，更不是以权谋私的媒介平台。业主委员会委员的推选，应该强化任职条件，将热心公益事业、有能力、有责任感的业主推举到业主委员会的工作岗位；而严格界定业主委员会的权限则可以帮助有效地推进业主大会制度正常发展。业主委员会委员是业主的代表，而非特殊业主，他们既要履行作为委员的职责，更应模范履行义务。拒不履行业主的法定义务以及《业主规约》和物业服务合同的相关约定，本身已失去作为业主的基本道德，没有资格成为业主委员会委员，更谈不上行使业主大会授予的权利。业主委员会是业主大会的执行机构，增强业主委员会委员工作界限认识，维护全体业主的合法利益，代表业主大会行使权利是根本。

三、明确物业服务企业与业主大会、业主委员会之间的关系

随着物业服务行业的全面发展及业主维权意识的不断增强，物业服务领域的投诉和纠纷量正在不断上升。理顺三者关系是有效解决各种纠纷的关键。业主除享有对房屋内专有部位和共用设施设备的使用，以及负有对公共秩序和环境卫生的维护等职责，还要履行公约和规章制度确定的其他相关义务。

业主大会由物业服务区域内全体业主组成，是物业服务区域内最高权力机构，业主大会代表物业服务区域全体业主的权益，维护大多数业主的合法权益，享有物业服务区域各项事务最高决策权。业主委员会是在物业服务区域内代表全体业主对物业实施自治管理的机构，是由全体业主选举产生的，是业主大会的执行机构，对业主大会负责。业主大会对事关全体业主利益的重大事项具有决策权，如《业主规约》和业主大会章程的制定权、业主委员会成员的选举和罢免权、物业服务企业的选聘和解聘权、住房专项维修基金的使用及续筹的决定权等。业主委员会作为业主大会的执行机构，是沟通业主和物业服务企业的桥梁，代表和维护着业主的合法权益，具有召集和主持业主大会会议、报告物业服务实施情况、与物业服务企业签订服务合同、听取业主意见和建议、监督和协助物业服务企业履行合同、监督业主遵守《业主规约》等权力。物业服务是全体业主共同选择、共同付费、共同受益的集体消费行为，物业服务企业和业主委员会都是物业的管理机构，是一种双向市场选择，双方地位平等，同时业主、业主委员会、物业服务企业三者有工作上的合作关系。

四、沟通信任是做好工作的基础

信任是当今社会任何一个单元主体生存的最基本条件，彼此间若没有信任怎能合作（物业服务企业、业主、业主委员会工作实际上是合作关系），彼此之间总是一味监督又何谈合作。业主和物业服务企业在物业服务中是一种“委托”与“被委托”的关系，在工作实践中是一种监督、被监督的关系，这种看似对立的关系，实际是相辅相成的，从双方的最终目标看是一致的。业主大会、业主委员会代表全体业主的利益，希望有一个美丽舒适的家园，以体现不动产的升值状态。而物业服务单位从企业利益出发，也希望把物业项目管理得有生机，给业主打造良好的生存环境，使企业的形象得以提升。鉴于此，就需要业主委员会、业主大会调整心态，抛开单纯地监督与挑剔，做到既监督又主动配合。在具体工作中，业主委员会要变被动为主动，与物业服务企业多联系，共同研究、共同商议；物业服务企业也应主动向其汇报，交流工作思路，做到相互信任、相互支持、相互理解、相互配合。如某项目在服务费测算中物业服务企业据实报业主委员会审计，而业主大会对测算拿不出具体的不同意见，只是盲目地压价，双方出现僵持局面。对物业服务企业提出的“对现行服务标准是否满意，对物业服务企业的付出业主是否认可”的两个问题，他们的回答是肯定的，但仍一味要求降低服务费，而服务标准不降。物业服务企业出于成本考虑不得已正式函告业主大会请求重新另选“保姆”；其间业主委员会再次认可了物业服务企业的服务质量，加上通过各种渠道了解到相关专业知识，双方终于在友好的气氛中重新议价，最终达成协议。在这一环节上三方体现的就是沟通、交流，最终达到共赢，体现了业主委员会沟通业主和物业服务企业的桥梁作用。借鉴国外先进经验从国情出发，打造中国式的物业服务市场，规范业主、规范业主大会、业主委员会工作、规范物业服务企业，加强政府监督，提高各自的诚信度，善意地监督，更好地服务，必将有助于业主大会、业主委员会这两大业主组织的扎实推进。

五、强调政府房地产行政主管部门的指导作用

业主委员会的成员所具备的条件除《物业管理条例》、《业主大会规程》所要求的热心公益事业、公正廉洁，具有一定的组织能力、社会公信力，具备必要的工作时间之外，更重要的是具备监督物业服务所需要的专业知识；而实际上具备上述条件的人并不多。业主委员会工作效率低，很难行使职权，不能有效地开展工作和人员素质关系极大。因此，业主委员会不能脱离政府指导，必须由民主选举而产生。若使物业服务规范化，建立健全业

主大会、业主委员会是地方政府行政主管部门的重要任务。至少各市、县(区)应当建立业主大会、业主委员会指导小组，指导小组应作为政府行政主管部门的常设机构，指导组建业主委员会和业主委员会的日常工作。业主委员会与群众自治组织(居委会、村委会)的最大区别在于行业特色，指导小组必须以物业服务行政主管部门为主，吸纳街道、社区、房地产开发公司、物业服务企业。目前实行的业主委员会的备案制度不可行，是一种绝对民主化的倾向。指导小组应该作为常设机构，指导成立业主大会，选举产生业主委员会，使小区业主在《物业管理条例》所规定的原则下，自觉地以民主推选方式产生业主代表，建立业主大会和选举业主委员会，并对业主委员会日常工作进行指导。

第八节　有效发挥业主委员会职能作用策略

业主委员会是物业服务不可缺少的一个组织，业主委员会代表物业项目产权人、使用人的合法权利；决定选聘或续聘物业服务企业；对物业服务企业的管理工作进行检查和监督；审议物业服务企业制定的年度管理计划和物业项目管理服务的重大措施。

一、业主委员会的运作历程

1991年，万科天景花园的供配电问题一直困扰着物业服务企业，长期以来都得不到有效解决。后来由于一个业主的帮忙，难题竟在短时间内顺利解决。这件事使万科物业服务企业在惊喜的同时，也萌生了新的想法：能否成立一个业主组织来与物业服务企业一起对小区实施管理？集合业主与物业服务企业的力量，在小区管理中形成合力，许多以往解决不了的问题也许会找到新的解决办法。在借鉴我国香港地区、新加坡经验基础上，1991年9月，全国第一个业主管理委员会组织在深圳万科天景花园正式成立。万科天景花园业主管理委员会运作模式在深圳逐步推广，并在深圳物业服务的运作过程中取得了相当好的成效。1994年6月，在《深圳经济特区住宅区物业管理条例》中，业主委员会运作体系被写进其中，并得到了正式确认。作为全国第一部物业管理条例，《深圳经济特区住宅区物业管理条例》在物业服务行业发展中产生了巨大的影响，成为全国各地制定物业服务法规的重要依据和参照标准。因此，随着全国物业服务的发展，深圳的业主委员会运作体系也被全国各地纷纷采纳，业主委员会运作体系被推广到全国各地。

2003年9月，开始正式实施的国家《物业管理条例》对业主委员会进行了一定范围的定性，把业主委员会定性为业主大会的执行机构，但业主委员会的性质和法律地位也并未作出明确规定。相对于以往深圳业主委员会的运作情况而言，国家《物业管理条例》中业主委员会的权限受到了一定程度的限制。

(一)可以明确物业服务企业和业主之间的权利和义务

物业服务企业和业主委员会是平等的民事主体之间的关系。由于业主成立了业主委员会，在签订了物业服务委托合同后，物业服务企业可以规避合同范围之外的经营风险。

（二）对于广大业主来说，业主的权益更好地得到了保障

由于有业主委员会的监督管理，管理处的日常经营管理须在委托合同的范围内执行，可以避免物业服务公司或项目部的“暗箱”操作，业主权益的保障真正成为可能。

（三）便于物业服务企业开展正常的经营管理

由于有业主委员会的“缓冲”作用，物业服务企业与业主之间的“对立”程度相对下降。并且由于重大事项获得了业主委员会的支持，业主与管理处之间的相互信任得以加强，广大业主也比较容易接受。

（四）对于政府来说，便于政府加强行业管理和监督，规范行业行为

政府对行业的管理主要是通过引导和监督来进行的，政府不可能直接面对众多业主直接进行管理，由于有这样的一个组织，政府监控的力度得以加大。另外，从游戏的规则来说，由于有了业主委员会，政府的角色从前台走向了后台，充当了裁判的角色，可以更公平地对行业进行规范。

二、影响业主委员会职能与作用的原因

（一）业主委员会委员面临来自多方的压力和误解

因目前业主委员会委员不领取津贴或工资，只是在义务地工作，这在一定程度上影响了业主委员会日常运作。如开会就可参加可不参加，召开业主恳谈会，本来应该是委员要求管理处适时召开，而现在实际情况是管理处却要三番五次地去请。同时，如果有某些委员比较热心于业主委员会工作，有些业主还认为他们获得了物业服务公司的种种好处，因此委员就会认为吃力也不讨好，工作的积极性自然下降。

（二）有些业主委员会委员不懂物业服务，影响业主委员会日常运作

正所谓隔行如隔山，委员只是通过表象来认知物业服务企业的管理质量，而不能从实质上和深层次上协助物业服务企业解决问题。更有甚者，一些委员超出权利范围去干预物业服务企业的正常管理与经营。

（三）由于业主委员会委员素质与工作时间问题，影响了业主委员会的日常工作

由于业主委员会的工作均在业余时间内进行，因此很多业主委员会委员由退休的老同志或待业人员组成，这样委员的素质就会出现一定的问题，并且由于他们不易接受新的事物和管理理念，给经营管理带来一定的负面影响。有些委员因忙于工作，不可能有充裕的时间参与物业事务，实际上也影响了业主委员会的日常运作。客观分析不难发现，业主委员会在行使职权过程中具有以下三点不确定性。

1. 委员产生的不确定性。

基于物业的产权要求，业主委员会这一民间组织的委员应由业主民主选举产生。但在实际选举中，由于缺乏硬件条件，另外委员们的工作时间也具有很大弹性，形成了委员产生及作用发挥上极大的不确定性。物业服务是一门管理科学，管理水平的高低与业主生活息息相关，与社会稳定密切相连，作为与业主和物业服务企业联系密切的业主委员会来

说，责任十分重大。因此，业主委员会委员不仅需要热心公益事业，而且应该掌握相关的物业服务专业知识。

2. 业主委员会法律地位的不确定性。

根据《物业管理条例》规定，“业主委员会委员是全体业主通过业主大会选举产生的，具有法律意义上的身份”，业主委员会负责与物业服务企业签订物业服务协议。但在实际运作中，由于业主委员会没有独立财产，所以不具备承担民事责任的能力。一旦出现问题，作为协议一方的主体——物业服务企业想追究违约方的法律责任就显得很不现实。

3. 业主委员会成立过程的不确定性。

根据《物业管理条例》及其配套文件《业主大会规程》规定，“业主大会确定业主委员会委员候选人”。这项工作是在物业所在地区、县人民政府、房地产行政主管部门和街道办事处的指导下，由业主代表，建设单位组织完成的，无需物业服务企业参加。但是在实际操作中，地方行政部门难以逐一具体管理，建设单位在完成销售阶段工作后也无暇顾及此项工作，街道办事处是否能积极做好组建业主委员会的工作也缺乏相应的考核指标，而业主的个人力量很有限，所以对成立业主委员会工作很难产生实际性影响。综上所述，业主委员会的成立工作具有很大的不确定性。

三、努力提高业主委员会职能

（一）定期召开业主委员会委员经验交流会

业主民主选举委员是由物业项目产权人决定的，委员选举标准是《物业管理条例》明确规定的，在现阶段要想有效发挥业主委员会的作用，确保业主委员会委员的专业素质符合物业服务需要，缩短合同双方的差距就必须加强委员的经验交流活动，通过向业主委员会宣传物业服务专业知识，辅以媒体的正确舆论导向宣传，促使委员进一步明确业主委员会的职责、义务，督促逾期不交物业服务费用的业主限期交纳，从而实现合同双方的合作与共赢。

（二）加大监管力度

物业区域公共事务的业主自治是通过业主大会实现的，由于种种原因业主大会一般一年内只召开一次或两次，而大量日常公共事务通常都授权业主委员会决定并实施。业主委员会任期有限，结构不稳定，委员素质参差不齐，在运作中其法律地位又具有较大的不确定性，所以一旦形成授权范围内的工作失误，造成业主物业、管理企业受损，根据我国现有的相关法律法规很难让当事人承担相应的法律责任。因此业主委员会应做到以下四点工作。

1. 了解物业服务的范围职责，并且也要吸收一些高素质人才。

2. 加强从业人员的道德建设，培养从业人员养成良好的职业习惯，坚定的职业理想，正确的职业态度，高尚的职业精神。

3. 强化从业人员的服务意识。

4. 在现阶段要明确有关部门的相应职责，或者成立专门组织对此类问题进行指导、规范、监督，加大过程中的监控或执法力度，确保业主委员会工作得以顺利进行。

（三）增设业主委员会筹建组日常办公机构，确保及时成立业主委员会

鉴于业主委员会的重要地位和成立业主委员会各项筹备程序的严肃性，另外由于业主委员会民间自治的特点，为确保业主委员会及时成立，在保持《物业管理条例》和相关制度基本原则不变的基础上，应考虑增设一个业主委员会前期筹备日常办公机构，在政府主管部门的指导监督下，负责办理成立业主委员会的各项准备及报批工作，确保及时成立业主委员会。

四、业主委员会日常工作注意事项

（一）业主委员会维权过程中要加强与各方面的协调

业主委员会在组织业主维权的过程中，第一，要与业主进行多层面地沟通。要清楚地知道维权目的是否合理合法，认真分析在维权过程中可能发生的问题，组织大家学习相关法律、政策文件，做到有的放矢。切忌在业主之间发生内讧和维权局面失控的现象，做到有序、文明地开展维权活动。在为业主维权的同时，也要向业主宣传遵守《业主规约》、履行业主义务的重要性，不管与物业服务企业的矛盾有多深，在任何情况下业主委员会都不要鼓励业主拒交在社区生活中应缴纳的各种费用。

第二，要加强与物业服务企业的沟通。要把业主的想法和业主委员会的决定，及时地向物业服务企业通报，取得他们的理解，要求他们配合做一些工作。小区业主大会和业主委员会也要摆正自己的位置，要懂得尊重物业服务企业的意见，支持物业服务企业在小区内收取等值的物业费和对小区物业进行日常管理，理解物业服务企业是一个独立经营、自负盈亏的企业，他们要履行对小区业主提供服务的义务，但不是小区业主的附属。要让物业服务企业感到大部分时间他们与业主的利益是捆绑在一起的，变被动为主动地支持业主委员会的工作，自觉接受小区广大业主的监督。

第三，为解决开发商遗留的诸多问题，小区业主委员会也要学会与开发商打交道。在业主维权的活动中，业主与开发商的矛盾比与物业服务企业的矛盾要尖锐得多，现阶段主要表现为公共物业产权的不明晰和房屋面积缩水以及物业的质量问题等，业主委员会要尽可能多地掌握小区的物业档案，从物业项目的建设档案以及与之签订的购房合同条款、广告宣传中对照物业现状，在事情还没有调查清楚前切忌进行公示和宣传。要在拿到证据后再与开发商进行沟通，开发商不接受时可以咨询律师做诉讼前的准备，不能组织业主进行围攻。

第四，是与小区居委会和街道办事处以及政府主管部门的协调。业主委员会要认真学习《物业管理条例》，自觉接受居委会的监督和指导，搞清业主大会和业主委员会的权利与义务，珍惜自己的民主权利，要相信我们的政府和政府工作人员，自觉遵守《信访工作条例》，运用现代传媒工具，有组织地向各级领导反映问题，不能搞“无政府主义”。小区业主委员会是一个法定身份尚不明确的其他组织，但是，又要在对小区的物业服务和业主的维权工作中起到中流砥柱的作用，这就要求业主委员会的成员，在各自的工作实践中不断提高这个组织整体的素质，要能从维护社区稳定这个大局出发，掌握维权的“度”，通过长期不懈的博弈，达到维护广大业主权益的目的，促进和谐社区建设。

（二）业主委员会应该规范物业服务企业的管理和服务

规范物业服务企业的管理，首先要求物业服务企业的管理工作要做到实事求是、公开、透明，要向小区业主公示本小区公摊物业、共有共用部位和公共区域的经营和使用情况，从根本上保证业主的知情权。物业服务企业应当与业主委员会洽商这些收入的使用和分配，从而确保业主对收益的分享权。所以，应当要求物业服务企业公开财务计划，最大限度地让业主了解物业服务费的使用情况，提高业主自觉交纳物业服务费的意识。物业服务企业应当依据政府颁布的相关规定，制定切实可行的管理服务制度，依据与小区业主委员会签订的物业服务管理合同，管理和维护小区物业(包括业主自用部分和公共部分)，为小区业主提供等值的服务，自觉接受小区业主大会的监督。可以说这是一项非常艰巨的工作，其主要原因还是法律的缺失，小区业主委员会不是一个法定身份明确的组织，业主在与物业服务企业和开发商的对垒中处于弱势地位。因此，要规范物业服务企业的管理和服务一定要发动和团结大多数业主，认真分析本小区的实际情况，续聘和选聘物业服务企业时要慎之又慎！因为在这个问题上有的小区已经有很多苦涩的实践。

（三）业主委员会要加强自身组织建设，防止权力的腐败

有人说：小区业主委员会有权力无责任一定会产生权力的腐败。任何小区业主大会选举出的业主委员会，都不是一个能够独立承担法律责任的组织，业主委员会只能依据国务院颁布的《物业管理条例》有关规定和业主大会的授权，监督物业服务企业对本小区公共物业的管理和服务质量承诺的兑现、替业主维权等，从严格意义上说没有产生权力腐败的土壤。但是，住宅小区成立业主大会、选举业主委员会，还是我国城市管理改革中的一个新生事物，可以说大家都在摸着石头过河，没有成功的经验可以遵循，加之业主委员会委员各方面条件参差不齐，所以，在工作实践中难免会发生这样或那样的问题，有时甚至是错误。要防止权力的腐败，必须加强业主委员会自身的组织建设。

第一、小区业主大会要依法制定切实可行的《业主规约》和《业主议事规则》供小区2/3以上的业主表决通过，从根本上杜绝业主委员会产生权力腐败的可能。

第二、业主委员会到政府管理部门备案后，要做好人员的分工并制定各项工作制度，实行监督机制，让业主委员会的工作有章可循。

第三、严格执行国务院颁布的《物业管理条例》，重大事项(包括签订各种合同、各项收费标准的制定、公共物业收入的使用和公共维修资金的使用)一定要经业主大会2/3以上的业主同意后再执行。

第四、组织由小区业主积极分子和离退休的老同志组成的物业工作监督组(因为老同志有时间在小区中活动，掌握各种情况)，协助和监督物业服务企业的服务、管理质量和业主委员会的维权工作。

第五、业主委员会成员一定要“张开嘴、放开腿”，想办法宣传发动广大业主都来关心和参加小区业主大会的工作。在业主委员会的工作实践中最忌讳少数人给多数人当家，业主委员会防止权力腐败的法宝就是坚持少数服从多数。

第七章

健康十和谐，物业服务大趋势
——超前化服务模式运作策略

> 亚里士多德说，城市的建立是为了生活，是为了使人们能够过上好的生活。同样，一个房地产项目的建立，是为了让业主能够过上理想的生活。现在，人们已经脱离了日食三餐、夜卧陋室的基本需要，特别是在“非典”时期“淘大花园”事件、杜邦“不粘锅”事件、“金龙鱼色拉油”事件等，人们对居住环境、生存状态有了更新的认识；人们不但要求品味舒适，居住健康也已经提升到了现实生活中的各个具体层面。同时，在满足了人们衣食住行这些基本生存物质基础以后，对人类社会本身的和谐发展、对人与人之间的和谐融洽生活，自然就成为人们更高一级的需求和最大消费点。健康物业服务关系到每一位业主的工作和生活环境，而和谐则是广大业主、物业服务企业、社会之间关系的最佳写照，健康十和谐无疑是实现业主理想生活的重要途径，也必将成为物业服务永恒的主题，值得期待。

第一节　关注身边居住环境，倡导物业健康服务

随着时代的发展，业主工作环境、生活环境越来越好，相应的对物业服务水平需求也在日益增长。物业服务企业要适应业主日益增长的需求，不但要做好分内的事，还要有前瞻性地观察和分析业主对物业服务潜在的需求和欲望，做好深层次的环境管理服务。比如：对物业项目实施绿色健康服务，规范物业服务行为，减少环境污染，节省物业项目的能源耗费，从而达到促进物业项目健康、可持续发展的目的。通过设计和制定环境管理目标、指标，识别可能对环境产生不良影响的环境因素，制定具体改善方案、运行控制程序对重要环境因素进行有效管理，依靠组织性、规范化的服务活动，实现减少污染和环境保护的承诺，推行绿色消费节约资源，改善居住环境使“环境管理”成为物业服务企业的又一个服务亮点。想要使物业环境管理由口头呼吁变为确实的行动，使

健康服务不再局限于一时一事，实施环境管理提供了很好的答案。

一、物业企业参与环境管理，实现绿色健康服务

(一) 明确环境影响与环境因素的关系

应该明确地把物业服务企业提供服务的过程中，对环境所产生的不利或者是有利的、整体或局部的任何变化定义为环境影响。当然，物业服务企业所关注的是对环境所造成的不利影响，这种不利影响的结果要么是对环境产生污染，要么是使人类有限的资源耗竭或浪费。同时，把在物业服务企业的活动，产品或服务过程中，能够或可能对环境产生作用的要素称为环境因素。环境因素与环境影响之间是一种因果关系。毫无疑问，无论在物业服务企业的经营活动或提供服务过程中，还是日常生活中，这种可能对环境产生影响的要素无处不在。如日常抽烟产生的烟雾、烟蒂，生产、生活中浪费水、电现象等，无论是直接地或者间接地都将对周围环境产生影响。各种环境因素对环境造成冲击或影响的度也各不相同。相对地把具有或者可能具有重大环境影响的环境因素，包括对环境已有显著影响的和可能具有显著影响的环境因素，定义为重大环境因素。物业服务企业应建立并保持一个或者多个程序，来确定其经营活动或提供服务过程中，能够控制以及可以期望施加影响的环境因素，以便判定那些对大众有重大影响或可能具有重大影响的因素。物业服务企业应确保在建立环境目标时，考虑这些与重大环境影响有关的因素。

(二) 环境因素的识别原则

为了确保环境因素识别的充分性，并提供企业实施环境管理的重要控制对象，环境因素识别应遵循以下原则。

1. 环境因素识别需全面。

即环境因素识别时应充分考虑物业服务企业经营活动或提供服务过程中，能够控制及可望对其施加影响的环境因素(其中包括所使用产品和服务中的重要环境因素)。具体包括：废气排放；废水排放；噪声排放；固体废弃物管理；土地污染管理；自然资源的不合理使用或浪费；对周围邻里、社区的影响及其他环境问题。并注意在过去(如以往遗留的环境问题)，现在(如现场经营活动或提供服务过程中的环境问题)和将来(如提供服务可能带来的环境问题，将来潜在法律法规变化的要求，计划中的活动可能带来的环境因素)等状态下对环境因素的识别。

2. 环境因素应具体。

环境因素识别的目的是提供环境管理体系控制的明确对象，为此识别应与随后的控制和管理需要相一致。识别的具体程度应细化至可对其进行检查验证和追溯。

3. 环境因素识别要明确环境影响。

环境因素的控制是减少或消除其环境影响，同一个环境因素可能存在不同的环境影响，因此，识别时应明确其环境影响，包括有利的和不利的环境影响。

（三）环境因素识别评价方法

环境因素涉及物业环境管理活动的所有范围，贯穿了物业环境管理的整个过程，牵动了物业服务企业的服务策划、资源配置、管理决策以及培训、运行、记录、改进等全部过程。识别评价环境因素是实施物业环境管理成败与否的关键因素之一，决定了环境管理方案的制订与实施。物业服务企业首要的任务之一就是在环境方针提供的框架下，全面系统地识别物业服务企业内涉及活动或服务中的环境因素，然后对其进行综合评价，从中判定出重大环境因素，并针对重大环境因素制定相应的目标、指标以及行之有效的环境管理方案，采取有效措施进行纠正和预防措施，最终取得环境管理佳绩。物业服务企业对住宅小区可以尝试应用以下方法，对项目中污染物、废弃物及噪声排放等做出识别和评价（表7-1、表7-2）。

物业项目重大环境因素识别评价方法　　表7-1

内　容	得　分	内　容	得　分
A. 法规符合性		D. 影响程度	
超　标	5	严　重	5
接近标准	3	一　般	3
未超标准	1	轻　微	1
B. 发生频次		E. 相关方抱怨	
持续发生	5	强烈（多次）	5
间断发生	3	一般（2～3次）	3
偶然发生	1	基本无抱怨	1
C. 影响范围		F. 可节约程度	
超出园区	5	加强管理可明显见效	5
周围环境	3	改造设备可明显见效	3
场界内	1	较难节约	1

注：1. 污染物、废弃物及噪声等重大环境因素评价标准：当A=5或B=5或C=5或D=5或E=5或总分$\Sigma=A+B+C+D+E\geqslant15$时，确定为重大环境因素。

2. 能源、资源消耗评价标准：当$F\geqslant3$时，确定为重大环境因素。

在此，需要强调的是环境因素与重大环境因素只具有相对的概念，没有绝对的区分。亦即重大环境因素是从现有环境因素中评定筛选出来的。一旦某一环境因素被判定为重大环境因素，物业服务企业就应当根据环境方针提供的框架，为此制定明确的目标指标，以及相应的确实可行的环境管理方案。

二、拥有绿色健康生活，从改变身边小事做起

现代消费群体在满足了“住”的基本需求之后，对健康的需求更加多起来，这也正是

环境因素识别评价表 表 7-2

序号	活动、服务	环境因素	环境影响	时态	法规符合性 A	发生频率 B	影响范围 C	影响程度 D	相关方抱怨 E	可节约程度 F	得分	是否重大因素	目标、指标	处理方法
1	机动车	喇叭噪声排放	破坏安静、影响人体健康	现在	1	2	3	3	3	1	13	否	噪声污染符合国家标准	张贴禁止鸣笛标识、加强现场监督
2	二次装修	垃圾排放	污染土壤、水体、影响人体健康	过去、现在	1	3	1	5	1	1	12	是	管理处内无装修垃圾排放	制定二次装修环境管理规定、加强现场管理
3	生活水箱	饮用水的污染	影响人体健康	现在、将来	3	1	1	5	1	3	14	是	水质符合国家标准	定期清洗、组织培训与教育，并加强现场监督检查
4	供应商	供应不合格材料	废弃物污染、浪费资源	过去、现在	1	1	1	3	3	1	10	否	已验收的产品合格率不低于96%	加强入库验证、签订环境协议
5	保洁服务	固体废物排放(电池等)	破坏土地和地下水的生态、影响人体健康	过去、现在	1	3	1	3	1	3	12	否	固体废弃物逐步实现资源化、无害化，有毒有害废弃物分类不低于80%	分类存放固体废弃物，采用可降解材料，组织培训与教育，加强现场监督检查
6	楼层电灯	无效运行	电的消耗	现在	1	3	1	1	1	5	12	是	实际用电量低于计划用电量	制定资源、能源节约控制管理规定，并组织培训与教育，加强现场监督检查

填报单位：　　填报人：　　审核人：　　填报日期：　年　月　日

注：1. 若无环境因素的更新，则在“环境因素”栏内填写“无”。

2. 对于识别出的重大环境因素，应由公司相关主管部门，指定责任人，制定详细的管理方案进行改进。

健康物业服务模式将要流行的理由。作为物业服务人员必须明白一个道理——生活的幸福源于亲身的感知，在追求社会经济增长的同时，并不意味着必须以失去美好的生活环境为代价。保护环境、清洁生产、绿色消费已成为生活新时尚，也体现出了社会的文明和人们的素养，让园区业主从充分参与身边的琐事做起，节约水电资源、减少污染排放、进行垃圾分类、资源回收利用、控制噪声污染，努力倡导物业健康服务新模式。

第二节　建立绿色健康物业服务体系策略

从国外先进的物业服务行业发展经验来看，物业服务企业除了要按照合同或契约的规定，对房屋、配套设施及其附属设备进行维修、养护，实施有偿管理活动外；维护公共安全、保护公共利益，也是物业服务活动作为公共管理的根本属性之一。而维护公共利益，尽管其中有很大部分是业主自身的利益，包括房屋保值、增值、自身安全等，但从整个社会或者国家意义上讲，物业服务的根本要求就是要通过企业的社会化、专业化的管理服务活动，实现单个业主所忽略的、无法完成或者很难实现的意愿或要求，其中就包括业主们希望的优美、安全、文明、舒适的生活和工作环境，具体内容应该包括对园区内公用设施、环境卫生、绿化、治安和车辆交通等方面进行的有效维护和管理。另一方面，随着社会竞争的加剧和人们生活环境问题的进一步凸显，更多的企业也开始意识到除了对经济效益的追求以外，作为一个有着社会公众责任感的企业应该认识到在环境管理方面负有的责任。对社会效益、环境效益的重视，不仅有利于降低材料和能源的消耗，提高材料和能源的使用效率，有效地利用原材料和回收利用废旧物资，节省支出降低成本，获得显著的经济效益；此外，还可以向外界展示其企业实力和对环境保护的态度，同时降低环境风险，树立良好的环境行为公众形象。

一、重新认识我们身边的环境问题

不要认为我们只是环境破坏的无辜受害者，有没有想过我们所选择的生活方式对现在和将来的环境又会造成怎样的危害呢？就以城市住宅发展来讲，从自然生态的角度看这一过程其实就是将自然资源(如土地、木材、沙石及水等)经人工机器变作居住空间的生产过程。建成的住宅单位供人们居住，在此过程中会耗用能源(例如水、电、煤等)，但同时亦产生能量(主要是业主经休息后得以恢复生产力)，排出废物如污水及垃圾等。要保护环境，使城市以及整个地球能持续发展，就必须注重房屋建造及使用过程中的环保问题。另一方面，人们在消费和享用资源时，也应该认识到在环境管理方面负有的重大责任。需要关注的不仅仅是园区的环境卫生、绿化管理；营造绿色健康居住环境还应关注生活能源系统、水环境系统、声环境系统、气环境系统、废弃物管理与处置系统、绿色建材系统等。

（一）生活能源系统

对作为常规能源的电、燃气和煤气在住宅区进行优化分析，如发达国家都采用一种能源系统，用电的就用电，用燃气的就用燃气，而不是多种能源组合使用。鼓励采用太阳能和绿色能源的风能、地热等自然能源。

（二）水环境系统

供水设施宜采用节水、节能型系统，绿色住宅中应采用节水型大便器。另外，家庭用水系中水龙头滴漏现象时有发生，采用高质量无渗漏水龙头，能有效地节约用水，保护水资源。节约用水应同时减少污水，这样节约了污水处理的能源和设备损耗。用于水景工程的景观系统工程不可以用自来水，并须采取循环用水等措施。

（三）声环境系统

室内噪声标准和作为室外建筑物之间隔声的降噪和周边环境的标准。

（四）光环境系统

要求室内尽量采用自然光，防止光污染，使用节能灯具；设在室外的草地灯、路灯、广告灯等，要求采用光度不高的太阳能照明。

（五）热环境系统

包括对维护结构的热性能的保温隔热提出要求，如采用清洁能源、绿色能源等。室内热环境满足舒适要求，如按照国际要求，冬季在20～24℃，夏季在22～27℃之间是比较舒适的。

（六）气环境系统

要求室外空气质量达到二级标准，室内自然通风，卫生间有通风换气设施，厨房有烟气集中排放系统，达到国家规定的居室内空气质量标准。

（七）废弃物回收处理与处置系统

垃圾收集要求袋装、分类、无害，将生活垃圾按有机物、无机物、玻璃、金属、塑料等分类回收处理。这样能最大限度地减少垃圾对环境的污染，最大限度地将其变废为宝，循环利用。

（八）绿色建材系统

国际上通常采用可重复、可循环、可再生材料，在提供物业服务时也应采用符合国家环保标准的无毒、无害、无污染健康材料。

以上的环境问题仅仅是绿色健康住宅的基本特征，此外，人们在消费和享用资源时，也应该认识到在环境管理方面负有的重大责任。住宅发展及物业管理与环境保护的关系非常密切，特别是高密度的住宅发展，无论是对环境造成的负荷或环境质量的要求等等都非常值得深入研究。

二、物业绿色服务目标的确立

绿色健康生活需要通过一种组织手段来实现，这就是“绿色服务”，其目的是把环境管理纳入物业服务，让环保走进每一个小区业主的生活，使环保的重点由大气污染和生态保护向人们的生活方式转变。“绿色服务”最早是从新加坡传入我国的，主要是通过物业服务企业在提供服务过程中降低污染、节约资源，并推出能被业主接受的绿色产品及服务，将环境保护的观念融于项目的物业管理与服务之中，它涉及管理与服务的各个层次、各个领域、各个方面、各个过程，要求在管理以及服务内容的设定中充分考虑环境保护、节约能源，倡导绿色消费、健康生活。

实施物业绿色服务，要实现以下四个主要目标。

目标一：通过集约型的科学管理，有效地减少人力、物力的投入，实现物质资源的最大化利用，从而减低管理成本。

目标二：废弃物排放的最小化，通过实行以预防为主的措施和全过程控制的环境管理，使管理、服务过程中的各种废弃物最大限度地减少。

目标三：通过与相关公司资源的合作，可利用资源的再生复原，以及组织业主参加资源再利用的相关活动，使物业服务企业增加新的利润点。同时，社区资源与社会资源相互融合，形成良性循环的最佳局面。

目标四：通过绿色服务的提供，增强社区业主的环保意识，增强社区居住的人文氛围，扩大品牌深度以及扩展面。

三、物业绿色服务实施操作要点

人与自然的和谐是人类社会生存永远不变的法则，人们对生活环境质量的追求不仅要满足合理的居室布局、方便的交通，还要求社区清新的空气、优雅的园林小品、幽雅宜人的环境。物业绿色服务就是要使“绿色消费”的观念渗透到物业服务的各个层面；使环保由口头呼吁变为切实的行动；使环保不再是一时一事的活动，而像“春雨润物细无声”那样变成人们每日每时的行为。

（一）致力于物业服务企业的内部管理改造

物业服务企业在内部管理中应效仿自然系统内部运作的“低耗高效的循环性能，自我调节和控制的运行机制”，绿色小区或者是生态小区，必须是节能、节水型的社区，追求节能、省料、减污(无污)的综合效果，满足业主的绿色需求，同时使内部管理成本减至最低。比如说住宅小区或公共建筑，现在有95%以上属高耗能建筑，单位耗能比同等气候条件下的发达国家高出2～3倍。又比如说业主家庭的卫生洁具耗水量高出发达国家30%以上，污水回用率仅为发达国家的25%。所以说节能、节水型社区的建设，也是环境保护的重要内容，必须给予足够的重视。

（二）采用新技术、新工艺，不断提高小区技术管理水平

科技创新是技术管理和物业可持续发展的技术与物质的支撑。目前，许多建筑为了提高饮用水质量，对自来水进行了深度处理，分管分质供水；为了减少洪涝灾害和开发水源，建立了雨水蓄水系统。科学技术的高速发展将进一步促进能源、环保、通信、安全防

卫、防灾等基础设施技术的革新，导致基础设施服务的内容、配制种类、布局方法、管理模式发生相应变化，因此物业环境管理也要紧跟科技的创新。

（三）建立环境管理体系(EMS)，提高企业环境管理水平

ISO 14000 环境管理系列标准是国际标准化组织(ISO)继 ISO 9000 族质量管理体系后，颁布的又一管理体系标准。可持续发展是人类在环境问题遍布全球并愈演愈烈的现实中反思人类的发展历程后，得出的对未来生活方式和生产方式的设计和选择，而环境管理系列标准的出台是对可持续发展的主动响应，也是环境保护发展的必然。标准首次发布至今近 10 年，自面世以来即受到广泛的欢迎，很多国家都认为实施其核心标准 ISO 14001 将会在国际贸易等方面带来丰厚的经济利益，并将 ISO 14001 作为一项具有战略意义的行动来抓。通过制定和实施 ISO 14000 系列标准，并依靠组织性、规范化的管理活动，实现减少污染和环境保护的承诺，推行清洁生产，绿色消费，节约资源，改善环境；再通过不断的环境评价、管理评价、管理评审、体系审核(内审和外审)活动，推动环境管理体系的有效运行，推动环境质量的不断改进，实现社会的持续发展。

（四）要做好对于绿色服务理念的宣传，深化沟通，倡导全民参与

实施物业绿色服务作为一种全新的发展目标和服务模式，是将可持续发展战略落实到住宅小区的需要，是提高居民生活质量，促进城市经济、社会与环境协调发展的需要，也是绿色奥运行动计划的一个重要组成部分。实施绿色服务要涉及管理、服务、社区活动的各个方面，需要物业服务人员与业主的积极参与。因此，企业要运用绿色理念来指导管理服务，物业工程技术维护人员要不断学习新的环境技术，不断提高自己的环境知识和技能，从设计与管理方面减少或消除污染，提高生态效率；对管理服务在第一线的员工，要培育绿色服务和珍爱社区环境的意识，使环保、生态、绿色的理念深入人心。倡导绿色住宅健康服务，以提高公众生活质量为目标，同社会进步相适应，特别体现了以人为本的理念。可持续发展的实施要以适宜的政策和法律为条件，强调综合决策与公众参与。作为物业日常服务应当建立全民参与机制，积极开展环保教育，动员人人参与，做好与业主的宣传沟通，特别是请他们参与小区的管理，这是实现物业绿色服务成败的关键。

第三节　物业服务企业节能管理体系的建立和实施

自 2004 年以来，随着国际、国内能源局势不断紧张，建筑耗能逐渐成为社会关注的问题。据建设部有关数据显示，现有的城市建筑中 95%以上是在建筑技术应用率较低的情况下建设起来的，属于高耗能建筑，其单位耗能比同等气候条件下的发达国家高出 2～3 倍，而其中住宅性质的高能耗建筑又占到了 80%。显然，这一现状与社会发展的主旋律——建设资源节约型社会战略目标严重不符，甚至已经成为了制约经济进一步发展的瓶颈。在政府的大力倡导下，推进低能耗建筑成为各方共识，《公共建筑节能设计标准》、《民用建筑节能管理规定》等相关节能法规相继出台。然而，我们也必须看到，标准可以控制建筑设计和管理建设，但对能源消费行为的控制仍然需要全社会的积极响应和人们的切身参与。

一、物业服务企业建立节能管理体系运行基本模式

节能管理体系是物业服务企业全面管理体系的一个重要组成部分，包括为实施和保持节能管理所需要的组织机构、职责划分、计划目标、策划活动、相关资源、工作程序等等内容。节能管理体系的运行应遵循 PDCA 循环模式(图 7-1)，循环的四个阶段是一个循环往复过程，但并不是在原地不动，而是在循环中不断地前进和提高，每一次循环都有新的目标和内容，实现持续改进、螺旋式上升发展。这里要特别强调 PDCA 循环是一个综合性的循环，在企业总体的、大的 PDCA 循环的指导下，各级公司、各部门、个人以及节能管理的各个环节都有各自小的 PDCA 循环，这样大循环套小循环，小循环又套大循环，一环扣一环，并相互依存、相互促进补充，从而形成一个有机的整体。

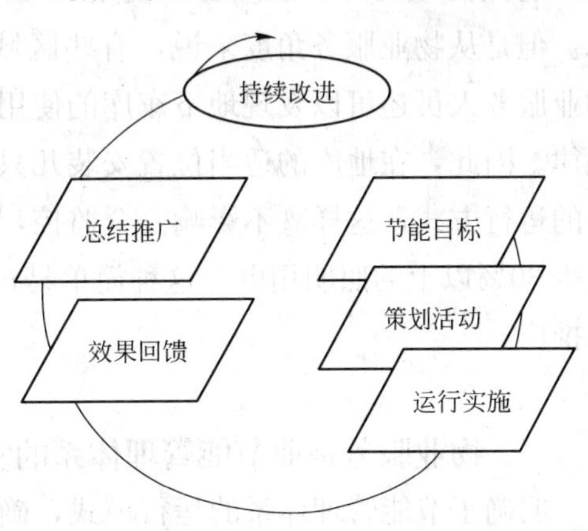

图 7-1　节能管理体系运行基本模式

二、物业服务企业实施“节能降耗”管理的方法

在物业服务企业的经营成本中，刚性能源费用的支出占了相当大的比例，因此企业对能源价格的上调十分敏感。物业服务企业依靠科学的管理手段开展“节能降耗”管理活动，在保证良好服务水准的前提下，在企业管理手段、服务内容、提高行业自身专业技术管理水平方面上多下工夫。物业服务企业内部常用的节能管理主要包括管理层面的降耗和技术层面的节能两方面工作。

(一) 利用管理手段降低能耗

对于利用管理手段降低能耗，主要是通过科学调整设备运行参数、控制设备工作方式的办法达到降低能耗、节约能源的目的。在进行此项工作之前，首先要对实施改进的设备运行情况进行全面了解，着重了解系统运行现状和存在的问题。其次，就是要对设备运行环境进行调查，了解设备运行参数的变化范围，以便对系统存在问题作出正确的判断。再就是要确定系统的工作标准，按照国家相关技术标准或物业服务合同签订的服务标准，确定设备参数的可调整范围。根据以上数据，对设备进行综合诊断，按照节能管理计划指标要求，制定设备综合节能改造方案。例如，可根据北方的气候特点和人们对温度的感知程度，在空调进行夏季供冷运行期间，建筑内公共区域(包括首层

大堂和楼宇内的公共通道)设定温度由原来的23±2℃调整至26±2℃。经粗略计算，仅采取此项节能管理措施，就可以使冷水机组每小时耗能减少约3%左右，节能效益相当显著。

(二) 利用科技手段开展节能

在这里主要是指对现有物业系统合理改造，通过安装相关控制设备的手段达到节约能源的目的。住宅小区楼道内的公共区域照明，普遍实现了声光控开关和触摸开关控制照明灯具，但是对于小区公共照明用电大户——地下车库的节能管理工作，很多物业服务企业的工作都还没有切实到位。由于管理方式不同，对于地下车库公共照明管理来说，有些区域的灯具必须要求使用长明灯，这主要是从设计角度和车库内安全角度来考虑。但是从物业服务角度来说，有些区域并没有必要完全使用长明灯具，而且经过调查，物业服务人员还可以发现地下车库的使用频率，会随着业主存取汽车流量出现周期性变化规律。因此，在地库的适当位置安装几只时间控制器，并调整到流量低时关闭部分支路照明的运行方式，这样既不影响安全监控，还会大幅度延长灯管的使用寿命，由此还可节约至少30%以上的照明用电。这种简单易行而又不会增加太多成本的节能方式，非常值得业内推广。

三、物业服务企业节能管理体系的实施

明确了节能管理体系的运行模式，确定了实施“节能降耗”管理的具体方法，但要形成物业服务企业节能管理完整体系，还应该确立节能降耗工作程序，其中包括如何确定立项，怎样实施改进，如何使用资金，综合成本核算，以及经验推广等一系列问题。如某小区由于供水泵最初设计选型不当，造成明显的大马拉小车的现象，系统运行时阀门关闭2/3，造成了很大的浪费。现按照物业服务企业节能管理体系要求，要对该供水系统进行必要的节能改造(表7-3)。

物业服务企业节能管理体系的建立和实施工作程序(以某小区供水泵节能改造为例)　表7-3

步骤	阶段划分	PDCA运行模式	实施内容	主要工作	实施周期
1	策划阶段	计划(Plan)阶段，要适应业主和公司的要求，并以取得经济效益为目标，通过调查、设计，制定管理计划、节能指标，以及达到这些目标指标的具体措施和方法	提出申请	由物业项目经理提出对小区供水泵的节能改造立项，确定实施改造对象，以及节能管理计划目标	一周
2			组织调研	对节能对象进行识别，掌握小区供水泵的运行及管理现状，对泵房周围环境状况和相关约束条件进行调查	两周
3			选择节能方法和措施	通过查阅供水系统和水泵电机技术资料，进行咨询和经验交流等方式，选择节能管理的原则方法和具体实施措施	一周

续表

<table>
<tr><th>步骤</th><th>阶段划分</th><th>PDCA运行模式</th><th>实施内容</th><th>主要工作</th><th>实施周期</th></tr>
<tr><td>4</td><td rowspan="4">实施阶段</td><td rowspan="4">执行(Do)阶段，即按照所制定的节能管理计划和措施去实施，让冷冰冰的数字变为真正的企业效益</td><td>确定节能方案</td><td>对收集的相关信息进行综合评价后，由物业工程技术部门统一协调确定供水泵节能改造具体方案</td><td>一周</td></tr>
<tr><td>5</td><td>评估论证</td><td>由公司经营和技术部门牵头，相关人员参加评估论证，形成文字方案经审核上报</td><td>一周</td></tr>
<tr><td>6</td><td>提交审批</td><td>方案确定后，经物业服务企业和业主委员会审批批准后实施</td><td>一周</td></tr>
<tr><td>7</td><td>订货、施工</td><td>工程技术部门负责实施，并指定负责人进行订货主控和施工现场管理，专业技术人员参与协调</td><td>三周</td></tr>
<tr><td>8</td><td>检查阶段</td><td>检查(Check) 阶段，即在节能管理计划实施一段时间之后，对照管理计划，检查执行的情况和效果，及时发现和总结节能计划实施过程中的经验和问题</td><td>综合验收</td><td>公司工程部门主控，改造涉及部门相关人员参与，要求相关业主参加，进行项目节能改造验收、检查施工质量</td><td>一周</td></tr>
<tr><td>9</td><td rowspan="3">处理阶段</td><td rowspan="3">处理(Action)阶段，就是根据检查的结果，采取相应的措施，或修正、改进原有的管理计划或寻找新的节能管理目标，制定新的计划，做到及时巩固成绩、吸取教训</td><td>测试改进</td><td>测试真实节水、节电、节能效果，进行必要运行参数的调整</td><td>两周</td></tr>
<tr><td>10</td><td>核算与总结</td><td>技术经济分析，综合成本测算，进行预期改造效果对比，并进行总结，对技术资料进行归档</td><td>一周</td></tr>
<tr><td>11</td><td>经验推广</td><td>在总结良好经验的基础上，进行成果推广，以期收到更大的综合节能效益</td><td>—</td></tr>
</table>

四、物业服务企业建立节能管理体系应当注意的几点问题

物业服务企业建立节能管理体系，就是要使物业服务参与节能管理的观念渗透到物业服务的各个层面；使“节约能源，实现可持续发展”由口头呼吁变为切实的行动；使节能不再是一时一事的活动，而像“春雨润物细无声”那样变成每日每时的行为。

(一) 积极参与物业项目的前期工作介入

规划设计是房地产开发建设前期的一项重要工作内容，这一阶段的工作不仅决定了物业项目的内外结构及使用性质，而且还会安排配套设备设施的运用和选型，这些对日后建成的物业项目是否节能起到至关重要的作用。绿色与节能，不仅可以成为物业项目的卖点，更应该成为项目物业服务的亮点；反之，则可能是一个消耗能源的黑洞、一个长期负担的财务包袱。物业服务企业进行项目在前期介入时，就应该代表业主的利益，从物业项目将来的使用管理角度出发，对规划设计中的问题提出改进意见，完善物业项目的管理和使用，从而减少不必要的损失。

（二）建立节能管理改造基金

既有的住宅建筑中的设备设施一旦不适应节能降耗管理的需要，就应该进行系统更新或技术改造工作，但这样的节能工程一般都需要一笔可观的初期投入资金，这会给物业服务企业的正常运营带来一定的困难。而节能更新改造的综合效益是与改造后设备的运行时间成正比的；一个节能管理措施经过论证确立以后，启动迅速，施工使用及时跟进，那投资回报也就会快，效益就会更高。因此，建议物业服务企业内部建立一笔节能基金，在科学计算资金回收期的基础上，企业内的节能管理改造经费都可以通过申请借款实施，待系统投入使用后，再根据节能综合效益分期还款，这将大大有助于节能项目的立项与实施。

（三）做好对于节能管理理念的宣传，倡导全员参与

实施节能管理要涉及管理、服务、社区活动的各个方面，属于典型的全员活动，真正要依靠的力量是在一线工作的经理、主管和普通员工。因此，企业要用节能管理体系来指导服务工作，不仅要对企业管理层人员进行节能培训；对物业工程技术维护人员，也应该进行新技术学习，并提高现有设备的运行效率；对管理服务在第一线的员工，主要强调培养“点滴节约，受用终身”的服务意识。倡导物业服务积极参与节能管理的理念同社会进步相适应，以适宜的政策和法律为条件，强调综合决策与公众参与。面对经济发展与资源环境矛盾日益加剧的新形势，广大物业服务行业从业人员应该以新的观念来审视自己的工作，在进行日常经营活动和为业主提供服务的同时，把节能、降耗放在更加重要的位置。

五、加快建设节约型社会，催动物业服务企业参与节能管理

节约能源的问题已经摆在小到每家每户，大到一个城市，每一个行业的面前；开展资源节约、建设节约型社会迫在眉睫。业界人士应该看到，要建设节约型城市就必须首先建设节约型社区，物业服务行业对此责无旁贷。随着市场竞争的加剧，物业服务企业面临着提高服务质量和降低运营成本的双重考验；而在目前，物业服务节能降耗管理工作开展的深度和力度都还十分有限，在城市建筑物内外还有大量可以节约的资源没有得到很好的开发和利用；而且物业服务企业的节能管理行动也相对滞后，其主要原因还是在企业内部没有一套相应的管理体系。为此，建立物业服务企业节能管理体系，在保证不降低服务标准的情况下，有效节约能源、降低能耗，确实提高经营综合效益，从而实现物业管理的可持续发展。

第四节　有效构建E化物业服务模式

随着我国信息产业及房地产业的飞速发展，信息技术与房地产业的结合日趋紧密是必然趋势，房地产业如此、物业服务业也同样如此，随着消费者对住宅网络与智能化的依赖越来越多，E化物业服务的呼声越来越高。可以这样说，位置、环境、价格、户型、配套

等因素构成了人们评判一个地产项目优劣的指标，“信息化物业服务”则是人们追求的更高层次品位生活的保障。

一、不要让物业服务信息化成为物业服务企业品质跃升的羁绊

管理信息系统简称MIS(Management Information System)是以计算机信息处理为中心的综合性系统。尽管其思想受到了业界的广泛认同，很多物业服务企业积极倡导并参与实践，但在其后几年的发展中始终没有得到期望的效果。形成以上尴尬局面的原因很多，有计算机硬件技术不够成熟、网络技术不够普及等原因，但对于管理信息系统的肤浅了解和对物业服务工作流程体系的认识误区，却最终导致很多物业服务企业在构建管理信息系统时走入怪圈不能自拔，不仅造成了不必要的资源浪费，甚至对企业将来的良性发展形成了无形的障碍。在市场中种类繁多的管理软件中，如何甄别管理系统的优良性能？在识别信息系统时，如何选购适合本企业的管理软件？在建立管理信息系统时，又应该注意些什么问题呢？

二、构建物业服务管理信息系统的总体要求

作为一套能够真正反映管理个性化的物业信息系统软件，首先应该构建在一个良好的网络、数据库、程序语言和兼容操作系统平台上，这是物业服务企业成功运用管理信息系统的第一步。而一些具体问题，如：信息系统应该包含多少个功能模块、最终输出的报表形式等，虽然也很重要，但相对于以上关键问题，管理系统下属模块软件的设计确定还是要作为下一阶段需要确定的要点进行。原因在于，物业服务信息系统要通过软件的前期开发制作、中期调试改进和后期的使用维护过程加以完善，是一个相对作用的互动过程，因此，物业服务信息系统不可能在策划阶段构建得十分完善。此外，在策划软件选购和中期洽商改进的过程中，还要充分考虑信息系统软件在运行环境的适宜性、兼容性、更新扩展性，以及软件与物业服务企业整体工作安排的一致性，后期使用阶段的操作维护便捷性等因素，以期最终实现资源的共享、固化管理过程、无纸化办公、规范流程管理、提供高效服务的目的；E化物业服务不仅仅在简化其管理手段，更是在为物业项目增加更大的升值与利润空间。据此，一款通用的物业服务管理软件应该具备以下几个特点。

1. 软件的功能要覆盖物业管理和提供服务过程中所包含的主要工作，并与工作习惯保持一致。

2. 操作系统平台具有兼容性，数据可以在不同系统间进行传递。

3. 信息一次输入后在系统中的流转，并实现数据的远程传输(如通过因特网、局域网、专线)。

4. 全面导入ISO 9001：2000质量体系管理模式。

5. 软件能够和其他办公自动化(如财务税控系统)、专业化管理软件(如一卡通系统)

实现无缝对接。

6. 能够与现有硬件(如各银行刷卡机、各种手持终端设备)建立数据接口。

7. 便捷实现软件功能扩展、系统日常维护和版本的升级。

三、有效建立物业服务管理信息系统技术关键要点评述

根据物业服务企业的实际工作需要、业务开展范围和资金支持能力，物业服务管理信息系统的建立形式、工作方式、规模大小也各有不同，但是依照通用物业服务软件的要求和信息系统的未来发展趋势，在构建信息系统时有以下关键技术要点需要注意。

(一) 物业服务管理信息系统结构的选择

按照网络技术的发展，从企业管理需求角度分析，物业服务企业信息管理系统可分为三个层次。

1. 第一个层次。

第一个层次为单项数据处理系统(其结构如图 7-2 所示)模仿手工管理方式，多用于简单的事物性工作。严格来说只是简单的管理软件，属于单机版，软件安装在单独的计算机上，完成一些简单的计算、统计、查询、资料整理工作，实现初级的自动化。

图 7-2 单项数据处理系统

2. 第二个层次。

第二个层次为建立在计算机局域网络基础上的数据综合处理系统(其结构如图 7-3 所示)。此时计算机应用呈现网络化和实时处理特点，已经具备部分提高物业管理效率的特点。客户端/服务器(Client/Server)是分布式信息处理体系结构。20 世纪 80～90 年代网络技术发展的产物是一次质的飞跃，改变了原来信息“孤岛”的状况，客户端/ 服务器体系把信息处理过程分成几个部分分配到计算机网络上，使信息处理过程能最佳地利用计算机的系统资源。在物业服务管理系统中，为了避免多个用户同时对同一数据进行操作，减少系统开销，尽可能地少耗用网络资源，实现了部门之间、公司内部的信息共享，对推动企业管理水平的提高起了极其重要的作用。

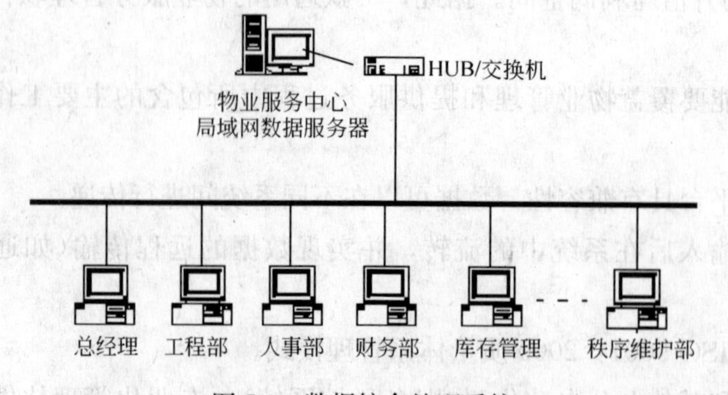

图 7-3 数据综合处理系统

3. 第三个层次。

第三个层次是基于浏览器/服务器(Browser/Server)结构的网络型物业服务企业信息管理系统(其结构如图7-4所示)，是近年来互联网技术的最新应用，采用Intranet作为小区内部信息网络，真正实现了通过浏览器即可操作使用。其具有界面友好、操作简单、无需在客户端进行特别安装，也不需要进行专业的计算机知识培训、容易实施，能为物业区域内部不同职能部门的合作提供服务，尤其适合于员工计算机水平参差不齐的传统行业。

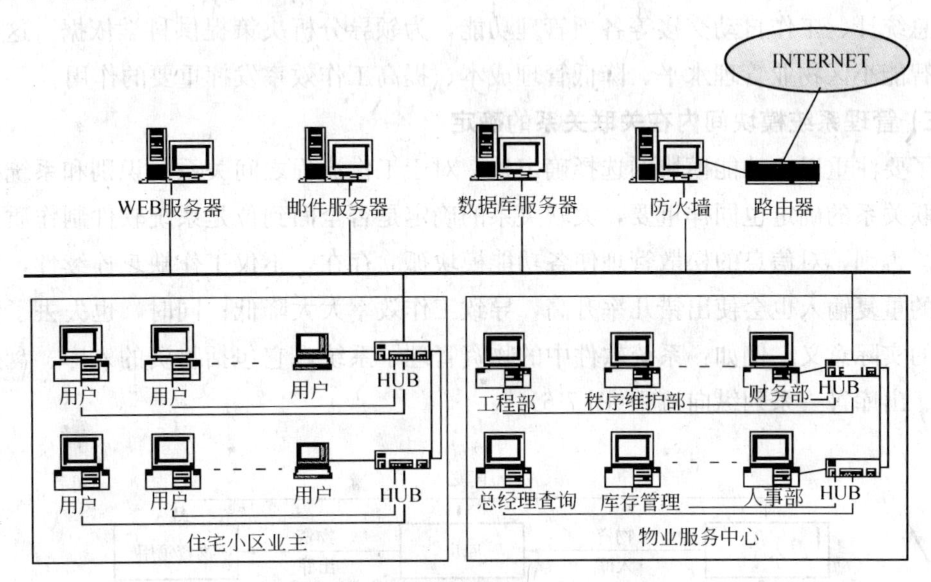

图7-4　网络型物业服务企业信息管理系统

(二) 系统软件中应该具备的功能模块

广义的信息化物业服务管理系统软件设计应该覆盖物业服务企业的整个办公自动化系统，除了包含传统的资料维护、文档管理、财产管理、维修管理、人事管理、财务管理等功能(图7-5)以外，还应该包括物业服务企业下属的各业务子系统提供的智能化数据接口支持，如：秩序维护部门的安全防范监控子系统软件和停车管理子系统软件等。

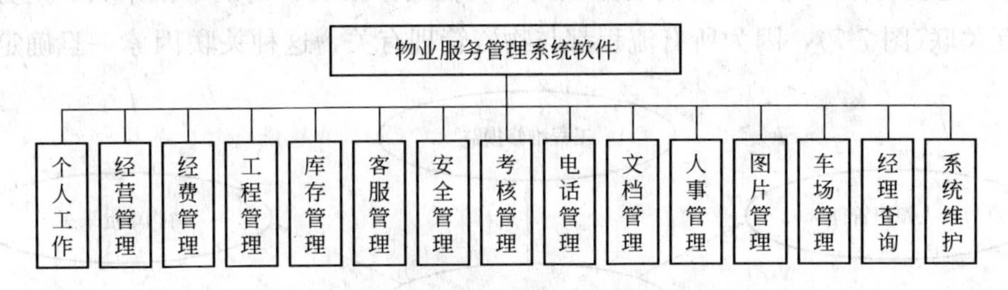

图7-5　物业服务管理系统软件基本功能模块

首先，信息化物业服务管理系统下属模块软件应具备互相数据共享的网络特性，既具备高度的系统集成能力，同时系统集成能力的高低和决策分析功能成为衡量物业管理软件水平的依据。比如：停车管理子系统的监控数据和处理情况可以被物业服务管理模块调用。其次，信息化物业服务管理系统软件还应该具备与地产公司售楼管理系统软件和工程管理系统软件实现数据共享的能力。比如：售楼系统中输入的房产和业主数据，在房屋卖出后，可以自动转入物业服务管理系统；而工程管理软件中设备的资料建立后也能在房屋建成后自动转入物业服务管理系统。第三，信息化物业服务管理系统还应覆盖物业服务企业的业务流程、具备日志管理模块和领导决策支持模块软件。前者可以根据部门工作流程和原始输入的数据自动生成诸如设备维护派工单、物业服务费用收取通知、会议召开等日常事务性工作；后者可以通过数据共享和相关接口软件实现数据查询、工作日志全程监控、部门业绩报表汇总统计、工作自动交接等各项管理功能，为领导分析决策提供科学依据。这些都将对提高智能小区物业管理水平、降低管理成本、提高工作效率发挥重要的作用。

（三）管理系统模块间内在关联关系的确定

除了要注重以上功能模块的选择确定外，对于工作流程之间关系的识别和系统模块间内在关联关系的确定也同样重要，关联关系的确定是否全面到位是系统软件制作质量高低的关键。否则，对信息的松散管理使各功能模块孤立存在，不仅工作缺乏连续性，而且大量数据的重复输入也会使出错几率升高，导致工作效率大大降低；同时，也失去了使用管理系统的实际意义。例如：系统软件中的物资管理子系统，它包括物资的入库、盘点、存量分析、出库等一系列纵向流程(图 7-6)。

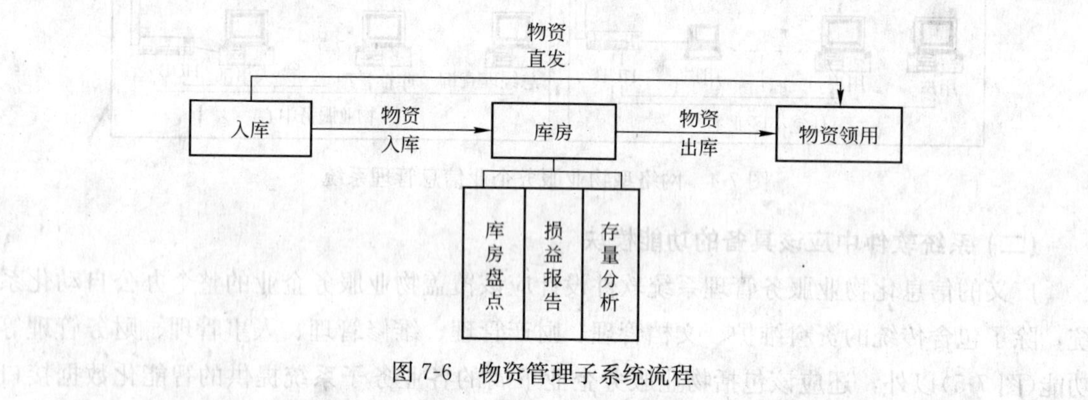

图 7-6　物资管理子系统流程

同时，这些动作又与个人部门物品领用、工程维修损益、请购审批采买、财务统计分析等相互关联(图 7-7)，因为所有流程都与物资管理有关，这种关联因素一旦确定，就要

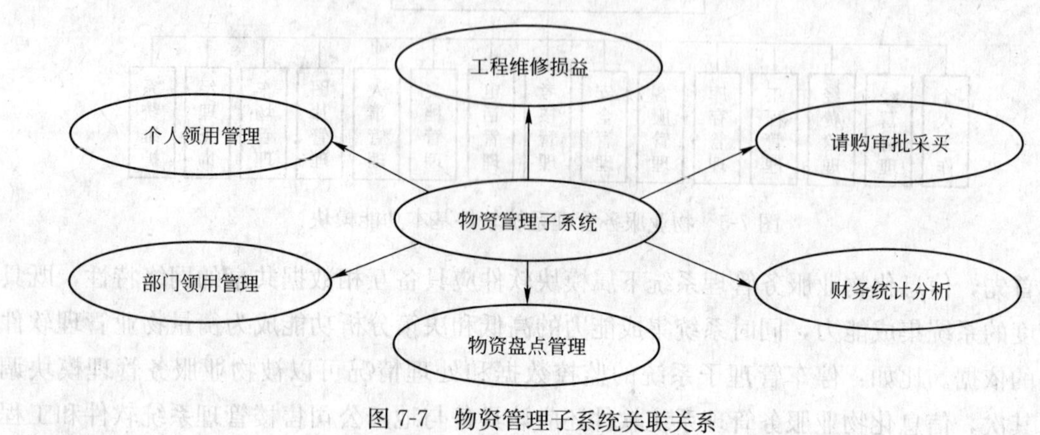

图 7-7　物资管理子系统关联关系

求软件制作公司在开发时予以体现，最终实现软件数据一次性输入之后在整个流程系统中自动流转，并最终自动生成期望的新数据信息的功能。

四、开发制作物业服务管理信息系统及其使用、管理与维护

信息化物业服务系统一般是通过自行开发、委托开发或购买商品化软件来实现的。其中最行之有效，也是实际应用最广泛是采用购买成型商品化软件的方式。但现在市场上产品良莠不齐，软件制作公司对于物业服务管理系统的开发往往是当作工程而不是产品来做，容易造成软件投入使用后与实际工作很难协调。建议物业服务企业通过产品的演示介绍、现场操作观摩、对现有用户调查等多种方式进行综合选择。在系统软件修改制作过程中，物业服务企业要把软件制作公司当作是自己的工作合作伙伴，通过合作方式共同完成物业服务信息化软件的调整完善。再者，为了保障物业服务工作的正常进行，物业服务企业与软件制作公司要建立系统数据维护机制和意见反馈机制，以及对于数据的存储、更新和删除建立保障机制，并按照规定要求进行使用、管理和维护，以保障系统软件运行的稳定性和连续性。

第五节　物业服务中的客户关系管理策略

物业服务行业属于第三产业中的服务业，关于服务业中的投诉问题，国外的研究主要集中在客户投诉价值，客户投诉活动及其影响因素，服务失误和服务补救等几个方面，并且大多数国家都形成了相应的客户投诉管理体系，还有少数发达国家制定处理投诉相关的标准来规范客户投诉问题的处理。我国关于客户投诉的问题研究比较少，业界对此类问题并没有给予足够的重视。

一、物业服务企业投诉管理现状

当前，很多物业服务企业面对客户投诉时经常采取回避政策，并没有真正意识到客户投诉蕴藏的巨大价值。因此，很少有物业服务企业建立专门负责客户投诉管理的职能机构，对于客户投诉管理制度也缺乏统一、系统的处理评估体系；不少物业服务企业虽认真接受，并圆满处理了投诉，但同类事件却屡次出现；物业服务企业的职责不明，各岗位不能相互配合或沟通不畅，员工没有主动处理投诉的权利，遇到客户投诉须逐级上报，导致投诉处理不及时；解决问题时的拖延，导致客户感到物业服务企业的诚意不够，从而失去了一批忠诚客户。有些客户在向企业相关部门投诉无结果后，会投诉到公司总经理或有关政府行政管理部门，甚至到人民法院起诉。很多客户投诉的处理方式也是治标不治本，就好比消防员一样哪有火情就去哪灭火，没有形成一种完善的客户投诉管理体系。任何一件投诉都不是孤立存在的，都可能与物业服务企业的内部组织结构、人员素质、管理制度甚至外部宏观、微观市场环境变化有关，企业需要建立有效的客户投诉管理体系，来全面、客观地分析客户不满意的各种因素。

二、企业客户投诉管理体系的构建

客户投诉管理是物业服务活动中比较棘手的问题，如果投诉处理不当，不仅会引起客户的强烈不满，更会对企业造成极坏的影响，产生不良的口碑效应。一般而言，客服部是物业服务企业对客户投诉活动进行管理的主要机构，但客户投诉管理体系还会涉及物业服务企业所处的外界市场大环境以及企业内部小环境的影响；其原因在于客户投诉最先产生于外界市场环境中，而企业内部环境则为客服部门，为管理客户投诉提供了支持。由此，物业服务企业客服部门就可以视为企业内部环境与外部环境相互作用的交接点，在此基础上设计构建一个完整的，由若干个相互影响、相互作用的子系统组成的客户投诉管理体系（图 7-8）。

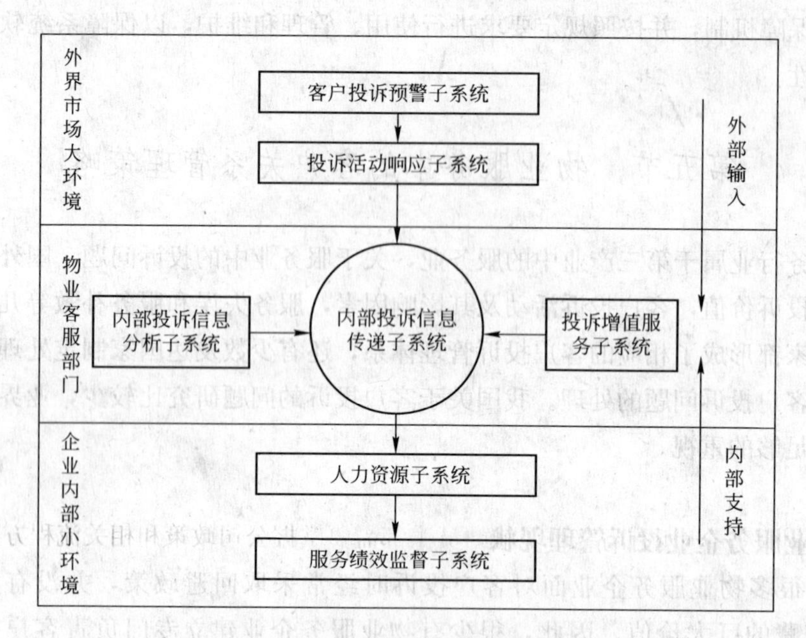

图 7-8　物业客户投诉管理体系结构图

（一）客户投诉预警子系统

物业服务企业不仅要通过客户的抱怨和投诉，来确定企业产品质量或服务的问题所在，更要主动地查找潜在的失误，即在问题出现前能够预见问题，从而避免其发生。

（二）投诉活动响应子系统

一个良好的客户投诉管理体系应该能够提供快速地、个性化地响应。一旦问题发生，企业必须迅速解决，否则失误会逐步扩大并升级。如果投诉的问题可能影响到许多其他客户时，物业服务企业应采取进一步的行动，以防止问题进一步扩散。为了达到快速响应目的，物业服务企业可以对一线员工进行授权，这是因为一系列的审批程序会放慢反应速度，加大客户的对立情绪。除了授予员工行动的权利外，公司还必须为员工提供各种指标和参数，以协助员工制定落实改进措施。

(三) 内部投诉信息分析子系统

企业不仅要掌握物业服务质量的变化趋势，及时采取补救和预防措施，防止投诉的再次发生，还必须通过对投诉信息的分析，了解客户需求的变化，挖掘客户潜在需求的宝贵资源。例如，可以借助客户信息中心每天把当日的客户投诉意见进行分类整理、之后再转给不同的部门，其中重要的信息直接送至最高管理层，作为公司的发展战略、产品研发、资源管理等各方面的决策的参考。

(四) 投诉增值服务子系统

客户投诉给了企业第二次满足消费者需求的机会，企业应当用更高品质的服务来回报客户。假设客户第一次接受服务的实际价值为 N1，投诉成本为 M，那么企业第二次满足客户需求的产品或服务的价值 N2 应当大于(至少等于)N1＋M，这样才能赢得客户的满意和信赖。可以说，客户投诉增值服务体系输入的是客户投诉，输出的是客户满意，通过一系列的活动或流程，将客户的不满意转化为满意。

(五) 内部投诉信息传递子系统

客户投诉信息应该在企业内部通过适当的方式进行沟通，以使投诉处理过程能够得到充分理解和有效执行。物业服务企业可以采用多种沟通形式，例如电话、面谈、通知、会议、内部邮件等，将投诉信息及时准确地传递到相关部门和人员，包括投诉当事人、责任部门、技术支持部门、管理部门、主管领导等。此外，内部投诉信息传递，还应当包括有关客户投诉管理的体制建设。

(六) 人力资源子系统

在客户投诉行为管理过程中，员工的配备和培训是十分关键的，企业必须明确每一名员工在客户投诉管理体系中所处的角色以及承担的职责。有关客户投诉管理的培训，不能仅仅局限于客户服务人员，所有与客户接触的员工都需要掌握公司政策和相关流程方面的知识。

(七) 服务绩效监督子系统

为判定投诉管理过程是否达到企业客户投诉管理目标的要求，企业需要定期对客户投诉数据、客户满意度指标、目标达成情况等进行评审，以对投诉行为管理人员的绩效给予评定。

三、物业服务客户投诉管理体系实施策略

ISO 10002(质量管理——客户满意——组织处理投诉指南)是国际标准化组织于 2004 年 7 月发布的目前关于客户投诉管理的国际标准。该标准为组织提供了一种解决客户对其产品或服务不满意时的方法，使组织和不满意的用户获得最佳结果。该标准为不同的国家和地区处理客户投诉问题提供了一个适当的框架。ISO 10002 标准详述了投诉处理过程中的管理原则和要求，并能方便地与 ISO 9001：2000 质量管理体系的实施结合在一起。首

先，标准扩大了投诉的内涵即投诉不仅是传统意义上的投诉，还包括来自客户的不满、意见、抱怨等多项内容。第二，ISO 10002 倡导的“投诉处理理念”与过去大多数组织所采取的投诉处理方法不同。第三，ISO 10002 还有一个突出的特点，就是以附录的形式给出了大量指南，从而使标准更具操作性，便于使用，该标准认为客户投诉管理应当遵循以下几点策略。

（一）预防性策略

企业员工应该认识到满足客户需求，避免投诉发生是投诉行为管理的最佳方式。对此，企业应该组织各种形式的活动来培养“以客户为关注焦点”、“客户至上”的员工意识，并通过调查研究、与客户沟通等方式了解和识别客户明示的或隐含的需求，及时向全体员工传达、交流、落实，以求预防和减少投诉的发生。

（二）透明性策略

让客户了解投诉过程，并明了所有递交信息的渠道，例如在公告栏、企业宣传资料上公布客户投诉电话，与客户联络的一切资料上都提供投诉方式，制作一本投诉指南手册，让客户知道投诉进展状况，在客服中心公开张贴投诉流程和须知信息，及时通知客户投诉处理进展情况和处理结果等。

（三）便利性策略

让客户在任何时间地点都能以最为便捷的方式进行投诉，例如提供多种投诉渠道（如口头、书面、电话、网络等），设立免费热线电话，全天候处理投诉，授权一线员工处理投诉，简化流程，加快反映的速度等。

（四）公平性策略

客户投诉行为管理应该对客户和员工都是公平的。确保客户得到公平的对待，无论是老客户还是新客户，是重点客户还是普通客户，是当面投诉还是电话投诉。同时，也要保证被投诉的员工得到公平的对待，员工有权利知道投诉的真相，也有权对投诉进行申诉。

（五）全员性策略

企业高层领导应高度重视并积极参与投诉管理活动，包括制定投诉管理方针和目标，在企业内部进行沟通、宣传，让全体员工认识到妥善处理客户投诉的重要性。员工则应当明确自己的岗位职责，承担起对投诉行为管理的责任。不仅如此，员工还应当参与到有关决策活动中去，积极、自愿地为实现企业投诉管理目标作出贡献，在解决客户投诉过程中得到满足感。

第六节　物业环境和谐服务氛围的营造

和谐社区最本质的内涵就是文明、公正、公平、共富、温和、安定、有序和团结。和谐社区是由和睦融洽的人际关系、便捷舒适的生活环境、互帮互助的友爱关怀、诚实守信的行为准则等多个元素组成的。

一、构建和谐社区必须构建和谐、高效的社区组织核心

没有一个和谐、高效的社区组织核心，和谐社区就无从谈起。构建和谐、高效的社区组织核心是构建和谐社区的关键，具体可以采取整合社区内的各种资源、优化配置，明确各类组织的职责的方式得以实现。明确社区内各类组织工作重点，要既有分工又有合作；既有配合又有侧重。不同的工作，由谁来唱主角谁来唱配角，分工定位明确。社区治安应以辖区民警为组织核心，物业服务企业、居民委员会配合；社区环境应以物业服务企业为组织核心，其他组织给予配合；社区文化建设应以社区行政组织为核心，其他组织配合，从而形成和谐、高效的社区管理服务合力。

二、建立便捷、舒适的生活环境

便捷的生活环境就是便捷的购物、便捷的家政服务、便捷的交通、便捷的餐饮、便捷的通信、便捷的工作生活学习环境。物业服务企业本身并不具备给业主带来上述诸多便捷的能力，但物业服务企业却有促成其实现的途径。物业服务企业可以与房地产开发商协商，通过合作经营、商铺出租、招商等方式，使各种服务项目进入园区，这样既方便了业主，又使开发商实现了盈利，使业主、开发商形成双赢的局面。

物业服务企业认真、细致的工作是园区舒适生活环境有力的保障。物业服务企业的清洁人员在工作中要尽职尽责，保持辖区内各个楼房内楼道、楼梯、电梯、大堂以及花园范围内的清洁；绿化工要对工作精益求精，对辖区花草的修剪、施肥、补种要及时，对花草品种的选择要适当；秩序维护员对业务要熟练，对可疑分子要有准确的分辨能力，将各种安全隐患消灭在萌芽状态；物业服务人员每日都要对园区进行巡视，及时准确地发现各种设施的损坏情况，并及时安排修复。

三、营造社区互帮互助、友爱关怀的氛围

目前，各个住宅小区的现状是业主们白天各忙各的事情，晚上回来防盗门一关，各过各的日子，老死不相往来。许多邻居同住多年都相互不认识，互帮互助、友爱关怀更无从谈起。那么，要创建和谐社区应该从何入手呢？答案就是：园区社区文化建设。社区文化活动通过业主喜闻乐见的文娱形式，将园区的业主集合起来，使业主们相识、相知，并通过文化活动的引导，建立邻居间的友谊，使街坊邻居相互关爱的现象回归社区。社区文化活动要想实现上述目标，必须建立系统的文化活动运行机制，并系统实施。实施社区文化建设的基本措施主要有以下几项。

（一）建设硬件设施

其中包括必要的场地、足够的器材等。这是社区文化建设的物质保证。

（二）推出有感染力的文化精品

围绕重大节庆日，围绕创建和谐社区的主题，推出具有城市精神和时代风格的主旋律作品，展示中华文明，弘扬社区精神，促进社区群众文化素养的提高。

（三）打造有特色的文化品牌

以满足社区群众多层面、个性化精神生活需求为目标，把群众基础深厚的文化娱乐活动组织起来，引导好，形成社区良好的和谐氛围。完善社区文化活动运行机制是加强社区文化建设的关键。社区文化的管理运作方面，可实行物业服务企业指导监督、管理处运作、社区业主参与相结合的方式。

四、物业管理服务企业在构建和谐社区中的地位和作用

和谐社区建设与物业服务两者的目标一致，都是为了给业主营造一个优美整洁、舒适方便、安全文明、和谐优美的生活、工作环境。和谐社区的评判标准也都是物业常规性服务项目。如园区的卫生管理、绿化管理、治安管理等。另一方面，住宅园区物业管理与和谐社区建设两者之间是密切相连、互相结合的关系，也是互为作用、互为影响、互相配合的关系。如和谐的邻里关系就是和谐社区建设的重要内容。

五、和谐社区建设与物业服务的区别

（一）管理范围上的区别

“社区”是由若干功能小区组成的区域，具有社会功能和管理功能的方方面面，是典型的城市区域和一个完整的小型社会。住宅“小区”是指具有一定人口和建筑规模，能满足业主日常物质和文化需要，被城市干道分割或自然界限所包围的相对独立居住休息区域，是一个“微型社会”。

（二）关系地位不同

和谐社区建设处于统领地位，社区内各个功能区都要服从社区自治体，“社区成员代表大会”的执行机构——社区工作站的领导。物业服务企业是受业主委员会委托对小区物业进行综合管理服务。因此，物业服务企业在和谐社区建设中属于从属地位，是配合的角色。

（三）系统结构不同

和谐社区建设是在政府行政主管部门的领导组织引导下进行的，是社区范围内有关单位和居民共同参与的围绕“人的社会生活”，而实施的社区建设。和谐社区建设是一个系统，包含着社区和谐建设的方方面面。物业服务是社区和谐建设的子系统，是社区和谐建设的一部分，离不开社区和谐建设，必须服从社区和谐建设，并在其中确立自己的位置。

（四）管理服务的对象不同

物业服务主要是从外部、从“硬件”入手，为社区居民创造安全、舒适、优美、方便的生活与工作环境。和谐社区建设是通过包括物业服务在内的多种途径来建设一个和谐社区，是从“软件”入手，提高居民的精神文明素质，培育良好的社区环境和社区参与意识，为物业服务的正常开展打下基础。

（五）达到的目的性质不同

社区管理具有明显的行政性而物业服务具有明显的市场性。和谐社区应以社区自治管理机构（如社区工作站、小区业主委员会）为主，其处于领导地位。物业服务企业从辅，处于配合实施的单位；物业服务企业在和谐社区建设中，必须积极地配合和提供必要的服务，否则会失去物业服务正常开展的基础。摆正和谐社区建设与物业管理的位置，将会极大地促进和谐社区建设的持续、健康、稳固、协调发展，使社区的明天更加美好！

第七节 高端“管家式服务”模式

当今是个崇尚品质与舒适的时代，消费者在选择商品房时除了关注楼宇的硬件配套设备设施以外，对于与今后生活品质息息相关的软性物业管理服务更是关注有佳。为此，很多房地产开发商也费劲心力在提高地产项目硬件设施的同时，努力追求提高物业服务品质，并在前期售房广告中描绘出一副副美仑美奂的画面：贴心管家式服务——高标准、人性化、亲情式物业服务在身边…… 然而，面对这些华丽而动人的辞藻，有没有人细心琢磨：高标准是什么样的标准？何谓人性化？什么叫做亲情式呢？

一、什么是“管家式服务”

“管家式服务”的概念几年前就开始在一些别墅物业项目率先实践，其具体实施有别于流行于欧美的“管家服务”，如果说“管家服务”是业主门内“一对一”的家庭式服务，那么“管家式服务”则是借鉴于“管家服务”并且在服务内容上除了公共服务外，还提供家庭特约的“一对多”的服务。“管家式服务”发展到现在小到叫出租车、帮助打理居室卫生，大到照顾小孩都可以交由“物业管家”进行处理。提供“管家式服务”的客服团队3、5、10人规模不等，进行“一对多户”的24小时服务，并且一般不会额外收费。特别是在高端住宅类物业项目中的物业服务已经不拘泥于物质上的享受，更多地扩展到了人性化的服务管理上。同时，物业服务企业应该明确“管家式服务”并非一个单纯的形式或简单的概念，在其背后需要有丰富的服务内容进行支撑，而这些服务项目的开拓发掘并不是单纯的“满足业主不断增长的物质文化需求”，还应该包括一切能够影响业主生活舒适度的因素。据此，从某种意义上讲，应该在服务业主持续满意的基础上提供超越业主期望值的服务，亦即通常所说的增加物业服务的附加值；只有物业服务企业将服务延伸至这些层面，一个真正意义上的具有“管家式服务”品牌的物业服务企业才能出现。

二、实施“管家式服务”的关键性要素

“管家”的职责主要是为业主当家理财、料理家务，所以物业服务企业应该站在业主的立场管理好、使用好业主的财产。“业主没有想到的我们为业主想到；业主想到的我们为业主做到；业主满意的就是我们追求的”是实施“管家式服务”的业主观，它非常恰当

地反映了从业主需求和感受出发，为业主提供个性化需求的理念。同时，保证在业主入住后，物业服务企业提供的服务与前期开发商的承诺之间没有落差，在此基础上提升物业服务企业服务的品牌价值。“管家式服务”将突破传统物业服务的模式并带来三大变化。首先，突出个性化的服务特色，提升物业服务品质，最大限度满足业主生活的各项需求。其次，减少服务环节，提高了效率，为业主提供更便捷的服务。第三，突出物业服务创新特色，“管家式服务”成为物业服务的亮点。实施“管家式服务”通常应该把握以下几个关键性要素。

（一）“管家式服务”更贴近业主个性化需求

“管家式服务”要分片区、责任到人，负责具体的管理服务工作的企业服务人员，责任范围涵盖所有日常物业管理与服务项目、家政服务及特约服务等。具体工作包括以下内容：第一、全面负责所辖区域内业主档案的建立、管理工作，并负责与业主的日常沟通；第二、负责责任片区内日常管理服务工作，包括秩序维护、清洁、绿化、公共设施维护的安排、落实、巡检和监督工作；第三、为业主提供私人化服务，如提供医疗保健咨询、为业主接送家人亲朋、代买收取各类物品、代订服务和各类清洁绿化专业服务等。业主在享受服务的过程中并不需要支付额外的费用，同时要求“物业管家”从受理业主的服务要求开始，必须一直跟进服务直到业主完全满意为止。这类服务都由点对点的专人完成，其方便快捷程度相当于业主生活中多了一个管家和贴身小秘书。“物业管家”是一个具有挑战性的工作，不仅需要有较强的服务意识和责任心，还要有一定的组织、管理、亲和能力和沟通能力，说明物业服务行业不再是以单纯的“以物养物”方式进行经营，而是将制度设定人性化、服务细节亲情化、工作流程专业化相结合的多元化“管家式服务”。

（二）建立全面、专业服务网络，惠及每位业主

贴心管家能够提供各种无微不至的个性化服务，是因为其背后拥有一个庞大的服务网络在进行支持，其中包括工程维修、家政服务、医务资讯等部门，贴心管家服务是一次物业服务的升级，其结果必将惠及每一位业主。设立“物业管家”后减少了服务环节，管家和业主之间将建立对应服务关系，不仅提高了服务质量而且也提高了服务效率。一些成功的“管家式服务”架构雏形基本上是以50～100户业主配一个“物业管家”，这位“管家”的手机24小时开机，“物业管家”所服务的业主若有什么事情可以随时与他联系，再由这位“管家”将工作分配到其他部门。不过前提是处在“管家”职位上的人手中有一定的权力，可以直接向维修、客服等部门的经理调派人力，也有权在业主与物业服务企业的各具体部门之间进行协调。“管家式服务”强调全面服务网络的同时，专业化往往也是业主评判服务水平的重要依据之一，专业化管理体现在设备操作、维护水平上；此外，业主可能更关注的是服务人员的服务形象、服务语言、服务行为的专业化水准。

（三）全面筹划管理服务涵盖内容，突出创新意识

“管家式服务”与普通物业服务的区别还会表现在为业主提供服务过程中追求的一种

较高的境界，它往往是在认识、了解、理解业主，为业主提供全面、持续满意服务的基础之上建立的服务文化。一种鲜明的文化气质在物业管理的各个角落、在服务的各个环节都能体验到，对业主来讲应该是一种身心的享受。比如，在高档的物业管理中，可以根据物业类型和服务对象的特点，结合企业服务的核心价值在大堂、电梯厅、走廊、公共平台等公用区域强力营造一种文化氛围。同时，让物业服务企业的服务核心价值在企业文化的形象体现和外化 CIS（corporate identity system）中得到集中展现。此外，服务环境的好坏，往往直接影响到业主在接受服务过程中的心情、情绪以及对服务水平的认知。目前，像高档公寓、酒店等行业都十分讲究服务环境的设计，对于物业服务企业来讲应该也有一些借鉴之处。这里提到的“环境管理”主要指前台服务环境和后台服务环境，其中前台主要指业主服务中、大堂服务点等，后台主要指通常意义的项目部。对于这些服务网点的环境设计，应该充分考虑业主的感官体验和精神体验。此外，随着业主消费意识的不断加强和提高，物业服务企业要达到让业主持续满意就必须不断创新。由于其服务过程与消费过程同步的特点，要求只有服务过程的每一个环节不断推陈出新，才会不断加强业主这方面的记忆，众多业主才会对物业服务企业形成一个强烈的概念。随着物业服务行业的纵深发展，物业服务已经开始突破了传统意义的服务范畴，从发展的趋势来看，知识、技术密集型最终将取代传统的劳动密集型，经营服务型亦将逐步取代传统的管理型，只有这样才能不断满足业主多元化、个性化的需求。

三、“人性化”服务是“管家式服务”的精髓

“管家式服务”将会成为高端物业服务发展的一个趋势，因为精品项目的高端产品定位给物业服务提出了更高的标准和更高的要求。在物业服务中看得见的地方要显现贴心、周到、便捷，看不见的地方要更加全面、完善、细心。而这种物业服务最明显的服务特点就是标准化规范管理、点对点个性服务及设有各种委托代办的特约服务。如有些物业项目为了便于管理、保证安全通常不允许出租车进入。这让外出大宗购物又腿脚不便的老年人犯了愁，物业服务企业如果在小区门口添置一些购物手推车，这样一来既保障了园区的安全，同时也给拎着大包小包的业主帮了把手。将更周到、更贴心、更人性化的服务引入物业服务过程，从而提高物业服务的整体水平，在提高业主生活质量方面起到积极的推动作用。

根据经济发展规律，随着人们生活水平的提高，居民的消费需求结构将发生很大变化，由追求基本生活资料的满足逐步向追求生活质量提高方面转变，良好的物业服务恰好顺应了这一趋势。作为物业服务企业本身有必要在经营管理中提高自身的服务质量、改进工作方法，尽最大努力满足社会和业主方面的需要，突出“服务”、体现自身价值。如何自我调整，如何改进服务，应该是当今物业服务企业应该认真予以考虑的关键问题。物业服务行业变革需要胆识和魄力，物业“管家式服务”是一种具有前瞻性的物业服务升级战略措施，其成功的影响和示范作用也将无比深远。

第八节“深度服务”引领物业服务新模式

中国的物业管理发展至今已经走过了二十多个年头，全国已有两万多家物业服务企业。单从北京一地的注册物业服务企业数量逐年增长的趋势，就可以看出物业管理这一朝阳行业发展的迅猛势头。特别是我国进入WTO后，随着市场主体之一的业主维权、自律意识的增强，市场招投标机制的规范运作，在未来几年物业服务企业将要面对更为激烈的市场竞争所带来的挑战，物业市场必将重新洗牌。就目前物业服务市场而言，少数一流具有强势品牌的企业必然会更具竞争实力，甚至会出现市场垄断现象；另一方面，一大批中小型弱势物业服务企业却在为拓展市场大伤脑筋，甚至会面临被市场淘汰出局的命运。这一对比充分说明：品牌是企业的生命，没有叫得响的品牌，企业的可持续发展必将面临危机。

一、细化物业服务内容，理解“深度服务”含义

在物业服务市场激烈的竞争中，万科以观念超前、服务精品见长，中海以管理优势和市场规模领先，中航以经营物业形成优势，万厦则以社区文化和规范管理形成自身特色，这些特定的概念反映的对象都是一个个独一无二的具体物业服务企业品牌，对提高物业服务企业经济效益和开拓市场起到了重要的推动作用。然而，任何一个成功物业服务企业品牌的建立都要从细化物业服务内容，全方位拓展“深度服务”开始着手。

第一，应该明确，要搞好物业服务，首要的问题就是必须对物业服务的内容和形式有一个正确的认识，否则，将物业服务简单地看作仅仅是园区卫生清扫的干净程度，就不可能把物业服务工作做好。为使物业服务达到质量要求，企业通常会成立专业职能部门，负责所属房屋的维修和投诉协调，尽量将事故隐患杜绝在萌芽状态。然而，物业服务企业应该清醒地认识到做好这些工作还远远不够。

第二，长期以来，人们已经习惯了按月交纳一定数量的物业服务费，接受物业管理单位提供的服务，也习惯于从表层评价所提供的服务。很多物业服务企业也专注于满足业主不断增长的需求，很少关注除此以外的其他问题。比如业主对物业项目专业意见的渴求，对居住舒适度和生活艺术化的追求等。据此，从服务内容层面上讲，物业服务企业应更加重视“深度服务”的开展，即除了清扫保洁、绿化养护、公共秩序维护等物业基础业务项目外，还应该对经营服务项目(包括：房屋租赁代理、项目估价咨询、社区局域网络信息发布、对社区周边商家实施广告推广等项业务)、配套服务项目(包括项目档案资料信息化管理，物业专项资金的账务电算化管理等)和技术服务项目(包括电梯的安全有效控制、水泵的节能经济运行、设备设施的有效维修养护)加强关注。进一步细化物业管理服务内容，并有预见性地发现业主潜在的需求并加以有效实施；在不增加业主经济负担的情况下，努力深入挖掘物业项目本身的资源优势，通过对物业的有效运营实现物业服务企业的持续发展目标。

第三，物业服务企业应该明确“深度服务”并非一个单纯的形式或简单的概念，在其背后需要有丰富的服务内容进行支撑，而这些服务项目的开拓发掘并不是单纯的“满足业主不断增长的物质文化需求”，还应该包括一切能够影响业主生活舒适度的因素，只有物业服务企业将服务延伸至这些层面，一个真正意义上的具有“深度服务”品牌的物业服务企业才能出现。然而，这种将“深度服务”和物业日常工作内容有机结合的思路和做法并没有得到广大物业从业人员的普遍认同，更多的物业服务企业对于服务的认识还停留于比较初级的形式，比如提供良好的秩序维护、保洁服务，及时的应急维修，组织必要的社区活动等，真正达到一定层次“深度服务”的少之又少。

二、处理好“加强管理”和“深度服务”的关系

“要服务好别人，首先要管理好自己”，这是管理最基本的道理。但如果到各物业项目部去看一看，物业服务组织的名称都叫“管理中心”、“管理处”，一听这名字就不免让人肃然起敬；走进管理处看见的是一张张行政办公台，级别稍高一点的工作人员或许能从其办公桌的大小感觉出其地位的尊贵；而提供给业主的座位却少得可怜，即使有也像是病人找医生看病，且不论坐得舒不舒服，心理感觉就是不太好，随行人员大概只好站着了；而在这样的管理处办公的工作人员均是助理员、助理主任、副主任、主任，清一色的行政管理人员，找不到一个服务员。这些管理人员大概平时管人管惯了，对待上门办事的客户也难免流露出管理者的姿态。如再追查到物业服务企业的机关总部，大都是人事部、工程部、物业部、质管部、清洁部、绿化部、秩序维护部等按专业划分的部门，而对于业主需求分析、业主需求设计、业主意见跟踪却没有专门的部门去分析研究，或仅作为某专业部门的附属职责。从某种意义上讲，物业企业所做的工作已脱离了业主的需求，或者仅满足了业主的部分需求，难怪不少物业服务行业从业人员感到疲惫不堪：我们已经很努力了，业主怎么还是有那么多的不满意？

三、“深度服务”指明物业服务企业发展方向

随着房地产市场供应量的进一步加大，物业服务企业之间的竞争将日益激励，其直接导致的结果就是服务产品同质化倾向日趋明显，物业服务企业之间缺乏品牌竞争优势。同时，物业服务企业还应该明确“深度服务”不是简单对目前物业日常服务项目的深化，而是一种物业服务经营认识理念、创新品牌思路的转变。以“深度服务”为代表的物业品牌的出现，标志着物业服务企业已经开始从管理住宅产品转变为建造每位业主想要的家，一种人本化的开发思路已经初见端倪。这种全新的“深度服务”的出现，不仅有利于物业服务企业建立竞争优势，也标志着一种物业品牌策略新思路的出现，“深度服务”已成为物业服务企业品牌战略应对竞争的有效方法，物业服务企业无疑也将从其中受益。

第八章

典型物业项目高效运营规范——标准化文案表单实战策略

物业有多种类型，按照物业的使用功能，可将物业分为居住物业和非居住物业两大类，不同类型的物业又各具特点。在此，仅列举住宅类物业项目、别墅物业项目、高级公寓物业项目、办公类物业项目、酒店式物业项目、医院物业项目、休闲娱乐类物业项目为代表加以介绍。

第一节　住宅类物业项目管理服务实用作业文案与表单

一、住宅类物业项目工程维修服务实用作业文案

房屋本体和公共设备的维护保养是物业服务中最经常、最持久、最基本的重要内容，直接影响到业主生活的最基本方面。物业项目的高品质决定了设备管理维护要及时、方便、到位、精良，不留隐患与死角，尤其要切实满足这些优秀业主的生活需要。为此，有些物业服务企业提出了"以管带养"的维保方针，通过合理的养护计划、健全的规章制度、科学的作业规程进行有效管理，保证设备处于稳定良好状态以满足提供优质服务的基本需要。

（一）房屋设备维修工程的分类

针对住宅小区房屋设备维修工程，对维修工程进行如下分类。

1. 设备大修工程，是指对房屋设备进行定期的包括更换主要部件的全面检修工程。

2. 设备中修工程，是指对房屋设备更换少量零部件，进行正常的和定期的全部检修。

3. 设备更新和技术改造工程，是指设备使用到一定年限后，其效率低、耗能大、年使用维护费提高或污染（腐蚀、排气、粉尘、噪声）问题严重，为使其技术性能得到提高改善，并降低年使用维护成本而进行的更新改造。

4. 设备日常零星维修保养工程，是指对设备进行日常的保养、检修及排除运行故障进行的修理。

（二）房屋设备维修管理内容

1. 房屋设备的日常性维修养护管理。房屋设备的日常性维修养护管理，是指物业服

务企业对房屋设备进行日常的常规性保养和日常巡视、检查、修理，以排除运行故障。房屋设备日常性维修养护，分为日常巡视维护、定期检查保养两方面，可分别制定日常巡视范围和定期检查项目。一般来说，日常巡视侧重易出现故障的部位和薄弱环节；定期检查则侧重操作系统易损、易磨、易动等的部位、步骤。房屋设备的日常性维修保养工作量虽小，但关系到住宅小区居住的业主生活是否舒适、便捷，这是一项服务性很强的工作。物业服务企业必须精心养护及时修理，以保证设备日常正常运行发挥使用功能。

2. 房屋设备的日常性维修养护管理的内容

(1) 卫生和水电设备的日常性维修养护管理内容。物业服务企业要负责所辖区内的计划性养护、零星报修和改善添装任务。水表的安装，水管管路的铺设由施工单位负责，水表供应和修理则由自来水公司办理，物业服务企业则负责协调工作。零星损坏的卫生水电设备一般应及时修理。

(2) 水泵和水箱设备的日常性维修养护管理内容。物业服务企业应委派专人分管水泵和水箱，对其进行日常保养、修理。一般每月或每季保养一次，并列入大修或更新计划定期进行大修更新。

(3) 消防设备的日常性维修养护管理内容。消防设备的日常性维修养护由物业服务企业的专人负责。消防专用水箱应在规定期限内调水放水，以防出现阻塞、水质腐臭等现象，消防泵也应定期试泵。

(4) 供暖设备和其他各种特种设备的日常性维修养护。物业服务企业的技术人员和日常管理人员，应对供暖设备按冬季供应期锅炉生火前和停火后对散热器设备进行两次全面检查和维修保养，并做好有关设备和管道的包扎防冻工作。对其他各类特种设备也应由专人负责定期的维修检查、养护管理。如对电梯设备要制订日常保养维修计划，实行定时巡查和定期检查相结合的办法，每周加油保养检查。运行电梯发生故障需要急修时，要由合格的专业维修技术人员负责，以保证维修质量和技术性能的发挥以及运行安全，急修抢修应保证随叫随到随修。

3. 房屋设备的日常维修保养管理的要求

(1) 以设备操作人员为主，对设备采取清洁、紧固、调整、润滑、防腐为主的检查和预防性保养措施。

(2) 要求操作人员实行定机保养责任制，做好交接班前的了解，检查设备工作。在保证设备系统安全正常，各部位清洁润滑并运行正常的情况下方可投入使用。

(3) 要求设备操作员严格遵守设备操作规定和安全操作规程。操作设备时要求集中注意力、正确合理地使用设备，及时排除故障、及时紧固松动的机器部件，以保证设备安全、正常运行。

(4) 要求操作人员拉停机前或下班前，对设备进行清扫、擦拭、注油、整理、润滑并切断电源。

(5) 要求专业维修技术人员日常巡视检查，帮助操作人员合理使用设备，制止违章操作，加强日常保养对设备的运行情况进行检查。

（三）房屋设备维修工程的审批管理

对房屋设备维修工程中的大、中修和更新改造工程，物业服务企业各基层的设备管理单位应在每年末设备普查基础上，提出下一年度的房屋设备大修、中修或更新改造计划，在计划中应包括具体的维修更新改造方案和费用的预算及其来源与落实等，计划经上级客户服务部门批准，业主委员会讨论同意后方可实施。

（四）住宅小区设备设施的管理制度

物业服务企业作为物业项目的服务单位，依托辖区良好的基础和硬件设施，应该保证为小区业主提供高质量的服务和更丰富的服务内容。维保服务工作的发生是在物业项目验收接管并投入使用之后实施的。物业运行阶段的维保服务贯穿于物业管理的全过程，只有物业项目在实际运行时才会发生维保，而只有维保才能保障物业项目的正常运行，两者相辅相成。维保服务的主要内容有以下几个方面。

1. 房屋、设备、设施运行中的管理保障房屋、设备、设施的安全正常运行是维保服务的主要任务，也是物业服务的目标之一，它是业主工作、生活秩序正常的保障。为此，在房屋、设备、设施运行中要建立一系列的安全操作制度，定期巡视检查．发现问题及时处理，用质量来控制操作，用制度来约束规范。

2. 房屋、设备、设施运行中的保养。这是维保服务工作中的重点，这项工作可分如下几项。

（1）三级保养制。

① 日常维护保养：是指设备操作人员所进行的经常性的保养工作。主要包括定期检查、清洁和润滑，发现小故障及时排除，及时做好紧固工作以及文字记录存档等。

② 一级保养：是由设备操作人员与设备维修人按计划进行保养维修工作。主要包括对设备局部解体，进行清洗、调整，按照设备磨损规律进行定期保养。

③ 二级保养：是指设备维修人员对设备进行全面清洗、部分解体检查和局部修理，更换或修复磨损件，使设备能够达到完好状态的保养。

（2）房屋、设备、设施的点检。

房屋设备的点检：是指根据要求用检测仪器、仪表或人的经验判断，对房屋、设备、设施运行的关键部位进行定点检查。通过日常点检和定期点检可及时发现房屋、设备、设施的隐患，避免和减少突发故障，提高房屋、设备、设施的完好率。正确使用、合理养护，革新改进以降低维修率，增加使用功能，延长使用寿命，提高经济效益。

（3）房屋、设备、设施的修理。

在房屋、设备、设施运行中的修理包括业主自管设备设施的修理。由于各种因素的存在，房屋、设备、设施在运行中总会发生破损，修理工作就是要将所发生的破损进行修复或更换零件排除故障，使其恢复原有使用价值和功能，消除隐患切实保障人身和设备安全。根据房屋、设备、设施的故障及损坏状况，维修可分为如下几类。

① 零星维修工程：零星维修工程是指对房屋、设备、设施进行日常养护、检修，以及为排除运行故障而进行的局部修理。零星维修通常只要修复、更换少量易损零件、调整某些部件的工况和精度。

② 中修工程：中修工程是指对设备进行正常及定期的全面检修，对房屋、设备、设施部分拆卸修理和更换少量易损部件；使设备恢复和达到应用的标准和技术性能，并维持正常运转到下一次小修。

③ 大修工程：大修工程是指对设备进行定期的全面检修，将设备(构件)全部(部分)拆卸，更换不合格的主要部(构)件及零部件，使设备基本恢复原有性能。

④ 更新和技术改造：当房屋、设备、设施使用到一定年限后，技术性能落后、效率低，能耗大或污染环境日益严重，或已失去了修缮的价值，则须淘汰更换和更新更高技术性能的设备，提高和改善技术性能。

(4) 房屋、设备、设施突发性事故的应急处理。

意外事故的发生总难预料，这就要求物业服务人员平时要有忧患意识，防患于未然，在管理上要拟出各种突发事故应急处理预案，在制度上要制定严格的巡回检查制度，将事故隐患消灭在萌芽状态；在人员技术上要经常举行各种应急处理模拟演练，强化员工应变处理能力；在物质上要储备好各种处理突发事故的应急器材。

(5) 房屋、设备、设施的档案管理。

在物业服务中这也是维保服务的一项必不可少的内容。对房屋、设备、设施的图纸文件、技术资料、维修保养记录等都应注册建账、长期保存。房屋、设备、设施的档案管理对房屋、设备、设施的维保、更新、事故分析都有着极大的参考作用。

二、住宅类物业项目社区文化建设实用作业文案

(一) 住宅类物业项目的业主文化需求分析

住宅类物业项目的业主期望在住区里感受到有别于工作当中的另一种高品位的环境和文化氛围，身处社区能够寻求“拥抱绿色，回归自然”的感觉，能够体会“身心与环境交融”的和谐，能够享受“健康、轻松与休闲”的恬静。同时，在良好教育背景和工作环境的熏陶下，业主们也希望住区能够提供一种自由、轻松、亲近的气氛，使其在和谐的人文环境中结识，交谈、借鉴彼此之间的成功经验。

(二) 住宅类物业项目社区文化的定位

根据对住宅类物业项目优秀业主文化需求的分析，物业服务企业应将住宅类物业项目社区文化定位在“绿色、温馨、休闲、交流”的高品位层次，通过对社区文化的精心设计以及组织，开展贴近业主文化需求的社区文化活动，以营造“绿色拥伴，亲水宜人，恬静温馨，健康休闲”的浓郁社区文化气息。

（三）住宅类物业项目社区文化建设的设计思路

物业服务企业应秉承物业项目整体规划设计的理念，依托项目周边环境优势，遵循项目社区文化定位，对住宅类物业项目社区文化建设进行精心设计(图 8-1)。

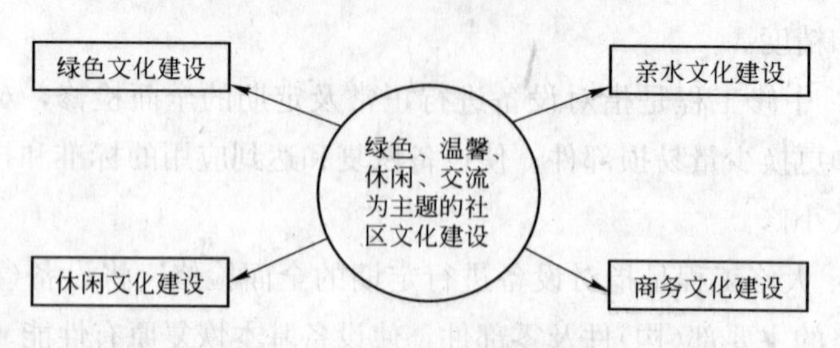

图 8-1　社区文化建设总体设想

1. 绿色文化建设。

住宅类物业项目周边环境优势为其绿色家园创造了先天条件，物业服务企业应将“绿色文化”理念导入到社区文化主题当中。绿色就是生命，绿色决定环境，绿色有益健康，企业将以“绿色文化”的内涵引导业主形成绿色生活理念、采取绿色生活方式。在社区文化活动建设中，一方面重点宣传环保、倡导环保，如举办家居环保讲座、绿色消费宣讲、草木领养等，激发业主关心环境、爱护家园、美化家园的热情；另一方面大力提倡节约资源、能源，引导业主使用环保制品，实行垃圾分类回收，培养业主形成节约、环保的良好习惯。同时，物业服务企业应时时刻刻加强绿色家园建设，保持物业项目整洁干净、环境质量良好、资源合理利用、生态良性循环、基础设施健全、生活舒适便捷。

2. 亲水文化建设。

如今是重视水文化的时代，亲水宜人、以水抒情，住宅类物业项目又有一定体量的水体面积，这给小区绿色家园增加了灵气。物业服务企业将利用这灵气之水，在小区当中营造“亲水之情”的氛围，利用小区拥绿傍水的聚集效应和观览效应，在水畔与绿地交汇处开辟适合业主们户外交流活动的“露天会所”，条件成熟后在水畔附近增添休闲坐椅，方便业主休憩与玩耍，在水体里放养一些观赏鱼或观赏花草，增加水体的艺术性；并以“亲水”为依托开展一系列的主题文化活动，如在夏天傍晚举办消夏晚会或音乐会，在中秋月圆夜举办烛光漂流等，充分体现水体的景观效益。

3. 休闲文化建设。

住宅类物业项目优秀的业主希望在居所环境中享有一种轻松、休闲的氛围，休闲是当今时尚，能够帮助人们摆脱工作压力，陶冶情操。住宅类物业项目建有会所，为业主提供了游泳、桑拿、健身等高雅娱乐项目。物业服务企业将借助会所中的娱乐设施和空间，合理利用住区围合封闭空间，积极引导业主开展形式多样、雅俗共赏、有益于身心健康的休闲文化活动。将充分借助会所优势，以其提供的娱乐项目和空间举办如健身类、棋牌类等休闲活动友谊赛，并在小区公共空间内定期或不定期组织开展如体育健身、文化艺术节、歌舞会、趣味运动会、钓鱼俱乐部等休闲文娱活动，在活动当中增进相互间的交流与理解，并从中发现和挖掘住区业主专长及共同爱好，组建休闲文化活动小组，打造有特色和声势的小区休闲文化氛围。同时，还应突出关注儿童和老人的休闲文化活动，在小区当中开辟无障碍适合活动的中心场所，聚集儿童和老人在这里谈心、游憩、健身等，并适时组织儿童开展游艺活动、书画比赛等，组织老人春季踏青郊游、九九重阳登山等，从而丰富业主的业余生活，使他们在社区中感受到快乐和温暖。

4. 商务文化建设。

住宅类物业项目中的优秀业主们具有很强的求知欲和交流渴望，习惯在自由、轻松、亲近的气氛中彼此交流以捕捉商务信息、启迪思维灵感、借鉴成功经验。对于这类优秀业主，要结合其知识层面及业务领域，将贴近于业主实际需求的商务文化引入社区活动当中，开展一些符合其身份的商务文化活动。物业服务企业将定期邀请专家学者就业主比较关注的法律、商贸等专业知识举办讲座，还可利用会所空间组织业主针对某一论题举办沙龙或自由论坛，也可邀请业主参加业内举办的主题峰会或论坛。

(四) 社区文化活动的组织开展

1. 社区文化活动组织。

客户服务中心负责住宅类物业项目社区文化活动的全面开展，调查、征求小区业主的文化需求，制定社区文化活动的年度计划及月度计划，并按照活动计划组织人员开展社区文化活动，对活动效果进行评价，不断改进提高社区服务质量。

2. 社区文化活动场地。

(1) 在小区内合适位置开设宣传栏，宣传社区文化建设；

(2) 在小区内中心位置开辟活动场所，开展户外社区文化活动；

(3) 借助小区会所空间，开展户内社区文化活动；

(4) 在小区物业配套用房适合位置开辟活动场所，开展室内活动。

3. 社区文化活动经费。

(1) 物业服务企业拨出专项经费；

(2) 适当地酌情收费；

(3) 寻求个人或相关企业赞助；

(4) 活动受益人集资；

(5) 多种经营收益的弥补。

第二节 别墅物业项目管理服务实用作业文案

一、别墅物业项目安全管理服务实用作业文案

(一) 消防器材操作规程

1. 为规范别墅物业项目消防器材的操作，发生火灾紧急事件时，义务消防员能熟练

操作各种消防器材，及时保障用户的生命财产安全，特制定本操作规程。

2. 适用范围：适用于秩序维护员对别墅物业项目各种消防器材的操作。

3. 工作职责。秩序维护部主管负责指导秩序维护员使用消防器材。

4. 操作规程。

(1) 拨打“119”电话报警规程。

① 拿起话筒拨“119”号键，直至听到对方回话。

② 准确汇报着火辖区的名称、所在位置，要详细讲明起火部位，说明周围有什么标志性建筑。

③ 说清楚起火部位、燃烧物品、火势大小、火场面积。起火部位可分为：住宅、办公、商场等。燃烧物质可分：油、化学物质、一般物质等。

④ 说清楚报警人的姓名、联系电话号码以便随时联系。

⑤ 如需安排消防车要讲清楚接车地点，地点应在起火附近或标志性建筑旁。

(2) 消防水枪、水带使用规程。

① 打开消火栓箱，取出水带、水枪。

② 检查水带及接头是否良好，如有破损严禁使用。

③ 连接之前，需认真检查滑槽和密封部位，若有污泥和砂粒等杂质须及时清除，以防装拆困难密封不良。

④ 向火场方向铺设水带，避免扭折、摔、撞和重压，以防变形而装拆困难。

⑤ 将水带靠近消火栓端与消火栓连接，连接时将连接扣准确插入滑槽，按顺时针方向拧紧。

⑥ 将水带另一端与火枪连接(连接程序与消火栓连接相同)。

⑦ 连接完毕至少2人握紧水枪，对准火场(勿对人，防止高压水伤人)。

⑧ 缓慢打开消火栓阀门至最大，对准火焰根部进行灭火。

(3) 消防水枪、水带使用注意事项。

① 用消火栓灭火至少3人，2人握水枪，1人开阀。

② 防止水枪与水带、水带与阀门脱开，造成高压水伤人。

③ 使用消火栓应先检查着火现场是否断电，断电后方可进行施救。

④ 使用消火栓救火，尽量避免消防水流向电梯厅。

(4) 消防斧使用及保养规程。

① 使用前应进行外观检查，注意是否有缺陷及潜在损伤，如发现变形、裂纹或斧柄橡胶护套损坏时应立即停止使用。佩挂腰斧时，位置要正确，以防刀口损坏战斗服和其他个人装备或伤及人体。

② 进行砍劈破拆作业时，应尽量使刀口垂直于被砍物体平面，以防刀口崩裂。

③ 一般不能用于砍劈金属构件，必要时应使刀口垂直于被砍物体平面，并尽量靠近金属构件固定端，以防刀口崩裂飞出或斧头弹回。不能砍劈带电电线或设备。

④ 维护保养时应放置于干燥处，避免高温及接触腐蚀性物品，以免金属锈蚀和胶柄老化变质。使用时检查斧头是否有裂纹，连接处是否松动。

⑤ 每次使用完毕，要用油布擦拭干净，保持清洁。

（5）手提灭火器使用规程。

① 手提灭火器，先将灭火器上、下翻转几次，将干粉筒内的干粉抖松。

② 扯去铅封，拔出保险销，立于离着火点的有效距离处。

③ 手握胶管，将喷嘴对准火焰根部，按压使干粉喷出，适当摇动喷嘴，使喷雾横扫整个火焰根部并逐渐向前推移。

④ 如遇多处明火，可移动位置扫射施火点，直到火焰完全熄灭不留明火为止，以免复燃。

⑤ 灭火后，抬起灭火器压把，即停止喷射。

（6）手提灭火器操作注意事项。

① 灭火时，不可冲击液面，以防飞溅。

② 灭火器一经开启后不能保存，要重新充装后才能保证使用。

③ 使用时如遇干粉喷不出情况，应慢慢拧松盖让气粉喷出。

（二）别墅监控录像带/盘使用程序

1. 监控录像带封存在密码柜内，钥匙由每班带班员负责保管，交班时传给下班带班员。

2. 监控录像带使用由带班员按时打开密码柜更换，每班次更换两次录像带，白班8：00更换，带班员只负责更换，无权查阅。

3. 秩序维护部主任随时检查录像带封存情况，录像带分为实际使用带和备用带两种。

4. 实际使用带标识有：使用日期，使用时间，使用区域。

5. 备用带不作标识，只在发生特殊情况，需要查阅使用带或使用带被封存时，才标识并使用备用带。

6. 备用带应在注明替代对象后进行使用。

7. 录像资料必须经秩序维护部经理同意后方可查阅。

8. 资料按要求保存15天。如需重点、长期保存的，应由秩序维护部主任负责保管。

（三）别墅消防演习程序

1. 演习目的。

（1）使秩序维护部要熟悉、明确火灾发生后的灭火步骤，并掌握逃生、自救方法。

（2）增强协调指挥和扑救能力。

（3）检查消防系统的工作运行状态。

2. 演习时间：每年11月9日进行一次。

3. 演习地点。

（1）别墅________栋________层。

（2）别墅________层电梯厅。

（3）别墅外围车场集合。

4. 演习步骤。

(1) 使用应急广播通知各别墅区内相关人员消防演习准备开始。

(2) 别墅某栋电梯厅进行吹烟报警，并劝阻业主不要乘坐电梯。

(3) 消防中控室接到报警信号，值班员迅速赶到现场进行确认；确认失火后立即用插孔电话通知消防中控室，并在现场就近的消火栓接一条水带准备灭火。

(4) 消防中控室接到信息后，立即通知秩序维护部经理，并组织义务消防队准备扑救工具。

(5) 切断失火楼层照明电源，某部电梯停运。

(6) 义务消防队由秩序维护部消防主任带领乘消防梯至失火楼层下一层，再步行赶到现场，就近取灭火器材进行扑救，两名人员再接一条水带灭火。

(7) 秩序维护部消防主任向灭火总指挥请示疏散。

(8) 灭火总指挥下达疏散指令，消防中控室进行火灾疏散广播，工程技术部在配电室切断别墅所有正常照明电源。

(9) 义务消防队及各楼层服务人员对房间内的人员进行疏散，并告诉业主疏散时的注意事项。

(10) 别墅外围便道设急救站，抢救伤员。

(11) 室内消防演习结束，由灭火总指挥下达指令，工程技术部恢复电梯运行及供电，消防中控室停止疏散广播，并通知别墅区内业主室内消防演习结束，室外消防演习开始。

(12) 在别墅外围门前车场点火，义务消防员持灭火器、连接消防水带奔赴失火现场，到达现场后由秩序维护部消防主任现场讲解灭火器使用方法，然后进行扑救演习。

(13) 室外演习结束。

5. 演习人员。

(1) 接报警过程由消防中控室专业人员完成。

(2) 扑救过程由各部门义务消防员完成。

(3) 现场指挥过程由秩序维护部主任完成。

(4) 所有参加演习人员在演习前由秩序维护部消防主任统一培训。

6. 记录要求。

(1) 接报警人员写出设备报警记录、电话记录。

(2) 扑救人员要有器材损失记录。

(3) 所有记录统一归总至秩序维护部消防主任，由秩序维护部消防主任写出演习情况报告，呈报项目总经理并存档。

二、别墅物业项目环境维护实用作业文案

(一) 立面石材的护理

1. 立面石材清洁除垢。

(1) 护理工艺：清洁除垢、养护处理。

(2) 清理石材表面灰尘。

(3) 去除施工遗留在石材表面的胶、水泥等。

(4) 使用石材深层清洁剂去除污痕等石材深层污染。

(5) 再次清洁石材表面并令其干燥。

2. 立面石材养护处理。

石材养护就是利用专用的石材养护剂，使其充分渗透到石材内部并形成保护层(阻水层)，从而达到防水、防污、防腐及提高石材抗风化能力的一种先进的工艺。养护处理的工艺原理：因石材的绝大多数污染是因为污染物伴随水分渗入到石材内部的，所以就应用专用的石材养护剂涂布在石材表面，利用养护剂的高渗透性能，使其渗透到石材内部，在石材微孔壁上形成一层阻水层，从而起到防水、防污、提高石材抗风化、抗腐蚀能力的作用。这也就是说，提高了石材的憎水性，使污染源不能伴随水分渗入石材内部，只能停留在石材表面，所以日常清洁只用简单的清洗即可达到清洁的目的。石材养护处理的具体工艺流程如下。

(1) 将石材养护剂均匀喷在已清洁干净并干燥的石材表面。

(2) 约 30 分钟后，将石材表面残留药液用干净抹布擦干。

(3) 二次涂布养护剂，并于阴凉、洁净的环境养护。

(4) 如有必要可多次重复 2、3 步骤。

(5) 在石材 24～48 小时养护时间，禁止触摸、用水清洁等。

(6) 养护期越长效果越好(一般养护一周后达到最佳效果)。

3. 立面石材日常护理。

根据上述所做工艺的特点，立面石材用干净的潮布擦拭干净(去除表面浮尘)即可。

(二) 地面石材的护理

晶面处理工艺在 20 世纪 80 年代末起源于欧洲，是针对水蜡工艺中硬度、光泽度、清澈度不够及工艺繁琐等不足改良开发而成的一种新型石材护理工艺，现已逐步取代打蜡工艺。其工艺原理是利用晶面处理药剂，在专用晶面处理机的重压及其与石材摩擦产生的高温双重作用下，通过物化反应，在石材表面进行结晶排列，形成一层清澈、致密、坚硬的保护层，起到增加石材保养硬度和光泽度的作用。

1. 所需设备及主要材料。

(1) 单刷机，吸水机，手磨机。

(2) 红色、白色百洁垫，不锈钢丝棉垫。

(3) 晶硬粉及喷磨保养剂。

2. 晶硬处理工序。

(1) 将地面清扫、清洗干净并用清水漂洗干净，用吸水机吸净地面(此工序视地面污染程度而定)。

（2）使用单刷机配以红色百洁垫，将晶硬粉散于地面、用1∶1份水调成浆状、均匀涂抹开、开始抛磨、单刷机应横抛磨移动来回往复数次，将浆状磨至彻底干燥且无痕迹遗留并有较亮光度为止，如光亮度不足重复以上作业一次即可，每次作业不超过4平方米为佳。

（3）边角处用手磨完成其作业方法同（2）。

（4）待地面完全干燥后用牵尘器将地面推净，去除施工中残留的浆粉。

（5）使用少量的喷磨保养蜡喷于地面用白色百洁垫单刷机进行抛磨一遍，此道工序的目的是加强晶面硬度及表面光度。如出细微丝痕，再用不锈钢丝棉垫进行抛磨。

3. 日常保养。

每天进行日常性清洁定时牵尘，日常擦拭应使用清水或中性清洁剂。

4. 定期保养。

每周进行一次，使用云石喷磨保养剂、白色百洁垫抛光，其中磨损较为严重的部位经喷磨抛光亮度回复不足的用少量晶硬粉按晶硬处理工序局部处理即可。每次作业完毕，应将工具清洗整理好，以便下次使用。特别留意百洁垫须清洗干净以保证正常使用。

（三）地面养护程序及地毯清洗方法

地毯是一种高档的装饰铺地材料。别墅内铺装地毯可以使室内环境显得豪华、美观、清洁、安静。同硬性地面比，地毯步行感觉舒适、柔软、不滑、不累、安全，但是地毯容易脏污且不易清除，因此地毯的养护及清洁显得尤为重要。

1. 地毯的清洁及养护方法。

（1）地毯的局部除污。

（2）确认局部污垢的性质，选择合适的洗剂或药剂（先做局部试验）。

（3）准备工具。

（4）喷洒药剂或洗剂，将湿毛巾铺上，用小把刷拍打，搓擦，反复数次，直到脏污去除（根据不同季节和室内温度高低）。

（5）喷水、擦干，用大号把刷将地毯绒毛刷起理顺。

（6）检查、收拾工具，作业结束。

2. 地毯半干洗（摩擦清洗法）。

采用此方法清洗地毯只是稍微潮湿，很快就会干燥。这种方法多用于去除容易脏污之处的地毯，以使地毯清洁度整体保持平衡。

具体作业工作程序：准备→吸尘→局部除污→喷处理剂→喷洒洗剂→摩擦→起毛→干燥→吸尘→检验效果→作业结束。

3. 地毯干洗（粉末清洗法）。

这种方法的特点不会使地毯因潮湿而引起收缩。使用专用地毯清洗机对地毯进行全面清洗。

具体工作程序：准备→吸尘→局部除污→用专用机器配合专用高泡清洗剂，打出高泡，用专用刷盘清洗→吸水（吸水率70%）→用布盖住清洁过的地毯（根据不同季节和室内温度高低，待地毯全部干燥后，将布单拿走）。

4. 地毯湿洗（喷吸清洗法）。

地毯脏污严重需全面清洗作业，如大量用水，多采用喷吸清洗。

具体工作程序：准备→吸尘→局部除污→喷处理剂→摩擦吸水→起毛→干燥→吸尘→确认效果→收拾工具→作业结束。

第三节 高级公寓物业项目管理服务实用作业文案

一、高级公寓物业项目入住服务实用作业文案

（一）高级公寓住客迁入流程图（图 8-2）

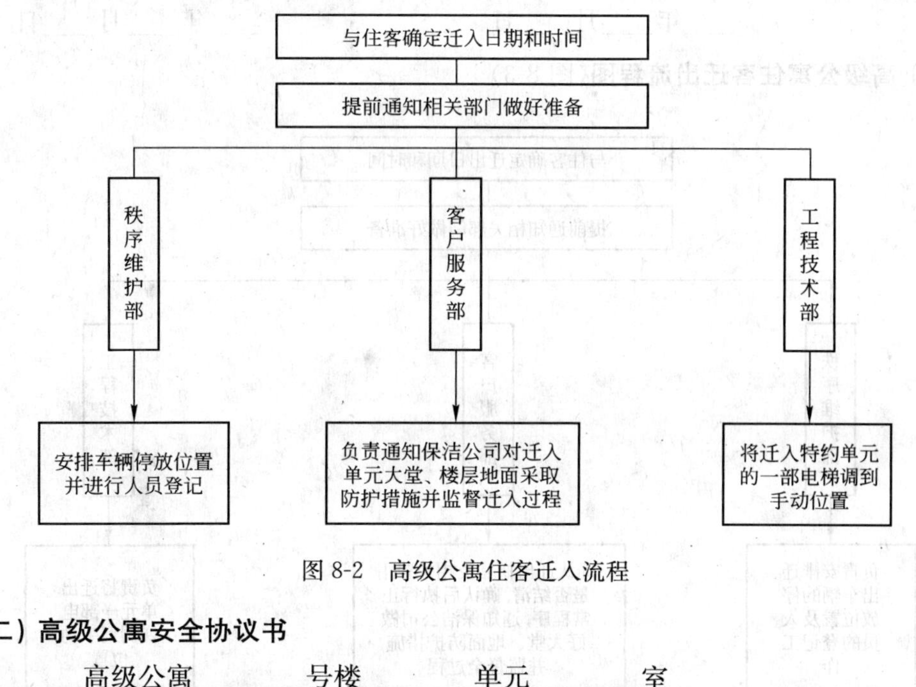

图 8-2 高级公寓住客迁入流程

（二）高级公寓安全协议书

________高级公寓________号楼________单元________室

1. 为了高级公寓及贵住客的安全，请您遵守物业服务的所有安全制度。

2. 住客现金及贵重物品应配置保险箱，由住客自行妥善存放。大量现金不应在户内存放时间过长。

3. 为了安全，请执行高级公寓会客制度，即遵守公安部门的有关规定，外来会客人员需持有个人有效证件，经要探访户主允许方可入内。携大件物品外出应持有出门条（户主签字）。

4. 请不要携带易燃易爆、剧毒、腐蚀性和放射性等危险品进入高级公寓楼中。

5. 锁和钥匙的日常管理由住客自行负责，但秩序维护部有权在发生治安、消防、紧急情况下用备用钥匙进入住客室内，并负责向住客说明。

6. 住客应对本户使用范围场所内的消防安全负责，遵守本高级公寓有关的消防安全

规定。

7. 进入高级公寓后将本户电器设备用电总负荷量报高级公寓客户服务部备案。

8. 住客出门前应检查户内烟头、水、电源、空调、燃气开关是否处理妥当，门、窗是否锁好。长期外出或度假的住客应检查上述内容，特别是电器设备的电源应将插头拔下，并到客户服务部备案，以免发生治安问题。

9. 不得乱接、乱拉电源线，严禁裸接电源。

10. 发生任何安全问题应及时向秩序维护部报警，根据公安部门的有关规定，秩序维护部在必要时可以对住客进行安全、消防检查。

11. 协议签字盖章后即生效，一式两份。

物业服务企业(盖章)：__________　　　　住客(盖章)：

____年____月____日　　　　____年____月____日

(三) 高级公寓住客迁出流程图(图 8-3)

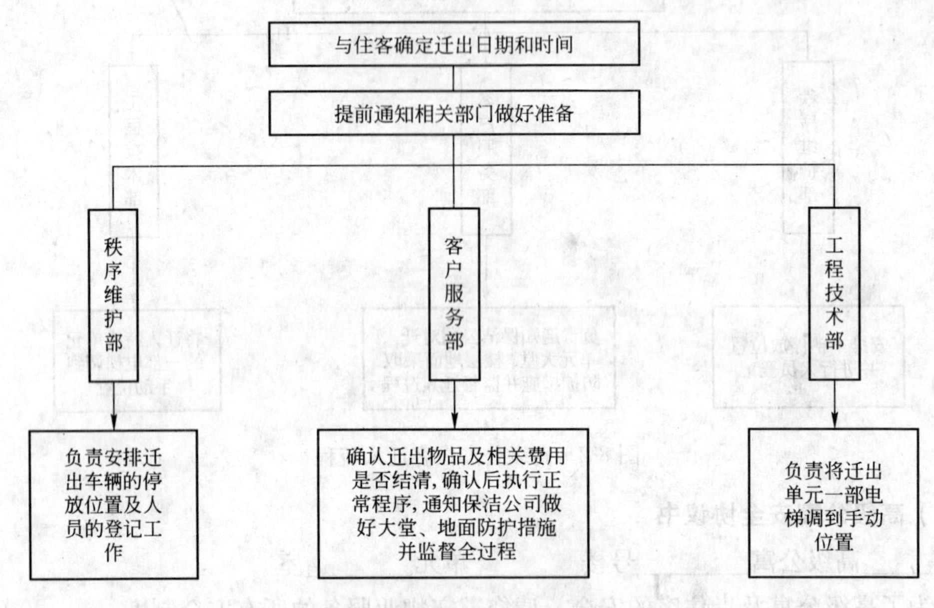

图 8-3　高级公寓住客迁出流程

二、高级公寓物业项目特殊服务实用作业文案

(一) 公寓住客丢失物品处理程序

住客在居住公寓期间财物丢失、被盗或被骗后，直接向当地公安机关报告称为报案。如未向公安机关报案，而向公寓客户服务部反映丢失情况称为报失。无论是报案还是报失，公寓有关部门服务人员均应积极协助住客或公安机关调查失窃和丢失的原因，寻找线索尽快破案。在公寓内丢失物品时，住客常常先向客户服务部报失，因此客户服务部在事故处理中承担了大量工作。

1. 报失的处理。

(1) 楼层服务员或楼层物业主任等接到报失后，应立即报告给客户服务部经理，由客户服务部经理与秩序维护部经理取得联系共同处理。

(2) 由部门经理指派当班物业主任和秩序维护人员携带必要的工具——笔记本、照相机等一同前往住客公寓。

(3) 协助秩序维护人员对住客进行相关事宜的询问，认真听取住客对丢失物品的详细说明并作好记录，最后需由住客在丢失记录报告上签字，以便证实所作记录的准确性。

(4) 帮助住客回忆丢失物品的前后经过，有无放错地方等，分析是否确实丢失。

(5) 征得住客同意后，在住客的陪同下楼层服务员、当班物业主任和秩序维护人员共同帮助查找，对现场做一次彻底检查，如物品找到应将结果记录备案。

(6) 如果调查显示住客财物确系被盗或被骗，要立即向总经理汇报，并由秩序维护人员保护好现场，经总经理和住客同意后向公安机关报案。

(7) 公安人员到场后，要配合公安人员进行调查。

(8) 做好盗窃案件发案、查访过程及破获结果的材料整理和存档工作。

2. 报失后的注意事项。

(1) 住客报失后，楼层服务员、当班物业主任只能听取住客反映情况，不得作任何猜测或结论性的判断，以免给以后的处理带来麻烦和困难。

(2) 楼层服务员、当班物业主任个人不得擅自进公寓查找，避免产生不必要的后果。

(3) 住客报失后，进入过公寓的员工要受到询问。在此过程中员工应采取积极协助的态度，绝不能有意隐瞒自己的失职行为。

3. 住客不要求报案。

(1) 楼层服务员、当班物业主任与秩序维护人员一同查看现场是否已经遭到破坏，如现场完好，进行拍照。

(2) 在秩序维护人员取证的时候，协调秩序维护人员与住客的关系，并要求住客对秩序维护的取证工作进行配合，并对其解释。

(3) 帮助秩序维护人员作必要的记录。

(4) 安慰住客。

(5) 提供服务人员的姓名，进出该公寓的时间，并协助秩序维护人员对其进行调查。

(6) 提供有关人员的联系方法，如有必要则通知相关人员前来协助调查。

(7) 严格控制，封锁消息，避免在住客中传播，引起不良影响。

4. 笔录的注意事项。

(1) 首先，要检验住客的有效证件，并要求住客出示丢失财物的发票和有关证明。

（2）详细记录住客的个人资料，其中包括以下内容。

① 姓名，性别，年龄，国籍，职业，所在公司，职务等。

② 进、出公寓的具体时间、日期。

③ 最后见到丢失物品的时间、地点。

④ 何时发现财物丢失的。

⑤ 丢失物品的数量、种类、型号、特征、新旧程度、有无保险及价值等。

⑥ 有无朋友来访，有无住客怀疑的人员。

⑦ 是否要报告公安机关，要求公安机关进行调查等。

（二）公寓住客报失物品处理流程图（图 8-4）

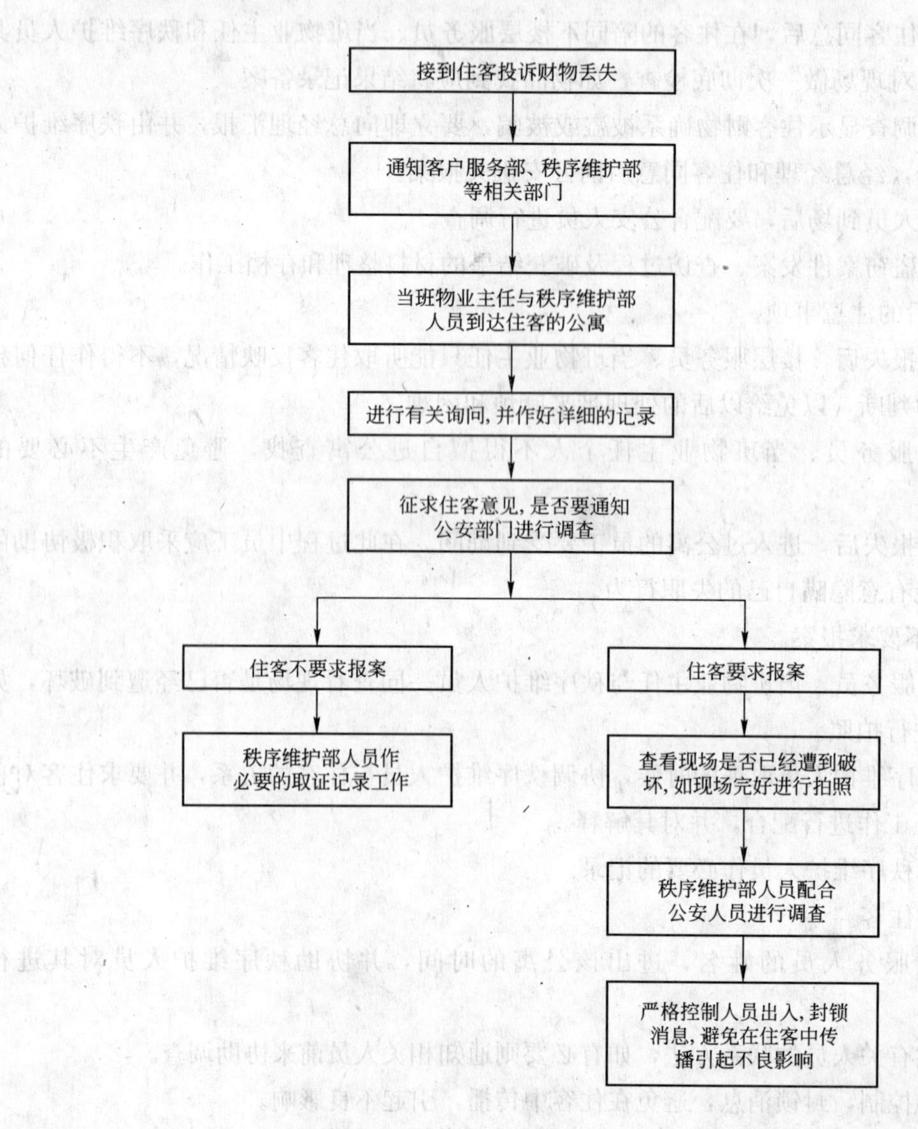

图 8-4　公寓住客报失物品处理流程图

(三) 公寓住客丢失物品处理流程图(图 8-5)

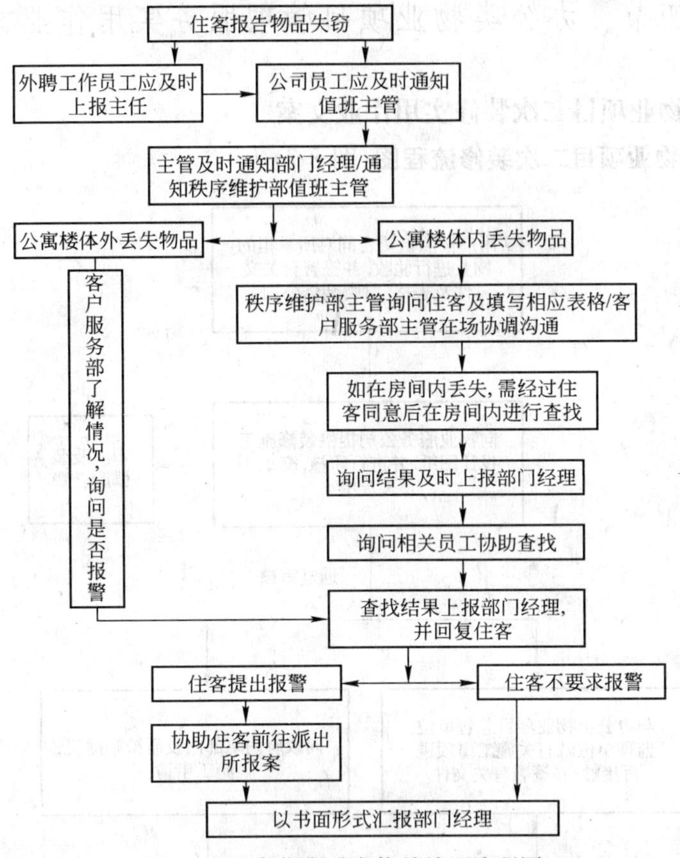

图 8-5 公寓住客丢失物品处理流程图

(四) 高级公寓客户遗落物品的处理流程图(图 8-6)

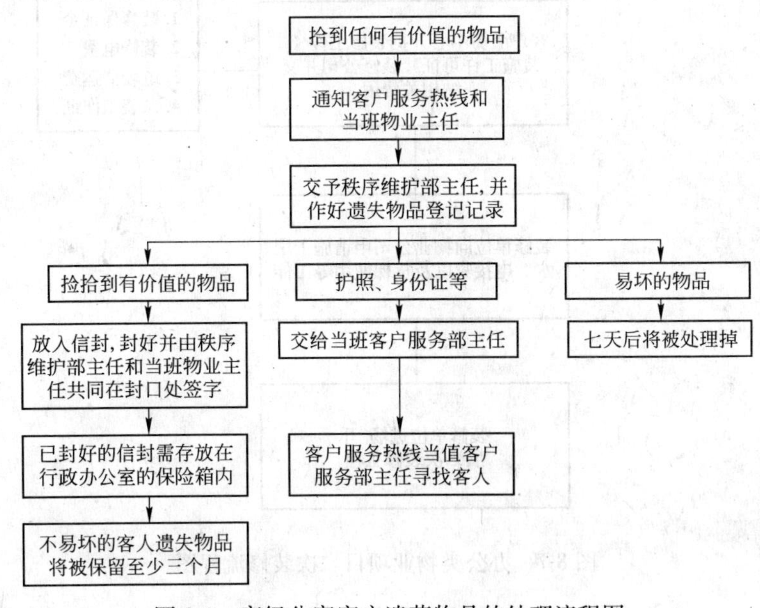

图 8-6 高级公寓客户遗落物品的处理流程图

第四节　办公类物业项目管理服务实用作业文案

一、办公类物业项目二次装修实用作业文案

(一) 办公类物业项目二次装修流程图(图 8-7)

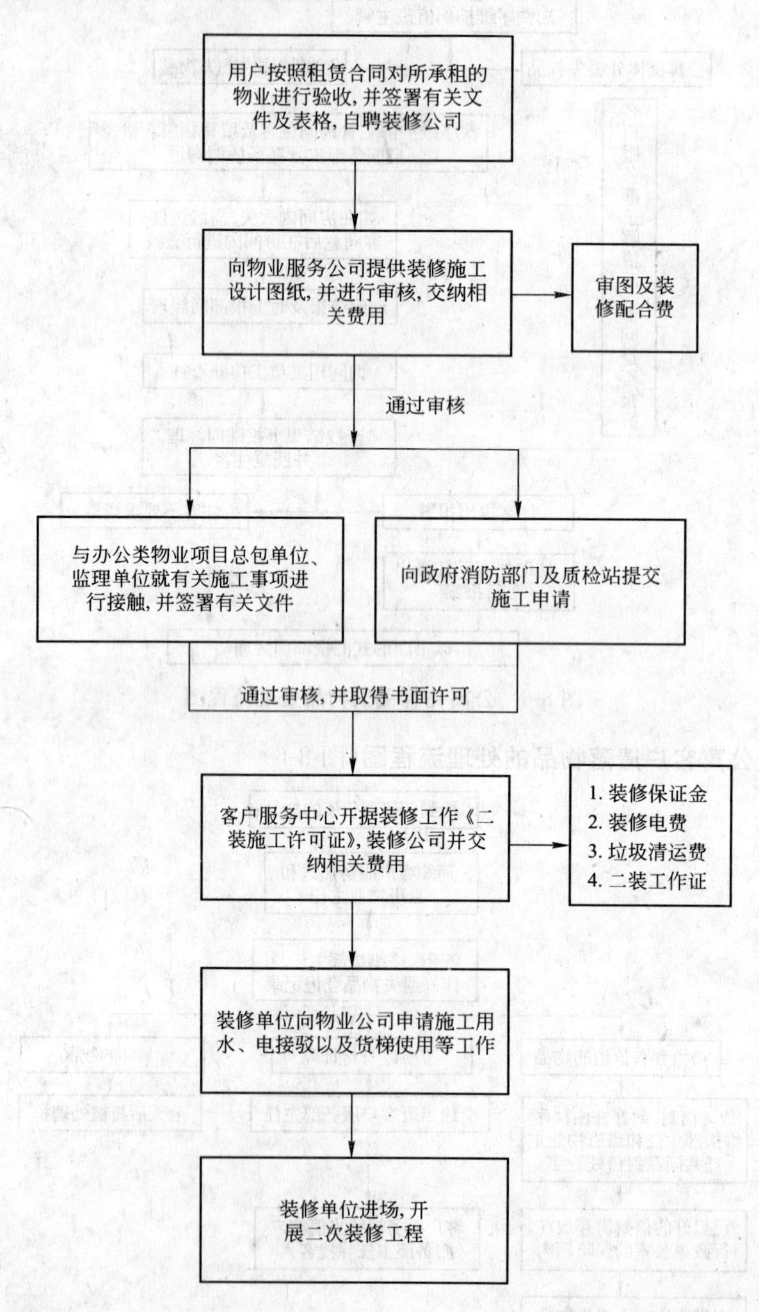

图 8-7　办公类物业项目二次装修流程图

(二) 办公类物业项目二次装修管理工作注意事项

1. 二次装修安全注意事项。

(1) 用户、施工单位在装修期间应自觉遵守物业项目部所制定的《装修手册》规定的各项条款，以确保本物业项目正常运行和人员安全。

(2) 用户、施工单位的施工人员凭身份证、就业证和暂住证到物业项目部秩序维护部核发施工人员临时出入证，并需要随身携带以备秩序维护人员检查。

(3) 施工单位要将施工许可证张贴于施工现场的门上，并随时接受物业项目部服务人员、用户的监督管理。

(4) 噪声施工、物料运输、垃圾清运必须安排在非办公时间进行。办公类物业项目的非办公时间如下：每周一至周五 18：30 至次日晨 7：30，公众节假期全天(有特殊安排除外)。

(5) 施工期间，用户、施工单位负责施工现场的秩序维护服务。施工单位应指定专人在现场对施工人员及现场进行监督管理。

(6) 在承租区域内施工单位要做到封闭性施工，并根据物业项目部的要求，在通往施工区域的通道、墙面、地面铺设保护物，对上述区域予以完善的保护。

(7) 物业项目部将为施工单位的施工人员指定出门通道，施工单位人员在未经许可前不得使用客用设施。

(8) 施工单位应保证施工区域及公共区域整洁。做到气味不外露，灰尘不外扬，材料不外放。

(9) 施工单位使用服务电梯运输物料、设备，需要提前向物业项目部申请，填写《预定货运电梯申请表》，并在搬运过程中遵守办公类物业项目运货管理规定，运输易燃易爆物品进场，需遵守《易燃易爆物品防火管理规定》。

(10) 用户、施工单位或其业务单位需要向外运出物品时，应先填写《物品通行证》，由负责单位签字确认后，安全管理人员方可放行。

(11) 物业项目部负责指定垃圾存放地，施工单位不得随意丢弃，清运垃圾时应避免遗撒，如有遗撒需立即清理。

(12) 施工单位施工中应按照政府相关部门及物业服务企业审核签批的图纸进行施工，不得随意改变、挪动中心内其他设施。

(13) 施工单位于施工中应遵守消防条例及其他有关规定。施工人员不允许在施工现场及公共区域内吸烟。

(14) 二次装修中由于施工单位施工所造成的任何人员伤亡事故及经济损失，其责任由用户、施工单位负责。

(15) 装修施工中由于施工单位原因而对中心其他用户、人员及本物业项目所造成的任何伤害及损失由用户、施工单位负责。

(16) 凡用户、施工单位及相关人员违反上述安全管理规定，物业项目部工作人员为维护本物业项目及其他用户整体利益有权视违规情节予以制止、限期改正、罚款及立即停止现场施工等处理方法。

2. 二次装修油漆作业注意事项。

(1) 施工单位必须提前做好油漆作业前的保护准备，经物业项目部秩序维护人员检查合格后方可施工。

(2) 现场应尽量避免大量油漆作业，活动家具等应在完成油漆工作以后再运至现场。

(3) 为保证用户及中心的利益，应使用国家认可的环保油漆。

(4) 施工所用易燃材料必须为当天用量，施工结束后，必须将剩余材料运离本物业项目。

(5) 油漆作业不得与电、气焊及易产生火星的工种交叉作业。

(6) 油漆作业时应关闭户门、加封塑料膜密封。打开窗户，窗框用木板或塑料膜封严。

(7) 保证租区内有足够的轴流风机等设备以排出异味，每150平方米不少于一台风机。

(8) 现场保护做好以后应派专人看管，以防工人在施工过程中将其损坏。

(9) 油漆作业时应注意易燃材料的存放与保管，现场应配备足够数量的灭火器材并安排专人看管。

(10) 油漆作业必须持《油漆作业施工申请单》，并严格按照操作规范及批准时间进行，严禁违章操作。

(11) 油漆作业只能于每周五晚8点后开始至周日中午12点前结束。

(12) 请将《油漆作业施工申请单》张贴于油漆作业施工现场，以便于物业项目部及秩序维护部人员现场巡视检查。

3. 二次装修公共区域保护规定。

(1) 所有施工单位在进行租区二次装修前，必须对装修可能影响到的区域进行保护(其中包括但不限于公共走廊、消防前室、地毯、墙纸等)。

(2) 公共区域保护应严格按照规定的保护材料、保护方式进行。

(3) 墙壁保护措施为使用夹板或其他薄板加门字架支撑形成墙面保护层。禁止用胶带直接将保护物粘贴在墙面壁纸上或用钉子将保护物直接钉在墙上，立面保护板应平直，并低于天花板高度，以免划伤天花板。

(4) 地面采用夹板铺地形成保护，保护板接缝应平整，不能高低不平。

(5) 地毯及壁纸与保护板间可加透明塑料布，加强保护作用，但塑料布不能用胶带直接贴于壁纸上。

(6) 禁止使用带有刺激气味的劣质板材进行保护。

(7) 禁止使用彩条布进行墙壁及地面保护。

(8) 施工单位应至少对离租区最近的货梯厅门进行保护，且不得使用未进行保护的一侧通行。同时，施工过程中禁止穿行或使用客梯厅运货(如未进行保护)。

(9) 二次装修期间，租区内通往公共区域的转送风口应及时封闭，以避免气味散发。

(10) 保护不应妨碍消防及其他公共设施的正常使用。

(11) 保护材料不得有任何钉子外露，以免刮伤来往人员。

(12) 经过公共区域的电线管应尽量走天花板，如从地面拉线应做好线管保护，并使用线管贴附于地面踢脚板固定。

(13) 有用户楼层公共区域的施工必须在非办公时间进行，且必须于次日办公时间前将天花恢复原状。

(14) 若施工过程中破坏公共设施，所产生的费用由责任方承担。

(15) 装修结束将保护拆除并恢复原状后，由装修单位申请有物业项目部参加的对公共区域的验收。

(三) 办公类物业项目施工单位消防安全、治安防范责任书

甲方：____________________

乙方：____________________

施工区域：____________________

根据《中华人民共和国消防法》和市消防局、公安局对施工管理的有关规定及要求，本着“预防为主，防消结合”的消防工作方针，及维护本物业项目治安秩序，保障公司和各用户切身利益以及人身财产之安全，结合本物业项目具体情况，制定施工单位消防安全、治安防范责任如下。

1. 乙方消防安全责任

(1) 乙方进驻本物业项目施工必须设有专职或兼职的防火负责人，并将防火工作方案(包括：防火安全措施、火灾应急方案)报甲方秩序维护部审核备案，以保证施工期间防火工作的顺利进行。

(2) 乙方外包或自承二次精装修工程的，需将施工组织设计方案及装修使用材料的检测证明、防火安全措施以及防火负责人名单按消防局要求上报，同时交甲方秩序维护部备案，如不按消防局要求自行设计装修所产生的后果由乙方负责。

(3) 乙方进入现场前，应由乙方防火负责人对所有施工人员进行防火安全教育。施工现场动火，应由乙方施工人员提前到甲方秩序维护部申请，办理动火证后方可施工，乙方负责人要加强动火人员的管理，落实安全措施。

(4) 工程中使用的易燃、易爆、易挥发的材料不允许在施工现场内任何地方设置库房保存，施工现场存放量不得超过当日用量。在进行易燃、易挥发液体作业时，不准与易产生火花的工种交叉作业。

(5) 施工现场严禁吸烟，严禁无证动火。

(6) 严禁私自动用消防自动报警设施，如有特殊需要，需经物业秩序维护部、工程技术部同意并登记备案，同时在施工现场做好防护工作。

(7) 施工过程中严禁埋压、圈占消火栓和其他消防设施，乙方必须自备足够数量的消防器材，并能了解其性能和使用方法。

(8) 施工现场临时用电，应提前将用电量、用电部位报甲方工程技术部批准后方可使用，要按指定部位取得电源，不准超负荷用电，严禁乱接拉电线。

(9) 施工现场需停水、停电、停气必须提前向甲方申请，经甲方同意后方可施工。

(10) 施工现场有两个或两个以上单位施工时，双方之间要另签防火安全责任书。

(11) 乙方要承担其施工现场内的一切防火、治安等事故的责任。

(12) 在甲方重点防火部位施工，必须报甲方同意并做相应保护后方可施工。

(13) 乙方施工人员要遵守甲方各项规章制度，并服从甲方有关部门的检查和纠正。

2. 乙方治安防范责任

(1) 乙方以自己施工区域为治安责任区，其主要负责人为施工区域安全管理的第一责任人，承担施工区域的安全管理责任(包括人、地、物)。

(2) 乙方必须严格遵守政府的法律、法规要求及客户服务部门制定的各项安全管理规定。采取有效措施，防范和阻止各类刑事治安案件的发生。

(3) 乙方要教育全体施工人员遵纪守法、文明施工、服从物业服务人员的管理。严禁在施工区域内留宿、酗酒、赌博等各类违法违纪之行为；严禁在施工区以外区域闲逛、逗留、大声喧哗；严禁在施工区域内接待容留任何无关人员。

(4) 乙方必须对本单位施工人员进行严格的教育和审查。认真执行市公安局、市建委有关外地务工人员管理规定，办妥各项用工手续。外地务工人员必须具备身份证、暂住证、务工证，严禁雇用有犯罪嫌疑或正在被公安机关通缉的人员，不得使用证件不齐、身份不明的人员。

(5) 乙方进场前，应按要求办理临时工作证，并提交身份证、务工证、暂住证的原件和复印件，以备秩序维护部门查验和存档。施工人员所办证件必须随身携带，并按规定路线进出施工区域。

(6) 乙方必须提供施工单位负责人的紧急联系电话，并指派专人负责施工区域的安全管理，协助做好治安防范和其他紧急突发事件的处理工作。

(7) 乙方要做到每日对施工区域进行安全检查(如施工物品、杂物应妥善放置，防止高空坠下)，对发现的问题和隐患要及时进行整改，暂时不能解决的要采取临时措施。遇重要节日、活动、任务时，有关政府主管机关有特殊要求的，乙方要积极配合并认真执行。

3. 其他事项

乙方人员违反上述条款，甲方工作人员为维护中心及其他用户整体利益，有权视违规情节轻重采取予以制止、限期改正、罚款处罚(根据本责任书附件《二次装修违规级别明细》，表 8-1)及立即停止现场施工等处理方法，责任重大的违法行为将移交公安机关处理。

甲方：＿＿＿＿＿＿＿＿　　乙方：＿＿＿＿＿＿＿＿

日期：＿＿＿＿＿＿＿＿　　日期：＿＿＿＿＿＿＿＿

附件：

二次装修违规级别明细　　表 8-1

一级违规行为	1. 不佩带施工出入证、现场不张贴施工许可证； 2. 追逐、打闹、大声喧哗； 3. 非正常使用卫生间、清洗池室，造成上下水堵塞； 4. 就餐、饮酒、吸烟(包括现场发现烟蒂)、睡觉； 5. 留宿施工现场、在现场赤背、赤足施工； 6. 乱扔废弃物、随地吐痰； 7. 在施工以外区域闲逛、逗留等行为
二级违规行为	1. 乱放施工垃圾及施工材料； 2. 聚众赌博、打架斗殴、随地大小便； 3. 违章使用货梯、野蛮装卸； 4. 使用客用设施(客梯、卫生间等)； 5. 在施工过程中损坏公共设备、设施的； 6. 使用假证件或使用他人证件
三级违规行为	1. 各工种(电工、焊工)未按要求持证上岗作业的； 2. 使用不合格电动工具，使用老化、破损、裸露电源线； 3. 乱接临时线； 4. 将电源线直接插入电源插座； 5. 不按规定时间使用有噪声工具及进行有异味工种作业； 6. 堵塞消防通道，埋压圈占消防设施； 7. 未经许可进行明火作业； 8. 未按要求违章操作动火作业(未设看火人、未配备灭火器、未清理动火现场杂物)； 9. 未经许可擅自使用消防水源及动用其他消防设施； 10. 施工现场存放过量易燃易爆危险品(如酒精、油漆、稀料等)； 11. 油漆作业与电气焊作业交叉进行的； 12. 在施工过程中，故意破坏公共设备和设施的； 13. 不服从本物业项目各级管理人员的管理
四级违规行为	施工单位违反施工管理规定，给甲方造成经济损失、不良影响和严重后果的

（四）办公类物业项目装修验收流程图（图 8-8）

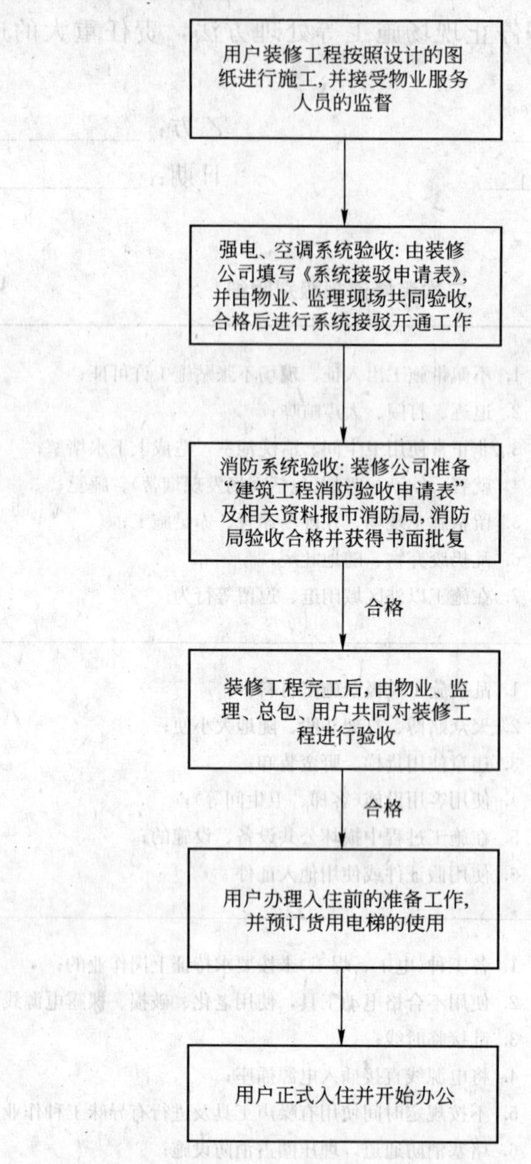

图 8-8　办公类物业项目装修验收流程图

二、办公类物业项目紧急情况处理实用作业文案

（一）应急方案组织与指挥

在各种应急状况下，必须统一指挥。秩序维护部主管级或以上工作人员应和项目部领导一起，带领本单位的消防组织和所有职员，有领导有秩序地进行各项危急状况的抢救工作。为方便统一领导和指挥，特制定此方案。

1. 在火灾、水灾、台风、地震、毒气等紧急状况下，由总经理担任现场总指挥，负责领导和协调现场的各种抢救工作。

（1）在任何紧急情况下，总经理可任命适当人选为现场指挥。

（2）在紧急状况下，在总经理未到现场之前：在火灾、台风、地震紧急状况下，副总经理为第一指挥，工程技术总监为第二指挥，指导抢救工作。

2．刑事罪案、治安突发事件，由客户服务中心经理担任现场负责人，负责领导、协调及处理现场各种危急情况：

（1）特殊情况下，客户服务中心经理可任命适当人选为现场负责人。

（2）特殊情况下，在客户服务中心经理未到现场之前突发治安事件，秩序维护部当班主管由项目部领导自然任命为现场负责人；刑事罪案亦由项目部领导自然任命为现场负责人。

3．在各种紧急情况下，外保队应变人员应在第一时间内接受调动。

（1）客户服务中心经理、客服主任、工程技术总监、工程技术经理、当值秩序维护部主管在紧急状况下可随时调动外保队。

（2）在紧急情况下，秩序维护部消防主管可直接调动外保队。

（3）在特殊情况下，外保队可接受报警自行出动。

（4）其他所有职员必须服从现场指挥和负责人的指挥和领导。

（二）消防应急方案

为确保办公类物业项目安全特制定本方案。

1．办公类物业项目火警级别。

（1）一级火警：物业项目火场区域自动灭火装置或现场人员能够及时扑灭的火情。

（2）二级火警：物业项目火场区域灭火装置和现场人员短时无法扑灭的火灾。

2．火灾报警。

（1）发现火情、火灾后，任何人都有义务和责任立即向物业项目消防中控室报警。

（2）报警方式：打电话给消防中控室（内线、外线）。

（3）讲清报警人的姓名和所在单位、着火部位、燃烧物质及火势程度或就近按下墙壁上的红色手动报警器报警。报警后报警人员应保持冷静。

（4）火灾时禁止打开无关门窗，禁止使用电梯。报警人员应直接报物业项目消防中控室，由消防中控室根据上级指令决定是否打“119”报火警。

3．消防中控室职责和任务。

当接到报警电话或报警信号后，值班员应立即携带通信、消防器材赶赴现场进行确认。值班员应详细记录报警人员姓名、所在单位、报警时间、着火部位、燃烧物质及火势情况等。火灾确认后，值班员立即通知秩序维护部当班负责人及客户服务中心经理、工程技术总监和其他部门负责人。消防中控室值班员有责任为灭火总指挥提供有效方案，按工作程序和总指挥的命令进行各项操作。火灾扑灭后，协助消防机关对火灾进行调查处理，写出火灾事故调查报告。

4．秩序维护部职责和任务。

在接到消防中控室报警后，秩序维护部当班负责人应立即赶赴现场，同时命令秩序维护人员进入应急状态。秩序维护当班负责人在接到进入应急状态命令后，应立即召集秩序维护当班人员和外保队，打开疏散通道门，同时加强警戒严防其他案件的发生。

5. 工程技术部职责和任务。

接到消防中控室报警后，当班负责人应立即组织做好相关设备的操作准备。配电室做好切断分路和全部电源及启动柴油发电机的准备工作，确保消防用电。组成技术抢险队，依照指示进行技术抢险等工作。灭火后，将设备设施重新恢复到正常状态，根据需要协助调查火灾原因。

6. 保洁公司职责和任务。

接到火灾报警后集中待命，准备参加救灾与疏散等任务。接到指挥部的命令后，关好本室门窗及室内电源，迅速到达指定地点。

7. 物业办公室、财务部及其他部门的职责和任务。

在接到火灾报警后，物业办公室人员应坚守岗位，随时听候指挥部命令，并保护好贵重物品。财务部人员应迅速做好转移现金、票据等重要物品的准备，后按指挥部的命令转移。其他部门人员应保存好档案、文件等物品，后按指挥部命令转移。

8. 灭火指挥机构。

二级火灾状态下，成立灭火总指挥部，地点设在消防中控室。总指挥由物业项目在场负责人担任，火灾现场指挥由总指挥指派。指挥部负责领导火灾的扑救、人员和物资的疏散工作。下达启动灭火设备和确定其他设备工作状态的命令，决定是否向消防部门报火警。火灾现场人员在未接到总指挥命令前，由行政级别最高的人员担任临时现场指挥，负责现场的扑救等工作，待接到指挥部命令后，统一听从现场指挥的命令。

(三) 疏散应急方案

当办公类物业项目发生火灾或突然发生其他紧急事故时，应该首先考虑到用户及员工的生命安全，所以进行整个物业项目或部分地方人员疏散，每一位用户和员工都应自觉遵守疏散时的规章制度和服从管理人员的指挥，这是大家应尽的职责。

1. 疏散命令。

(1) 消防中控室将对影响地区通过紧急广播发出疏散命令。

(2) 广播内容：请注意，请注意，在您所在楼层内，有火情报告，火情正在处理中，请您跟随物业服务人员到安全地区，请不要使用电梯。

2. 命令疏散的权力。

(1) 总经理。

(2) 副总经理。

(3) 客户服务部经理。

(4) 工程技术部总监。

下班后或公共假期内，值班经理，客户服务部值班主任，工程技术部值班主任，秩序维护部值班主任，商讨后有权进行疏散。

3. 疏散方法。

(1) 面临危险将由危险系数的大小决定采取总疏散还是部分疏散措施。

(2) 当疏散警报响起时，应首先对受影响区域用户进行疏散，使他们撤离大楼。

(3) 总疏散应逆层完成并首先考虑危险的楼层。

4. 疏散注意事项。

(1) 将用户按一路纵队排列，从防火楼梯疏散，严禁使用电梯。

(2) 防止用户再回到他们的办公室。

(3) 疏散中不得停留，防止堵塞。

(4) 疏散时，客户服务部员工和警卫应重点检查以下地方。

① 检查办公室、卫生间是否有人。

② 检查是否有未熄灭的烟头和未关闭的灯。

③ 检查出入口是否畅通。

(四) 治安应急方案

1. 消防中控室、现场值班人员发现治安事件应立即用对讲机向当值领导报告情况，讲清楚事件的性质及发生时间和地点。

2. 当值领导接报后必须在1分钟内赶赴现场处理事件。

3. 如事件较为严重，要立即报告当值秩序维护部主管，说明事件性质并请求支援。

4. 当值秩序维护部主管接报后立即带领本班应急分队成员在最短时间内赶赴现场，控制事态的进一步发展，并报告当值经理讲清楚事件的发展情况。

5. 当值主管根据报告情况分析是否报公安机关请求支援，并立即赶赴现场掌握情况，指挥现场处理工作。

6. 物业项目范围所有的出入口在发生治安事件后加强控制，防止集体闹事者携带凶器进入物业项目，提高警惕协助处理事件，堵截可疑人员。

7. 劝说围观人员迅速离开现场，防止发生无辜伤害。

8. 加强各区域的检查控制工作，防止第二起治安事件的发生。

9. 积极协助公安机关的工作，防止乱指挥的现象出现。

10. 维护好现场秩序，待公安机关调查取证后方可清理。

第五节 商业类物业项目管理服务实用作业文案

一、商业类物业项目消防安全管理实用作业文案

(一) 商业类物业项目消防火警流程图(图8-9)

(二) 重点部位安全消防措施和管理制度

重点部位范围设定为凡能影响商业类物业项目安全的部门、地点，均为重点部位。包括配电室、锅炉房、水泵房、电话机房、消防中控室，这些重点部位要有明显的重点防火

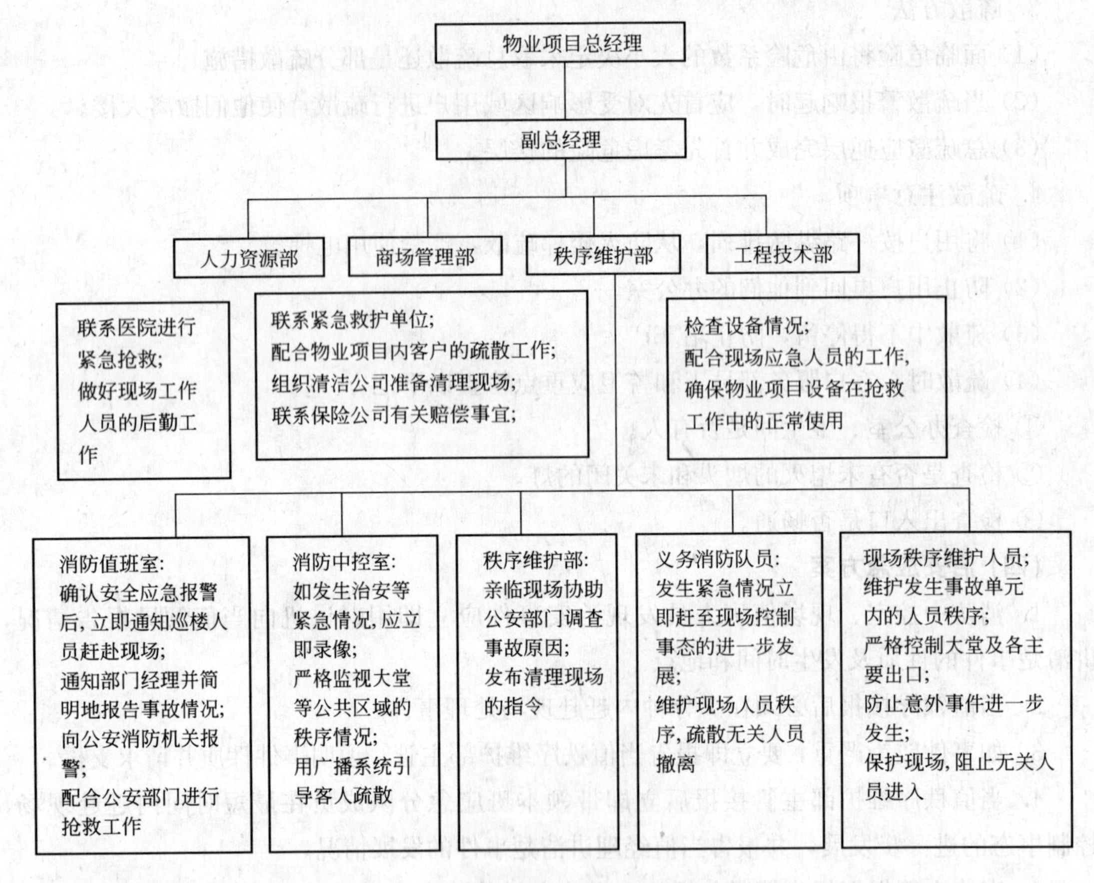

图 8-9　商业类物业项目消防火警流程图

标志，全力做好安全消防工作。

1. 工作原则是“预防为主，防消结合”和“谁主管，谁负责”。

2. 预防措施。

（1）重点部位内不准使用碘钨灯等高温照明灯具，不准设置移动照明灯具。

（2）重点部位内不准堆放易燃易爆物品。

（3）发现火险隐患要及时上报，采取措施，立即整改，不得拖延。

（4）每个员工都须了解消防知识，掌握常用消防器材的使用。

（5）严禁乱拉电线和动用明火作业，如需明火施工由秩序维护部开动火证。

3. 值班人员守则。

（1）严格遵守党和国家的政策、法律、法规，遵守公司的各项规章制度。

（2）坚守岗位，尽职尽责，服从指挥，不准擅自脱岗。

（3）严格执行岗位责任制，加强请示报告，不准发生玩忽职守的现象。

（4）值班时要保持高度警惕，不准吸烟、睡觉，应把事故消灭在苗头之中，防患于未然。

4. 紧急措施和处罚规定。

(1) 发现火情、火灾后，保持冷静，立即断电，组织扑救。

(2) 扑救时要分工明确，不能见火不救，盲目自行撤离。由值班负责人有组织地指挥扑救或撤离。

(3) 工作现场发生火灾要及时将火灾发生处的设备电源全部关闭。

(4) 严禁在工作现场吸烟，如检查发现有吸烟者，按有关规定处罚，并追究主管部门负责人的责任。

(5) 严禁将消防器材挪作他用，如有破坏消防器材者予以开除处理。

二、商业类物业合同与契约管理实用作业文案

(一) 场地租赁合同

出租方：____(以下简称甲方)

承租方：____(以下简称乙方)

公司地址：____________________联系电话：____________________

甲、乙双方根据有关法律和法规，本着平等、合作、互利的原则，经友好协商，甲方愿意出租、乙方愿意承租下述场地作为乙方促销产品之用，并达成场地租赁协议如下：

1. 租赁场地的位置：____

2. 租期为________，即____年____月____日始至________年____月____日止。

3. 租金及其他费用交付方式：

(1) 该场地日租金为________元，乙方应在租用场地前____天签租赁合同时支付。

(2) 租用桌、椅、办公用品费用________元。

4. 甲方的责任和权利。

(1) 甲方负责按合同规定时间将该场地交付乙方使用。

(2) 根据本合同约定向乙方收取费用。

(3) 甲方对乙方展示的产品及服务不负责鉴定，不提供担保，不监督售后服务。

5. 乙方的责任与权利。

(1) 遵守国家有关工商、卫生、税务、劳务等各项管理规定，合法经营，依法纳税。

(2) 提供营业执照复印件及公司经营授权书等资信证明。

(3) 对促销产品出具有关部门的检验报告、合格证等。

(4) 对所促销产品的质量和售后服务负全部责任。

(5) 按时足额向甲方支付本合同第三款规定的各项费用。

(6) 维护和保持相关区域环境整洁美观，严格遵守并服从甲方有关垃圾存放和各种管理规定，不随意占用租用场地之外的其他区域。

（7）保证促销期间提供的产品质量合格，具有所需的各种检测报告、证书。促销过后保证对客户的承诺。

（8）本合同一式两份，甲乙双方各执一份。

甲方：　　　　　　　　　　　　　　　　　　乙方：

负责人：　　　　　　　　　　　　　　　　负责人：

　　　　　　年　　月　　日　　　　　　　　　　年　　月　　日

（二）商铺租赁合同

出租方：____________________________（以下简称甲方）

承租方：____________________________（以下简称乙方）

甲乙双方根据有关法律法规，本着平等互利、诚实信用的原则，就乙方承租__________商铺一事，为明确双方权利、义务，经协商一致签订本合同，以兹共同信守。

1. 租赁房产的位置、面积、装修及设施状况。

（1）坐落位置：________商铺____层____号房间。

（2）租赁面积：（以使用面积计）____________平方米

（3）交房标准：____________________________

2. 租赁用途。

乙方之承租单位只作为____________之用途，未经甲方书面同意，乙方不得擅自改变其承租单位之用途。

3. 租期：租期为____年，即从____年____月____日起至____年____月____日止。

4. 租金、管理费、保证金、其他费用及支付方式。

（1）双方同意承租单位租金为人民币________/月，管理费为人民币________/月。承租单位年总价为人民币________。首期租金及管理费为人民币"________"（承租单位三个月的租金及管理费，不包括保证金）乙方应于签订本合同7日内以支票或现金方式向甲方全额支付，三个月满后，以每月为一期，乙方应于每期开始之日起5日内向甲方全额支付当期租金及管理费和本条规定的其他款项。如果租期开始日不是当月首日，则第一个月和最后一个月的租金及管理费按当月的实际租赁天数计算并支付。

（2）承租单位的管理费项目。

① 餐饮业管理费项目；公共设备、设施日常保养、维修、运行费；秩序维护费；公共区域清洁费；绿化费；中央空调系统夏季和冬季温度调节费；保洁附加费。

② 非餐饮业管理费项目：公共设备、设施日常保养、维修、运行费；秩序维护费；公共区域清洁费；绿化费；中央空调系统夏季和冬季温度调节费。

（3）双方同意以上租金及管理费标准按第1、2年递增幅度为0%，第3年递增幅度为5%（递增基数为上一年度租金及管理费数额）的方式递增。

（4）合同期满再次续租时租金及管理费按每年5%的幅度递增（递增基数为上一年度租

金及管理费数额)。

(5) 保证金。

双方同意于签订本合同当日，乙方向甲方支付相当于3个月租金及管理费的保证金，共计人民币______元。在本合同期满，双方不再续约且乙方未有任何违约的情况下，甲方将于合同期限满之日起5日内，将保证金本金(不含利息)全部退还乙方。

5. 免费期及续租优先权。

(1) 免租期。乙方于租期开始之日起计，享有一个月的免租期。免租期计为租期的一部分，免租期内乙方免交房屋租金(不含管理费等其他费用)，但需依本合同约定交付除租金外的其他一切费用。

(2) 续租优先权。本合同租期届满时，在合同规定同等条件下，乙方享有优先续租权(但不再享有免租期)，但乙方应于合同期限满前三个月向甲方提出书面续租要求，并于期满前一个月按双方商定的条件与甲方签署新的租赁合同，否则视为乙方放弃优先权利，即使条件相同，甲方也有权将承租单位另行出租于第三方。

(3) 甲方保留权利。甲方有权利在本合同期满之前三个月内，带领其他有意承租该单位的租户在乙方正常工作期间到乙方承租单位内观看，但应提前一天书面通知乙方。

6. 交付期限及手续。甲方应于收到保证金10日之内将承租单位向乙方交付，并向乙方说明承租单位之状况、设施、设备，经乙方确认后，双方签订确认书，完成交付手续。

7. 装修管理。乙方可根据其经营需要对承租单位进行二次装修、添加、拆改设施及设备，但不得对承租单位的结构造成损害，乙方二次装修应符合乙方与甲方所签订的《商铺管理服务协议书》及政府主管部门有关的规定，且必须经甲方审核批准后方可施工，未经批准擅自实施上述行为的，乙方应承担恢复原状及损害赔偿责任。同时甲方保留单方终止本合同，收回该承租单位，并追究乙方违约责任的权利。

8. 房屋修缮责任。

(1) 对于甲方公共部位及设施，由甲方负责提供免费维修，对于承租单位内部设施(不包括乙方自行装修部分及自备设施)，在其承租之日起一年内甲方负责提供免费维修，一年后由甲方根据乙方提出的维修要求并按甲方的有关收费标准提供有偿维修。

(2) 甲方的公共部分、设施以及各个承租单位进行检查、维修，乙方应积极协助，不得阻挠。

(3) 甲方有权派工作人员进入乙方的承租单位对公共设施(不仅仅限于水、电、气、通信等管道)进行有关检查和维修，但应提前3日通知乙方；但紧急情况下，甲方有权不经乙方许可进入乙方承租单位实施紧急维修措施。

(4) 甲方有权在发出合理通知后，暂时停止物业公司任何设施的使用并进行维修，但在紧急情况，甲方有权无须通知实施上述行为，同时无须向乙方做任何补偿。

9. 转租及转让约定。

(1) 未经甲方书面同意或与甲方签订书面转租协议，乙方不得转租该承租单位。若经甲方书面同意转租的，乙方必须出具该承租方继续履行本合同乙方义务的保证书。

(2) 在本合同履行期间，该承租单位所有权发生转移时，甲方应保证让人继续履行本租赁合同中有关甲方之规定。同等转让条件下，乙方拥有优先购买权。

10. 合同的变更和终止。

(1) 经双方协商一致，可以对合同内容进行变更，也可终止本合同，但必须签订书面变更协议或解约协议，方为有效。

(2) 乙方有下列行为之一，甲方有权单方终止本合同，收回承租单位，并追究乙方违约责任。

① 利用承租单位从事违法活动的。

② 未经甲方书面同意或未与甲方签订书面转租协议将承租单位全部或部分转租、转借或与他人共用的。

③ 未经甲方书面许可擅自改变承租单位用途的。

④ 故意损坏承租单位或设施。

⑤ 严重违反，承租单位管理规定，经劝阻不改超过3次的。

⑥ 未按本合同第四条规定交纳费用延期超过30天的。

(3) 若因特殊原因甲方需收回承租单位，则甲方应提前1个月书面通知乙方，双方终止本合同，同时甲方应向乙方支付相当于乙方承租单位3个月租金(不含管理费和其他费用)的违约金，乙方已对承租单位进行装修的，甲方应按甲、乙双方认可的第三方评估的合理价格向乙方支付装修费用，同时该装修部分所有权转归该承租单位所有人所有；评估费用由甲、乙双方平均承担。

(4) 若因特殊原因乙方要求退租，则应提前一个月书面通知甲方，乙方需交清所有应交纳费用，并履行本合同规定之义务，然后双方终止本合同，同时乙方已交纳之保证金甲方不予退回。

(5) 由于本合同第十四条所述不可抗力发生致使本合同无法履行，本合同可终止。

11. 双方权利及义务。

(1) 甲方权利及义务。

① 按本合同规定的时间将承租单位交付乙方。

② 依合同约定为乙方提供维修、秩序维护、保洁、绿化等各项服务。

③ 在可控制范围内向乙方提供维修水、电、空调、照明、电话等接口，但设备和使用费用由乙方承担。

④ 在保证物业项目全体业主整体利益的前提下，对乙方的正常经营活动提供支持和便利。

⑤ 依据本合同约定行使收取租金及各项费用、管理、监督以及合同赋予甲方的其他各项权利。

(2) 乙方权利及义务。

① 足额向甲方支付本合同规定的各项费用。

② 遵守国家有关工商、卫生、税务、劳务等各项管理规定，合法经营，依法纳税。

③ 按时与甲方签订《商铺管理服务协议书》，并严格遵守商铺的各项管理规定，按时交纳各项有关费用。

④ 乙方有权合理地使用其承租单位及公用设施，不受任何人非法干涉。

12. 违约责任。

(1) 如甲方未能按期向乙方交付承租单位，则每迟延一日需向乙方支付相当于月租金(不含管理费和其他费用)万分之四的滞纳金，若甲方超过约定期限 30 日仍未向乙方交付承租单位，则乙方有权单方终止本合同。甲方应退还乙方已付全部款项，并向乙方支付违约金，违约金额为本合同约定的保证金数额。

(2) 如乙方未能按照本合同第四条之约定向甲方如期支付各项款项，则每延迟一日，需向甲方支付应付金额万分之四的滞纳金，若乙方超过约定期限 30 日仍未向甲方支付上述款项，则甲方有权单方终止本合同，收回承租单位，同时乙方已付之保证金不予退还，并保留追索权。

(3) 若乙方有违反与甲方签订管理服务协议书的行为，甲方有权令乙方限期改正，逾期不改，甲方有权停止提供相应服务，并可对乙方采取暂停水、停电直至单方宣布终止合同、收回该承租单位等必要性手段，且对乙方因甲方必要措施导致的损失(如有)不予赔偿，乙方已付保证金不予退还。

13. 合同终止后房产的处理。

(1) 租期届满双方不再续约，或合同提前终止，乙方应于期满或合同终止之日起 7 日内，将承租单位内乙方所有的物品迁出，逾期未迁出的物品视为乙方放弃余物的所有权，甲方可自行处理余物。

(2) 乙方交还承租单位，应尽量恢复至甲方交付时的状态，除自然损耗之外，若发生承租单位本身及设备、设施的毁损，乙方应承担责任及相关费用，或向甲方赔偿损失，乙方无法拆除的二次装修部分，乙方同意无偿归甲方所有。

14. 不可抗力。

凡因发生地震、台风、大火、战争、暴乱、暴雨等致人力不可预见、不可抗拒、无法避免的不可抗力导致任何一方不能履行本合同时，上述遭遇不可抗力的一方，应立即通知另一方，并应于 15 日内提供不可抗力发生之有效证明，不可抗力一方可由此免除违约责任。

15. 争议解决。

本合同的订立和解释适用中华人民共和国的法律，在合同履行过程中发生纠纷，双方应首先通过友好协商解决，若协商不成，则任何一方可向人民法院提出诉讼。

16. 通知及送达。

(1) 所有通知可用传真或挂号邮件发出，送达至双方签署本合同时注明的通信地址即为有效送达。

(2) 甲、乙双方对其所有声明有通信地址的真实有效性负责，任何一方的地址、电话如有变化，应在14日内以书面形式通知另一方，否则由此引发的不良后果由其自行承担。

（3）任何用传真发出的通知或书信，发出当日为送达日（用传真发出时，发出的电传机号码接收代号时即被视为送达日）如用信件发出（非平信）以人手交递日为送达日，或寄出后三日，视为送达日。

17. 合同生效及其他。

（1）本合同于双方签字盖章之日起生效，未尽事宜双方可另行签订书面补充协议，补充协议与本合同具有相同法律效力，与本合同有关的协议、承诺以文字为准，一切口头承诺均无效。

（2）本合同一式四份，双方各执两份，具同等法律效力。

（3）乙方于签署本合同的同时须与甲方签订《商铺管理服务协议书》。

甲方：	乙方：
地址：	地址：
邮政编码：	邮政编码：
电话：	电话：
传真：	传真：
法定代表人：	法定代表人：
委托代理人：	委托代理人：
盖章	盖章
年 月 日	年 月 日

第六节 酒店式物业项目管理服务实用作业文案

一、酒店式物业项目餐饮部服务实用作业文案

（一）餐饮部卫生管理控制方案

按照卫生管理控制程序（图8-10），无论是食品卫生还是环境卫生、员工个人卫生都应作严格的要求及培训，在每一位新员工入职之前接受的培训，其中一项就是卫生要求。从而能够保证卫生质量，提供满意的餐饮服务。

1. 餐饮部食品卫生控制。

（1）餐具、炊具和盛放直接入口食品的容器，使用前必须洗净、消毒，炊具、用具用后必须洗净保持清洁。

（2）储存、运输和装卸食品的容器包装、工具、设备和条件必须安全、无害，保持清洁。

（3）直接入口的食品应当有小包装或者使用无毒、清洁的包装材料。

（4）食品生产经营人员应当保持个人卫生，生产销售食品时，必须将手洗干净。

（5）穿戴整洁的工作衣、帽；销售直接入口食品时，必须使用售货工具。

（6）用水必须符合国家规定的城乡生活饮用水卫生标准。

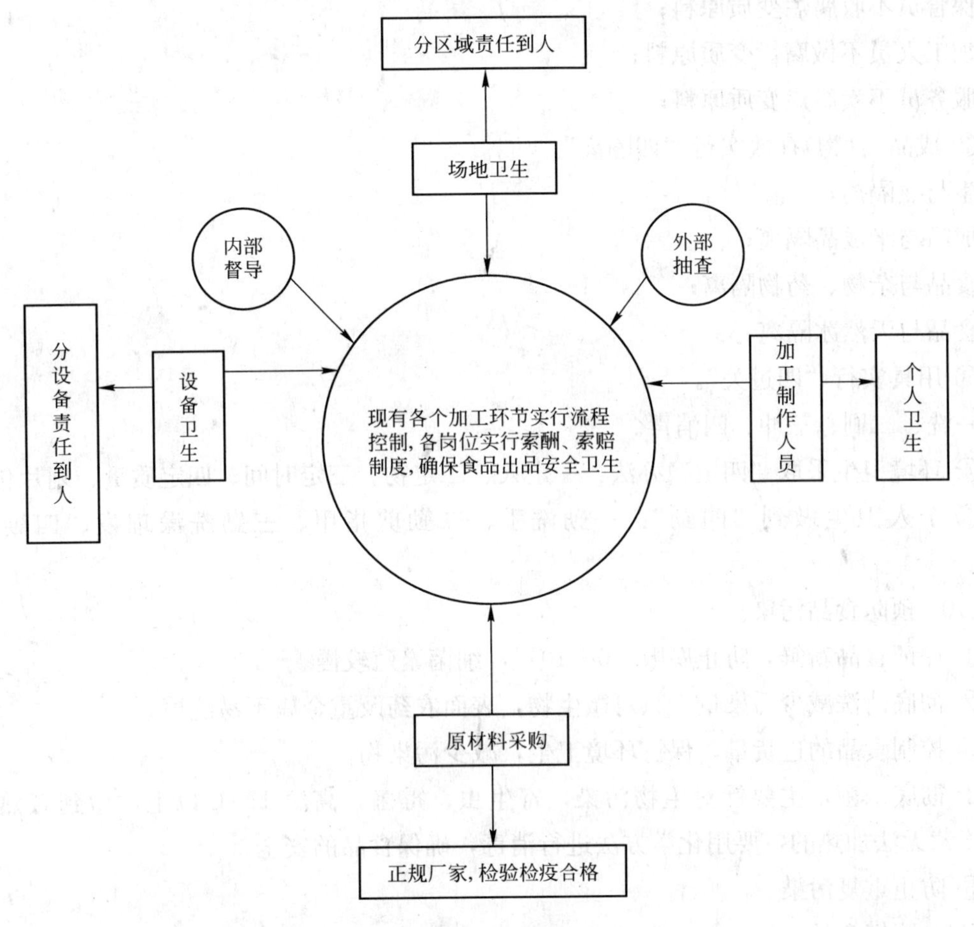

图 8-10　餐饮部卫生管理控制方案图

（7）使用的洗涤剂、消毒剂应当对人体安全无害。

（8）绝不生产经营下列食品。

① 腐败变质、油脂酸败、霉变、生虫、污秽不洁、混有异物或者其他感官性状异常，可能对人体健康有害的。

② 含有毒、有害物质或者被有毒、有害物质污染，可能对人体健康有害的。

③ 含有致病性寄生虫、微生物的，或者微生物毒素含量超过国家限定标准的。

④ 死、毒死或者死因不明的禽、畜、兽、水产动物等及其制品。

⑤ 容器包装污秽不洁、严重破损或者运输工具不洁造成污染的。

⑥ 掺假、掺杂、伪造，影响营养、卫生的。

⑦ 用非食品原料加工的，加入非食品用化学物质的或者将非食品当作食品的。

（9）食品卫生“五、四”制。

① 由原料到食品实行“四不”制度。

采购员工不买腐烂变质原料；

保管员不收腐烂变质原料；

加工人员不做腐烂变质原料；

服务员不卖腐烂变质原料；

② 成品(食物)存放实行“四隔离”。

生与熟隔离；

成品与半成品隔离；

食品与杂物、药物隔离；

食品与天然冰隔离。

③ 用具实行“四过关”。

一洗、二刷、三冲、四消毒。

④ 环境卫生采取“四定”办法：一定人、二定物、三定时间、四定质量、划片包干。

⑤ 个人卫生做到“四勤”：一勤洗手、二勤剪指甲、三勤洗澡理发、四勤换工作服。

(10) 预防食品污染。

① 保证食品新鲜，防止腐败。0～10℃，细菌繁殖较慢。

② 彻底清洗减少污染量。只对微生物，表面农药及重金属不易洗掉。

③ 控制食品的进货量，保持环境卫生，减少污染物。

④ 彻底杀菌，主要针对生物污染，寄生虫、霉菌，高温 100℃以上，做到煮熟、煮透。冷荤无法加热的，要用化学方法进行消毒，确保食品的安全。

⑤ 防止重复污染。

(11) 搞好食品卫生。

关键是五个字：净、透、分、消、密。

① 净：食品干净，进货渠道干净，固定的商家。

② 透：做饭时蒸熟煮透。

③ 分：生熟分开。

人员分工，冷荤、热菜分开。

生熟容器分开。

生熟食品分开。

④ 消：消毒。有物理和化学两种。

⑤ 密：密封存放，与客人保持距离，熟食或直接入口的食品不许退货。

(12) 消毒餐具的方法。

① 去残渣。

② 45℃碱水刷。

③ 净水冲。

④ 70℃以上热水煮 3～5 分钟。

2. 餐饮部人员卫生控制。

(1) 所有餐饮部的服务人员都要求具有三证：暂住证、健康证、就业证。

(2) 食品生产经营人员应当经常保持个人卫生，生产、销售食品时，必须将手洗净，穿戴清洁的工作衣、帽；销售直接入口食品时，必须使用售货工具。

(3) 个人卫生做到“四勤”。

(4) 勤洗手、剪指甲；勤洗澡、理发；勤洗衣服、被褥；勤换工作服。

(5) 部分岗位操作人员的要求，如冷荤间。

① 必须经过专门培训，对食品卫生法较为熟知。

② 制作冷荤时按程序进行制作。

③ 上岗前要洗手。

④ 在出售间要二次更衣。

⑤ 不得戴围裙、套袖上卫生间。

⑥ 各种工具必须每餐消毒。

3. 餐饮部环境卫生控制。

为保证食品卫生，防止食品污染和有害因素对人体的危害，保障人民身体健康，增强人民体质，食品生产经营过程必须符合下列卫生要求。保持内外环境整洁，采取消除苍蝇、老鼠、蟑螂和其他有害昆虫及孳生条件的措施，与有毒、有害物保持规定的距离。

(1) 日常的管理。

① 要经常对餐厅的地沟进行清理，达到无残渣、无异味，清洁畅通。

② 餐厅要用封闭式垃圾车。

③ 垃圾站要建在距餐厅 30 米以外。

(2) 食品生产经营企业应当有与产品品种、数量相适应的食品原料处理、加工、包装、储存等厂房或场所。

① 保持内外环境整洁、有餐厅、厨房、库房三部分。

② 餐厅、厨房、库房面积的比例应为 1∶0.8∶0.2。

③ 有足够的采光，厨房墙面要求全部采用白色陶瓷锦砖。

④ 厨房地面由硬质材料建造，具有一定坡度和地漏等排水设施，并设低位墩布池一个。

⑤ 厨房内应安置有效的排烟、通风设施。

⑥ 粗加工区分别设置畜禽食品、水产食品和蔬菜食品清洗池各一个(四池：洗手池、洗菜池、消毒池、冲洗池)。

⑦ 冷荤制作达到“五专”，即专人制作，专室操作，专用工具，专用冰箱冷藏，专用的消毒设备。冷荤制作专用间面积不小于 4 平方米，并配有紫外线消毒灯，根据紫外线消毒灯的说明书，按要求填写记录，在有效期内使用。

⑧ 餐饮具清洗消毒要设专有区域，面积不得小于3平方米。

⑨ 厨房内有足够容量的冷藏、冷冻设施。

⑩ 食品库房设置足够货架，且不得用于生活起居。

A. 餐厅、厨房、库房要设置纱窗、门帘、采取消除苍蝇、老鼠、蟑螂和其他有害昆虫的措施。

B. 设有客人使用的专用洗手池。

C. 设备布局和工艺流程合理，防止交叉污染。

D. 使用面积在30～50平方米的餐饮，只能从事以煎、炸、烙、烧、烤、蒸煮、涮等单一和简单制作方法的品种，其设施、卫生标准按第三条执行。

(3) 冷荤间的食品卫生要求。

① 有制作间和出售间(出售间不能有生东西)。

② 专使专用。

③ 通风，上下水疏通。

④ 离厨房近，便于熟食品的运输。

⑤ 每天空气消毒，制作品的消毒在半个小时以上。

(4) 冷荤间的工具设备。

冷荤间所有用品，包括垃圾桶必须专用。

(5) 冷荤食品的制作及保存条件要求。

① 选新鲜的原料，加工中要清洗干净，清洗完以后要生熟分开。

② 要加热的，一定要热熟、热透，达到生吃食品没有细菌(细菌量不超过国家标准)。

③ 每天加热，并且有记录。

④ 需要有制冷，防尘的工具。

⑤ 需要分架码放。

(6) 冷荤食品的运输。

① 切好的食品，要加盖保鲜膜。

② 冷荤间中应该有专门的消毒用具，切菜前保证原料不被污染。

③ 动物性食品，一定要彻底加热，生鸡蛋进入冷荤需要换箱。需将冰箱温度设在0～4℃。

④ 冰箱每月消毒一次，冷冻冰箱每月清霜一次。

⑤ 外购食品要换包装。

⑥ 制作沙拉，必须彻底消毒，食用前放置不要超过20小时。

(7) 库房的卫生要求。

① 进行登记：品名，供货单位，数量，进货日期，感官情况，索证齐全。

② 食品储存，要做到各类食品分库存放。

③ 包装食品要按类别、品种，上架码放，挂牌并注明食品的：进货日期，生产日期，保质期。

④ 需要有主食库，副食库，杂品库。

⑤ 经常检查食品质量。

⑥ 库房内严禁存放私人物品。

⑦ 有毒有害物品，严禁放在库内。

⑧ 库房要保持经常通风，保持库内干燥，防止食品发霉，库房不能温度过高。

⑨ 库房要加强温度监控，0～4℃之间。

⑩ 进入冷库的东西，无血水、无掺杂。

A. 冷库内物品不得放得过满，物品不能超过容积的2/3。

B. 各类食品应挂牌，先进先出，容易腐烂的先用。

C. 建立卫生制度，定期进行大清扫。

D. 摆运食品时不要走踏食品。

4. 餐厅环境控制方案(图8-11)。

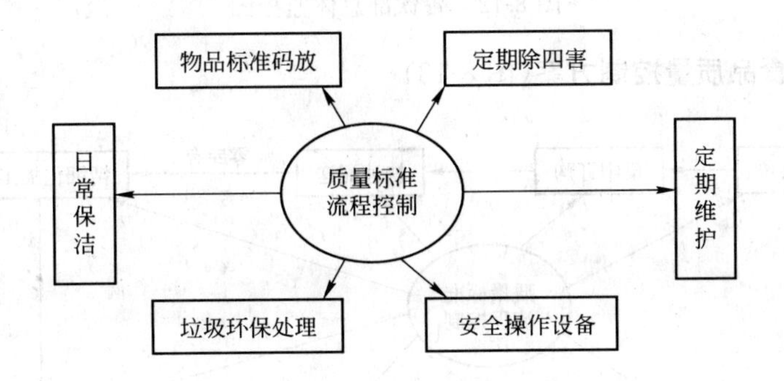

图8-11 餐厅环境控制方案

(1) 环境卫生采取“四定”办法。

定人、定物、定时间、定质量。划片分工，包干负责。

(2) 餐厅要求。

① 顶棚、灯口无尘、无污迹、无蜘蛛网、无吊尘。

② 门窗玻璃清晰明亮；墙壁、挂画无污迹、浮尘。

③ 地面无积水、油垢、纸屑、牙签、烟头等杂物。

④ 餐台干净无油迹、餐凳横梁干净无尘。

⑤ 餐具、用具无油腻、杂物、污渍。

(3) 公共环境要求。

① 工作区域内的环境和机器设备卫生，随时使用随时保洁。

② 各种物品和原料在指定位置码放整齐。

③ 建立卫生监督机制，对各班工作人员的岗位卫生建立量化管理标准。

（二）餐饮部总体监控方案图（图 8-12）

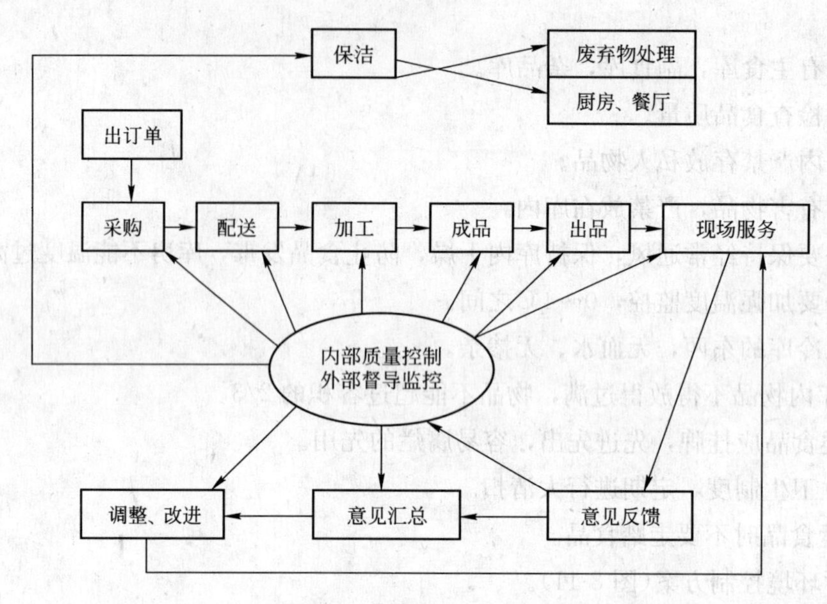

图 8-12　餐饮部总体监控图

（三）餐饮部食品质量控制方案（图 8-13）

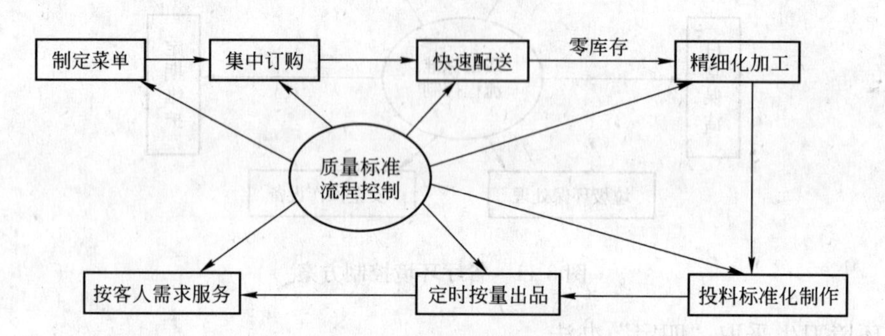

图 8-13　餐饮部食品质量控制方案

（四）餐饮部服务质量控制方案图（图 8-14）

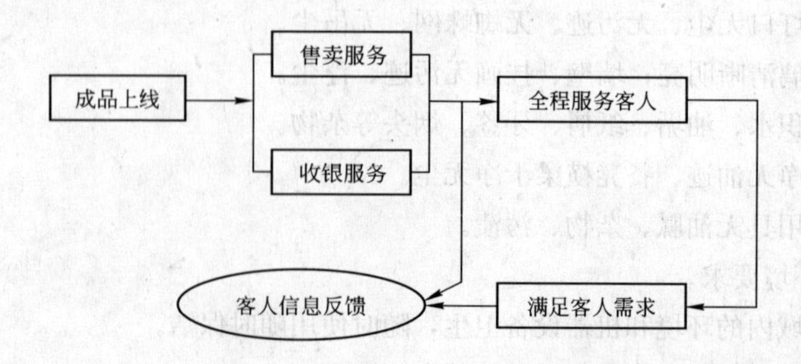

图 8-14　餐饮部服务质量控制方案图

（五）投诉及意外危机事故处理方案

投诉及意外危机事故处理方案内容主要包括：安全事故、卫生事故、投诉处理、断餐、能源故障等。

1．投诉处理流程图(图 8-15)。

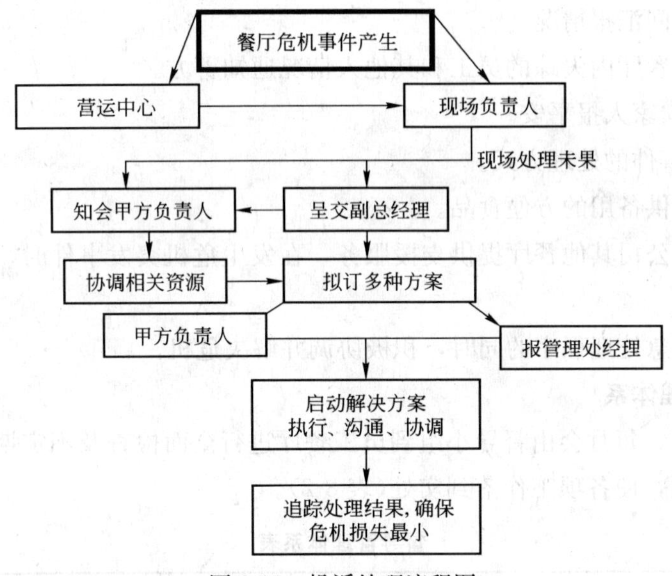

图 8-15　投诉处理流程图

2．发生疾病投诉。

无论是真实的还是有嫌疑的，我们都要认真对待客人提出的问题。

(1) 要立即处理，正确对待客人，彬彬有礼，关心客人的需求，做出正面的积极的应对。

(2) 将客人带到一个安静的地方谈，不要影响其他客人。

(3) 要求客人看医生，如需要可挑选一名管理者陪伴并协助客人。

(4) 虽然通常不会留下剩余产品，但要尽量问到前天都吃过什么食品，进行分析。

(5) 尽可能收集多的有关该事件和产品的资料及事实(为什么，时间，地点，事件，客人在公司用餐还吃了些什么)。

(6) 询问客人的姓名、电话及地址。

(7) 如怀疑该事件不是孤立的，那么应停止使用你认为有可能导致疾病的原料。

(8) 立即将该事件和预测到的有关事实报告给营运顾问和采购，并记录在工作报告和品质回馈表中。

(9) 准备接受政府对餐厅的调查。

3．意外事故投诉。

(1) 保持镇静，关闭煤气和电源总开关。

(2) 致电消防部门。

(3) 如出现人员伤亡，应呼叫救护车。

（4）判断当时情况，如需要，应疏散餐厅内人员。

（5）统计员工人数，确保没有失踪人员。

（6）将员工、客人安置到安全区域。

（7）准备好急救箱使用。

（8）向营运顾问汇报情况。

（9）将可能在餐厅内失踪的员工和其他人情况通知警方。

（10）让员工向家人报平安。

4. 危机突发事件的处理方式。

（1）为客人提供备用的方便食品。

（2）紧急调动公司其他餐厅提供支援服务，在发生危机突发事件时，使餐饮服务工作不受影响。

（3）在调用紧急处理程序的同时，积极协调并解决危机。

（六）督导管理体系

设立督导小组，每月会由督导小组到员工餐厅进行全面检查及不定期抽查，能够发现问题及时解决问题，使各项工作落到实处(表 8-2)。

督导管理体系表 **表 8-2**

项　目	内　容	检查时间
创　新	服务创新 菜品开发创新 经营创新	每　月
卫　生	区域卫生 人员卫生	每月不定期 检查两次
客人满意度	菜品质量 服务 卫生	每月不定期 检查两次
菜品督导	菜肴出品 主食出品 菜品卫生	每月不定期 检查两次
财务督导	成本控制 可控费用 应收账款	每　月
人力资源	培训 出勤 仪容仪表 团队建设	每月不定期 检查两次
设备维护	专人负责 人为因素 简单维修	每星期

二、酒店式物业项目客房部服务质量标准实用作业文案

(一) 客房设备检查标准

1. 房门。

(1) 房门装修牢固、密封性、隔声性能好。

(2) 房门装修美观舒适，有自动回门装置、开关正常并配有防盗装置。

(3) 房门闭启手感好，无杂声，关闭时无碰撞声。

(4) 门油漆良好，无痕迹、凹痕、缺损。

(5) 门要有门窥镜、磁卡锁、防盗链工作状态良好。

(6) 门号码没有污迹、干净光亮。

(7) 门把手、门框安装正确，双锁门闩灵活、有效。

(8) 有安全指南和紧急情况疏散路线示意图。

2. 窗户。

(1) 窗帘开启方便。

(2) 双层窗帘、保温、遮阳效果好。

(3) 窗帘色彩、质地、花纹与手感，美观舒适且与室内装饰协调。

3. 天花。

(1) 绿色建材，防污、保洁效果好。

(2) 光洁明亮，反光与吸声效果好。

(3) 无开裂起皮或掉皮现象，干净、如新。

4. 墙面。

(1) 墙面装饰平整、美观、无起皮、墙纸脱落及污渍。

(2) 墙面适当位置有装饰品，装饰豪华、高雅美观。

(3) 壁柜设计与装饰美观，开启方便，与房间格调相一致。

5. 地面。

地面保持整洁、美观、不陈旧、无污渍或破损痕迹。

6. 照明装置。

(1) 壁灯、台灯、落地灯、夜灯等齐全完好，可被眼睛直接看到的灯泡用磨砂玻璃灯泡。

(2) 选用豪华灯具，造型美观、高雅。

(3) 主要灯具照明度可自由调节。

(4) 照度达到规定标准，安装位置适当，照度为床头灯至少 25W，写字台灯至少 60W，门厅灯至少 40W，地灯 60W。

(5) 室内灯光柔和舒适，目的物照明清晰，具有优雅的装饰效果。

7. 冷暖空调设备、排风口。

(1) 安装位置适当、隐蔽、装饰效果好。

（2）冷暖空调开启方便、效果好，无噪声。

（3）冷暖空气的指示器能正确反映温度，温度符合质量要求，空气新鲜，无异味。

（4）有节约能源的措施和装置。

（5）通风网格干净、无尘、畅通。

8. 安全设备。

（1）烟感装置、门窥镜、防盗门链与消防设备器材（楼道）等各种安全设施齐全，安装位置适当。

（2）各种安全消防设备装修美观，使用方便，位置明显，使客人有安全感。

（3）各种安全设备由专人负责，保养良好。

9. 通信电器设备。

（1）房间配备程控电话。

（2）电话听筒无油渍、灰尘、手印，定期消毒、无异味。

（3）电话机座干净、无尘，机座底下干净、无尘。

（4）电话线不松散、不卷曲、干净。

（5）电话工作状态良好，拨号音、留言灯、指定快速拨号正常，有内部电话表和直拨电话说明。

（6）有合适的直拨电话使用指南，容易取用和引起客人注意。

（7）使用指南常新、无墨渍、无涂改、无缺页、无卷角。

（8）电话机和电话指南旁备有记录纸和笔，安放位置醒目妥善。

（9）21英寸以上彩电，国际卫星天线，收视效果好，频道与电视指南相符，无故障。

（10）客房有手提电脑上网接口和不间断电源插座。

10. 家具设备。

（1）豪华软垫床，美观舒适。

（2）床垫每三个月翻转一次，床垫有标记。

（3）床头柜设计美观，灯具、电视等功能齐全，使用方便。

（4）客房家具配备齐全，根据房间设计，摆放位置合适。设备先进，有豪华感。

（5）沙发、茶几豪华、舒适，无损坏、污渍。

（6）梳妆区域设计美观，舒适，设备齐全完好。

（7）室内装饰品不褪色，不过时，常新、干净。

（8）全身镜镜面干净，无裂缝、无污迹，镜框抛光/油漆常新，照明足够。

11. 卫生间设备。

（1）排风扇位置隐蔽、通风良好，无不正常噪声。

（2）设备豪华，功能齐全，清洁，无故障。

（3）采用低噪声便器或高级便器，安装位置合理。

(4) 卫生间有瓶花点缀。

(5) 吹风机完好、干净。

(6) 门闩完好，符合安全的规定。

(7) 冷热水可调节，水压、温度稳定，无水质发黄现象。

(8) 浴室照明足够。

(9) 衣钩在门后完好，晾衣绳容易拉出和缩回原位。

(10) 防滑设施完好有效。

(11) 电源插座清晰，标明电压，插座完好，嵌入墙面，无危险。

12. 设备装修与维护。

(1) 客房与卫生间各种设备的选择与客房规格相适应，装修高雅协调，美观舒适。

(2) 客房各种设备根据分区功能设置，位置适当，效果好。

(3) 各类设备专人负责，维修保养制度健全，内容具体明确，贯彻实行效果好。

13. 客房壁橱。

(1) 壁橱墙面无斑点、印痕、缺损和裂缝。

(2) 壁柜隔板干净、无尘。

(3) 橱门开关正常，壁柜灯开启正常。

(4) 衣架 10 个，位置摆放正确。

(5) 洗衣袋和洗衣单放在一起，洗衣袋印有酒店标志，颜色协调。

(6) 有加枕和备用毛毯的服务。

(二) 客房用品检查标准

1. 客房用品规格、质量与客房等级完全适应。

2. 生活用品。

(1) 床上布件质地优良、高雅，与客房等级相适应，舒适美观。

(2) 各种洗盥用品配备适当，供应充足，撤换及时。

(3) 茶杯、电热水壶、茶叶等饮茶用品齐全、高雅，供应补充及时。水杯干净无指纹，倒扣在杯垫上。

(4) 拖鞋、擦鞋器等其他生活用品配备齐全。

(5) 冰桶干净、无异味，配有冰夹。

(6) 废物桶干净，无锈迹、无灰尘，无缺损。

(7) 浴巾、毛巾、面巾、脚垫按规范配置，无褪色、无开裂，质感不发硬，吸水快速。

(8) 客房备有 3 个烟缸，房内备有针线包。

(9) 客房内有旅游刊物，封面无涂写、折痕、卷角、污斑、水渍。

(10) 门把上“请勿打扰”、“请即打扫”标牌和菜单清洁无涂写，无污渍、无破损。

(11) 电话簿黄页封面整洁如新，无缺页、放置醒目。

（12）根据绿色酒店要求，更换、换洗生活用品。

（13）客房和卫生间各种生活用品，符合绿色酒店要求。

（14）客房和卫生间各种生活用品摆放位置适当，整齐、美观。

3. 服务用品。

（1）服务指南设计制作美观，内容齐全，干净整齐。

（2）客用文具：信封、信纸、圆珠笔、铅笔等齐全。

4. 清洁用品。

（1）清洁车、吸尘器，各种清洁用品质量优良，使用效果好。

（2）客房、卫生间各种洗涤剂，消毒用品配备齐全、专用、符合环保规定，使用方便。

（3）除尘用品配备齐全，专用规定明确，无混用现象。

（4）客房服务员所用各种清洁卫生用品供应充足，及时领用。

（5）服务、清洁用品摆放合理、备量充足。

5. 用品管理。

（1）客房各种用品管理制度健全，楼层服务间实行专人管理，制度内容全面，规定明确贯彻执行好。

（2）每次领用、发放、手续健全，表格填写清楚。

（3）无丢失或浪费的情况。

6. 服务员工作服与工作车。

（1）客房服务员工作服与酒店制服规定保持一致。

（2）工作车大小适当，车上整齐安放洁净布件，供应品和清洁用品，工作车保持整洁。

（3）打扫客房时，工作车安放在正在清洁客房的门口。

（三）客房安全服务标准

1. 安全机构。

（1）安全小组、消防小组及人员配备齐全，纳入全店统一管理之中。

（2）兼职安全人员与全体员工对所应掌握的安全知识、消防知识和各种安全设备操作规程运用熟练。

2. 安全规章。

（1）秩序维护制度，安全生产制度内容具体明确。

（2）工程技术部、秩序维护部与客房部配合，检查制度健全，检查效果好，规章制度得到全面落实。

3. 安全设施。

（1）消防设施配备齐全，维修保养好，使用方便。消防通道和消防水带标志明显，工作状态正常。

(2) 中央监控系统，烟感报警系统、喷淋系统、消防器材完善，适应应急需要。

(3) 消防通道、扶梯、应急走廊保证绝对畅通，无物品堆放。

4. 做房服务安全防患。

(1) 每日做房间要把安全检查纳入工作范围，安全防范，责任到人。

(2) 每天检查房间电器有无故障，有无易燃易爆物品，有无未熄灭的烟蒂和其他隐患，发现问题及时处理。

(四) 客房卫生服务标准

1. 客房每天彻底整理，保持干净状态。

2. 天花、墙面与地面卫生。

(1) 天花光洁明亮，无灰尘、蛛网、维修印痕、污渍、脱皮等现象。

(2) 墙饰与装饰物安装美观、整洁、无灰尘、印迹，背后无积灰，墙面无开裂、污点、补丁的印迹。

(3) 地毯无污渍，地板无损修痕迹。

(4) 所有灯具表面光洁、明亮，灯罩整洁美观。

3. 客用物品卫生。

(1) 床单、枕套按绿色酒店规定换洗，床铺整洁卫生，无污痕、毛发，无异味，铺床规范。

(2) 客用各类毛巾按绿色酒店规定换洗，毛巾清洁、柔软，无异味。

(3) 茶杯、水杯按规定消毒，光洁、明亮、无印迹、无水迹。

(4) 其他客用物品如拖鞋、文具用品、洗衣袋等，按规定更换，始终保持卫生、整洁。

4. 家具、用具、窗、窗帘、镜子的清洁完好。

(1) 保持家具无灰尘、无印痕，无碰伤痕迹、无裂缝、无烫焦痕迹。

(2) 保持房间内各种电器表面无灰尘、无印痕，无故障。

(3) 保持玻璃和镜面光洁明亮，无灰尘、无印痕、无裂缝、无划痕。

(4) 窗户可随意打开和锁住，窗的凹槽干净无尘灰。

(5) 窗帘不陈旧褪色，悬挂良好、无折痕，挂钩牢固无脱落，无缺少。

(6) 窗帘容易拉开，拉绳拉动良好。

5. 饮用水与采光照明卫生。

(1) 客房饮用水清洁卫生。

(2) 客房自然采光照度不低于 75lx。

6. 噪声与活动空间。

(1) 客房噪声不超过 40dB，走廊不超过 45dB。

(2) 客房附近无噪声源，客房隔声效果好。

7. 温度与环境。

（1）室内温度保持22℃。

（2）客房湿度40%～60%。

（3）客房无异味，无小虫和苍蝇。

（五）客房卫生间服务标准

1. 客房卫生间整洁、干净。

2. 天花、墙面卫生。

（1）天花光洁明亮，无印痕、水迹、灰尘。

（2）墙面整洁、干净、无水迹、污渍、无裂缝。

（3）设备完好，无噪声、换气充足、空气新鲜。

3. 地面卫生。

（1）地面装修良好，有防滑措施或经过防滑处理。大理石干净、明亮。

（2）地面卫生干净、无积水。

（3）地漏周围干净，无堵塞。

4. 便器、浴盆卫生。

（1）便器内外壁每天擦拭、光洁、明亮、无污渍、无水渍。

（2）便器每天消毒、清洁、无异味。便器盖子无划痕，便器干净卫生，冲水良好。

（3）卫生纸袋摆放规范。

（4）浴缸及周围墙面、喷头每天擦拭、消毒、光洁、明亮、无印痕、无水迹、无毛发。

（5）金属五金件无污点、锈斑，表面抛光、光亮。

（6）浴缸内使用完好、喷淋设备完好。

5. 盥洗台卫生。

（1）盥洗台面光洁，无印迹、无污渍。

（2）水龙头与镜面无水迹、无印痕，镜面无水银脱落，光洁明亮，无裂缝。

（3）一次性消耗品按规定撤换，摆放整齐。

6. 走廊和门厅。

（1）门厅灯光明亮，符合安全要求。

（2）天花、空调口清洁，保持常新状态。

（六）客房入住服务标准

1. 服务员自查，主管、领班全面检查，部门经理巡视抽查，重要的VIP客人客房部经理要亲自检查，责任明确。

2. 各级检查人员查房程序完善，工作轨迹清晰。

3. 贵宾和VIP客人所租房间经过特别检查，确认完全达到接待规格要求后才能出租。

4. VIP客人入住前，能够了解客人的生活特点、风俗习惯及特殊要求，以提供有针对性的服务。

（七）客房晚间整理服务标准

1. 开夜床服务。

（1）进房操作规范，开地灯、摆拖鞋，清洁房间、倒垃圾、开夜床、清洁卫生间、换布件、关闭窗帘。

（2）做夜床准确，无遗漏事项，夜床整洁舒适。

（3）VIP客人开夜床，加放水果、小食品、浴袍、报纸等符合接待规格。

2. 房间整理。

（1）房间家具擦拭整理规范。

（2）房间用品补充及时，摆放整齐，无遗漏。

（3）酒水检查补充及时，手续完善，无差错。

（4）房间整理美观、舒适。

（5）不翻动客人任何物品。

3. 客房卫生间整理。

（1）卫生间擦拭整理规范，无漏项。

（2）卫生间用品更换补充及时，摆放整齐。

（3）卫生间整理效果好，整齐、清洁，无异味、无水滴。

4. 填写工作单。

（1）整理后的房间认真检查，符合要求。

（2）填写工作单内容准确。

（八）客房部公共卫生质量标准

1. 设备用具与使用管理。

（1）应配备合页梯子、吸尘器、地毯清洗机（配不同用途刷头）、地毯烘干机、拖把、刮水器、各类清洁剂和光亮剂、防滑告示牌等清洁设备和用品。

（2）各种设备功能齐全、清洁效果良好、完好无故障，能保证清洁卫生质量符合标准。

（3）清洁设备实行“谁使用，谁负责”的责任制，做好日常的维护保养和清洁工作，做到正确使用和爱惜使用。

（4）各类清洁用品使用正确，无浪费现象发生。

2. 大堂清洁卫生。

严格执行工作流程，坚持以夜间为基础，白天进行维护和保养的大堂清洁工作原则，达到大堂服务工作质量标准和大堂卫生要求。

3. 其他公共区域的清洁卫生。

（1）除酒店大堂外，其他公共区域的走廊、通道、楼梯的天花、灯具做到光洁明亮，无蛛网、灰尘和垃圾，墙面和门窗做到光亮清洁，触摸无灰、无污渍，地面和楼梯扶手栏杆做到清洁干净，无死角。

(2) 工作梯和消防梯干净整洁，员工公厕、更衣室整洁卫生，无烟蒂、杂物，无异味。

4. 客用卫生间的清洁和服务。

有专人清洁和服务，并按工作流程进行操作，做到服务规范，卫生间内各种设备设施干净、光洁、明亮，无水渍，空气清新，无异味，用品齐全，摆放整齐。

5. 地毯、沙发清洁。

清洁地毯、沙发，应有计划地进行，并按工作流程进行操作，做到清洗后的地毯、沙发洁净、平整、干燥、松软，让使用部门满意。

第七节　医院物业项目管理服务实用作业文案

一、医院物业项目整体管理及服务实用作业文案

(一) 抓服务质量关键控制点，促进秩序维护部高效运作

根据医院物业项目整体情况，一般可将整个管理服务区划分为大门岗、门诊楼、住院楼、综合楼、住宅楼、停车场等六大控制点。每一个控制点都有明确的工作职责和服务质量标准。如门诊大楼的秩序维护员不仅要做好治安值勤工作，还要与大门岗秩序维护员一起接应救护车、帮助病人，完成维持就诊秩序、导诊、咨询、空调与灯光控制等工作。停车场秩序维护员要完成车辆监控、引导车位和收费等多项任务，并与大门岗秩序维护员共同完成车辆疏导工作。对每项服务都定出相应的质量标准，如空调与灯光控制，需要何时开几盏灯都有明确规定，并进行监督检查落实到位。具体实施可以采取群防群治的秩序维护治理措施。医院物业属于开放式场所，人员流动量大，相对于一般物业项目而言，秩序维护治理难度大，一方面物业服务企业狠抓内部管理，实行岗位责任制；另一方面，应发挥广大医务人员和病人的作用，认真培训和提高医务人员的自我防范意识，发现可疑人员立即通知秩序维护员，使秩序维护治理防患于未然，共同努力搞好秩序维护治理工作。

(二) 彻底转变服务观念，提供主动式维修服务

现代物业服务要求用新的管理思想、管理手段服务好物业，为业主和使用人提供优质、高效、便捷的服务。工程技术部在项目部领导下，严格按照 ISO 9001 质量保证体系标准规范运作，着装、文明语言、维修质量、工作记录都做到一丝不苟。维修人员已改“接听电话再行动”的被动服务习惯，变成不定期主动上门服务，及时与科诊室、用户和病人沟通，搜集机电维修信息，发现问题及时处理，从而在全院产生一种全新的维修服务面貌。供水、供电、电梯、空调、消防及洗衣机等设备是医院物业的重点设备，不能出半点差错。为保证设备正常运作，将重点设备保养工作责任到人，并制定各项设备保养计划、标准和监督检查制度，制定了停水、停电应急处理程序，保证了医院物业服务工作的顺利进行。

（三）实施劳动定额管理，提高清洁服务质量，降低管理成本

量化管理是实施质量体系标准的基础，劳动定额管理是量化管理的重要内容。物业服务企业应主动实施劳动定额管理，确保每一位员工都能按照服务标准，在规定时间内满负荷工作。对每一张台、每一张床、每个病房都设定明确的清洁时间标准，根据各清洁区总劳动量确定清洁员名额，合理调配人员。分工合理、职责明确、劳动积极性和工作效率提高、人员减少使管理成本降低，这都是实施劳动定额管理带来的直观效果。

（四）注重人员培训，提高服务质量

医院物业服务对人员素质有较高的要求。为了提高整体服务质量，企业应重视对员工的培训。不仅仅是管理人员，对清洁员、维修员、秩序维护员也应有整套的计划，从一言一行、点点滴滴对其进行培训，甚至聘请宾馆酒店礼仪专家进行星级服务培训。特别强调对员工进行职业道德培训，应及时到位。比如，当秩序维护员在陪护控制、收费、车辆疏导等过程中被无理刁难、谩骂甚至受到威胁时，能体现出克制忍让、有理有节的服务道德风尚。

（五）实行严格的考核制度，建立有效的激励机制

对每位员工的工作表现及其绩效给予公正而及时的评核，有助于提高工作积极性、挖掘潜力，从而不断提高管理成效。除了依据 ISO 9001 标准建立的质量体系实施日检、周检、月检考评制度外，还针对各部门实际运作状况制定了详细的奖罚细则及岗位工作质量标准，并已得到认真落实。同时，采用量化考核，用数字说明，用分数表达，以体现考核的准确性。考核结果作为月底发放工资、评选月份优秀员工的依据，也是员工升降级的主要依据。月底公布当月考核结果，把优秀员工名字公布在项目部月份优秀员工光荣榜上。

（六）掌握医院物业发展方向，创新服务理念

医院物业在发展，必然对服务提出更高的要求。因此，必须挖掘潜力提高服务质量，设法超出院方的要求，做到服务有效及时。一些医院物业在推行星级服务，院方制定多种措施规范医务人员行为，努力提高医疗服务水平。物业服务企业为顺应形势，也应开始倡导星级服务，制订和实施《星级服务规范细则》。同时，将在秩序维护、维修、饮食等服务项目方面逐步实施星级服务。

二、医院物业项目分项管理及服务实用作业文案

（一）环境卫生工作方面

1. 严格遵守医疗医护消毒隔离制度。

医院物业是各种病原体大量存在的地方，若有疏忽则极易造成交叉感染。传染病区尤其如此，不能将传染病原带出传染病区。医院物业地面经常受到病人排泄物、呕吐物、分泌物的污染，由于人员的流动量大，要及时清除地面污染，以免造成病原菌的扩散。严格区分无污染区和污染区的地拖、桶、扫帚、手套等清洁工具，不能混淆使用，特别要注意的是不仅每个病房的清洁用具不能交叉使用，病床与病床之间的擦布更不能交叉使用。防

止病菌交叉污染。凡医院物业工作人员工作时必须穿戴好工作衣、帽。进入传染病区和肝炎、肠道门诊应穿隔离衣、裤、鞋、口罩。工作服(隔离衣)应定期或及时更换，进行统一清洁消毒。工作人员不得穿工作服进入食堂、宿舍、哺乳室、图书馆和到医院物业以外的地方。手术室、产房、婴儿室等部门的工作人员，应配备专职的清洁员，不准穿该室的衣服到其他病房、科室。因各个科室的消毒隔离要求不同，可采用日光暴晒、紫外线灯照射、臭氧消毒及用各种消毒溶液擦拭、浸泡等方法进行消毒。各个科室还要制定详细的清洁卫生制度及作业指导书，并严格执行。

2. 保持安静的就医环境。

医院物业是人们看病养病的地方，需要保持肃静。环卫人员工作时动作要轻快，不能高声说笑，工作性交谈也必须小声进行，不可干扰医护人员工作和病人的休息。

3. 保洁要勤快。

医院物业人流量大，地面、卫生间等公用地方容易脏，保洁人员要经常巡察，并发动其他工作人员，发现垃圾要随脏随扫，随时保持清洁。

4. 服务态度好。

因服务对象大多是前来就诊的患者，其有病在身，大多心情不太好或行动不太方便，物业服务企业的工作人员必须做到耐心、细心，虚心听取各方面的意见并加以改进，才有利于工作的全面开展。建立首问负责制，遇到病人的提问，要耐心解答，自己不清楚的要协助病人找到相关部门解决，切忌一问三不知。

5. 提高警惕维护秩序安全。

医院物业是公共场所，难免会有医托、小偷等混杂其中，工作人员要时时提高警惕，发现有可疑情况及时报告相关部门并协助处理解决。

(二) 消杀工作

消杀工作主要是除四害。由于老鼠和蚊子是多种病菌的主要传播途径，所以医院物业的消杀工作和保洁工作具有相等的重要性。消杀人员须熟悉院区环境，掌握四害常出没的地点，熟练使用各种消杀药物，熟知作业过程的规范，保证院内没有虫鼠传播病菌、没有白蚁侵蚀医院物业设施。

(三) 医院物业的饮食管理

1. 医院物业饮食管理的特点。

医院物业的饮食管理功能要满足患者的医疗康复、职工的生活服务和院内的综合服务这三个方面的要求。具有不同于传统餐饮经营的特点，从某种角度来说，甚至有着本质上的区别。医院物业餐饮的服务对象是特定的群体，出品的食物除追求色、香、味之外，更注重营养搭配、医疗辅助作用；并实行安全制作、销售过程的卫生监管。医院物业餐饮管理追求的不仅仅是食物的外在、内在质量，还包括医院物业的社会服务的附加值，其作用还包括医院物业的社会公众形象，以及医院物业对服务对象的感召。所以说，餐饮管理在医院物业服务中扮演着越来越重要的角色、不容忽视。

2. 营养配餐工作管理。

(1) 配餐员在营养食堂管理员的领导和病房护士长的指导下，负责点、送病员饮食，做好病员饮食的供应工作。

(2) 配餐员要熟悉治疗饮食的种类，掌握饮食搭配的基本原则，根据医嘱与病员饮食计划，按时、准确、热情地将热饭热菜送到病员床边，送餐过程中需保持卫生。

(3) 负责提前一天统计第二天饮食、及时收回餐具，避免损失、便利周转。洗餐具时小心操作，搞好消毒，节约用水。

(4) 虚心听取病员意见，并向领导反映、及时改进。

(5) 了解患者的饮食习惯，将注意事项记录在案，完善下次饮食的服务质量。

(6) 每天清洗配餐间、餐车、残渣桶。

(7) 注意个人清洁卫生，工作时穿戴工作衣帽、口罩。

(四) 医院物业设备设施的维修养护

1. 医院物业设备设施的维修养护必须适应医疗服务专业性、时效性、稳定精确性强的特点，根据医疗要求和设备运行规律加强维修计划，提高维修效率。

2. 医院物业设备设施分布广，数量大，维修部必需加强管理，做出合理安排，提高维修及时率。

3. 医院物业的设备设施技术标准高。为实现医疗的优质服务，满足临床医疗的要求，后勤设备设施的完好率和安全系数都要达到较高水平，因此对管理水平的要求较高，特别是安全管理方面，要求不得出现任何有损业主患者的安全事故。

4. 工程维修技术人员的素质要求要高。在业务技术方面要求设备技术人员必须具有一定的技术理论水平，又富有维修工作的实际经验，特别需要具备一专多能的素质，并具有独立工作能力和灵活处理技术问题的应变能力。

5. 工程技术部要有切合实际的工作方法和有效的再教育培训措施，并制定出现紧急情况时的应对措施。

(五) 医辅服务中心的管理

1. 护工的管理。

护工是在护士长领导下和护士指导下进行工作的。护工管理是由医辅服务中心及所在科室实行双重管理，护工必须掌握必要的专业医疗医护知识，必须遵守医院物业的各项规章制度及操作规程。

(1) 护工的日常培训。医辅服务中心负责护工的培训，要教育员工树立一切以病人为中心，为病人服务，为临床一线服务的思想。要根据临床工作的特点和需要进行有计划、有针对性的培训，重点是临床的指导，尤其是非专业性护工要加强专业知识及相关规章制度的培训，以适应医疗、护理工作的需要。

(2) 护工的工作内容。

① 负责为病人打开水，协助生活行动不便及卧床的病人进行各种必要的活动。

② 保持病房整洁，物品摆放整齐划一，定点定位，床头桌、氧气台面做到一桌一巾一用一消毒；保持床铺平整，床下无杂物、无便器。

③ 及时收集送检病人的化验标本并取回报告单，急检标本立即送检；递送各种治疗单划价、记账，特殊检查预约和出院病历结算等。

④ 护送病人做各项辅助检查和治疗，特殊危重病人必须有医护人员陪同。

⑤ 按要求配制和及时更换浸泡物品的消毒液并加盖，整理备用物品。

⑥ 点收医护人员工作服、患者的脏被褥和病人服，污被服不能随地乱扔乱放。

⑦ 认真与洗衣房清点收送给科室的洗涤物品。

2. 专业陪护。

(1) 专业陪护的工作内容。专业陪护人员为病人提供专业化、亲情般服务，并作为整体化护理的一个重要补充，是一种新型的护理模式。专业陪护人员要认真遵守医院物业的各项规章制度，熟练掌握各种护理技术操作规程及疾病护理常规知识，遵守职业道德，以病人为中心，以满足病人需求为目的，用良好的专业技术，主动热情、耐心细致地为病人提供全方位、亲情般、专业化的服务。要认真做好病人的生活护理、心理护理、健康宣教、饮食指导、病情观察等，治疗处置时要协助护士再次做好查对、并观察病人用药过程中的反映，发现异常情况及时报告。做好病人的基础护理，落实各项护理措施，预防合并症的发生。

(2) 专业陪护人员的聘任。专业陪护员必须是卫校或医疗专业毕业的专业人员，专业陪护人员的录用需经严格考试，考核合格后方可录用。专业陪护员按护士素质要求进行培训，要求做到着装、言行举止符合护士的要求。

3. 导医、导诊。

导医、导诊员的职责是正确引导病人就诊，为病人的就诊提供方便、快捷、优质的服务。导医、导诊员要清楚院容、院貌、科室设备、医院物业设施、专业技术水平、特色专科，并耐心向病人解释，热情主动接待病人、做到有礼貌，有问必答、百问不厌，引导患者挂号、候诊、检查，指导最佳就诊系统，合理安排检查项目指导就诊。

(六) 医院物业的安全防范工作重点

医院物业是治病救人救死扶伤的专业医疗机构，医院物业的秩序维护服务显得尤其重要，必须有一个安全有序的环境作为保障，给医务人员提供一个安全的工作环境，使前来就诊的病人感到安全舒适。

1. 消防工作。

消防无小事，项目部员工从上到下都要对此重视，平时经常巡视，每月进行一次安全大检查，彻底消除安全隐患。一经发现有问题，及时组织有关人员处理解决。要配备专职的消防工作人员，成立义务消防队伍，不间断地进行业务知识培训，并不定期举行消防演习。

2. 治安刑事案件。

医院物业急诊科常常会收到因斗殴打架受伤的病人，有些仇家还会跟踪到医院物业寻仇，这种时候秩序维护人员一方面要报警，一方面要做好安全防范工作，并耐心劝阻事态的发展、缓解双方矛盾，直到公安机关前来处理。

3. 应急处理。

医院物业是公众场所，人流量大，一些盗窃分子常混在其中，伺机作案。秩序维护员应根据实际情况，灵活掌握处理方法。

(1) 秩序维护员若发现盗窃分子正在作案，应立即当场抓获，报告公安机关，连同证物送公安机关处理。

(2) 对可能怀疑的作案人员，可采取暗中监视或设法约束，并报告和移交公安机关处理。

(3) 慎防医托。现在的医疗机构水平参差不齐，导致产生大量的医托，渗入到市内各大医院或劝说病人到其指定的病院看病或向病人派送传单，严重影响了医院物业的医疗秩序。秩序维护员必须提高警惕，不断积累经验，一旦发现有可疑人员流窜，立即协助医院物业保卫科查处。

(4) 停车场的管理。医院物业人流量大，车流量也大，一定要规范停车场管理，确保停车场车辆有序停放，行驶畅通。

(5) 坚持查岗制度，加强岗位监督。查岗是一个非常重要的工作环节，为确实把安全防范工作落到实处，必须加强岗位的监管力度。每天要坚持查岗，认真检查每个岗位的值班情况是否到位，对存在的问题要及时纠正、及时整改，并把当日查岗的有关情况记录下来，如有重大问题要及时向领导报告，对值班工作完成较好的同志要给予表扬，对工作不负责任的同志应当提出批评教育，促使每个岗位不间断的循环动作，把一切不安定的因素尽量控制在萌芽状态。

(七) 洗衣房的管理

1. 洗衣房的职责。

洗衣房担负着医院物业医护工作人员工作服和住院病人被服的洗涤和消毒工作，要确保送洗被服的清洁和健康，防止院内交叉感染。

2. 洗衣房的工作原则。

(1) 按规定下科室回收脏被服要做到分类放袋，分类处理；传染性及带血、便、脓污染衣物要密封回收；一般病人衣被及医护人员工作服分开回收。

(2) 为防止交叉感染，各类衣物执行分类洗涤原则。

(3) 回收的脏被服要及时消毒浸泡，消毒液浓度依具体情况而定。

(4) 清洁被服按时下发到科室，双方做好清点登记，每天做好日工作量统计。

第八节　休闲娱乐类物业项目管理服务实用作业文案

一、休闲娱乐类物业项目经营运作管理实用作业文案

(一) 休闲娱乐类物业项目经营管理策划方案实例

目前，城市居民已将休闲健身作为日常生活的一个重要组成部分，是否有良好康

体设施已成为衡量一个房地产项目品质的重要标准。因此，房地产开发商为保证良好的销售业绩，在其开发的项目中均建设了相对完善的康体休闲设施和娱乐场所。而作为一个已建成项目的物业管理和服务者的物业服务企业，对于所辖的康体设施和娱乐场所的经营管理，以及所提供的服务及其品质将直接对物业项目的整体经营产生影响。

1. 市场背景分析。

通过调查有90%的休闲娱乐类物业项目处于亏损状态，其原因除服务项目缺少特色、经营管理不善、外在竞争激烈等诸多因素外，还有一个重要原因是过分依赖于在现有条件下的投入和产出，但由于客观条件的局限，所投入的并没有满足客户的需求，致使基础客户外流，造成收支失衡，严重的甚至影响物业公司的正常运营。

本文所涉之健康休闲娱乐类物业项目，在设计上已充分考虑到特色问题，使其在运营之初建立了一个相对良好的基础，只要将内部条件和外部条件有效结合并合理利用，同时加以优质的服务和严格的管理，该健康休闲娱乐类物业项目不仅能够保持收支平衡，而且能够为公司创造利润。

2. 项目情况概述。

(1) 休闲娱乐类物业项目简介。

休闲娱乐类物业项目属本物业附属配套设施，位于本宗物业________。建筑面积____平方米，地上建筑为三层。建成后将为物业客户提供教育、医疗、健身、休闲等全方位的服务，属综合性休闲娱乐类物业项目。

(2) 服务项目设定。

根据本物业项目的具体市场情况、考虑到行业的特点，为降低经营风险，本休闲娱乐类物业项目的康体部分自营，并设立以下经营项目。

① 康体项目：游泳池。

② 休闲项目：按摩室、商品部。

③ 娱乐项目：儿童戏水池。

(3) 服务项目说明。

对健身项目感兴趣的客户比较多，游泳池是今后休闲娱乐类物业项目经营的一个卖点，游泳池的配置及装修要尽可能的专业。

3. 休闲娱乐类物业项目服务项目分布。

(1) 首层：物业客户服务中心。

(2) 地下一层：游泳馆、按摩室。

(3) 地下二层：办公区域。

4. 休闲娱乐类物业项目内部装修。

休闲娱乐类物业项目各项经营活动场所应根据其各自功能要求，按照相应的施工配套规范，配备各种相应的设备设施。根据本物业项目的实际情况提出以下内部装修方案。

（1）地面：除功能、美观需要外，尽可能采用防滑地砖并拼出图案为好。

（2）墙面：除功能、美观需要外，尽可能采用立邦漆。

（3）室内活动场所：活动场所要配备相应数量的应急灯。

（4）其他参见表 8-3、表 8-4、表 8-5。

首层内部装修情况说明 **表 8-3**

设施名称	说　明
客户服务中心	1. 主要由接待厅、业户接待室、资料室、办公室等四部分组成； 2. 接待厅设有接待前台，设有 4 个电源插座及 4 部电话的插口(分机)； 3. 办公室设有 4 个电源插座及 2 部直拨电话插口，4 个分机插口，2 个宽带插口； 4. 资料室设有 2 个电源插座，1 个电话插口； 5. 业户接待室设有 2 个电源，1 个直拨电话及 1 个分机电话插口，1 个宽带插口。内部装修色彩要柔和； 6. 接待大厅设有监控探头(方向对着服务台)及应急灯； 7. 地面为地砖，色彩要柔和； 8. 所有墙壁涂暗白色立邦漆

地下一层内部装修情况说明 **表 8-4**

设施名称		说　明
游泳馆	泳池	1. 池底：蓝色瓷砖池底； 2. 池壁：安有池壁灯，上沿要有水线挂钩； 3. 池边：要有泳池深度标识； 4. 墙壁：留有足够的插座，墙面材料使用防潮材料； 5. 屋顶：尽量采取防腐、防锈材料； 6. 泳池的排风系统要采取降噪处理，出风口的方向尽量偏离住户； 7. 游泳馆与设备间的通道要设计在户内并尽量方便； 8. 安装 2 部通往服务台的壁挂式电话； 9. 泳池服务台要有 2 个电话线插口(分机)及 2 个电源插口； 10. 服务台背面墙面装饰成展示柜，以便摆放出售商品
	更衣室	1. 如有可能男女更衣室各安装一个桑拿箱； 2. 室内配置 6 门更衣柜，男女更衣室各配 4 套应急灯
大堂		1. 设有自动门系统或与休闲娱乐类物业项目整体装修格调相符合的大门； 2. 设有监控系统； 3. 设有客户休息区； 4. 设有休闲娱乐类物业项目总服务台，并配备电源插座及 2 个电话插口； 5. 地面铺设地砖，颜色与式样与整体装修风格相符，并考虑日后的养护成本； 6. 设有应急灯

地下二层内部装修情况说明　　表 8-5

设施名称	说　明
管理部办公室	1. 具体位置设置在地下二层东侧，主要由开放式办公室、指挥中心(可放置在消防中控室)、会议室、经理室、小库房等组成； 2. 各厅室应配备足够的电源插口、电话插口、宽带插口； 3. 指挥中心应设有 1 个有线电视插口； 4. 墙壁为暗白色立邦漆； 5. 地面为浅色地砖； 6. 办公区大门为双开玻璃门

说明：1. 考虑到屋顶较矮，整个地下二层的屋顶采取简单白色喷涂；
2. 所有服务区的隔断墙尽量采取玻璃幕墙，以增加房间的亮度；
3. 每个服务项目均安装独立水电表并设置在隐蔽部位；
4. 中央空调及公共部位电灯开关均安装在隐蔽部位；
5. 招租区域的装修标准为水泥地面及白色喷涂墙面；
6. 公共楼道地面为彩色防滑地砖，墙面喷涂立邦漆

5. 休闲娱乐类物业项目经营方式。

(1) 休闲娱乐类物业项目服务对象。

休闲娱乐类物业项目作为物业项目的附属设施，其主要服务对象以物业项目的业主/租户为主，周边客户服务为辅。

(2) 休闲娱乐类物业项目运作方式。

休闲娱乐类物业项目的经营原将采取售卡与散客同时运作等方式，并在具体运作时充分体现本物业项目业主/租户的优势，在价格方面要做到内外有别。一般物业项目业主/租户在休闲娱乐类物业项目消费时，原则上享有门市价格的________折优惠(会员制经营方式除外)。根据本物业项目及周边情况，本休闲娱乐类物业项目今后的经营将采取以下方式。

① 项目经营价格定位。

根据实际情况本休闲娱乐类物业项目的价格定位(自营项目)不宜过高，要做到既考虑物业项目业主/租户的利益，也要考虑周边的消费群体，同时还要考虑到公司经济效益，具体价格(略)。

② 休闲娱乐类物业项目优惠卡。

为了明确物业项目业主/租户与周边客户的区别，凡属本物业项目业主/租户，每户均免费享有两张优惠卡。

③ 有效期限。

为了方便广大客户也为了经营的需要，休闲娱乐类物业项目内的部分服务项目可采取办理月卡及季卡的方式经营。根据休闲娱乐类物业项目的特点，目前可以办卡的服务项目为游泳及按摩服务，具体价格(略)。

（二）年度经营计划监管流程（图 8-16）

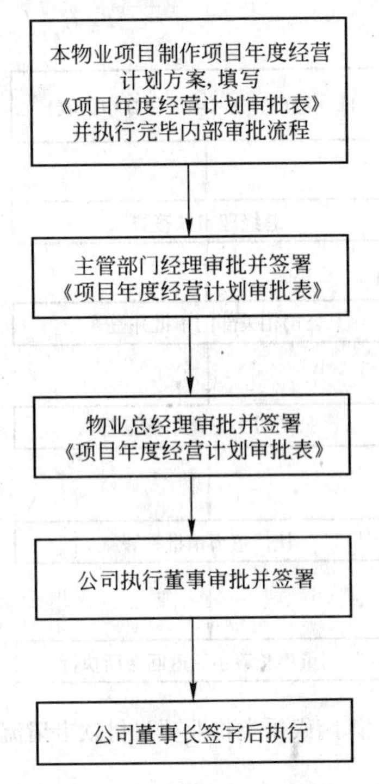

图 8-16　年度经营计划监管流程

（三）休闲娱乐类物业项目合同（协议）审批流程图（图 8-17）

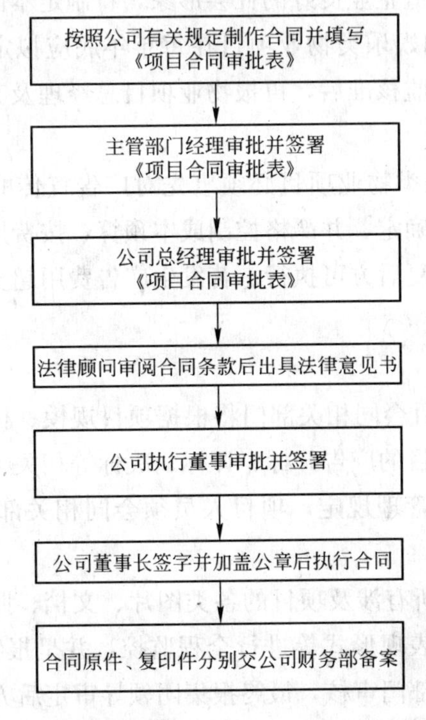

图 8-17　休闲娱乐类物业项目合同（协议）审批流程图

(四)休闲娱乐类物业项目付款申请流程图(图 8-18)

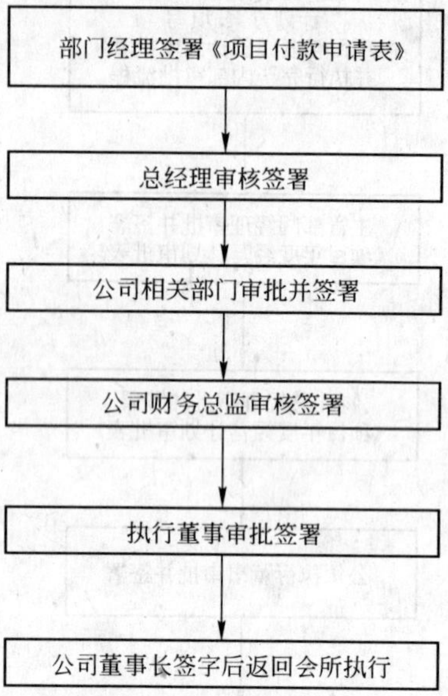

部门经理签署《项目付款申请表》
↓
总经理审核签署
↓
公司相关部门审批并签署
↓
公司财务总监审核签署
↓
执行董事审批签署
↓
公司董事长签字后返回会所执行

图 8-18　休闲娱乐类物业项目付款申请流程图

(五)宣传推广业务管理规定

1. 为了进一步加强所管辖休闲娱乐类物业项目的宣传推广的监控管理，提高企业及项目的知名度和美誉度，塑造企业良好的社会形象，特制定本制度。

2. 广告媒体计划。休闲娱乐类物业项目在每年年底应拟定下一年的广告宣传发布媒体计划，经物业项目主管总监核准后，再报物业项目总经理及其他相关部门审核，最终报集团领导审定后方可执行。

3. 广告预算。休闲娱乐类物业项目必须事先对广告宣传的各项可能的费用开支以及媒体对象、宣传频率等进行确定，并严格控制成本预算，按费用预算监管制度的规定进行相关预算审批，集团领导批复后方可执行。若发生广告费用超支，也应参照费用预算监管管理制度执行。

4. 广告招标。

(1) 休闲娱乐类物业项目会同相关部门将根据项目规模、标的大小、物业类型等不同情况有选择性地参与各地项目的广告开标、评标、决标等相关工作并提供审核意见。

(2) 参照集团有关招标管理规定，项目人员须会同相关部门共同对投标单位进行审核、筛选。

(3) 凡广告公司提交的所有涉及项目的各类图片、文档、照片、电子文档等，各项目部应对其风格、内容、艺术表现形式等进行全程监控，并呈报物业项目主管总监核准后，再报项目总经理及其他相关部门审核，最终报集团领导审定后方可执行。

5. 广告资料备案。所有广告公司提交的宣传物品除项目部存档外，需同时将全套广告资料电子光盘交物业项目进行备档。

6. 附则。

(1) 休闲娱乐类物业项目应严格执行本制度。

(2) 本制度若有调整的需要，应向物业项目主管总监书面提出调整建议，汇总整理后上报项目总经理审核，最终报集团领导核准后方可执行制度调整。

二、休闲娱乐类物业项目管理及服务实用作业文案

(一) 休闲娱乐类物业项目服务守则

1. 与客户预约的服务要准时赴约，保证不迟到。

2. 提前为客户作好训练计划，同时保持自身的组织性、纪律性。

3. 与客户和休闲娱乐类物业项目的员工接触时，要使用温和的口气，同时保持微笑，要尽量表现出自己的诚意。

4. 训练前要步骤分明地向客户作详细的讲解，以便使客户心中有数。

5. 在训练场地内外都可以随时向会员介绍你自己并主动提供服务。

6. 了解健身方面的最新动态和信息。

7. 了解休闲娱乐类物业项目各方面的情况，了解会员所享有的各种权益，并把这些权益恰如其分地告诉会员。

8. 努力成为会员们的榜样，使会员保持较高的热情。

9. 向会员介绍一位健身成功者的例子。

10. 对所有的客户都要始终表现出自己的职业感，对长期的客户也不要例外。

(二) 游泳池服务质量标准

1. 设备设施。

(1) 泳池设有溢水槽、自动循环过滤系统、自动消毒系统。

(2) 泳池入口设有洗脚池。

(3) 男女更衣室、卫生间和游泳池配套使用。

(4) 更衣室设有淋浴间，各间互相隔离，设有冷热水选择，更衣柜配备衣架、浴巾等物品。

(5) 地面设有防滑垫，若有故障及时排除或报修。

2. 环境卫生。

(1) 通风良好，空气清新，池边配备桌椅、餐台，摆放整齐。

(2) 挂钟位置合适方便客户观看，更衣室墙面有禁烟标志和小心地滑标志，文字清晰。

(3) 泳池的环境美观、舒适和整洁。

3. 安全服务。

(1) 泳池的入口设有“游泳须知”告示牌，条文内容明确，详细告知游泳客户需遵守

的规定，服务员在服务过程中，发现客户违反规定或不知规定的，应向客户警示或婉言谢绝客户下水。

(2) 服务员应受过救生训练，发现情况及时救护，对小孩应特别留意，池边配有救生圈。

(3) 更衣柜配锁，钥匙绑有橡皮筋，方便客户携带。

(4) 营业时间不发生客户遗失物品和客户溺水事故。

4. 卫生标准。

(1)游泳池水质清澈透明，无杂物、池水循环过滤正常，水质消毒和卫生符合国家标准：含氯在 0.3～0.5mg/L 左右，含氧 0.6mg/L 左右，pH 值在 6.5～8.5 之间，细菌总数不超过 1000 个/L，室内游泳池水温控制在 28℃左右。

(2) 桌椅无灰尘和污迹，地面无积水，排水槽无异物，通畅无堵塞。

(3) 天花、灯具、通风口洁净无灰尘，玻璃镜面无水印痕迹，墙面清洁无浮尘，金属表面光亮，室内无异味、霉味。

5. 服务人员。

(1) 熟悉掌握游泳池工作程序和标准，明确职责。

(2) 熟悉机房内开关的作用和使用，具有水净化及检验的知识。

(3) 懂得水上救护常识，具有安全意识，责任心强，能够主动地为客户提供主动、周到、安全的服务。

(4) 能够区分来客身份，语言运用得当，服务细心认真，保持工作环境符合标准。

(三) 健身房服务质量标准

1. 设施设备。

(1) 健身器材功能齐全，用途明确，性能良好。

(2) 设有体重磅和量高器，墙面设有大幅的镜面。

(3) 各种设备和器械完好，若有故障及时报修。

2. 环境要求。

(1) 电视机、音响、挂钟摆设合理，毛巾摆放得当，方便客户使用。

(2) 照明充足，通风良好，空气清新，室温保持在 20～22℃，整个环境做到舒适整洁。

3. 安全服务。

(1) 健身房挂有“客户运动须知”告示牌，文字清楚、位置得当。

(2) 健身教练能够根据客户情况正确指导客户健身，以免发生客户因健身不当而受伤的情况。

(3) 健身房配有小药箱，一旦客户在运动时发生碰伤现象，可视情况及时处理。

4. 卫生标准。

(1) 顶棚、灯具、出风口清洁，无灰尘，玻璃光亮无水印痕迹，地毯干净无污迹脱线，墙壁清洁无脱皮掉皮。

（2）健身器材整洁无浮尘、汗渍。

（3）饮用水符合国家标准。

5. 服务人员。

（1）熟练掌握健身房的工作程序及标准，职责明确。

（2）熟悉器材的功能、作用及使用方法，能够为客户编制训练课程，指导客户使用健身器材。

（3）仪容整洁，身体健康，态度热情，服务周到。

（四）桑拿服务质量标准

1. 设备设施。

（1）桑拿要求设备完好，配件齐全，能够适应客户的活动需要。

（2）更衣柜内配备衣架，梳妆室内配备风筒、梳子、棉签棒及护肤品。

（3）地面有防滑垫，台面有方便客户使用的毛巾、方巾、纸巾。

（4）各种设施的完好率达到100%，如有故障立即报修。

2. 环境要求。

（1）桑拿室内光线柔和，通风良好，空气清新，室内保持23～26℃左右，有绿荫植物摆设。

（2）墙上贴有禁烟和小心地滑的标志，且标志文字清楚、设计美观，使客户活动时感到舒适、方便、安全。

3. 安全服务。

（1）桑拿室贴有“客户须知”告示牌，内容清楚。

（2）更衣柜配锁，钥匙绑有橡皮筋，方便客户携带。

（3）客户在桑拿时服务员每10分钟巡视一次，发现意外情况及时救护，确保客户安全。

4. 卫生标准。

（1）桑拿室顶棚、灯具、出风口清洁，无灰尘，玻璃镜面光洁、无水印痕迹。

（2）地毯干净无污迹脱线，墙面干净无脱皮掉皮，地面干燥无污迹，木板光滑无毛刺，金属铜器表面光亮。

（3）空气新鲜无异味，饮用水符合国家标准规定。

5. 服务人员。

（1）熟悉桑拿室工作程序及标准，明确职责，熟悉各种设施的功能及使用方法。

（2）能够为客户提供主动周到的服务，有责任心，有安全意识，服务程序运用得当。

（3）可区分不同客户分别接待，服务细心认真，保持工作环境符合标准。

（五）美容美发厅服务工作质量标准

1. 设备设施。

（1）美发室内设备完好，配套物品齐全，能够满足客户美容美发的基本要求。

（2）美容室内配备衣架，设有客户等候休息区，区内放有书报，供客户浏览。

（3）消毒柜、美容器、美发工具等设备设施完好率达到100%，如有故障，立即维修。

2. 环境要求。

（1）美发室内光线明亮，利于理发工作，美容室内要求光线柔和。

（2）整个美容美发室通风良好，空气清新，室温适宜。

（3）美容室内物品摆放合理，环境设计突出鲜明的个性，美观大方。

3. 安全服务。

（1）美容美发设备要求安全可靠，无跑漏电现象，以免发生伤害。

（2）美容护肤产品要求符合国家卫生安全指标，禁止使用假冒伪劣产品。

4. 卫生标准。

（1）顶棚、灯具、出风口清洁，无灰尘。

（2）玻璃光亮无水印痕迹，地毯干净无污迹，墙壁清洁无脱皮掉皮。

（3）美容美发室内的设备设施摆放整齐无浮尘。

5. 服务人员。

（1）熟练掌握美容美发的工作程序及标准。

（2）具有美容美发从业许可证明。

（3）仪容整洁，服务细心认真、热情周到。

尊敬的读者：

感谢您选购我社图书！建工版图书按图书销售分类在卖场上架，共设22个一级分类及43个二级分类，根据图书销售分类选购建筑类图书会节省您的大量时间。现将建工版图书销售分类及与我社联系方式介绍给您，欢迎随时与我们联系。

★建工版图书销售分类表（详见下表）。

★欢迎登陆中国建筑工业出版社网站www.cabp.com.cn，本网站为您提供建工版图书信息查询，网上留言、购书服务，并邀请您加入网上读者俱乐部。

★中国建筑工业出版社总编室　电　话：010—58934845
传　真：010—68321361

★中国建筑工业出版社发行部　电　话：010—58933865
传　真：010—68325420
E-mail：hbw@cabp.com.cn

建工版图书销售分类表

一级分类名称（代码）	二级分类名称（代码）	一级分类名称（代码）	二级分类名称（代码）
建筑学（A）	建筑历史与理论（A10）	园林景观（G）	园林史与园林景观理论（G10）
	建筑设计（A20）		园林景观规划与设计（G20）
	建筑技术（A30）		环境艺术设计（G30）
	建筑表现・建筑制图（A40）		园林景观施工（G40）
	建筑艺术（A50）		园林植物与应用（G50）
建筑设备・建筑材料（F）	暖通空调（F10）	城乡建设・市政工程・环境工程（B）	城镇与乡（村）建设（B10）
	建筑给水排水（F20）		道路桥梁工程（B20）
	建筑电气与建筑智能化技术（F30）		市政给水排水工程（B30）
	建筑节能・建筑防火（F40）		市政供热、供燃气工程（B40）
	建筑材料（F50）		环境工程（B50）
城市规划・城市设计（P）	城市史与城市规划理论（P10）	建筑结构与岩土工程（S）	建筑结构（S10）
	城市规划与城市设计（P20）		岩土工程（S20）
室内设计・装饰装修（D）	室内设计与表现（D10）	建筑施工・设备安装技术（C）	施工技术（C10）
	家具与装饰（D20）		设备安装技术（C20）
	装修材料与施工（D30）		工程质量与安全（C30）
建筑工程经济与管理（M）	施工管理（M10）	房地产开发管理（E）	房地产开发与经营（E10）
	工程管理（M20）		物业管理（E20）
	工程监理（M30）	辞典・连续出版物（Z）	辞典（Z10）
	工程经济与造价（M40）		连续出版物（Z20）
艺术・设计（K）	艺术（K10）	旅游・其他（Q）	旅游（Q10）
	工业设计（K20）		其他（Q20）
	平面设计（K30）	土木建筑计算机应用系列（J）	
执业资格考试用书（R）		法律法规与标准规范单行本（T）	
高校教材（V）		法律法规与标准规范汇编/大全（U）	
高职高专教材（X）		培训教材（Y）	
中职中专教材（W）		电子出版物（H）	

注：建工版图书销售分类已标注于图书封底。